全国高等院校财务会计"专业+证书"改革创新示范规划教材

企业纳税实务

（1+X 会计系列教材）

主　编　王秀华　肖　刚
副主编　齐星辰　贾　茹
主　审　王绍军

中国商业出版社

图书在版编目(CIP)数据

企业纳税实务／王秀华,肖刚主编. 北京：中国商业出版社,2021.1

1+X系列教材

ISBN 9787520813488

Ⅰ.①企… Ⅱ.①王…②肖… Ⅲ.①企业管理税收管理中国教材 Ⅳ.①F812.423

中国版本图书馆 CIP 数据核字(2020)第 227022 号

责任编辑:李飞 蔡凯

中国商业出版社出版发行
01063180647　www.ccbook.com
(100053　北京广安门内报国寺1号)
新华书店经销
北京京丰印刷厂印刷

＊

787 毫米×1092 毫米　16 开　24 印张　520 千字
2021 年 1 月第 1 版　2021 年 1 月第 1 次印刷
定价:68.00 元

＊　＊　＊　＊

(如有印装质量问题可更换)

前　言

这本由黑龙江商业职业学院的税法教师团队根据教育部新颁布的课程标准(2019版)结合最新的税法内容组织编写,主要阅读对象是高职高专的学生和初学税法的相关读者。

自2017年以来,我国增值税一般纳税人的税率经过几次调整变为现在的13%、9%与6%三档,即将制造业等行业降至13%,将交通运输业、建筑业等行业降至9%,保持6%的一档的税率不变,确保了各个行业增值税税负都只减不增。此外,在2019年1月1日后消费税、企业所得税、个人所得税几大税种和其他小税种也在税收征缴和税收优惠上有了一些调整。在这个大背景下,我们教材编写团队从教学实用性出发,在第一时间为广大师生提供最新版本的教材。

本教材共分为十个项目,分别为项目一 概论;项目二 增值税;项目三 消费税;项目四 附加税;项目五 企业所得税;项目六 个人所得税;项目七 资源税和环境保护税;项目八 房产税、契税、土地增值税;项目九 城镇土地使用税和耕地占用税;项目十 车船税、车辆购置税、印花税。各项目的内容包括:知识目标、能力目标、素质目标、工作情景、任务引例、任务准备、任务实施、任务实操。这样的安排,使学生既能学到理论知识,又能应用于实践,为日后走向工作岗位打下坚实的基础。

本教材由黑龙江商业职业学院王秀华、肖刚担任主编,黑龙江商业职业学院齐星辰、贾茹担任副主编,黑龙江商业职业学院王绍军担任主审。具体编写分工如下:项目五、项目七、项目八、项目九由王秀华编写,项目一、项目四、项目六、项目十由肖刚编写,项目二由齐星辰编写,项目三由贾茹编写,全书由王绍军主审。

本教材中存在一些缺点与不足,敬请广大读者批评指正,我们将虚心接受,不断修正和完善,力争把本教材打造成高职学生学习、掌握税法知识的优质教科书。

编者
2020年10月

目 录

项目一 概论 ·· (1)
    任务一 税法概念 ·· (2)
    任务二 税法要素 ·· (7)
    任务三 税法原则 ·· (13)
    任务四 我国税法体系 ··· (19)
    任务五 税务权利和义务 ·· (21)

项目二 增值税 ·· (25)
    任务一 增值税概念、纳税义务人与征税范围 ······················ (27)
    任务二 税率与征收率 ··· (43)
    任务三 增值税的计税方法及应纳税额的计算 ······················ (50)
    任务四 税收优惠 ·· (68)
    任务五 征收管理 ·· (77)
    任务六 增值税发票使用及管理 ··· (101)

项目三 消费税 ·· (107)
    任务一 消费税概念、征税范围与纳税义务人 ····················· (108)
    任务二 消费税税目及税率 ·· (112)
    任务三 计税依据 ·· (118)
    任务四 应纳税额的计算 ·· (124)
    任务五 征收管理 ·· (134)

项目四 城建税、教育费附加和烟叶税 ··································· (143)
    任务一 城市维护建设税 ·· (144)
    任务二 教育费附加和地方教育附加 ··································· (149)
    任务三 烟叶税 ·· (151)
    任务四 纳税实训 ·· (154)

项目五 企业所得税 ··· (155)
    任务一 企业所得税概念、纳税义务人 ······························· (156)
    任务二 征税对象与税率 ·· (158)
    任务三 应纳税所得额 ··· (161)
    任务四 资产的税务处理 ·· (175)
    任务五 资产损失的所得税处理 ··· (182)
    任务六 税收优惠 ·· (186)
    任务七 应纳税额的计算 ·· (198)

任务八　征收管理 ……………………………………………………………… (204)
项目六　个人所得税 …………………………………………………………… (209)
　　任务一　个人所得税概念、纳税义务人 ………………………………………… (210)
　　任务二　征税范围与税率 ………………………………………………………… (213)
　　任务三　应纳税所得额的确定 …………………………………………………… (223)
　　任务四　税收优惠 ………………………………………………………………… (231)
　　任务五　境外所得的税额扣除 …………………………………………………… (237)
　　任务六　应纳税额的计算 ………………………………………………………… (239)
　　任务七　应纳税额的特殊问题处理 ……………………………………………… (250)
　　任务八　征收管理 ………………………………………………………………… (256)
　　任务九　纳税实训 ………………………………………………………………… (261)
项目七　资源税和环境保护税 ………………………………………………… (267)
　　任务一　资源税 …………………………………………………………………… (268)
　　任务二　环境保护税 ……………………………………………………………… (283)
项目八　房产税、契税、土地增值税 ………………………………………… (291)
　　任务一　房产税 …………………………………………………………………… (292)
　　任务二　契税 ……………………………………………………………………… (302)
　　任务三　土地增值税 ……………………………………………………………… (310)
项目九　城镇土地使用税和耕地占用税 …………………………………… (321)
　　任务一　城镇土地使用税 ………………………………………………………… (322)
　　任务二　耕地占用税 ……………………………………………………………… (333)
项目十　车辆购置税、车船税和印花税 …………………………………… (339)
　　任务一　车辆购置税 ……………………………………………………………… (340)
　　任务二　车船税法 ………………………………………………………………… (350)
　　任务三　印花税 …………………………………………………………………… (358)
　　任务四　纳税实训 ………………………………………………………………… (375)

项目一 概论

【知识目标】
1. 了解税收的概念及特征，税法的概念及税收法律关系；
2. 了解税法的原则，熟练掌握税法要素；
3. 了解我国税法体系；熟练掌握纳税人及税务机关的权利和义务。

【能力目标】
1. 能够理解税收与税法的关系，能够灵活运用税法与其他法律关系；
2. 能够理解税法的各个要素，并能够灵活运用税法的各个要素；
3. 能够理解并灵活运用税务权利和义务。

【素质目标】
1. 认真学习税收法律知识，实事求是，严格执行税收法律制度，培养细致、严谨、踏实的工作作风；
2. 熟练掌握税法原则、要素，工作、生活中增强法律意识；
3. 具备良好的职业道德修养，爱岗敬业，廉洁自律，洁身自好。坚持原则、不做假账，真实客观地反映经济活动的本来面目。

工作情境

如果您是一名初涉职场的大学毕业生，若成功应聘到企业的财会部门工作，从事财务工作，一定会涉及纳税的业务，这时我们在学校学习的税法知识，就会派上用场，你是否明白税法的一些专业术语，如税种、税率、纳税期限及纳税申报等，使得我们工作起来得心应手。

税法概论主要掌握哪些知识呢？
1. 税收与税法的关系；
2. 财务工作中涉及纳税业务的专业术语，即税法的各个要素及如何应用；
3. 我国税法体系赋予我们的税收权利，应尽的纳税义务，怎样依法、依规处理企业纳税业务。

任务一 税法概念

【任务引例】

我们学习税法知识，税收与税法有何关系？税法与其他法律有何关系？

【任务1-1】税法的特点体现在许多方面，从法律性质来看，税法属于（　　）。

A.义务性法规　　　　　　B.授权性法规

C.习惯法　　　　　　　　D.制定法

【任务1-2】税收法律关系的产生、变更和消灭的原因包括（　　）。

A.税收法律事件　　　　　B.税收法律的公布

C.税收法律的实施　　　　D.税收法律行为

【任务1-3】税法是指有权的国家机关制定的有关调整税收分配过程中形成的权利义务关系的法律规范总和。从狭义税法角度看，有权的国家机关是指（　　）。

A.全国人民代表大会及其常务委员会　　　　B.国务院

C.财政部　　　　　　　　　　　　　　　　D.国家税务总局

【任务准备】

一、税收的概念与特征

税收是国家为了实现其职能、满足社会的公共需求，凭借政治权力，按照法律的规定，参与社会产品或国民收入分配，强制和无偿地取得财政收入的一种形式。税收是国家赖以生存并发挥其职能的物质基础。当今，税收不仅是国家稳定、可靠取得财政收入的主要形式，更是政府充当宏观调控的经济杠杆。因此，我国政府高度重视税收征管立法，确保税收的稳定性尤为重要。

作为分配范畴的税收，从本质上讲，税收反映的是一种国家与纳税人之间的分配关系，具体表现为国家与各类纳税人之间、纳税人相互之间以及各级政府之间的分配关系。为了确保税收的稳定，税收的特点包括：

第一，征税的主体是国家，此外任何机构和团体都无权征税；

第二，税收依据的是政治权力，不是凭借生产资料所有者的身份去参与分配；

第三，征税的目的是满足国家的财政需要；

第四，税收分配的客体是剩余产品 M，不能对社会产品价值中的生产资料 C 和劳动者报酬 V 进行分配，否则简单再生产将无法持续；

第五，税收具有强制性、无偿性和固定性的特征。

1.强制性

所谓强制性主要指国家以社会管理者的身份，运用法律、法规等形式对征收、纳税加以规定，并依照法律规定强制征收。

2.无偿性

无偿性指国家征税后,税款即成为财政收入,不再直接归还纳税人,也不支付任何报酬。

3.固定性

固定性是指国家在征税之前,以法的形式预先规定了征收标准和征收程序。

税收之所以采取法的形式,是由税收和法的本质与特性决定的。(1)从税收本质上看,税收所反映的分配关系要通过法的形式才得以实现,没有法律的保护就无法实现;(2)从形式特征来看,税收具有强制性、无偿性、固定性的特点,因此必须有法律的保证才能实现税收。法是税收的存在形式。

二、税法的概念

税法是指有权的国家机关制定的有关调整税收分配过程中形成的,国家与纳税人之间在征纳税方面权利义务关系的法律规范的总和。它是国家及纳税人依法征税、依法纳税的行为准则。

首先,作为有权的国家机关,在我国包括全国人民代表大会及其常务委员会、地方人民代表大会及常务委员会、行政机关。

其次,税法的调整对象是税收分配中形成的权利义务关系,而不直接是税收分配关系。

最后,广义的税法是各种税收法律规范的总和,即由税收实体法、税收程序法、税收争讼法等构成的法律体系。狭义的税法是指经过国家最高权力机关(全国人民代表大会)正式立法的税收法律,如我国的《个人所得税法》《企业所得税法》《税收征收管理法》等。

税法的特点:

1.从立法过程来看,税法属于制定法。现代国家的税法都是经过一定的立法程序制定出来的,而不是约定俗成的,这表明税法属于制定法而不是习惯法。

2.从法律性质看,税法属于义务性法规。义务性法规的一个显著特点是具有强制性。

3.从内容看,税法具有综合性。税法不是单一的法律,而是由税收实体法、税收程序法、税收争讼法等构成的综合法律体系。其内容涉及课税的基本原则、征纳双方的权利义务、税收管理规则、解决税务争议的法律规范等,包括立法、行政执法、司法各个方面。其结构大致有:宪法加税收法典;宪法加税收基本法加税收单行法律、法规;宪法加税收单行法律、法规。

税法的综合性特点,是由税收制度所调整的税收分配关系和税收法律关系的复杂性决定的。税法的本质,是正确处理国家与纳税人之间,因税收而产生的税收法律关系和社会关系。既要保证国家税收收入,也要保护纳税人的权利,两者缺一不可。片面强调国家税收收入或纳税人权利,都不利于社会的和谐发展。如果国家征收不到充足的税款,就无法履行其公共服务的职能,无法提供公共产品,最终也不利于保障纳税人的利益,从这个意义上讲,税法的核心在于兼顾和平衡纳税人权利,在保障国家税收收入稳步增长的同时自然也保证对纳税人权利的有效保护,这是税法的核心要义。

【任务实施】

【任务1—1】

【正确答案】A

【答案解析】从法律性质看,税法属于义务性法规,而不属于授权性法规。即税法直接规定人们的某种义务,具有强制性。

三、税收法律关系

税收法律关系是税法所确认和调整的国家与纳税人之间、国家与国家之间以及各级政府之间,在税收分配过程中形成的权利与义务关系。国家征税与纳税人纳税形式上表现为利益分配的关系,但经过法律明确其双方的权利与义务后,这种关系实质上已上升为一种特定的法律关系。

税收法律关系是税法所确认和调整的,国家与纳税人之间在税收分配过程中形成的权利义务关系。特点如下:

1. 征收主体的一方只能是国家;
2. 征收税款体现了国家单方面的意志;
3. 税收法律关系权利义务关系具有不对等性;
4. 具有财产所有权或支配权单向转移的性质。

(一)税收法律关系的构成

税收法律关系在总体上与其他法律关系一样,都是由税收法律关系的主体、客体和内容三方面构成的,但税收法律关系又具有一定的特殊性。

1. 税收法律关系的主体

法律关系的主体是指法律关系的参加者。税收法律关系的主体即税收法律关系中享有权利和承担义务的当事人。在我国,税收法律关系的主体包括征纳双方,一方是代表国家行使征税职责的国家行政机关,征收主体以国家各级税务机关为主,还有财政机关和海关,另一方是履行纳税义务的人,纳税主体包括法人、自然人和非法人单位(其他组织),在华的外国企业、组织、外籍人、无国籍人,以及在华虽然没有机构、场所但有来源于中国境内所得的外国企业或组织。再有其他税务当事人的权利与义务,其他税务当事人:扣缴义务人、纳税担保人等。

2. 税收法律关系的客体

客体即税收法律关系主体的权利、义务所共同指向的对象,也就是征税对象。例如,流转税法律关系客体就是货物或劳务收入;所得税法律关系客体就是生产经营所得和其他所得;财产税法律关系客体即是财产。

3. 税收法律关系的内容

税收法律关系的内容就是税收法律关系主体,所享有的权利和所应承担的义务。

税务机关的权利主要表现在依法进行征税、税务检查以及对违章者进行处罚;其义务主要是向纳税人宣传、咨询、辅导解读税法,及时把征收的税款解缴国库,依法受理纳税人对税收争议的申诉等。

纳税义务人的权利主要有多缴税款申请退还权、延期纳税权、依法申请减免税权、申请复议和提起诉讼权等。其义务主要是按税法规定办理税务登记、进行纳税申报、接受税务检查、依法纳税等。

税收法律关系的内容,是税收法律关系中最实质的东西,也是税法的灵魂。它规定权利主体可以有什么行为,不可以有什么行为,若违反了这些规定,须承担相应的法律责任。

(二)税收法律关系的产生、变更与消灭

税法是引起税收法律关系的前提条件,但税法本身并不能产生具体的税收法律关系。税收法律关系的产生、变更与消灭,必须有能够引起税收法律关系产生、变更或消灭的客观情况,也就是由税收法律事实来决定。

税收法律事实可以分为税收法律事件和税收法律行为,税收法律事件是指不以税收法律关系权力主体的意志为转移的客观事件。例如,自然灾害可以导致税收减免,即国家出台税收优惠政策,从而改变税收法律关系内容的变化。税收法律行为是指税收法律关系主体在正常意志支配下做出的活动。例如,纳税人开业经营即产生税收法律关系,就要依法纳税。纳税人转业或停业就会造成税收法律关系的变更或消灭,纳税义务的变更或消灭。

【任务实施】

【任务1—2】

【正确答案】AD

【答案解析】税收法律关系的产生、变更和消灭必须有能够引起税收法律关系产生、变更或消灭的客观情况,也就是由税收法律事实来决定。税收法律事实可以分为税收法律事件和税收法律行为。

四、税法与其他法律的关系

税法以税收关系为自己的调整对象,主要以维护公共利益而非个人利益为目的,税法在性质上属于公法。不过与宪法、行政法、刑法等典型公法相比,税法仍具有一些私法的属性,如税法概念范畴私法化、征税依据私法化、税收法律关系私法化等。

涉及税收征纳关系的法律规范,除税法本身直接在税收实体法、税收程序法、税收争讼法、税收处罚法中规定外,在某种情况下也援引一些其他法律。

(一)税法与宪法的关系

在我国,作为国家的根本大法,《中华人民共和国宪法》(以下简称《宪法》)是制定所有法律、法规的依据和章程。宪法在现代法治社会中具有最高的法律效力,是立法基础。税法是国家法律的组成部分,当然也是依据宪法的原则制定的。

《宪法》第五十六条规定:"中华人民共和国公民有依照法律纳税的义务。"《宪法》第三十三条规定:"中华人民共和国公民在法律面前一律平等。"一是明确了国家可以向公民征税,二是明确了向公民征税要有法律依据。对所有的纳税人平等对待,不能因为纳税人的种族、性别、出身、年龄等不同而在税收上给予不平等的待遇。

(二)税法与民法的关系

税法的本质是国家依据政治权力向公民课税,是调整国家与纳税人关系的法律规范,这种税收征纳关系不是商品的关系,明显带有国家意志和强制的特点,其调整方法要采用命令和服从的方法。具有强制性、无偿性特征。

民法是调整平等主体之间,也就是公民之间、法人之间、公民与法人之间财产关系和人身关系的法律规范,故民法调整方法的主要特点是平等、等价和有偿。

因此税法与民法间既有明显的区别,又有内在的联系。例如,印花税中有关经济合同关系的成立,房产税中有关房屋的产权认定等,而这些在民法中已予以规定,所以,税法就不再另行规定。

(三)税法与刑法的关系

税法是调整税收征纳关系的法律规范,刑法是关于犯罪、刑事责任与刑罚的法律规范的总和。其调整的范围不同。两者也有着密切的联系,因为税法和刑法对于违反税法都规定了处罚条款。

但应该指出,违反了税法,并不一定就是刑事犯罪。区别就在于情节是否严重,轻者给予行政处罚,重者则要承担刑事责任,给予刑事处罚。

(四)税法与行政法的关系

税法与行政法有十分密切的联系,也有一定区别,主要表现在税法具有行政法的一般特性,税收实体法和税收程序法中都有大量内容是对国家机关之间、国家机关与法人或自然人之间的法律关系的调整,另外税收法律关系中争议的解决一般按行政复议程序和行政诉讼程序进行。

税法与行政法也有一定区别,与一般行政法不同的是,税法具有经济分配的性质,并且经济利益由纳税人向国家无偿单方面转移,这是一般行政法所不具备的,而税法则是一种义务性法规。

【任务实施】
【任务1—3】
【正确答案】A
【答案解析】从狭义税法角度看,有权的国家机关是全国人民代表大会及其常务委员会;其他选项是广义的立法机关。

任务二 税法要素

【任务引例】
我们学习税法知识,税法要素都有哪些及各自的含义是什么?
【任务2-1】在税法的构成要素中,区分不同税种的主要标志的要素是( )。
A.税率　　　　　　B.税目　　　　　　C.税基　　　　　　D.征税对象
【任务2-2】下列税法要素中,能够区别一种税与另一种税的重要标志是( )。
A.纳税地点　　　　B.纳税环节　　　　C.纳税义务人　　　D.征税对象
【任务2-3】下列税法中,规定具体征税范围、体现征税广度的是( )。
A.税率　　　　　　B.纳税环节　　　　C.税目　　　　　　D.纳税对象
【任务2-4】我国现行税收制度中,没有采用的税率形式有( )。
A.超率累进税率　　B.定额税率　　　　C.负税率　　　　　D.超倍累进税率
【任务2-5】采用超率累进税率征收的税种是( )。
A.资源税　　　　　B.土地增值税　　　C.个人所得税　　　D.企业所得税

【任务准备】
税法要素一般包括总则、纳税义务人、征税、对象、税目、税率、纳税环节、纳税期限、纳税地点、减税免税、罚则、附则等项目。

一、税法总则

税法总则主要包括立法依据、立法目的、适用原则等。例如,《耕地占用税条例》规定:"为了合理利用土地资源,加强土地管理,保护农用耕地,特制定本条例。"此条突出了该条例制定的目的,即"立法目的"。

二、纳税义务人

纳税义务人或纳税人又叫纳税主体,是税法规定的直接负有纳税义务的单位和个人。任何一个税种首先要解决的就是国家对谁征税的问题,例如,我国个人所得税法、增值税、消费税以及印花税等暂行条例的第一条规定的都是该税种的纳税义务人。

纳税人有两种基本形式:法人和自然人。法人和自然人是两个相对称的法律概念。法人是自然人的对称,根据《民法通则》第三十六条规定,法人是基于法律规定享有权利能力和行为能力,具有独立的财产和经费,依法独立承担民事责任的社会组织。我国的法人主要有四种:机关法人、事业法人、企业法人和社团法人。自然人是基于自然规律而出生的,有民事权利和义务的主体,包括本国公民,也包括外国人和无国籍人。

税法中规定的纳税人有自然人和法人两种最基本的形式,按照不同的目的和标准,还可以对自然人和法人进行多种详细的分类,这些分类对国家制定区别对待的税收政策,发挥税收的经济调节作用,具有重要的意义。例如,自然人可划分为居民个人和非居民个人,个体经营者和其他个人等;法人可划分为居民企业和非居民企业,还可按企业的不同所有制性质来进行分类等。

扣缴义务人是与纳税人紧密联系的两个概念,即代扣代缴义务人和代收代缴义务人。代扣代缴义务人是指虽不承担纳税义务,但依照有关规定,在向纳税人支付收入、结算货款、收取费用时有义务代扣代缴其应纳税款的单位和个人,例如,出版社代扣作者稿酬所得的个人所得税等。如果代扣代缴义务人按规定履行了代扣代缴义务,税务机关将支付一定的手续费。反之,未按规定代扣代缴税款,造成应纳税款流失或将已扣缴的税款私自截留挪用、不按时缴入国库,一经税务机关发现,将要承担相应的法律责任。代收代缴义务人是指虽不承担纳税义务,但依照有关规定,在向纳税人收取商品或劳务收入时,有义务代收代缴其应纳税款的单位和个人。例如,消费税条例规定,委托加工的应税消费品,由受托方在向委托方交货时代收代缴委托方应该缴纳的消费税。

三、征税对象

征税对象又叫课税对象、征税客体,是指税法规定的对什么征税,也是征纳税双方权利义务共同指向的客体或标的物,又是区别一种税与另一种税的重要标志。例如,消费税的征税对象是消费税条例所列举的应税消费品,房产税的征税对象是房屋,土地使用税的征税对象是使用土地等。征税对象是税法最基本的要素,因为它体现着征税的最基本界限,决定着某一种税的基本征税范围,同时,征税对象也决定了各个不同税种的名称。例如,增值税、消费税、土地使用税、土地增值税、企业所得税、个人所得税等,这些税种因征税对象不同、性质不同、税名也就不同。征税对象按其性质的不同,通常可划分为流转额、所得额、财产、资源、特定行为等五大类,通常也因此将税收分为相应的五大类即流转税、所得税、财产税、资源税和特定行为税等。

税目和税基:是与课税对象相关的两个基本概念。税目本身也是一个重要的税法要素,下面将单独讨论。而税基又叫计税依据,是据以计算征税对象应纳税款的直接数量依据,它解决对征税对象课税的计算问题,是对课税对象的量的规定。例如,企业所得税应纳税额的基本计算方法是应纳税所得额乘以适用税率,其中应纳税所得额是据以计算所得税应纳税额的数量基础,为所得税的税基。计税依据按照计量单位的性质划分,有两种基本形态:价值形态和物理形态。价值形态包括应纳税所得额、销售收入、营业收入等;物理形态包括面积、体积、容积、重量等。以价值形态作为税基,又称为从价计征,即按征税对象的货币价值计算,例如,生产销售化妆品应纳消费税税额是由化妆品的销售收入乘以适用税率计算产生,其税基为销售收入,属于从价计征的方法。另一种是从量计征,即直接按征税对象物理形态的自然单位计算,例如,城镇土地使用税应纳税额是由占用土地面积乘以每单位面积应纳税额计算产生,其税基为占用土地的面积,属于从量计征的方法。还有的从价从量混合计征,例如,生产销售白酒的企业应纳消费税税额。

课税对象与计税依据之间的关系:课税对象是指征税的目的物,而计税依据是在目的物已经确定的情况下,对目的物计算税款的依据和标准;课税对象是从质的方面对征税所作的规定,而计税依据则是从量的方面对征税所作的规定,是课税对象量的表现。

课税对象与税源:税源是指税款的最终来源,税收负担的归宿,税源的大小体现着纳税人的负担能力。

【任务实施】
【任务2－1】
【正确答案】D
【答案解析】征税对象又叫课税对象,指税法规定对什么征税,是征纳税双方权利义务共同指向的客体或标的物,是区别一种税与另一种税的主要标志。

【任务2－2】
【正确答案】D
【答案解析】征税对象是区分一种税与另一种税的重要标志。

四、税目

税目是在税法中对征税对象分类规定的具体的征税项目,反映具体的征税范围,是对课税对象质的界定。设置税目的目的首先是明确具体的征税范围,凡列入税目的即为应税项目,未列入税目的,则不属于应税项目。其次,划分税目也是贯彻国家税收调节政策的需要,国家可根据不同项目的利润水平,以及国家经济政策等为依据,制定高低不同的税率,以体现不同的税收政策。

税目是征税对象的具体化,明确征税范围,解决课税对象的归类,分为列举税目和概括税目两类。

并非所有税种都需规定税目,有些税种不分课税对象的具体项目,一律按照课税对象的应税数额采用同一税率计征税款,因此一般无须设置税目,例如,企业所得税。有些税种具体课税对象比较复杂,需要规定税目,例如消费税,一般都规定有不同的税目。

【任务实施】
【任务2－3】
【正确答案】C
【答案解析】税目反映具体的征税范围,代表征税的广度。

五、税率

税率是计算税额的尺度,也是衡量税负轻重与否的重要标志。税率是税额与课税对象之间的比例,是税收政策的中心环节。税率是对征税对象的征收比例或征收程度。我国现行税率的基本形式主要有:比例税率、累进税率、定额税率三种。

(一)比例税率

即对同一征税对象,不分数额大小,规定相同的征收比例。例如,我国的增值税、城市维护建设税、企业所得税等采用的是比例税率。比例税率在适用中又可分为三种具体形式:单一比例税率、差别比例税率、幅度比例税率。比例税率特点:税率不随课税对象数额的变动而变动、税额与课税对象成正比。

1.单一比例税率,是指对同一征税对象的所有纳税人都适用同一比例税率。例如企业所得税等。

2.差别比例税率,是指对同一征税对象的不同纳税人适用不同的比例征税。我国现行税法又分别按产品、行业和地区的不同将差别比例税率划分为以下三种类型：一是产品差别比例税率，即对不同产品分别适用不同的比例税率，同一产品采用同一比例税率，例如，消费税、关税等；二是行业差别比例税率，即对不同行业分别适用不同的比例税率，同一行业采用同一比例税率，例如，增值税等；三是地区差别比例税率，即区分不同的地区分别适用不同的比例税率，同一地区采用同一比例税率，例如，我国城市维护建设税、土地使用税等。

3.幅度比例税率，是指对同一征税对象，税法只规定最低税率和最高税率，各地区在该幅度内确定具体的适用税率。

比例税率具有计算简单、税负透明度高、有利于保证财政收入、有利于纳税人公平竞争、不妨碍商品流转额或非商品营业额扩大等优点，符合税收效率原则。但比例税率不能针对不同的收入水平实施不同的税收负担，在调节纳税人的收入水平方面难以体现税收的公平原则。

(二)累进税率

累进税率：课税对象按数额大小划分等级，规定不同税率。多用于收益课税，处理税收负担的纵向公平。累进税率按计算方法不同可分为：全额累进税率、超额累进税率、超率累进税率、超倍累进税率(目前我国没有采用)。

1.全额累进税率是以课税对象的全部数额为基础，计征税款的累进税率。对具体纳税人来说，在应纳税所得额确定之后，相当于按照比例税率征税，即全额累进税率，是把征税对象的数额划分为若干等级，对每个等级分别规定相应税率，当税基超过某个级距时，课税对象的全部数额都按提高后级距的相应税率征税，计算方法比较简单，但税收负担在征税对象分界处显得不合理。如表1-1所示。

表1-1　　　　　　　三级全额累进税率表

级数	全月应纳税所得额	税率%
1	5 000(含)以下	10
2	5 000～20 000(含)	20
3	20 000以上	30

运用全额累进税率的关键是，查找每一纳税人应税收入在税率表中所属的级次，找到收入级次，与其对应的税率便是该纳税人所适用的税率，全部税基乘以适用税率，即可计算出应缴税额。例如，某纳税人某月应纳税所得额为5 000元，按表1-1所列税率，应纳税额=5 000×10%=500(元)。那假如，某纳税人某月应纳税所得额为5 100元，按表1-1所列税率，应纳税额=5 100×20%=1 020(元)。可见，运用全额累进税率计算方法简便，但税收负担不合理，特别是在划分级距的临界点附近税负呈跳跃式递增，甚至会出现税额增加超过课税对象数额增加的不合理现象，不利于鼓励纳税人增加收入。

2.超额累进税率指把征税对象按数额的大小分成若干等级，每一等级规定一个税率，税率依次提高，但每一纳税人的征税对象则依所属等级同时适用几个税率分别计算，将计算结果相加后得出应纳税款。即超额累进税率是分别以课税对象数额超过前级的部分为基础，计算应纳税的超额累进税率。累进税率是指随着征税对象数量增大而随之提高的税率，即按征税对象数额的大小划分为若干等级，不同等级的课税数额分别适用不同的税率，课税数额越大，适用税率越高。累进税率一般在所得课税中使用，可以充分体现对纳税人收入多的多征、收入少的少征、无收入的不征的税收原则,从而有效地调节纳税人的收入,正确处理税收负担的纵向公平问题。

表1-2　　　　　　　　　综合所得个人所得税税率表

级数	全年应纳税所得额	税率(%)	速算扣除数
1	不超过36 000元的部分	3	0
2	超过36 000元至144 000元的部分	10	2 520
3	超过144 000元至300 000元的部分	20	16 920
4	超过300 000元至420 000元的部分	25	31 920
5	超过420 000元至660 000元的部分	30	52 920
6	超过660 000元至960 000元的部分	35	85 920
7	超过960 000元的部分	36	181 920

目前我国采用这种税率的税种是个人所得税,如表1-2所示。

3.超率累进税率是以课税对象数额的相对率为累进依据,按超率累进方式计算应纳税额的税率。即以征税对象数额的相对率划分若干级距,分别规定相应的差别税率,相对率每超过一个级距的,对超过的部分就按高一级的税率计算征税。目前我国税收体系中采用这种税率的是土地增值税,如表1-3所示。

表1-3　　　　　　　　　土地增值税税率表

档次	级距	税率	速算扣除系数	税额计算公式	说明
1	增值额未超过扣除项目金额50%的部分	30%	0%	增值额30%	扣除项目指取得土地使用权所支付的金额;开发土地的成本、费用;新建房及配套设施的成本、费用或旧房及建筑物的评估价格;与转让房地产有关的税金;财政部规定的其他扣除项目。
2	增值额超过扣除项目金额50%,未超过100%的部分	40%	5%	增值额40%-扣除项目金额5%	
3	增值额超过扣除项目金额100%,未超过200%的部分	50%	15%	增值额50%-扣除项目金额15%	
4	增值额超过扣除项目金额200%的部分	60%	35%	增值额60%-扣除项目金额35%	

(三)定额税率

即按征税对象确定的计算单位,直接规定一个固定的税额。目前我国采用定额税率的有城镇土地使用税、耕地占用税、资源税、车船使用税、消费税中部分应税消费品适用等。

【任务实施】

【任务2-4】

【正确答案】CD

【答案解析】我国现行税收制度中,采用的税率形式包括比例税率、定额税率、超额累进税率和超率累进税率。

【任务2-5】

【正确答案】B

【答案解析】土地增值税采用超率累进税率。

六、纳税环节

纳税环节主要指税法规定的征税对象,在从生产到消费的流转过程中应当缴纳税款的环节。例如，流转税在生产和流通环节纳税、所得税在分配环节纳税等。纳税环节有广义和狭义之分。

广义的纳税环节指全部课税对象在再生产中的分布情况。例如，资源税分布在资源生产环节，商品税分布在生产或流通环节，所得税分布在分配环节等。

狭义的纳税环节特指应税商品在流转过程中应纳税的环节。商品从生产到消费要经历诸多流转环节，各环节都存在销售额，都可能成为纳税环节。但考虑到税收对经济的影响、财政收入的需要，以及税收征管的能力等因素，国家常常对在商品流转过程中所征税种规定不同的纳税环节。按照某种税征税环节的多少，可以将税种划分为一次课征制或多次课征制。

合理选择纳税环节，对加强税收征管，有效控制税源，保证国家财政收入的及时、稳定、可靠，方便纳税人生产经营活动和财务核算，灵活机动地发挥税收调节经济的作用，具有十分重要的理论和实践意义。

七、纳税期限

纳税期限是指税法规定的关于税款缴纳时间即纳税时限方面的限定。税法关于纳税时限的规定，有三个相关概念：

1. 纳税义务发生时间。纳税义务发生时间，是指应税行为发生的时间。例如，增值税条例规定采取预收货款方式销售货物的，其纳税义务发生时间为货物发出的当天。

2. 纳税期限。纳税人每次发生纳税义务后，不可能马上去缴纳税款，税法规定了每种税的纳税期限，即每间隔固定时间汇总一次纳税义务的时间。例如，增值税条例现定增值税的具体纳税期限分别为1日、3日、5日、10日、15日、1个月或1个季度。纳税人的具体纳税期限，由主管税务机关根据纳税人应税额的大小分别核定；不能按照固定期限纳税的，可以按次纳税。

3. 税款缴库期限，即税法规定的纳税期满后，纳税人将应纳税款缴入国库的期限。例如，增值税暂行条例规定，纳税人以1个月或1个季度为1个纳税期限的，自期满之日起15日内申报纳税；以1日、3日、5日、10日、15日为1个纳税期限的，自期满之日起5日内预缴税款，于次月1日起15日内申报纳税，并结清上月应纳税款。

八、纳税地点

纳税地点主要是指根据各个税种纳税对象的纳税环节和有利于对税款的源泉控制，税法规定的纳税人（包括代征、代扣、代缴义务人）的具体申报缴纳税收的地方。

九、减税免税

减税免税主要是由于特殊情况，对某些纳税人和征税对象采取减少征税或者免于征税的特殊规定。

十、罚则

罚则主要是指对纳税人违反税法的行为采取的处罚措施，以保证财政收入。

十一、附则

附则一般都规定与该税法紧密相关的内容，例如，税法的解释权、生效时间等。

任务三 税法原则

【任务引例】

【任务3-1】下列各项税法原则中,属于税法基本原则核心的是(   )。
A.税收公平原则　　　　B.税收效率原则
C.实质课税原则　　　　D.税收法定原则

【任务3-2】下列关于税收原则的表述中,正确的有(   )。
A.税收法定原则是税法基本原则中的核心
B.税收行政法规的效力优于税收行政规章的效力,体现了法律优位原则
C.税收效率原则要求税法的制定要有利于节约税收征管成本
D.制定税法时禁止在没有正当理由的情况下给予特定纳税人特别优惠,这一做法体现了税收公平原则

【任务3-3】《中华人民共和国税收征收管理法实施细则》第五十三条规定:"纳税人可以向主管税务机关提出与其关联企业之前业务往来的定价原则和计算方法,主管税务机关审核批准后,与纳税人预先约定有关定价事项,监督纳税人执行。"这体现了税法基本原则中的(   )。
A.税收法律主义　　　　B.税收公平主义
C.税收合作信赖主义　　D.实质课税原则

【任务3-4】对2006年3月在中国境内销售各类小汽车的厂家,在本年4月10日办理缴纳消费税时,不能按2006年4月1日开始实施的小汽车新税率适用,这样处理,符合税法适用原则中的(   )。
A.法律优位原则　　　　B.特别法优于普通法原则
C.程序优于实体原则　　D.法律不溯及既往原则

【任务准备】

一、税收立法原则

税收立法是税法实施的前提,有法可依,有法必依,执法必严,违法必究,是税收立法与税法实施过程中必须遵循的基本原则。税收立法是指有权的机关依据一定的程序,遵循一定的原则,运用一定的技术,制定、公布、修改、补充和废止有关税收法律、法规、规章的活动。

税收立法原则是指在税收立法活动中必须遵循的准则。我国的税收立法主要应遵循以下几个原则:

(一)从实际出发的原则

从实际出发,首先,要求税收立法必须根据经济、政治发展的客观需要,反映客观规律,

也就是从中国国情出发，充分尊重经济社会发展规律和税收分配理论。其次，要客观反映一定时期国家、社会、政治、经济等各方面的实际情况，既不能被某些条条框框所束缚，也不能盲目抄袭别国的立法模式。在此基础上，充分运用科学知识和技术手段，不断丰富税收立法理论，完善税法体系，以适应社会主义市场经济发展的客观需要。

(二)公平原则

在税收立法中一定要体现公平原则。所谓公平，就是要体现合理负担原则。在市场经济体制下，参加市场竞争的各个主体需要有一个平等竞争的环境，而税收的公平是实现平等竞争的重要条件。

(三)民主决策的原则

民主决策的原则主要指税收立法过程中必须充分倾听群众的意见，严格按照法定程序进行，确保税收法律能体现广大群众的根本利益。

(四)原则性与灵活性相结合的原则

在制定税法时，要求明确、具体、严谨、周密。但是，我国又是一个幅员辽阔、人口众多、多民族的国家，各地区的经济文化发展水平不一致，因而对不同地区不能强求一样。必须贯彻法制的统一性与因时、因地制宜相结合，法制的统一性，不能呆板、过细过死，适应各地区实际情况，坚持原则性与灵活性相结合的原则。

(五)法律的稳定性、连续性与废、改、立结合的原则

稳定性是指税法一旦制定，在一定阶段内就要保持其稳定性，不能朝令夕改。但稳定性不是绝对的，因为社会政治、经济状况是不断变化的，税法也要进行相应的发展变化。如果税法发展变化，有的税法已经过时，需要废除；有的税法部分失去效力，需要修改、补充；必须注意保持税法的连续性，即在新的税法未制定前，原有的税法不应随便中止、失效；税法不能中断，做到有法可依。只有遵循这个原则，才能制定出符合社会政治、经济发展规律的税法。

二、税收立法机关

根据我国《宪法》《全国人民代表大会组织法》《国务院组织法》《立法法》以及《地方各级人民代表大会和地方各级人民政府组织法》的规定，我国的立法体制是：全国人民代表大会及其常务委员会行使立法权，制定法律；国务院及所属各部委，有权根据宪法和法律制定行政法规和规章；地方人民代表大会及其常务委员会，在不与宪法、法律、行政法规抵触的前提下，有权制定地方性法规，但要报全国人大常委会和国务院备案；民族自治地方的人大有权依照当地民族政治、经济和文化的特点，制定自治条例和单行条例。

我们平时所说的税法，有广义和狭义之分。广义概念上的税法包括所有调整税收关系的法律、法规、规章和规范性文件，是税法体系的总称；而狭义概念上的税法，特指由全国人民代表大会及其常务委员会制定和颁布的税收法律。

(一)全国人民代表大会和全国人大常委会制定的税收法律

《宪法》第五十八条规定:"全国人民代表大会和全国人民代表大会常务委员会行使国家立法权。"上述规定确定了我国税收法律的立法权由全国人大及其常委会行使,其他任何机关都没有制定税收法律的权力。在国家税收中,凡是基本的、全局性的问题,都需要由全国人大及其常委会以税收法律的形式制定实施。例如,《企业所得税法》、《个人所得税法》和《税收征收管理法》都是税收法律。

(二)全国人大或人大常委会授权立法

授权立法是指全国人民代表大会及其常务委员会根据需要授权国务院制定某些具有法律效力的暂行规定或者条例。授权立法与制定行政法规不同。具有国家法律的性质和地位,它的法律效力高于行政法规,在立法程序上还需报全国人大常委会备案。

(三)国务院制定的税收行政法规

国务院作为最高国家权力机关的执行机关,是最高的国家行政机关,拥有广泛的行政立法权。我国《宪法》规定,国务院可"根据宪法和法律,规定行政措施,制定行政法规,发布决定和命令"。国务院发布的《企业所得税法实施条例》《税收征收管理法实施细则》等,都是税收行政法规。

(四)地方人民代表大会及其常委会制定的税收地方性法规

根据《地方各级人民代表大会和地方各级人民政府组织法》的规定,省、自治区、直辖市的人民代表大会以及省、自治区的人民政府所在地的市和经国务院批准的较大的市的人民代表大会有制定地方性法规的权力。

(五)国务院税务主管部门制定的税收部门规章

《宪法》第九十条规定:"各部、各委员会根据法律和国务院的行政法规、决定、命令,在本部门的权限内,发布命令、指示和规章。"有权制定税收部门规章的税务主管机关是财政部、国家税务总局及海关总署。例如,财政部颁发的《增值税暂行条例实施细则》、国家税务总局颁发的《税务代理试行办法》等都属于税收部门规章。

(六)地方政府制定的税收地方规章

《地方各级人民代表大会和地方各级人民政府组织法》规定:"省、自治区、直辖市以及省、自治区的人民政府所在地的市和国务院批准的较大的市的人民政府,可以根据法律和国务院的行政法规,制定规章。"没有税收法律、法规的授权,地方政府是无权自定税收规章的,凡是越权自定的税收规章没有法律效力。

三、税收立法程序

税收立法程序是指有权的机关,在制定、认可、修改、补充、废止等税收立法活动中,必须遵循的法定步骤和方法。目前我国税收立法程序主要包括以下几个阶段:

1. 提议阶段。一般由国务院授权其税务主管部门(财政部、国家税务总局及海关总署)负责立法的调查研究等准备工作,并提出立法方案或税法草案,上报国务院。

2. 审议阶段。税收法规由国务院负责审议。税收法律在经国务院审议通过后,以议案的形式提交全国人民代表大会常务委员会的有关工作部门,在广泛征求意见并做出修改后,提交全国人民代表大会或其常务委员会审议通过。

3. 通过和公布阶段。税收行政法规,由国务院审议通过后,以国务院总理名义发布实施。税收法律,在全国人民代表大会或其常务委员会开会期间,先听取国务院关于制定税法议案的说明,然后经过讨论,以简单多数的方式通过后,以国家主席名义发布实施。

四、税法原则

税法的原则反映国家税收活动的根本属性,是我国税收法律制度建立的基础,税法原则包括税法的基本原则和税法的适用原则。

(一)税法的基本原则

税法的基本原则是统领所有税收规范的根本准则,包括税收立法、执法、司法在内一切税收活动必须遵守。

1. 税收法定原则(税收法律主义)

税收法定原则,是指主体的权利义务必须由法律加以规定,税法的各类构成要素,必须且只能由法律予以明确规定,征纳主体的权力(利)义务只以法律规定为依据,没有法律依据,任何主体不得征税或减免税收。税收法律主义的要求是双向的,一方面,要求纳税人必需依法纳税;另一方面,课税只能在法律的授权下进行,超过法律规定的课征是违法的和无效的,税收法律主义可以概括成课税要素法定、课税要素明确和依法稽征三个具体原则。

第一,课税要素法定原则,即课税要素必须由法律直接规定。

第二,课税要素明确原则,即有关课税要素的规定,尽量地明确不出现歧义、相互矛盾;在基本内容上,不出漏洞。

第三,依法原则,即税务行政机关必须严格依据法律的规定稽核征收,而无权变动法定课税要素和法定征收程序。除此之外,纳税人同税务机关一样都没有选样开征、停征、减税免税、退补及延期纳税的权力,即使征纳双方达成一致,也是违法的。

2. 税收公平原则(税收公平主义)

税收负担必须根据纳税人的负担能力分配,负担能力相等,税负相同;负担能力不等,税负不同。法律上的税收公平主义与经济上要求的税收公平较为接近,但是,两者也有明显的不同。第一,经济上的税收公平,往往是作为一种经济理论提出来的,对政府与纳税人尚不具备强制性的约束力。第二,经济上的税收公平,主要是从税收负担带来的经济后果上考虑的,而法律上的税收公平,不仅要考虑税收负担的合理分配,而且要从税收立法、执法、司法各个方面考虑。第三,法律上的税收公平是有具体法律制度予以保障的。

3. 税收效率原则(税收合作信赖主义)

税收效率原则包含两个方面:一是经济效率,二是行政效率。前者要求税法的制定,要有利于资源的有效配置和经济体制的有效运行,后者要求提高税收行政效率,节约税收征管成本。税收效率原则也称公众信任原则,其实质是,税收征纳双方的关系就其主流来看,是相互信赖、相互合作的,而不是对抗性的,目的是提高税收效率。

4.实质课税原则

实质课税原则是指应根据纳税人的真实负担能力,决定纳税人的税负,不能仅考核其表面上是否符合课税要件。也就是说,在判断某个具体的人或事件是否满足课税要件、是否应承担纳税义务时,不能受其外在形式的蒙蔽,而要深入探求其实质。

【任务实施】

【任务3—1】

【正确答案】D

【答案解析】税收法定原则是税法基本原则的核心。

【任务3—2】

【正确答案】ABCD

【答案解析】选项ABCD表述均符合题目要求。

【任务3—3】

【正确答案】C

【答案解析】税收效率原则也称公众信任原则,其实质是,税收征纳双方的关系就其主流来看,是相互信赖、相互合作的,而不是对抗性的,目的是提高税收效率。

(二)税法适用原则

税法适用原则是指税务行政机关和司法机关运用税收法律规范,解决具体问题所必须遵循的准则。税法适用原则并不违背税法基本原则,而且在一定程度上,体现着税法基本原则。但是与其相比,税法适用原则含有更多的法律技术性准则,更为具体化。

1.法律优位原则

法律优位原则基本含义为:法律的效力高于行政立法的效力。法律优位原则明确了税收法律的效力高于税收行政法规的效力,对此还可以进一步推论为税收行政法规的效力优于税收行政规章的效力。效力低的税法与效力高的税法发生冲突,效力低的税法即是无效的。

2.法律不溯及既往原则

法律不溯及既往原则基本含义为:一部新法实施后,对新法实施之前人们的行为不得适用新法,而只能沿用旧法。坚持这一原则,目的在于维护税法的稳定性和可预测性,使纳税人能在知道纳税结果的前提下,作出相应的经济决策,税收的调节作用才会较为有效。

3.新法优于旧法原则

新法优于旧法原则,其含义为:新法、旧法对同一事项有不同规定时,新法的效力优于旧法。新法优于旧法原则在税法中普遍适用,但是当新税法与旧税法处于普通法与特别法的关系时,以及某些程序性税法引用"实体从旧,程序从新"原则时,可以例外。

4.特别法优于普通法的原则

特别法优于普通法的原则含义为:对同一事项两部法律分别定有一般和特别规定时,特别规定的效力高于一般规定的效力。即居于特别法地位的级别较低的税法,其效力可以高于作为普通法的级别较高的税法。

5.实体从旧、程序从新原则

实体从旧、程序从新原则的含义包括两个方面:一是实体税法不具备溯及力。即在纳税义务的确定上，以纳税义务发生时的税法规定为准，实体性的税法规则不具有向前的溯及力；二是程序性税法在特定条件下，具备一定的溯及力。即对于新税法公布实施之前发生，却在新税法公布实施之后进入税款征收程序的纳税义务，原则上新税法具有约束力。

6.程序优于实体原则

程序优于实体原则是关于税收争讼法的原则，其基本含义为：在诉讼发生时税收程序法优于税收实体法。适用这一原则，是为了确保国家课税权的实现，不因争议的发生而影响税款的及时、足额入库。

【任务实施】

【任务3—4】

【正确答案】D

【答案解析】根据法律不溯及既往原则，纳税人在新税法公布实施之前发生的纳税义务，在新税法公布实施之后，进入税款征收程序的，原则上新实体法不具有约束力。

任务四 我国税法体系

【任务引例】

【任务4-1】下列各项中,属于税收征收管理适用的法律制度有( )。
A.税收征收管理法　　B.企业所得税法　　C.进出口关税条例　　D.海关法

【任务4-2】由海关负责征收的税种的征收管理按( )规定执行。
A.税收征收管理法　　B.企业所得税法　　C.进出口关税条例　　D.海关法

【任务4-3】由海关机关负责征收的税种有( )。
A.进口的增值税　　B.关税　　C.船舶吨税　　D.进口的消费税

【任务准备】

税法内容十分丰富,涉及范围也极为广泛。从法律角度来讲,一个国家在一定时期内、一定体制下以法定形式规定的各种税收法律、法规的总和,被称为税法体系。

从税收工作的角度来讲,所谓税法体系往往被称为税收制度。一个国家的税收制度是指在既定的管理体制下,设置的税种以及与这些税种的征收、管理有关的,具有法律效力的各级成文法律、行政法规、部门规章等的总和。换句话说,税法体系就是通常所说的税收制度(简称税制)。

税收制度的内容主要有三个层次:一是不同的要素构成税种。构成税种的要素主要包括纳税人、征税对象、税目、税率、纳税环节、纳税期限、减税免税等。二是不同的税种构成税收制度。例如,企业所得税、个人所得税、增值税、消费税及其他一些税种等。三是规范税款征收程序的法律法规,例如,税收征收管理法等。

税法体系中各税法按基本内容和效力、职能作用征收对象、权限范围的不同,可分为不同类型。

(一)按照税法的基本内容和效力的不同,可分为税收基本法和税收普通法

税收基本法也称税收通则,是税法体系的主体和核心,在税法体系中起着税收母法的作用。其基本内容一般包括税收制度的性质、税务管理机构、税收立法与管理权限、纳税人的基本权利与义务、征税机关的权利和义务、税种设置等。税收普通法是根据税收基本法的原则,对税收基本法规定的事项,分别立法实施的法律。例如,个人所得税法、税收征收管理法等。

(二)按照税法的职能作用的不同,可分为税收实体法和税收程序法

税收实体法主要是指确定税种立法,具体规定各税种的征收对象、征收范围、税目、税率、纳税地点等。例如,《中华人民共和国企业所得税法》《中华人民共和国个人所得税法》。税收程序法是指税务管理方面的法律,主要包括税收管理法纳税程序法、发票管理法、税务机关组织法、税务争议处理法等。

1.税收实体法体系

我国的现行税制,按征税对象大致分为以下五类:

(1)商品(货物)和劳务税类。包括增值税、消费税和关税。主要在生产、流通或者服务业中发挥调节作用。

(2)所得税类。包括企业所得税、个人所得税、土地增值税,主要是在国民收入形成后,对生产经营者的利润和个人的纯收入发挥调节作用。

(3)财产和行为税类。包括房产税、车船税、印花税、契税,主要是对某些财产和行为发挥调节作用。

(4)资源税和环境保护税类。包括资源、环境保护税和城镇土地使用税,主要是对因开发和利用自然资源差异,而形成的级差收入发挥调节作用。

(5)特定目的税类。包括城市维护建设税、车辆购置税、耕地占用税、船舶吨税和烟叶税,主要是为了达到特定目的,对特定对象和特定行为发挥调节作用。

2.税收程序法体系

除税收实体法外,我国对税收征收管理适用的法律制度,是按照税收管理机关的不同而分别规定的:

(1)由税务机关负责征收的税种的征收管理,按照全国人大常委会发布实施的《税收征收管理法》及各实体税法中的征管规定执行。

(2)由海关机关负责征收的税种的征收管理,其中,进口的增值税和消费税、关税和船舶吨税由海关负责,按照《海关法》及《进出口关税条例》等有关规定执行。

上述税收实体法和税收征收管理程序法,共同构成了我国现行税法体系。

【任务实施】

【任务4-1】

【正确答案】ACD

【答案解析】企业所得税法属于税收实体法,不适用税收征收管理适用的法律制度。

【任务4-2】

【正确答案】CD

【答案解析】进出口关税条例和海关法由海关负责征收。

【任务4-3】

【正确答案】ABCD

【答案解析】进口的增值税和消费税、关税和船舶吨税由海关负责,按照《海关法》及《进出口关税条例》等有关规定执行。

(三)按照主权国家行使税收管辖权的不同,可分为国内税法和国际税法

国内税法一般是按照属人或属地原则,规定一个国家的内部税收制度。国际税法是指国家间形成的税收制度,主要包括双边或多边国家间的税收协定、条约和国际惯例等。一般而言,其效力高于国内税法。

任务五 税法权利和义务

【任务引例】

【任务5-1】我国纳税人依法享有纳税人权利,下列属于纳税人权利的是(　　)。
A.依法申请减免税权　　　　　　　　B.控告税务人员的违法违纪行为
C.对税务机关作出的决定享有申辩权　　D.要求税务机关为纳税人的商业秘密保密

【任务5-2】涉税专业服务机构包括(　　)。
A.税务师事务所　　B.税务代理公司　　C.律师事务所　　D.财税类咨询公司

【任务准备】

一、税务行政主体的权利与义务

目前由税务机关征收的税种适用《税收征收管理法》。该法中规定了税务机关和纳税人的权利与义务。《税收征收管理法》第二条规定:"凡依法由税务机关征收的各种税收的征收管理均适用本法。"这就明确界定了《税收征收管理法》的适用范围。

《税收征收管理法》明确了税务行政主体是税务机关。《税收征收管理法》第五条规定:"国务院税务主管部门主管全国税收征收管理工作。各地国家税务局和地方税务局,应当按照国务院规定的税收征收管理范围分别进行征收管理。"税务行政管理相对人是纳税人、扣缴义务人和其他有关单位。

税务机关和税务人员的权利与义务具体如下:

(一)税务机关和税务人员的权利

1.负责税收征收管理工作。
2.税务机关依法执行职务,任何单位和个人不得阻挠。

(二)税务机关和税务人员的义务

1.税务机关应当广泛宣传税收法律、行政法规,普及纳税知识,无偿地为纳税人提供纳税咨询服务。
2.税务机关应当加强队伍建设,提高税务人员的政治业务素质。
3.税务机关、税务人员必须秉公执法、忠于职守、清正廉洁、礼貌待人、文明服务,尊重和保护纳税人、扣缴义务人的权利,依法接受监督。
4.税务人员不得索贿受贿、徇私舞弊、玩忽职守,不征或者少征应征税款;不得滥用职权,多征税款或者故意刁难纳税人和扣缴义务人。
5.各级税务机关应当建立、健全内部制约和监督管理制度。
6.上级税务机关应当对下级税务机关的执法活动,依法进行监督。

7.各级税务机关应当对其工作人员执行法律、行政法规和廉洁自律准则的情况,进行监督检查。

8.税务机关负责征收、管理、稽查,行政复议人员的职责应当明确,并相互分离、相互制约。

9.税务机关应为检举人保密,并按照规定给予奖励。

10.税务人员在核定应纳税额、调整税收定额、进行税务检查、实施税务行政处罚及办理税务行政复议时,与纳税人、扣缴义务人或者其法定代表人、直接责任人有下列关系之一的,应当回避:(1)夫妻关系;(2)直系血亲关系;(3)三代以内旁系血亲关系;(4)近姻亲关系;(5)可能影响公正执法的其他利益关系。

二、纳税人、扣缴义务人的权利与义务

(一)纳税人、扣缴义务人的权利

1.纳税人、扣缴义务人有权向税务机关了解国家税收法律、行政法规的规定以及与纳税程序有关的情况。

2.纳税人、扣缴义务人有权要求税务机关为纳税人、扣缴义务人的情况保密。税务机关应当为纳税人、扣缴义务人的情况保密。保密是指纳税人、扣缴义务人的商业秘密及个人隐私。纳税人、扣缴义务人的税收违法行为,不属于保密范围。

3.纳税人依法享有申请减税、免税、退税的权利。

4.纳税人、扣缴义务人对税务机关所做出的决定,享有陈述权、申辩权;依法享有申请行政复议、提起行政诉讼、请求国家赔偿等权利。

5.纳税人、扣缴义务人有权控告和检举税务机关、税务人员的违法、违纪行为。

(二)纳税人、扣缴义务人的义务

1.纳税人、扣缴义务人必须依照法律、行政法规的规定缴纳税款、代扣代缴、代收代缴税款。

2.纳税人、扣缴义务人和其他有关单位应当按照国家有关规定,如实向税务机关提供与纳税和代扣代缴、代收代缴税款有关的信息。

3.纳税人、扣缴义务人和其他有关单位应当接受税务机关依法进行的税务检查。

【任务实施】
【任务5-1】
【正确答案】ABCD
【答案解析】纳税义务人的权利主要有依法申请减免税权、控告税务人员的违法违纪行为、对税务机关作出的决定享有申辩权和要求税务机关为纳税人的商业秘密保密等。

三、地方各级人民政府、有关部门和单位的权利与义务

(一)地方各级人民政府、有关部门和单位的权利

1.地方各级人民政府,应当依法加强对本行政区域内税收征收管理工作的领导或者协

调,支持税务机关依法执行职务,依照法定税率计算税额,依法征收税款。

2.各有关部门和单位应当支持、协助税务机关依法执行职务。

3.任何单位和个人都有权检举违反税收法律、行政法规的行为。

(二)地方各级人民政府、有关部门和单位的义务

1.任何机关、单位和个人不得违反法律、行政法规的规定,擅自做出税收开征、停征以及减税、免税、退税、补税和其他与税收法律、行政法规相抵触的决定。

2.收到违反税收法律、行政法规行为检举的机关和负责查处的机关,应当为检举人保密。

四、涉税专业服务

涉税专业服务是指涉税专业机构,接受委托利用专业知识和技能,就涉税事项向委托人提供的税务代理等服务。涉税专业服务机构是指税务师事务所和从事涉税专业服务的会计师事务所、律师事务所、代理记账机构、税务代理公司、财税类咨询公司等机构。

(一)涉税专业服务机构涉税业务内容

1.纳税申报代理。对纳税人、扣缴义务人提供的资料进行归集和专业判断,代理纳税人、扣缴义务人进行纳税申报准备和签署纳税申报表、扣缴税款报告表以及相关文件。

2.一般税务咨询。对纳税人、扣缴义务人的日常办税事项提供税务咨询服务。

3.专业税务顾问。对纳税人、扣缴义务人的涉税事项提供长期的专业税务顾问服务。

4.税收策划。对纳税人、扣缴义务人的经营和投资活动提供符合税收法律法规及相关规定的纳税计划、纳税方案。

5.涉税鉴证。按照法律、法规以及依据法律、法规制定的相关规定要求,对涉税事项真实性和合法性出具鉴定和证明。

6.纳税情况审查。接受行政机关、司法机关委托,依法对企业纳税情况进行审查作出专业结论。

7.其他税务事项代理。接受纳税人、扣缴义务人的委托,代理建账记账、发票领用、减免退税申请等税务事项。

8.其他涉税服务。

(二)税务机关对涉税专业服务机构实施监管内容

1.税务机关应当对税务师事务所实施行政登记管理。

2.税务机关对涉税专业服务机构及其从事涉税服务人员进行实名制管理。

3.税务机关应当建立业务信息采集制度,利用现有的信息化平台分类采集业务信息,加强内部信息共享,提高分析利用水平。

4.税务机关对涉税专业服务机构从事涉税专业服务的执业情况进行检查,根据举报、投诉情况进行调查。

5.税务机关应当建立信用评价管理制度,对涉税专业服务机构从事涉税专业服务情况进行信用评价,对其从事涉税服务人员进行信用记录。

6.税务机关应当加强对税务师行业协会的监督指导,与其他相关行业协会建立工作联系

制度。

7.税务机关应当在门户网站、电子税务局和办税服务场所公告纳入监管的涉税专业服务机构名单及其信用情况,同时公告未经行政登记的税务师事务所名单。

8.税务机关应当为涉税专业服务机构提供便捷的服务,依托信息化平台为信用等级高的涉税专业服务机构开展批量纳税申报、信息报送等业务提供便利化服务。

【任务实施】

【任务5—2】

【正确答案】ABCD

【答案解析】涉税专业服务机构包括税务师事务所和从事涉税专业服务的会计师事务所、律师事务所、代理记账机构、税务代理公司、财税类咨询公司等机构。

项目二 增值税

【知识目标】
1.了解增值税的概念、特征及类型；
2.掌握增值税的征税范围、纳税义务人、税率和计税方法；
3.熟悉增值税专用发票的使用与管理和征收管理规定。

【能力目标】
1.能够辨别增值税纳税义务人的类型，并且能够根据经济业务判断该纳税义务人所适用的税率或征收率；
2.能够计算增值税一般纳税人的应纳税额、小规模纳税人的应纳税额、进口环节增值税税额；
3.能够运用增值税相关规定，对企业发生的涉税经济业务进行分析和处理，并填制增值税纳税申报表。

【素质目标】
1.通过相关法律知识的学习，培养学生的法律意识、诚信意识，增强学生遵纪守法的观念，形成良好的职业道德；
2.通过任务引例问题的解决，培养学生分析问题解决问题的能力，提升学生适应工作岗位的职业素养；
3.通过纳税申报工作任务的完成，培养学生积极、认真、负责的工作态度，学会良好的沟通和团队合作，提高学生协作处理问题的能力。

工作情境

一名大学毕业生张扬，应聘了企业税务专员的工作岗位，负责完成任职企业的涉税工作，要求按照税法相关规定正确计算、申报、缴纳、管理各税种。税务专员工作岗位承担着税务方面的一线工作，琐碎却非常重要，主要负责办理公司日常税务相关事务，管理各类发票，编制税务、统计等报表，申请、报批公司税务优惠政策的手续，管理公司税务证照等工作。针对增值税的主要工作内容有：

1.办理日常税务相关事务，包括申报、年检等工作；
2.管理增值税专用/普通发票，购买、领取、登记发票；

3.编制税务、统计等对外报表；

4.根据国家税收、财务政策对企业税务实际问题提出建议和可行性方案；

5.申请、报批企业有关税收优惠政策的手续，加强企业同税务、统计等部门的联络；管理公司税务证照。

任务一　增值税概念、纳税义务人与征税范围

【任务引例】

【任务1-1】根据增值税法律制度的规定，关于增值税纳税人的下列表述中，正确的是（　　）。

A.转让无形资产，以无形资产受让方为纳税人

B.提供建筑安装服务，以建筑安装服务接收方为纳税人

C.资管产品运营过程中发生的增值税应税行为，以资管产品管理人为纳税人

D.单位以承包、承租、挂靠方式经营的，一律以承包人为纳税人

【任务1-2】根据增值税法律制度的规定，下列关于小规模纳税人征税规定的表述中，不正确的是（　　）。

A.实行简易征税办法

B.一律不使用增值税专用发票

C.不允许抵扣增值税进项税额

D.可以请税务机关代开增值税专用发票

【任务1-3】下列纳税人中，不属于增值税一般纳税人的是（　　）。

A.年销售额为800万元的从事货物生产的个体经营者

B.年销售额为200万元的从事货物批发的其他个人

C.年销售额为700万元的从事货物生产的企业

D.年销售额为800万元的从事货物批发零售的企业

【任务1-4】除个体经营者以外的其他个人是不属于增值税一般纳税人吗？（　　）

【任务1-5】根据增值税法律制度的规定，下列各项中，应按照"金融服务"税目计算缴纳增值税的有（　　）。

A.转让外汇　　　　　　B.融资性售后回租

C.货币兑换服务　　　　D.财产保险服务

【任务1-6】根据增值税法律制度的规定，下列各项中，应按照"交通运输服务"计缴增值税的有（　　）。

A.程租　　　B.期租　　　C.湿租　　　D.道路通行服务

【任务1-7】根据增值税法律制度的规定，下列各项中，应按照"现代服务"税目计缴增值税的是（　　）。

A.经营租赁服务　　　　B.融资性售后回租

C.保险服务　　　　　　D.文化体育服务

【任务1-8】下列各项中，应按照"销售服务——生活服务"税目计缴增值税的是（　　）。

A.文化创意服务　　　　B.车辆停放服务

C.广播影视服务　　　　　　D.旅游娱乐服务

【任务1—9】将建筑物的广告位出租给其他单位用于发布广告,是应按照"广告服务"税目计缴增值税吗?(　　)

【任务1—10】下列各项中,应按照"销售服务——建筑服务"税目计缴增值税的是(　　)。
A.平整土地　　　　　　B.出售住宅
C.出租办公楼　　　　　D.转让土地使用权

【任务1—11】下列行为中,不属于销售无形资产的是(　　)。
A.转让专利权　　　　　　B.转让建筑永久使用权
C.转让网络虚拟道具　　　D.转让采矿权

【任务1—12】下列行为中,应按照"销售不动产"税目计缴增值税的是(　　)。
A.将建筑物广告位出租给其他单位用于发布广告
B.销售底商
C.转让高速公路经营权
D.转让国有土地使用权

【任务1—13】根据增值税法律制度的规定,下列情形中,属于在境内销售服务的有(　　)。
A.境外会计师事务所向境内单位销售完全在境内发生的会计咨询服务
B.境内语言培训机构向境外单位销售完全在境外发生的培训服务
C.境内广告公司向境外单位销售完全在境内发生的广告服务
D.境外律师事务所向境内单位销售完全在境外发生的法律咨询服务

【任务1—14】根据增值税法律制度的规定,企业发生的下列行为中,属于视同销售货物行为的有(　　)。
A.将服装交付他人代销
B.将自产服装用于职工福利
C.将购进服装赠送给某小学
D.销售代销服装

【任务1—15】根据增值税法律制度的规定,企业发生的下列行为中,不属于视同销售货物行为的是(　　)。
A.将购进的货物作为投资提供给其他单位
B.将购进的货物用于集体福利
C.将委托加工的货物分配给股东
D.将自产的货物用于个人消费

【任务1—16】根据增值税法律制度的规定,企业发生的下列行为中,属于视同销售货物行为的有(　　)。
A.将自产的货物分配给投资者
B.将货物交付他人代销
C.将委托加工收回的货物用于集体福利
D.将购进的货物用于个人消费

【任务1—17】下列各项中,属于增值税混合销售行为的有(　　)。

A.百货商店在销售商品的同时又提供送货服务
B.餐饮公司提供餐饮服务的同时又销售烟酒
C.建材商店在销售木质地板的同时提供安装服务
D.歌舞厅在提供娱乐服务的同时销售食品

【任务1—18】被保险人获得的保险赔付征收增值税吗？（　　）

【任务1—19】根据国家指令无偿提供用于公益事业的铁路运输服务征收增值税吗？（　　）

【任务1—20】根据增值税法律制度的规定，下列各项中，不征收增值税的有（　　）。
A.物业管理单位收取的物业费
B.被保险人获得的医疗保险赔付
C.物业管理单位代收的住宅专项维修资金
D.存款利息

【任务准备】

一、增值税概念

增值税是以商品和劳务在流转过程中产生的增值额作为征税对象而征收的一种流转税。

（一）增值税的产生与发展

增值税自1954年在法国问世后，许多国家纷纷引进这种较为科学的税收制度，以取代原有的周转税或销售税。目前，世界上有140多个国家和地区采用不同类型的增值税。自1983年1月1日起，我国开始试行增值税。当时的征税范围仅限于机器及其零配件、农机具及其零配件、缝纫机、电风扇、自行车等5种工业品，以后征税范围逐渐扩大。1993年12月13日国务院发布了《中华人民共和国增值税暂行条例》（以下简称《增值税暂行条例》），同年12月25日，财政部发布了《中华人民共和国增值税暂行条例实施细则》（以下简称《实施细则》），上述条例和实施细则均自1994年1月1日起施行。为进一步完善税制，国务院决定全面实施增值税转型改革，2008年11月5日修订了《增值税暂行条例》，将我国增值税类型由生产型增值税改为消费型增值税。为促进第三产业的发展，从2012年1月1日起，在部分地区和行业开展深化增值税制度改革试点，逐步将目前征收营业税的行业改为征收增值税，国家率先在上海市交通运输业和部分现代服务业开展试点，从2013年8月1日起，营改增试点在全国范围内推开，并将广播影视作品的制作、播映、发行纳入试点行业，从2014年1月1日起，国家对营改增试点政策进行了修改完善。进一步扩大了试点行业，铁路运输和邮政业也被纳入增值税的征税范围。

2017年7月1日起，简并增值税税率有关政策正式实施，原销售或者进口货物适用13%税率的全部降至11%，这个调整涉及农产品、天然气、食用盐、图书等23类产品。2018年3月28日，国务院常务会议决定从2018年5月1日起，将制造业等行业增值税税率从17%降至16%，将交通运输、建筑、基础电信服务等行业及农产品等货物的增值税税率从11%降至10%。2019年4月1日起，增值税一般纳税人发生增值税应税销售行为或者进口货物的税率、境外旅客购物离境退税物品的退税率等均有不同程度下降。

增值税目前已经成为中国最主要的税种之一，增值税的收入占中国全部税收的60%以上，是最大的税种。增值税由税务机关负责征收，税收收入中75%为中央财政收入，25%为地方收入。进口环节的增值税由海关负责征收,税收收入全部为中央财政收入。

(二)增值税的基本原理

按照我国增值税相关规定,增值税是对在我国境内销售货物,提供加工、修理修配劳务(以下简称提供应税劳务),销售服务、无形资产及不动产(以下简称发生应税行为),以及进口货物的企业、单位和个人,就其销售货物、提供应税劳务、发生应税行为的增值额和货物进口金额为计税依据而课征的一种流转税。

这里所说的"增值额"是指纳税人在销售货物、提供应税劳务、发生应税行为中所创造的新增价值,即纳税人在一定时期内销售货物或提供劳务、服务所取得的收入大于其购进货物或取得劳务、服务时所支付金额的差额。

从计税原理上说,增值税是对销售货物、提供应税劳务、发生应税行为中多个环节的新增价值或附加值征收的一种流转税。实行价外税,也就是由消费者负担,有增值才征税没增值不征税。但在实际经济生活中,商品新增价值或附加值在生产和流通过程中是很难准确计算的,因此,中国也采用国际上普遍采用的税款抵扣的办法。即根据销售货物、提供应税劳务、发生应税行为的销售额,按规定的税率计算出销项税额,然后扣除取得该货物、劳务、应税行为时所支付的增值税款,也就是进项税额,其差额就是增值部分应交的税额,这种计算方法体现了按增值因素计税的原则。

(三)增值税的特点

增值税虽属于流转税,但特殊的课税对象又使其具有自身的特点。

1. 实行税款抵扣制度

根据增值税的计税原理,流转额中的非增值因素在计税时将被扣除。从世界各国来看,一般都实行凭购货发票进行税款抵扣的制度,在计算应纳税额时,要扣除商品在以前生产环节已负担的税款,以避免重复征税。

2. 税基广阔,多环节普遍征收

增值税具有征税的普遍性和连续性。从增值税的征税范围看,对从事商品生产经营和劳务提供的所有单位和个人普遍征收;从增值税的征税环节看,在商品和劳务增值的各个生产流通环节征税。增值税可从商品的生产开始,一直延伸到商品的批发、零售等各个环节,使得增值税能够拥有广泛的税基。

3. 税负具有转嫁性

虽然增值税是向商品销售者和劳务提供者征收,但纳税人在销售商品和提供劳务时又通过价格将税收负担转嫁给下一生产流通环节,最后由最终消费者承担。

4. 实行价外征收制度

价外税是指税款不包含在商品价格内的价税分列的税种。增值税以不包含增值税税额的销售额作为计税依据,这是与传统的以全部流转额为计税依据的一个重要区别。实行价外税制度,有利于全面推行增值税,简化计征手续,并有利于税负转嫁的实现。

(四)增值税的类型

根据对外购固定资产所含税金扣除方式的不同,增值税可以分为:

1.生产型增值税:生产型增值税指在征收增值税时,只能扣除属于非固定资产项目的那部分生产资料的税款,不允许扣除固定资产价值中所含有的税款。该类型增值税的征税对象大体上相当于国民生产总值,因此称为生产型增值税。

2.收入型增值税:收入型增值税指在征收增值税时,只允许扣除固定资产折旧部分所含的税款,未提折旧部分不得计入扣除项目金额。该类型增值税的征税对象大体上相当于国民收入,因此称为收入型增值税。

3.消费型增值税:消费型增值税指在征收增值税时,允许将固定资产价值中所含的税款全部一次性扣除。这样,就整个社会而言,生产资料都排除在征税范围之外。该类型增值税的征税对象仅相当于社会消费资料的价值,因此称为消费型增值税。中国从2009年1月1日起,在全国所有地区实施消费型增值税。

二、纳税义务人

(一)纳税人

根据《增值税暂行条例》的规定,在中华人民共和国境内销售货物或者提供加工、修理修配劳务,销售服务、无形资产、不动产以及进口货物的单位和个人,为增值税的纳税人。

单位,是指企业、行政单位、事业单位、军事单位、社会团体及其他单位。

个人,是指个体工商户和其他个人。

单位以承包、承租、挂靠方式经营的,承包人、承租人、挂靠人(以下统称"承包人")以发包人、出租人、被挂靠人(以下统称"发包人")名义对外经营并由发包人承担相关法律责任的,以该发包人为纳税人。否则,以承包人为纳税人资管产品运营过程中发生的增值税应税行为,以资管产品管理人为增值税纳税人。

(二)纳税人的分类

增值税实行凭专用发票抵扣税款的制度,客观上要求纳税人具备健全的会计核算制度和能力。在实际经济生活中我国增值税纳税人众多,会计核算水平参差不齐,大量小企业和个人还不具备自行开具增值税专用发票以及抵扣税款的能力。为了既简化增值税的计算和征收,又有利于减少税收征管漏洞,增值税法将增值税纳税人按会计核算水平和经营规模分为小规模纳税人和一般纳税人两类纳税人,分别采取不同的资格登记和管理办法。

1.小规模纳税人

(1)增值税小规模纳税人标准为年应征增值税销售额500万元及以下。年应税销售额,是指纳税人在连续不超过12个月或四个季度的经营期内累计应征增值税销售额,包括纳税申报销售额、稽查查补销售额、纳税评估调整销售额。

(2)已登记为增值税一般纳税人的单位和个人,转登记日前连续12个月或者连续四个季度累计销售额未超过500万元的,在2019年12月31日前,可选择转登记为小规模纳税人,其未抵扣的进项税额作转出处理。

小规模纳税人会计核算健全,能够提供准确税务资料的,可以向税务机关申请登记为一般纳税人,不再作为小规模纳税人。会计核算健全,是指能够按照国家统一的会计制度规定设置账簿,根据合法、有效凭证核算。

小规模纳税人实行简易征税办法,并且一般不使用增值税专用发票,但基于增值税征收管理中一般纳税人与小规模纳税人之间客观存在的经济往来的实情,小规模纳税人可以到税务机关代开增值税专用发票。

为持续推进放管服务(简政放权、放管结合、优化服务的简称)改革,全面推行小规模纳税人自行开具增值税专用发票。小规模纳税人(其他个人除外)发生增值税应税行为,需要开具增值税专用发票的,可以自愿使用增值税发票管理系统自行开具,但销售其取得的不动产,需要开具增值税专用发票的,应当按照有关规定向税务机关申请代开。

2.一般纳税人

一般纳税人,是指年应税销售额超过财政部、国家税务总局规定的小规模纳税人标准的企业和企业性单位。一般纳税人实行登记制,除另有规定外,应当向税务机关办理登记手续,如表2—1。

下列纳税人不办理一般纳税人登记:

(1)按照政策规定,选择按照小规模纳税人纳税的;

(2)年应税销售额超过规定标准的其他个人。

纳税人自一般纳税人生效之日起,按照增值税一般计税方法计算应纳税额,并可以按照规定领用增值税专用发票,财政部、国家税务总局另有规定的除外。

纳税人登记为一般纳税人后,不得转为小规模纳税人,国家税务总局另有规定的除外。

表2-1 增值税一般纳税人登记表

纳税人名称		社会信用代码(纳税人识别号)		
法定代表人(负责人、业主)		证件名称及号码		联系电话
法定代表人(负责人、业主)		证件名称及号码		联系电话
财务负责人		证件名称及号码		联系电话
办税人员		证件名称及号码		联系电话
税务登记日期				
生产经营地址				
注册地址				
纳税人类别:企业□非企业性单位□个体工商户□其他□				
主营业务类别:工业□商业□服务业□其他□				
会计核算健全:是□否□				
一般纳税人生效之日:当月1日□次月1日□				
纳税人(代理人)承诺: 　　会计核算健全,能够提供准确税务资料,上述各项内容真实、可靠、完整。如有虚假,愿意承担相关法律责任。 　　　　经办人:　　　法定代表人:　　　代理人:　　　(签章) 　　　　　　　　　　　　　　　　　　　　　　　年　月　日				
以下由税务机关填写				
税务机关 受理情况	受理人:			受理税务机关(章) 年　月　日

【填表说明】

1.本表由纳税人如实填写。

2.表中"证件名称及号码"相关栏次,根据纳税人的法定代表人、财务负责人、办税人员的居民身份证、护照等有效身份证件及号码填写。

3.表中"一般纳税人生效之日"由纳税人自行勾选。

4.本表一式二份,主管税务机关和纳税人各留存一份。

(三)扣缴义务人

中华人民共和国境外的单位或者个人在境内销售劳务,在境内未设有经营机构的,以其境内代理人为扣缴义务人;在境内没有代理人的,以购买方为扣缴义务人。

【任务实施】
【任务1—1】
【正确答案】C
【答案解析】选项A，转让方为纳税人；选项B，提供建筑安装服务方为纳税人；选项D，单位以承包、承租、挂靠方式经营的，承包人、承租人、挂靠人（以下统称承包人）以发包人、出租人、被挂靠人（以下统称发包人）名义对外经营并由发包人承担相关法律责任的，以该发包人为纳税人。否则，以承包人为纳税人。

【任务1—2】
【正确答案】B
【答案解析】选项AC，小规模纳税人实行简易征税办法，不得抵扣进项税额；选项D，小规模纳税人（其他个人除外）发生增值税应税行为，需要开具增值税专用发票的，可以自愿使用增值税发票管理系统自行开具，也可以请税务机关代开增值税专用发票。但销售其取得的不动产，需要开具增值税专用发票的，应当按照有关规定向税务机关申请代开。

【任务1—3】
【正确答案】B
【答案解析】除个体经营者以外的其他个人不属于一般纳税人，应按小规模纳税人纳税。

【任务1—4】
【正确答案】是的，个体工商户以外的其他个人不办理一般纳税人资格登记。

三、征税范围

增值税的征税范围包括在中华人民共和国境内销售货物或者劳务，销售服务、无形资产、不动产以及进口货物等。

（一）征税范围的一般规定

1. 销售货物

在中国境内销售货物，是指销售货物的起运地或者所在地在境内。

销售货物是有偿转让货物的所有权。货物，是指有形动产，包括电力、热力、气体。有偿，是指从购买方取得货币、货物或者其他经济利益。

2. 销售劳务

在中国境内销售劳务，是指提供的劳务发生地在境内。

销售劳务，是指有偿提供加工、修理修配劳务。单位或者个体工商户聘用的员工为本单位或者雇主提供加工、修理修配劳务不包括在内。

加工，是指受托加工货物，即委托方提供原料及主要材料，受托方按照委托方的要求，制造货物并收取加工费的业务；修理修配，是指受托对损伤和丧失功能的货物（指有形动产）进行修复，使其恢复原状和功能的业务。

3. 销售服务

销售服务，是指提供交通运输服务、邮政服务、电信服务、建筑服务、金融服务、现代服务、生活服务。

(1) 交通运输服务

交通运输服务，是指利用运输工具将货物或者旅客送达目的地，使其空间位置得到转移的业务活动。包括陆路运输服务、水路运输服务、航空运输服务和管道运输服务。

①陆路运输服务，是指通过陆路(地上或者地下)运送货物或者旅客的运输业务活动，包括铁路运输服务和其他陆路运输服务。

出租车公司向使用本公司自有出租车的出租车司机收取的管理费用，按照陆路运输服务缴纳增值税。

②水路运输服务，是指通过江、河、湖、川等天然、人工水道或者海洋航道运送货物或者旅客的运输业务活动。水路运输的程租、期租业务，属于水路运输服务。

③航空运输服务，是指通过空中航线运送货物或者旅客的运输业务活动。航空运输的湿租业务，属于航空运输服务。

航天运输服务，按照航空运输服务缴纳增值税。

航天运输服务，是指利用火箭等载体将卫星、空间探测器等空间飞行器发射到空间轨道的业务活动。

④管道运输服务，是指通过管道设施输送气体、液体、固体物质的运输业务活动。

无运输工具承运业务，按照交通运输服务缴纳增值税。

无运输工具承运业务，是指经营者以承运人身份与托运人签订运输服务合同，收取运费并承担承运人责任，然后委托实际承运人完成运输服务的经营活动。

(2) 邮政服务

邮政服务，是指中国邮政集团公司及其所属邮政企业提供邮件寄递、邮政汇兑和机要通信等邮政基本服务的业务活动。包括邮政普遍服务、邮政特殊服务和其他邮政服务。

①邮政普遍服务，是指函件、包裹等邮件寄递，以及邮票发行、报刊发行和邮政汇兑等业务活动。

②邮政特殊服务，是指义务兵平常信函、机要通信、盲人读物和革命烈士遗物的寄递等业务活动。

③其他邮政服务，是指邮册等邮品销售、邮政代理等业务活动。

(3) 电信服务

电信服务，是指利用有线、无线的电磁系统或者光电系统等各种通信网络资源，提供语音通话服务，传送、发射、接收或者应用图像、短信等电子数据和信息的业务活动。包括基础电信服务和增值电信服务。

①基础电信服务，是指利用固网、移动网、卫星、互联网，提供语音通话服务的业务活动，以及出租或者出售带宽、波长等网络元素的业务活动。

②增值电信服务，是指利用移动网、卫星、互联网、有线电视网，提供短信和彩信服务，电子数据和信息的传输及应用服务、互联网接入服务等业务活动。

卫星电视信号落地转接服务，按照增值电信服务缴纳增值税。

(4) 建筑服务

建筑服务，是指各类建筑物、构筑物及其附属设施的建造、修缮、装饰，线路、管道、设备、设施等的安装以及其他工程作业的业务活动。包括工程服务、安装服务、修缮服务、装饰服务和其他建筑服务。

①工程服务,是指新建、改建各种建筑物、构筑物的工程作业,包括与建筑物相连的各种设备或者支柱、操作平台的安装或者装设工程作业,以及各种窑炉和金属结构工程作业。

②安装服务,是指生产设备、动力设备、起重设备、运输设备、传动设备、医疗实验设备以及其他各种设备、设施的装配、安置工程作业,包括与被安装设备相连的工作台、梯子、栏杆的装设工程作业,以及被安装设备的绝缘、防腐、保温、油漆等工程作业。

固定电话、有线电视、宽带、水、电、燃气、暖气等经营者向用户收取的安装费、初装费、开户费、扩容费以及类似收费,按照安装服务缴纳增值税。

③修缮服务,是指对建筑物、构筑物进行修补、加固、养护、改善,使之恢复原来的使用价值或者延长其使用期限的工程作业。

④装饰服务,是指对建筑物、构筑物进行修饰装修,使之美观或者具有特定用途的工程作业。

⑤其他建筑服务,是指上列工程作业之外的各种工程作业服务,如钻井(打井)、拆除建筑物或者构筑物、平整土地、园林绿化、疏浚(不包括航道疏浚)、建筑物平移、搭脚手架、爆破、矿山穿孔、表面附着物(包括岩层、土层、沙层等)剥离和清理等工程作业。

(5)金融服务

金融服务,是指经营金融保险的业务活动,包括贷款服务、直接收费金融服务、保险服务和金融商品转让。

①贷款服务。贷款,是指将资金贷予他人使用而取得利息收入的业务活动。

各种占用、拆借资金取得的收入,包括金融商品持有期间(含到期)利息(保本收益、报酬、资金占用费、补偿金等)收入、信用卡透支利息收入、买入返售金融商品利息收入、融资融券收取的利息收入,以及融资性售后回租、押汇、罚息、票据贴现、转贷等业务取得的利息及利息性质的收入,按照贷款服务缴纳增值税。

融资性售后回租,是指承租方以融资为目的,将资产出售给从事融资性售后回租业务的企业后,从事融资性售后回租业务的企业将该资产出租给承租方的业务活动。

以货币资金投资收取的固定利润或者保底利润,按照贷款服务缴纳增值税。

②直接收费金融服务,是指为货币资金融通及其他金融业务提供相关服务并且收取费用的业务活动。包括提供货币兑换、账户管理、电子银行、信用卡、信用证、财务担保、资产管理、信托管理、基金管理、金融交易场所(平台)管理、资金结算、资金清算、金融支付等服务。

③保险服务,是指投保人根据合同约定,向保险人支付保险费,保险人对于合同约定的可能发生的事故因其发生所造成的财产损失承担赔偿保险金责任,或者当被保险人死亡、伤残、疾病或者达到合同约定的年龄、期限等条件时承担给付保险金责任的商业保险行为。包括人身保险服务和财产保险服务。

④金融商品转让,是指转让外汇、有价证券、非货物期货和其他金融商品所有权的业务活动。

其他金融商品转让包括基金、信托、理财产品等各类资产管理产品和各种金融衍生品的转让。

(6)现代服务

现代服务,是指围绕制造业、文化产业、现代物流产业等提供技术性、知识性服务的业务活动。包括研发和技术服务、信息技术服务、文化创意服务、物流辅助服务、租赁服务、鉴证咨询服务、广播影视服务、商务辅助服务和其他现代服务。

①研发和技术服务,包括研发服务、合同能源管理服务、工程勘察勘探服务、专业技术服务。

②信息技术服务,是指利用计算机、通信网络等技术对信息进行生产、收集、处理、加工、存储、运输、检索和利用,并提供信息服务的业务活动。包括软件服务、电路设计及测试服务、信息系统服务、业务流程管理服务和信息系统增值服务。

③文化创意服务,包括设计服务、知识产权服务、广告服务和会议展览服务。

④物流辅助服务,包括航空服务、港口码头服务、货运客运场站服务、打捞救助服务、装卸搬运服务、仓储服务和收派服务。

⑤租赁服务,包括融资租赁服务和经营租赁服务。

融资性售后回租不按照本税目缴纳增值税。

将建筑物、构筑物等不动产或者飞机、车辆等有形动产的广告位出租给其他单位或者个人用于发布广告,按照经营租赁服务缴纳增值税。

车辆停放服务、道路通行服务(包括过路费、过桥费、过闸费等)等按照不动产经营租赁服务缴纳增值税。

⑥鉴证咨询服务,包括认证服务、鉴证服务和咨询服务。翻译服务和市场调查服务按照咨询服务缴纳增值税。

⑦广播影视服务,包括广播影视节目(作品)的制作服务、发行服务和播映(含放映)服务。

⑧商务辅助服务,包括企业管理服务、经纪代理服务、人力资源服务、安全保护服务。

⑨其他现代服务,是指除研发和技术服务、信息技术服务、文化创意服务、物流辅助服务、租赁服务、鉴证咨询服务、广播影视服务和商务辅助服务以外的现代服务。

(7)生活服务

生活服务,是指为满足城乡居民日常生活需求提供的各类服务活动。包括文化体育服务、教育医疗服务、旅游娱乐服务、餐饮住宿服务、居民日常服务和其他生活服务。

①文化体育服务,包括文化服务和体育服务。

②教育医疗服务,包括教育服务和医疗服务。

③旅游娱乐服务,包括旅游服务和娱乐服务。

④餐饮住宿服务,包括餐饮服务和住宿服务。

⑤居民日常服务,是指主要为满足居民个人及其家庭日常生活需求提供的服务,包括市容市政管理、家政、婚庆、养老、殡葬、照料和护理、救助救济、美容美发、按摩、桑拿、氧吧、足疗、体浴、洗染、摄影扩印等服务。

⑥其他生活服务,是指除文化体育服务、教育医疗服务、旅游娱乐服务、餐饮住宿服务和居民日常服务之外的生活服务。

4.销售无形资产

销售无形资产,是指转让无形资产所有权或者使用权的业务活动。无形资产,是指不具有实物形态,但能带来经济利益的资产,包括技术、商标、著作权、商誉、自然资源使用权和其他权益性无形资产。

技术,包括专利技术和非专利技术。

自然资源使用权,包括土地使用权、海域使用权、探矿权、采矿权、取水权和其他自然资源使用权。

其他权益性无形资产，包括基础设施资产经营权、公共事业特许权、配额、经营权（包括特许经营权、连锁经营权、其他经营权）、经销权、分销权、代理权、会员权、席位权、网络游戏虚拟道具、域名、名称权、肖像权、冠名权、转会费等。

5.销售不动产

销售不动产，是指转让不动产所有权的业务活动。不动产，是指不能移动或者移动后会引起性质、形状改变的财产，包括建筑物、构筑物等。

建筑物，包括住宅、商业营业用房、办公楼等可供居住、工作或者进行其他活动的建造物。

构筑物，包括道路、桥梁、隧道、水坝等建造物。

转让建筑物有限产权或者永久使用权的，转让在建的建筑物或者构筑物所有权的，以及在转让建筑物或者构筑物时一并转让其所占土地的使用权的，按照销售不动产缴纳增值税。

6.进口货物

进口货物，是指申报进入中国海关境内的货物。根据《增值税暂行条例》的规定，只要是报关进口的应税货物，均属于增值税的征税范围，除享受免税政策外，在进口环节缴纳增值税。

7.关于有偿

有偿，是指销售货物、劳务、服务、无形资产和不动产时取得货币、货物或者其他经济利益。但属于下列非经营活动的情形除外。

(1)行政单位收取的同时满足以下条件的政府性基金或者行政事业性收费。

①由国务院或者财政部批准设立的政府性基金，由国务院或者省级人民政府及其财政、价格主管部门批准设立的行政事业性收费；

②收取时开具省级以上（含省级）财政部门监（印）制的财政票据；

③所收款项全额上缴财政。

(2)单位或者个体工商户聘用的员工为本单位或者雇主提供取得工资的服务。

(3)单位或者个体工商户为聘用的员工提供服务。

(4)财政部和国家税务总局规定的其他情形。

8.关于境内

应税行为发生在中华人民共和国境内，具体是指：

(1)服务（租赁不动产除外）或者无形资产（自然资源使用权除外）的销售方或者购买方在境内。

(2)所销售或者租赁的不动产在境内。

(3)所销售自然资源使用权的自然资源在境内。

(4)财政部和国家税务总局规定的其他情形。

下列情形不属于在境内销售服务或者无形资产：

(1)境外单位或者个人向境内单位或者个人销售完全在境外发生的服务。

(2)境外单位或者个人向境内单位或者个人销售完全在境外使用的无形资产。

(3)境外单位或者个人向境内单位或者个人出租完全在境外使用的有形动产。

(4)财政部和国家税务总局规定的其他情形。

【任务实施】

【任务1-5】

【正确答案】ABCD

【答案解析】选项A,转让外汇属于金融服务——金融商品转让服务;选项B,融资性售后回租属于金融服务——贷款服务;选项C,货币兑换服务属于金融服务——直接收费金融服务;选项D,财产保险服务属于金融服务——保险服务。

【任务1-6】
【正确答案】ABC
【答案解析】车辆停放服务、道路通行服务(包括过路费、过桥费、过闸费等)等按照不动产经营租赁服务缴纳增值税。

【任务1-7】
【正确答案】A
【答案解析】选项A,经营租赁服务属于现代服务——租赁服务;选项B,融资性售后回租属于金融服务——贷款服务;选项C,保险服务属于金融服务;选项D,文化体育服务属于生活服务。

【任务1-8】
【正确答案】D
【答案解析】选项ABC都属于现代服务。

【任务1-9】
【正确答案】不是。
【答案解析】应按照经营租赁服务缴纳增值税。

【任务1-10】
【正确答案】A
【答案解析】选项B属于销售不动产,选项C属于现代服务,选项D属于销售无形资产。

【任务1-11】
【正确答案】B
【答案解析】选项B属于销售不动产。

【任务1-12】
【正确答案】B
【答案解析】选项A属于现代服务,选项C和选项D属于转让无形资产。

【任务1-13】
【正确答案】ABC
【答案解析】选项D是境外单位或者个人向境内单位或者个人销售完全在境外发生的服务,不属于在境内销售服务。

(二)征税范围的特殊规定

1.视同销售行为

(1)单位或者个体工商户的下列行为,视同销售货物,征收增值税:

①将货物交付其他单位或者个人代销;

②销售代销货物;

③设有两个以上的机构并实行统一核算的纳税人,将货物从一个机构移送其他机构用于销售,相关机构设在同一县(市)的除外;

④将自产或者委托加工的货物用于非增值税应税项目;
⑤将自产或者委托加工的货物用于集体福利或个人消费;
⑥将自产、委托加工或者购进的货物作为投资,提供给其他单位或者个体工商户;
⑦将自产、委托加工或者购进的货物分配给股东或者投资者;
⑧将自产、委托加工或者购进的货物无偿赠送其他单位或者个人。

上述8种行为应该确定为视同销售货物行为,均要征收增值税。其确定的目的主要有三个:一是保证增值税税款抵扣制度的实施,不致因发生上述行为而造成各相关环节税款抵扣链条的中断,如前两种情况就是这个原因。如果不将之视同销售就会出现销售代销货物方仅有销项税额而无进项税额,而将货物交付其他单位或者个人代销方仅有进项税额而无销项税额的情况,就会出现增值税抵扣链条不完整。二是避免因发生上述行为而造成货物销售税收负担不平衡的矛盾,防止以上述行为逃避纳税的现象。三是体现增值税计算的配比原则。即购进货物已经在购进环节实施了进项税额抵扣,这些购进货物应该产生相应的销售额,同时就应该产生相应的销项税额,否则就会产生不配比情况。如上述④~⑧讲的几种情况就属于此种原因。

(2)单位或者个人的下列情形视同销售服务、无形资产或者不动产,征收增值税:
①单位或者个人向其他单位或者个人无偿提供服务,但用于公益事业或者以社会公众为对象的除外;
②单位或者个人向其他单位或者个人无偿转让无形资产或者不动产,但用于公益事业或者以社会公众为对象的除外;
③财政部和国家税务总局规定的其他情形。

2.混合销售

一项销售行为如果既涉及货物又涉及服务,为混合销售。从事货物的生产、批发或者零售的单位和个体工商户的混合销售行为,按照销售货物缴纳增值税;其他单位和个体工商户的混合销售行为,按照销售服务缴纳增值税。

上述从事货物的生产、批发或者零售的单位和个体工商户,包括以从事货物的生产、批发或者零售为主,并兼营销售服务的单位和个体工商户在内。

自2017年5月起,纳税人销售活动板房、机器设备、钢结构件等自产货物的同时提供建筑、安装服务,不属于混合销售,应分别核算货物和建筑服务的销售额,分别适用不同的税率或者征收率。

3.兼营

兼营,是指纳税人的经营中包括销售货物、劳务以及销售服务、无形资产和不动产的行为。纳税人发生兼营行为,应当分别核算适用不同税率或征收率的销售额,未分别核算销售额的,按照以下办法适用税率或征收率:

(1)兼有不同税率的销售货物、劳务、服务、无形资产或者不动产,从高适用税率。
(2)兼有不同征收率的销售货物、劳务、服务、无形资产或者不动产,从高适用征收率。
(3)兼有不同税率和征收率的销售货物、劳务、服务、无形资产或者不动产,从高适用税率。

4.不征收增值税项目

(1)根据国家指令无偿提供的铁路运输服务、航空运输服务,属于《营业税改征增值税试点实施办法》规定的用于公益事业的服务。

(2)存款利息。

(3)被保险人获得的保险赔付。

(4)房地产主管部门或者其指定机构、公积金管理中心、开发企业以及物业管理单位代收的住宅专项维修资金。

(5)在资产重组过程中,通过合并、分立、出售、置换等方式,将全部或者部分实物资产以及与其相关联的债权、负债和劳动力一并转让给其他单位和个人,其中涉及的不动产、土地使用权转让行为。

(6)纳税人在资产重组过程中,通过合并、分立、出售、置换等方式,将全部或者部分实物资产以及与其相关联的债权、负债和劳动力一并转让给其他单位和个人,不属于增值税的征税范围,其中涉及的货物转让,不征收增值税。

【任务实施】

【任务1—14】

【正确答案】ABCD

【答案解析】单位或者个体工商户的下列行为,视同销售货物,征收增值税:

①将货物交付其他单位或者个人代销;

②销售代销货物;

③设有两个以上的机构并实行统一核算的纳税人,将货物从一个机构移送其他机构用于销售,但相关机构设在同一县(市)的除外;

④将自产或者委托加工的货物用于非增值税应税项目;

⑤将自产或者委托加工的货物用于集体福利或个人消费;

⑥将自产、委托加工或者购进的货物作为投资,提供给其他单位或者个体工商户;

⑦将自产、委托加工或者购进的货物分配给股东或者投资者;

⑧将自产、委托加工或者购进的货物无偿赠送其他单位或者个人。

【任务1—15】

【正确答案】B

【答案解析】选项B,应作进项税额转出处理,而非视同销售。

【任务1—16】

【正确答案】ABC

【答案解析】选项D,应作进项税额转出处理,而不是视同销售。

【任务1—17】

【正确答案】ABCD

【答案解析】根据增值税法律制度的规定,选项A、选项B、选项C、选项D均属于增值税混合销售行为。

【任务1—18】

【正确答案】不征收。

【答案解析】被保险人获得的保险赔付不征收增值税。

【任务1—19】

【正确答案】不征收。

【答案解析】根据国家指令无偿提供的铁路运输服务、航空运输服务,属于《营业税改征增值税试点实施办法》规定的用于公益事业的服务,不征收增值税。

【任务1—20】

【正确答案】BCD

【答案解析】下列项目,不征收增值税项目:(1)根据国家指令无偿提供的铁路运输服务、航空运输服务,用于公益事业的服务;(2)存款利息;(3)被保险人获得的保险赔付;(4)房地产主管部门或者其指定机构、公积金管理中心、开发企业以及物业管理单位代收的住宅专项维修资金;(5)在资产重组过程中,通过合并、分立、出售、置换等方式,将全部或者部分实物资产以及与其相关联的债权、负债和劳动力一并转让给其他单位和个人,其中涉及的不动产、土地使用权转让行为;(6)纳税人在资产重组过程中,通过合并、分立、出售、置换等方式,将全部或者部分实物资产以及与其相关联的债权、负债和劳动力一并转让给其他单位和个人,不属于增值税的征税范围,其中涉及的货物转让,不征收增值税。

【任务实操】

请税务专员完成增值税一般纳税人登记工作任务。

任务二 税率与征收率

【任务引例】

【任务2-1】下列各项增值税服务中,增值税税率为13%的是(　　)。
A.邮政服务　　　　　　　B.交通运输服务
C.有形动产租赁服务　　　D.增值电信服务

【任务2-2】根据增值税法律制度的规定,销售下列货物应当按增值税低税率9%征收的有(　　)。
A.粮食　　　B.图书　　　C.暖气　　　D.电力

【任务2-3】下列选项中,适用增值税零税率优惠的是(　　)。
A.离岸外包服务　　　　　　B.广告投放地在境外的广告服务
C.个人销售自建自用住房　　D.殡葬服务

【任务2-4】根据增值税法律制度的规定,下列服务中,适用零税率的有(　　)。
A.向境外单位提供的完全在境外消费的软件服务
B.在境内载运旅客出境的国际运输服务
C.纳税人提供的直接国际货物运输代理服务
D.向境外单位提供的完全在境外消费的物流辅助服务

【任务2-5】根据增值税法律制度的规定,一般纳税人销售的下列货物中,可以选择简易计税方法计缴增值税的有(　　)。
A.食品厂销售的食用植物油
B.县级以下小型水力发电单位生产的电力
C.自来水公司销售自产的自来水
D.煤气公司销售的煤气

【任务2-6】根据增值税法律制度的规定,增值税一般纳税人提供的下列服务中,不适用简易方法计征增值税的是(　　)。
A.地铁公司提供的公共交通运输服务
B.快递公司提供的收派服务
C.搬家公司提供的搬运服务
D.广告公司提供的广告制作服务

【任务2-7】甲企业为增值税小规模纳税人。2020年10月,甲企业销售自己使用过1年的机器设备一台,共取得含税销售额30 900元;销售自己使用过的包装物,取得含税销售额10 300元。甲企业当月应缴纳的增值税税额为(　　)元。
A.800　　　　　　　　　　B.900
C.1 100　　　　　　　　　D.1 200

【任务准备】

一、税率

我国增值税采用比例税率,设置了基本税率、低税率和零税率三档。

(一)基本税率

基本税率为13%,适用于纳税人销售货物、劳务、有形动产租赁服务或者进口货物(《增值税暂行条例》第二条第2项、第4项、第5项列举的除外)。

(二)低税率

1.低税率9%,适用于纳税人销售交通运输、邮政、基础电信、建筑、不动产租赁服务,销售不动产,转让土地使用权,销售或者进口下列货物:

(1)粮食等农产品、食用植物油、食用盐、鲜奶(含巴氏杀菌乳和灭菌乳,不含调制乳)、干姜、姜黄;花椒油、橄榄油、核桃油、杏仁油、葡萄籽油和牡丹籽油(环氧大豆油、氢化植物油税率为13%);动物骨粒。

【注意】农产品是指种植业、养殖业、林业、牧业、水产业生产的各种植物、动物的初级产品。销售自产人工合成牛胚胎免征增值税;肉桂油、桉油、香茅油、淀粉、麦芽、复合胶、人发,均适用13%的增值税税率。

(2)图书、报纸、杂志、音像制品、电子出版物。

【注意】图书包含国内印刷企业承印的经新闻出版主管部门批准印刷且采用国际标准书号编序的境外图书。

(3)自来水、暖气、冷气、热水、煤气、石油液化气、天然气、二甲醚、沼气、居民用煤炭制品。

【注意】不含电力。

(4)饲料(包括宠物饲料)、化肥、农药、农机(整机)、农膜。

【注意】不含农机零件。税率为9%的农机包括密集型烤房设备、频振式杀虫灯、自动虫情测报灯、粘虫板、卷帘机、农用挖掘机、养鸡设备系列、养猪设备系列产品等。

【说明】自2019年4月1日起,增值税一般纳税人发生增值税应税销售行为或者进口货物,原适用16%税率的,税率调整为13%;原适用10%税率的,税率调整为9%。

2.低税率6%,除13%、9%和零税率以外的适用。具体如表2-1所示。

【注意】纳税人通过省级土地行政主管部门设立的交易平台转让补充耕地指标,按照销售无形资产缴纳增值税,税率为6%。

(三)零税率

1.出口货物零税率

纳税人出口货物,税率为零;但是,国务院另有规定的除外。

2.服务、无形资产零税率

境内单位和个人跨境销售国务院规定范围内的服务、无形资产,税率为零。包括:

(1)国际运输服务。

国际运输服务,是指:

①在境内载运旅客或者货物出境。
②在境外载运旅客或者货物入境。
③在境外载运旅客或者货物。
(2)航天运输服务。
(3)向境外单位提供的完全在境外消费的下列服务:
①研发服务。
②合同能源管理服务。
③设计服务。
④广播影视节目(作品)的制作和发行服务。
⑤软件服务。
⑥电路设计及测试服务。
⑦信息系统服务。
⑧业务流程管理服务。
⑨离岸服务外包业务。
⑩转让技术。
(4)国务院规定的其他服务。
3.其他零税率政策。
(1)按照国家有关规定应取得相关资质的国际运输服务项目,纳税人取得相关资质的,适用增值税零税率政策,未取得的,适用增值税免税政策。
(2)境内的单位或个人提供程租服务,如果租赁的交通工具用于国际运输服务和港澳台运输服务,由出租方按规定申请适用增值税零税率。
(3)境内的单位和个人向境内单位或个人提供期租、湿租服务,如果承租方利用租赁的交通工具向其他单位或个人提供国际运输服务和港澳台运输服务,由承租方适用增值税零税率。

【注意】境内的单位或个人向境外单位或个人提供期租、湿租服务,由出租方适用增值税零税率。

(4)境内单位和个人以无运输工具承运方式提供的国际运输服务,由境内实际承运人适用增值税零税率;无运输工具承运业务的经营者适用增值税免税政策。

【知识链接】光租、程租、期租、干租、湿租。
远洋运输:
光租:指远洋运输企业将船舶在约定的时间内出租给他人使用,不配备操作人员,不承担运输过程中发生的各种费用,只收取固定租赁费的业务。
程租:指远洋运输企业为租船人完成某一特定航次的运输任务并收取租赁费的业务。
期租:定期租船,指远洋运输企业将配备有操作人员的船舶承租给他人使用一定期限,承租期内听候承租方调遣,不论是否经营,均按一定标准向承租方收取租赁费,发生的固定费用(如人员工资、维修费用等)均由承租方负担的业务。
航空运输:
干租:光机租赁,指航空运输企业将飞机在约定的时间内出租给他人使用,不配有机组人员,不承担运输过程中发生的各种费用,只收取固定租赁费的业务。

湿租：指航空运输企业将配有机组人员的飞机承租给他人使用一定期限，承租期内听候承租方调遣，不论是否经营，均按一定标准向承租方收取租赁费，发生的固定费用（如人员工资、维修费用等）均由承租方负担的业务。

表2-2 增值税税率表

序号	税目	税率
1	销售或者进口货物（除4～7项外）	13%
2	加工、修理修配劳务	
3	有形动产租赁服务	
4	粮食等农产品、食用植物油、食用盐	9%
5	图书、报纸、杂志、音像制品、电子出版物	
6	自来水、暖气、冷气、热水、煤气、石油液化气、天然气、二甲醚、沼气、居民用煤炭制品	
7	饲料（包括宠物饲料）、化肥、农药、农机（整机）、农膜	
8	交通运输服务	
9	邮政服务	
10	基础电信服务	
11	建筑服务	
12	不动产租赁服务	
13	销售不动产	
14	转让土地使用权	
15	增值电信服务	6%
16	金融服务	
17	现代服务	
18	生活服务	
19	销售无形资产（土地使用权除外）	
20	出口货物（国务院另有规定的除外）	0
21	跨境销售国务院规定范围内的服务、无形资产	

【任务实施】

【任务2-1】

【正确答案】C

【答案解析】选项AB适用9%的税率；选项D适用6%的税率。

【任务2-2】

【正确答案】ABC

【答案解析】选项D适用13%的税率。

【任务2-3】

【正确答案】A

【答案解析】BCD 均属于适用免税优惠的项目。
【任务2-4】
【正确答案】AB
【答案解析】下列适用零税率：国际运输服务；航天运输服务；向境外单位提供的完全在境外消费的下列服务：(1)研发服务。(2)合同能源管理服务。(3)设计服务。(4)广播影视节目(作品)的制作和发行服务。(5)软件服务。(6)电路设计及测试服务。(7)信息系统服务。(8)业务流程管理服务。(9)离岸服务外包业务。(10)转让技术。选项 CD 免税。

二、征收率

增值税征收率是指对特定的货物或特定的纳税人销售货物、提供应税劳务、发生应税行为在某一生产流通环节应纳税额与销售额的比率。增值税征收率适用于两种情况：一是小规模纳税人；二是一般纳税人销售货物、提供应税劳务、发生应税行为按规定可以选择简易计税方法计税的。

(一)征收率的一般规定

小规模纳税人以及一般纳税人选择简易办法计税的，征收率为3%。另有规定除外。具体为：

1.一般纳税人销售自己使用过的属于《增值税暂行条例》第十条规定，不得抵扣且未抵扣进项税额的固定资产，按简易办法依3%征收率减按2%征收增值税。

2.一般纳税人销售自己使用过的其他固定资产(以下简称"已使用过的固定资产")应区分不同情形征收增值税：

(1)销售自己使用过的2009年1月1日以后购进或者自制的固定资产，按照适用税率征收增值税。

(2)2008年12月31日以前未纳入扩大增值税抵扣范围试点的纳税人，销售自己使用过的2008年12月31日以前购进或者自制的固定资产，按照简易办法依照3%征收率减按2%征收增值税。

(3)2008年12月31日以前已纳入扩大增值税抵扣范围试点的纳税人，销售自己使用过的在本地区扩大增值税抵扣范围试点以前购进或者自制的固定资产，按照简易办法依照3%征收率减按2%征收增值税；销售自己使用过的在本地区扩大增值税抵扣范围试点以后购进或者自制的固定资产，按照适用税率征收增值税。

3.一般纳税人销售自己使用过的除固定资产以外的物品，应当按照适用税率征收增值税。

4.小规模纳税人(除其他个人外，下同)销售自己使用过的固定资产，减按2%征收率征收增值税。

小规模纳税人销售自己使用过的除固定资产以外的物品，应按3%的征收率征收增值税。

5.纳税人销售旧货(旧货，是指进入二次流通的具有部分使用价值的货物，含旧汽车、旧摩托车和旧游艇，但不包括自己使用过的物品)，按照简易办法依照3%征收率减按2%征收增值税，并按下列公式计算销售额和应纳税额：

销售额=含税销售额÷(1+3%)

应纳税额＝销售额×2％

6.一般纳税人销售自产的下列货物，可选择按照简易办法依照3％征收率计算缴纳增值税，选择简易办法计算缴纳增值税后，36个月内不得变更，具体适用范围为：

(1)县级及县级以下小型水力发电单位生产的电力。小型水力发电单位，是指各类投资主体建设的装机容量为5万千瓦以下(含5万千瓦)的小型水力发电单位。

(2)建筑用和生产建筑材料所用的砂、土、石料。

(3)以自己采掘的砂、土、石料或其他矿物连续生产的砖、瓦、石灰(不含黏土实心砖、瓦)。

(4)用微生物、微生物代谢产物、动物毒素、人或动物的血液或组织制成的生物制品。

(5)自来水(对属于一般纳税人的自来水公司销售自来水按简易办法依照3％的征收率征收增值税，不得抵扣其购进自来水取得增值税扣税凭证上注明的增值税税款)。

(6)商品混凝土(仅限于以水泥为原料生产的水泥混凝土)。

7.一般纳税人销售货物属于下列情形之一的，暂按简易办法依照3％的征收率计算缴纳增值税：

(1)寄售商店代销寄售物品(包括居民个人寄售的物品在内)；

(2)典当业销售死当物品。

8.建筑企业一般纳税人提供建筑服务属于老项目的，可以选择简易办法依照3％的征收率征收增值税。

(二)征收率的特殊规定

1.小规模纳税人转让其取得的不动产，按照5％的征收率征收增值税。

2.一般纳税人转让其2016年4月30日前取得的不动产，选择简易计税方法计税的，按照5％的征收率征收增值税。

3.小规模纳税人出租其取得的不动产(不含个人出租住房，个人出租住房应按照5％的征收率减按1.5％计算应纳税额)，按照5％的征收率征收增值税。

4.一般纳税人出租其2016年4月30日前取得的不动产，选择简易计税方法计税的，按照5％的征收率征收增值税。

5.房地产开发企业(一般纳税人)销售自行开发的房地产老项目，选择简易计税方法计税的，按照5％的征收率征收增值税。

6.房地产开发企业(小规模纳税人)销售自行开发的房地产项目，按照5％的征收率征收增值税。

7.纳税人提供劳务派遣服务，选择差额纳税的，按照5％的征收率征收增值税。

8.根据《财政部税务总局关于二手车经销有关增值税政策的公告》(2020年第17号)的规定，自2020年5月1日至2023年12月31日，从事二手车经销的纳税人销售其收购的二手车(二手车，是指从办理完注册登记手续至达到国家强制报废标准之前进行交易并转移所有权的车辆，具体范围按照国务院商务主管部门出台的《二手车流通管理办法》执行)，由原按照简易办法依3％征收率减按2％征收增值税，改为减按0.5％征收增值税，并按下列公式计算销售额和应纳税额：

销售额＝含税销售额÷(1＋0.5％)

应纳税额＝销售额×0.5％

一般纳税人在办理增值税纳税申报时,减按0.5%征收率征收增值税的销售额,应当填写在《增值税纳税申报表附列资料(一)》(本期销售情况明细)"二、简易计税方法计税"中"3%征收率的货物及加工修理修配劳务"相应栏次;对应减征的增值税应纳税额,按销售额的2.5%计算填写在《增值税纳税申报表(一般纳税人适用)》"应纳税额减征额"及《增值税减免税申报明细表》减税项目相应栏次。

小规模纳税人在办理增值税纳税申报时,减按0.5%征收率征收增值税的销售额,应当填写在《增值税纳税申报表(小规模纳税人适用)》"应征增值税不含税销售额(3%征收率)"相应栏次;对应减征的增值税应纳税额,按销售额的2.5%计算填写在《增值税纳税申报表(小规模纳税人适用)》"本期应纳税额减征额"及《增值税减免税申报明细表》减税项目相应栏次。

【任务实施】

【任务2-5】

【正确答案】BC

【答案解析】选项AD没有可以采用简易计税的规定。

【任务2-6】

【正确答案】D

【答案解析】小规模纳税人及一般纳税人的特定项目,如公共交通运输服务、装卸搬运服务、收派服务适用简易方法计税。

【任务2-7】

【正确答案】B

【答案解析】小规模纳税人销售自己使用过的固定资产和旧货,减按2%征收率征收增值税,30 900÷(1+3%)×2%=600(元);小规模纳税人销售自己使用过的除固定资产和旧货以外的物品,应按3%的征收率征收增值税,10 300÷(1+3%)×3%=300(元)。甲企业当月应缴纳的增值税税额为600+300=900(元)。

【任务实操】

请税务专员为企业当期发生的各有关经济事项选择适用的增值税税率或征收率。

任务三 增值税的计税方法及应纳税额的计算

【任务引例】

【任务3—1】下列关于计税销售额的表述中,正确的有（　　）。

A.金融企业转让金融商品,按照卖出价扣除买入价后的余额为销售额

B.银行提供贷款服务,以提货款服务取得的全部利息及利息性质的收入为销售额

C.建筑企业提供建筑服务适用一般计税方法的,以取得的全部价款和价外费用扣除支付的分包款后的余额为销售额

D.房地产开发企业销售其开发的房地产项目适用一般计税方法的,以取得的全部价款和价外费用,扣除受让土地时向政府部门支付的土地价款后的余额为销售额

【任务3—2】某商店（为一般纳税人）2020年12月采取"以旧换新"方式销售彩电,开出普通发票38张,收到含税货款80 000元,并注明已扣除的旧货折价为30 000元（含税金额）,则该商店当月应缴纳的增值税为（　　）元。

A.12 654.87　　　　B.12 330.10　　　　C.13 076.92　　　　D.14 230.77

【任务3—3】某酒厂为增值税一般纳税人,2020年6月向某小规模纳税人销售白酒,开具的普通发票上注明金额93 600元;同时收取单独核算的包装物押金2 000元（尚未逾期）,此业务酒厂应计算的销项税额为（　　）元。

A.13 890.60　　　　B.10 998.23　　　　C.12 910.34　　　　D.13 600

【任务3—4】某商业企业为增值税一般纳税人,2020年10月购进高档化妆品一批,取得增值税专用发票注明价款30 000元,增值税3 900元。该企业将其中的70%作为礼品赠送给关系单位,其余的30%用于职工福利。该企业没有同类产品售价,对上述业务的税务处理,表述错误的是（　　）。

A.购进高档化妆品可以抵扣的进项税额为3 900元

B.作为礼品赠送的70%,属于增值税视同销售,销项税额为2 730元

C.用于职工福利的30%,不属于视同销售,不可以抵扣进项税

D.购进高档化妆品不可以抵扣的进项税为1 170元

【任务3—5】甲公司为增值税一般纳税人,位于牡丹江,专门从事服装生产和销售。2020年10月发生如下事项:

1.将自产的服装移送到哈尔滨的分支机构用于销售,含税售价为226万元。该公司实行统一核算。

2.将自产的一部分服装作为集体福利发给公司职工,该批服装市场售价3.39万元（含税）。

3.将自产的一部分服装赠送给边远山区,该批服装市场售价22.6万元（含税）。

要求:根据上述资料和增值税法律制度的规定,回答下列问题。

1.事项1中,甲公司是否需要缴纳增值税?如果需要,简要说明理由并计算销项税额;如果不需要,简要说明理由。

2.事项2中,甲公司是否需要缴纳增值税?如果需要,简要说明理由并计算销项税额;如果不需要,简要说明理由。

3.事项3中,甲公司是否需要缴纳增值税?如果需要,简要说明理由并计算销项税额;如果不需要,简要说明理由。

【任务3-6】甲电信企业为增值税一般纳税人,符合加计抵减政策,2020年8月该企业销项税额为100万元,进项税额为20万元,甲企业当月实际应缴纳增值税为(　　)万元。

A.100　　　　B.80　　　　C.78　　　　D.77

【任务3-7】甲餐饮企业为增值税一般纳税人,符合加计抵减政策,2020年11月可抵扣进项税额30万元,其中取得增值税专票的进项税额为25万元,购进农产品计算抵扣的进项税额为5万元,购进农产品中,10%用于集体福利,则甲餐饮企业当期可以加计抵减进项税额(　　)万元。

A.2.95　　　　B.3.00　　　　C.4.43　　　　D.4.50

【任务3-8】某建筑安装公司为增值税一般纳税人,2020年7月承包本市的一项建筑劳务,该建筑安装公司收取不含税工程价款6 400万元。另外,该建筑安装公司购入建筑劳务所需的材料、设备支付不含税价款1 500万元,取得对方开具的增值税专用发票。已知建筑服务适用9%的税率,材料、设备适用13%的税率。则计算该建筑安装公司当月应缴纳增值税的下列算式中正确的是(　　)。

A.6 400×13%−1 500×13%=637万元

B.6 400×9%=576万元

C.6 400×9%−1 500×9%=441万元

D.6 400×9%−1 500×13%=381万元

【任务3-9】甲公司为增值税一般纳税人,主要从事空调生产销售业务。2020年7月有关经营情况如下:

1.采取预收货款方式向乙公司销售W型空调100台,每台含税售价为3 390元,甲公司给予每台339元折扣额的价格优惠。双方于7月2日签订销售合同,甲公司7月6日收到价款,7月20日发货并向对方开具发票,销售额和折扣额在同一张发票上分别注明,乙公司7月22日收到空调。

2.销售Y型空调3 000台,每台含税售价为4 520元。公司业务部门领用10台Y型空调用于奖励优秀员工,公司食堂领用2台Y型空调用于防暑降温。

3.购进原材料一批,取得增值税专用发票注明税额96 000元;向丙公司支付新产品设计费,取得增值税专用发票注明税额3 000元;支付销售空调运输费用,取得增值税专用发票注明税额500元;支付招待客户餐饮费用,取得增值税普通发票注明税额120元。

已知:销售货物增值税税率为13%。取得的增值税专用发票均已通过税务机关认证。

要求:根据上述资料,不考虑其他因素,分析回答下列小题。

1.甲公司销售W型空调,其增值税纳税义务发生时间是(　　)。

A.7月2日　　B.7月22日　　C.7月20日　　D.7月6日

2.计算甲公司当月销售W型空调增值税销项税额的下列算式中,正确的是(　　)。

A.100×(3 390−339)÷(1+13%)×13%＝35 100元
B.100×3 390÷(1+13%)×13%＝39 000元
C.100×(3 390−339)×13%＝39 663元
D.100×3 390×13%＝44 070元

3.计算甲公司当月销售及领用Y型空调增值税销项税额的下列算式中，正确的是(　　)。
A.(3 000＋10＋2)×4 520×13%＝1 769 851.2元
B.3 000×4 520×13%＝1 762 800元
C.(3 000＋2)×4 520÷(1+13%)×13%＝1 561 040元
D.(3 000＋10＋2)×4 520÷(1+13%)×13%＝1 566 240元

4.甲公司的下列进项税额中，准予从销项额中抵扣的是(　　)。
A.支付销售空调运输费用的进项税额500元
B.支付招待客户餐饮费用的进项税额120元
C.购进原材料的材料税额96 000元
D.支付新产品设计费的进项税额3 000元

【任务3—10】某省所属专门从事科学研究工作的研发机构为增值税一般纳税人，2020年10月发生下列业务：

1.为境内甲企业(小规模纳税人)提供产品研发服务并提供培训业务，取得研发服务收入120万元，培训收入30万元，发生业务支出38万元。

2.为境内乙公司提供技术项目论证服务，开具增值税专用发票，注明金额为90万元。

3.向境内丙企业转让一项专利取得技术转让收入240万元，技术服务收入60万元，已履行相关备案手续。

4.购进用于研发的国产设备，取得增值税专用发票上注明销售额300万元、增值税39万元；购进研发用耗材，取得增值税专用发票上注明销售额50万元、增值税6.5万元；支付运输费，取得运输公司开具的增值税专用发票上注明销售额10万元、增值税0.9万元。

要求：根据上述资料，回答下列问题：
1.计算业务1的销项税额。
2.计算业务2的销项税额。
3.计算业务3的销项税额。
4.确定本月准予抵扣的进项税额。
5.计算当期应缴纳的增值税。
6.说明购进国产设备的增值税处理规定。
7.简要说明购进的国产设备今后所有权转移或移作他用，增值税的处理规定。

【任务3—11】某市提供劳务派遣服务的A公司为小规模纳税人，以1个月为一个纳税期。2020年2月提供劳务派遣服务，取得含税收入40万元，公司代用工单位支付给劳务派遣员工工资、社会保险及福利共计20万元，已知公司选择差额纳税，则当月A公司应纳的增值税为(　　)万元。
A.1.2　　　　　B.0.95　　　　　C.2　　　　　D.1

【任务3—12】某个体五金商店(小规模纳税人，以1个月为1个纳税期)直接从五金厂购进各种五金零配件销售。2020年3月购进各种零配件价值5 000元，五金厂开具的增值税专用发票上注明的税额是850元。该商店当月销售五金零配件,取得销售收入为107 000元,该商店当月应纳增值税税额( )元。

  A.3 116.50   B.4 200   C.11 050   D.3 350

【任务3—13】某食品加工企业为小规模纳税人。2月取得销售收入32 960元;直接从农户处购入农产品价值640元,支付运输费60元,该企业当月应缴纳的增值税税额为( )元。

  A.480   B.597.6   C.872.6   D.960

【任务3—14】乙企业为生产水泥混凝土的增值税一般纳税人,销售混凝土其选择按照简易办法纳税,2020年2月取得含增值税销售额550万元。购进水泥等材料的增值税进项税额36万元(均有专用发票)。则乙企业2020年2月应缴增值税为( )万元。

  A.79.91   B.0   C.16.02   D.31.13

【任务3—15】某公司为增值税小规模纳税人,专门从事鉴证咨询服务。2020年2月15日,向某一般纳税人企业提供鉴证服务,取得含增值税销售额5万元;2月25日,向小规模纳税人提供咨询服务,取得含增值税收入3万元。已知增值税征收率为3%,则该公司当月应纳增值税税额为( )。

  A.(5+3)×3%=0.24万元

  B.5÷(1+3%)×3%=0.15万元

  C.(5+3)÷(1+3%)×3%=0.23万元

  D.(5+3)÷(1-3%)×3%=0.25万元

【任务3—16】星光广告公司为广告业小规模纳税人,为海天有限责任公司发布产品广告,收取海天公司广告费20万元,已知增值税征收率为3%,则星光广告公司应缴纳增值税( )万元。

  A.1.2   B.1.0   C.0.58   D.0.6

【任务3—17】王某是一家上市公司的高管,2020年6月王某和其同事郭某去北方某市避暑度假3个月,在此期间,主要活动如下:

1.王某向某汽车租赁公司租赁了一辆奔驰汽车,租期3个月,一次性支付租金16 000元。

2.去当地知名影院观看暑期档上映的影片,电影票零售价每张55元,合计支付110元。

3.两人利用其中4天时间到著名景点旅游,并通过当地一家旅游公司预订了房间,支付房费1 000元,旅游公司将其中的880元房费转交给宾馆。

4.两人通过某订餐平台,获得了某新开业酒店免费试吃活动,免费享受了售价为168元的双人套餐,第二天在该酒店点了268元的外卖。

5.王某和郭某参观了当地的博物馆,第一道门票费用合计80元;游览了当地景区,合计支付门票420元。

6.在度假期间,王某一直关注股票行情,将2016年购买的股票通过证券交易机构出售,取得收入88 000元,当时该股票的购买价为46 000元。

7.王某之前一直利用业余时间通过网络为某公司提供翻译服务,在度假期间仍提供翻译服务,取得收入5 000元。

8.王某在提供翻译服务时,发现其一直使用的笔记本电脑出现了问题,而且无法修复。为了追赶翻译进度,王某将其自用的笔记本电脑在当地销售,取得收入3 000元,另购买一台新款笔记本电脑,花费12 000元。

其他相关资料:汽车租赁公司、影院、旅游公司、餐厅均为一般纳税人;以上金额均含增值税。如果某项业务活动可以选择简易计税,则按照纳税人选择简易计税计算纳税。

要求:根据上述资料,按照下列序号计算回答问题,每问需计算出合计数。

1.计算汽车租赁公司出租汽车应缴纳的增值税。

2.计算影院电影票收入应缴纳的增值税。

3.计算旅游公司应缴纳的增值税。

4.计算酒店应缴纳的增值税。

5.计算博物馆取得的收入应缴纳的增值税。

6.计算景区取得收入应缴纳的增值税。

7.王某销售股票是否缴纳增值税,并说明理由,如有计算,需计算出具体金额。

8.计算王某提供翻译服务应缴纳的增值税。

9.王某销售自己使用过的电脑是否缴纳增值税,并说明理由,如有计算,需计算出具体金额。

【任务3—18】某企业为增值税一般纳税人,某月进口原材料一批,关税完税价格折合人民币140 000元。委托某运输公司将原材料从报关地运到企业,取得的运输单位开具的运费发票上注明运费6 000元。原材料已经验收入库。已知原材料进口关税税率为30%,增值税税率13%,则该企业进口环节应向海关缴纳的增值税税额为(　　)元。

A.32 266　　　　B.29 720　　　　C.18 200　　　　D.23 660

【任务3—19】某工业企业为增值税一般纳税人,某月进口原材料一批,关税完税价格折合人民币120 000元。委托某运输公司将原材料从报关地运到企业,取得的运输单位开具的增值税专用发票上注明运费5 000元。原材料已经验收入库。已知原材料进口关税税率为50%,增值税税率为13%,则该企业在进口环节应向海关缴纳的增值税为(　　)元。

A.30 000　　　　B.29 300　　　　C.23 400　　　　D.20 400

【任务3—20】甲公司为增值税一般纳税人,2020年5月从国外进口一批音响,海关核定的关税完税价格为116万元,缴纳关税11.6万元。已知增值税税率为13%,甲公司该笔业务应缴纳增值税税额的下列算式中,正确的是(　　)。

A.116×13%=15.08 万元

B.(116+11.6)×13%=16.588 万元

C.116÷(1+13%)×13%=13.35 万元

D.(116+11.6)÷(1+13%)×13%=14.68 万元

【任务准备】

一、增值税的计税方法

增值税的计税方法,包括一般计税方法、简易计税方法和扣缴计税方法。

1.一般计税方法

一般纳税人销售货物、提供应税劳务或者发生应税行为适用一般计税方法计税。其计算公式是:

当期应纳增值税额=当期销项税额-当期进项税额

2.简易计税方法

小规模纳税人销售货物、提供应税劳务或者发生应税行为适用简易计税方法计税。其计算公式是：

当期应纳增值税额＝当期销售额(不含增值税)×征收率

一般纳税人销售、提供或者发生财政部和国家税务总局规定的特定的货物、应税劳务、应税行为，也可以选择适用简易计税方法计税，但是不得抵扣进项税额。一经选择适用简易计税方法计税，36个月内不得变更。

3.扣缴计税方法

境外单位或者个人在境内发生应税行为，在境内未设有经营机构的，扣缴义务人按照下列公示计算应扣缴税额：

应扣缴税额＝购买方支付的价款÷(1＋税率)×税率

二、一般计税方法应纳税额的计算

一般纳税人销售货物、劳务、服务、无形资产、不动产(以下简称"应税销售行为")，采取一般计税方法计算应纳增值税额。其计算公式为：

应纳税额＝当期销项税额－当期进项税额

当期销项税额小于当期进项税额不足抵扣时，其不足部分可以结转下期继续抵扣。

销项税额是指纳税人发生应税销售行为，按照销售额和适用税率计算并向购买方收取的增值税税款，其计算公式为：

销项税额＝销售额×适用税率

可见，一般计税方法计算增值税应纳税额时，主要有两个因素：销售额、进项税额。

(一)销售额的确定

1.销售额的概念

销售额是指纳税人发生应税销售行为向购买方收取的全部价款和价外费用，但是不包括收取的销项税额。价外费用，包括价外向购买方收取的手续费、补贴、基金、集资费、返还利润、奖励费、违约金、滞纳金、延期付款利息、赔偿金、代收款项、代垫款项、包装费、包装物租金、储备费、优质费、运输装卸费以及其他各种性质的价外收费。

上述价外费用无论其会计制度如何核算，均应并入销售额计算销项税额。但下列项目不包括在销售额内：

(1)受托加工应征消费税的消费品所代收代缴的消费税。

(2)同时符合以下条件代为收取的政府性基金或者行政事业性收费：由国务院或者财政部批准设立的政府性基金；由国务院或者省级人民政府及其财政、价格主管部门批准设立的行政事业性收费；收取时开具省级以上财政部门印制的财政票据；所收款项全额上缴财政。

(3)销售货物的同时代办保险等而向购买方收取的保险费，以及向购买方收取的代购买方缴纳的车辆购置税、车辆牌照费。

(4)以委托方名义开具发票代委托方收取的款项。

2.含税销售额的换算

增值税实行价外税，计算销项税额时，销售额中不应含有增值税款。如果销售额中包含

了增值税款即销项税额,则应将含税销售额换算成不含税销售额。其计算公式为:

不含税销售额＝含税销售额÷(1＋增值税税率)

3.视同销售货物的销售额的确定

《增值税暂行条例实施细则》规定了8种视同销售货物行为,这8种视同销售行为一般不以资金的形式反映出来,因而会出现无销售额的情况。在此情况下,税务机关有权按照下列顺序核定其销售额:

(1)按纳税人最近时期同类货物的平均销售价格确定;

(2)按其他纳税人最近时期同类货物的平均销售价格确定;

(3)按组成计税价格确定。其计算公式为:

组成计税价格＝成本×(1＋成本利润率)

征收增值税的货物,同时又征收消费税的,其组成计税价格中应包含消费税税额。其计算公式为:

组成计税价格＝成本×(1＋成本利润率)＋消费税税额

组成计税价格＝成本×(1＋成本利润率)÷(1－消费税税率)

公式中的成本分两种情况:一是销售自产货物的为实际生产成本;二是销售外购货物的为实际采购成本。公式中的成本利润率为10%。但属于应从价定率征收消费税的货物,其组成计税价格公式中的成本利润率,为《消费税若干具体问题的规定》中规定的成本利润率(详见消费税)。

纳税人销售货物或者劳务的价格明显偏低并无正当理由的,由税务机关按照上述方法核定其销售额。

《营业税改征增值税试点实施办法》规定,纳税人销售服务、无形资产或者不动产价格明显偏低或者偏高且不具有合理商业目的的,或者发生无销售额的,税务机关有权按照下列顺序确定销售额:

第一,按照纳税人最近时期销售同类服务、无形资产或者不动产的平均价格确定。

第二,按照其他纳税人最近时期销售同类服务、无形资产或者不动产的平均价格确定。

第三,按照组成计税价格确定。组成计税价格的计算公式为:

组或计税价格＝成本×(1＋成本利率)

成本利润率由国家税务总局确定。不具有合理商业目的,是指以谋取税收利益为主要目的,通过人为安排,减少、免除、推迟缴纳增值税税款,或者增加退还增值税税款。

4.混合销售的销售额的确定

依照《营业税改征增值税试点实施办法》及相关规定,混合销售的销售额为货物的销售额与服务销售额的合计。

5.兼营的销售额的确定

依照《营业税改征增值税试点实施办法》及相关规定,纳税人兼营不同税率的货物、劳务、服务、无形资产或者不动产,应当分别核算不同税率或者征收率的销售额;未分别核算销售额的,从高适用税率。

6.特殊销售方式下销售额的确定

(1)折扣方式销售

折扣销售是指销货方在销售货物时,因购货方购货数量较大等原因而给予购货方的价格优惠。纳税人采取折扣方式销售货物,如果销售额和折扣额在同一张发票上分别注明,可以按折扣后的销售额征收增值税;如果将折扣额另开发票,不论其在财务上如何处理,均不得从销售额中减除折扣额。

(2)以旧换新方式销售

以旧换新销售是指纳税人在销售货物时,折价收回同类旧货物,并以折价款部分冲减新货物价款的一种销售方式。纳税人采取以旧换新方式销售货物的,应按新货物的同期销售价格确定销售额,不得扣减旧货物的收购价格。

但是对金银首饰以旧换新业务,可以按销售方实际收取的不含增值税的全部价款征收增值税。

(3)还本销售方式销售

还本销售是指纳税人在销售货物后,到一定期限将货款一次或分次退还给购货方全部或部分价款的一种销售方式。这种方式实际上是一种筹资,是以货物换取资金的使用价值,到期还本不付息的方法。纳税人采取还本销售方式销售货物,其销售额就是货物的销售价格,不得从销售额中减除还本支出。

(4)以物易物方式销售

以物易物是指购销双方不是以货币结算,而是以同等价款的货物相互结算,实现货物购销的一种方式。以物易物双方都应作购销处理,以各自发出的货物核算销售额并计算销项税额,以各自收到的货物按规定核算购货额并计算进项税额,在以物易物活动中,应分别开具合法的票据,如收到的货物不能取得相应的增值税专用发票或其他合法票据的,不能抵扣进项税额。

(5)直销方式销售

直销企业先将货物销售给直销员,直销员再将货物销售给消费者的,直销企业的销售额为其向直销员收取的全部价款和价外费用。直销员将货物销售给消费者时,应按照现行规定缴纳增值税。

直销企业通过直销员向消费者销售货物,直接向消费者收取货款,直销企业的销售额为其向消费者收取的全部价款和价外费用。

7.包装物押金

包装物是指纳税人包装本单位货物的各种物品。一般情况下,销货方向购货方收取包装物押金,购货方在规定时间内返还包装物,销货方再将收取的包装物押金返还。纳税人为销售货物而出租、出借包装物收取的押金,单独记账核算的,且时间在1年以内,又未过期的,不并入销售额征税;但对因逾期未收回包装物不再退还的押金,应按所包装货物的适用税率计算增值税款。实践中,应注意以下具体规定:

(1)"逾期"是指按合同约定实际逾期或以1年为期限,对收取1年以上的押金,无论是否退还均并入销售额征税。

(2)包装物押金是含税收入,在并入销售额征税时,需要先将该押金换算为不含税收入,再计算应纳增值税款。

(3)包装物押金不同于包装物租金,包装物租金属于价外费用,在销售货物时随同货款一并计算增值税款。

(4)从1995年6月1日起,对销售除啤酒、黄酒外的其他酒类产品而收取的包装物押金,无论是否返还以及会计上如何核算，均应并入当期销售额征收增值税。

8.营改增行业销售额的规定

(1)贷款服务，以提供贷款服务取得的全部利息及利息性质的收入为销售额。

(2)直接收费金融服务，以提供直接收费金融服务收取的手续费、佣金、酬金、管理费、服务费、经手费、开户费、过户费、结算费、转托管费等各类费用为销售额。

(3)金融商品转让，按照卖出价扣除买入价后的余额为销售额。

转让金融商品出现的正负差，按盈亏相抵后的余额为销售额。若相抵后出现负差，可结转下一纳税期与下期转让金融商品销售额相抵，但年末时仍出现负差的，不得转入下一个会计年度。

金融商品的买入价，可以选择按照加权平均法或者移动加权平均法进行核算，选择后36个月内不得变更。

金融商品转让，不得开具增值税专用发票。

(4)经纪代理服务，以取得的全部价款和价外费用，扣除向委托方收取并代为支付的政府性基金或者行政事业性收费后的余额为销售额。向委托方收取的政府性基金或者行政事业性收费，不得开具增值税专用发票。

(5)航空运输企业的销售额，不包括代收的机场建设费和代售其他航空运输企业客票而代收转付的价款。

(6)试点纳税人中的一般纳税人提供客运场站服务，以其取得的全部价款和价外费用，扣除支付给承运方运费后的余额为销售额。

(7)试点纳税人提供旅游服务，可以选择以取得的全部价款和价外费用，扣除向旅游服务购买方收取并支付给其他单位或者个人的住宿费、餐饮费、交通费、签证费、门票费和支付给其他接团旅游企业的旅游费用后的余额为销售额。

选择上述办法计算销售额的试点纳税人，向旅游服务购买方收取并支付的上述费用，不得开具增值税专用发票，可以开具普通发票。

(8)试点纳税人提供建筑服务适用简易计税方法的，以取得的全部价款和价外费用扣除支付的分包款后的余额为销售额。

(9)房地产开发企业中的一般纳税人销售其开发的房地产项目(选择简易计税方法的房地产老项目除外)，以取得的全部价款和价外费用，扣除受让土地时向政府部门支付的土地价款后的余额为销售额。

房地产老项目，是指《建筑工程施工许可证》注明的合同开工日期在2016年4月30日前的房地产项目。

9.销售额确定的特殊规定

(1)纳税人兼营免税、减税项目的，应当分别核算免税、减税项目的销售额；未分别核算的，不得免税、减税。

(2)纳税人发生应税销售行为，开具增值税专用发票后，发生开票有误或者销售折让、中止、退回等情形的，应当按照国家税务总局的规定开具红字增值税专用发票；未按照规定开具红字增值税专用发票的，不得扣减销项税额或者销售额。

10.外币销售额的折算

纳税人按人民币以外的货币结算销售额的，其销售额的人民币折合率可以选择销售额发生的当天或者当月 1 日的人民币外汇中间价。纳税人应在事先确定采用何种折合率，确定后在 1 年内不得变更。

(二)进项税额的确定

进项税额，是指纳税人购进货物、劳务、服务、无形资产或者不动产，支付或者负担的增值税额。

1.准予从销项税额中抵扣的进项税额

(1)从销售方取得的增值税专用发票(含税控机动车销售统一发票，下同)上注明的增值税额。

(2)从海关取得的海关进口增值税专用缴款书上注明的增值税额。

(3)购进农产品，取得一般纳税人开具的增值税专用发票或者海关进口增值税专用缴款书的，以增值税专用发票或海关进口增值税专用缴款书上注明的增值税额为进项税额；从按照简易计税方法依照 3% 征收率计算缴纳增值税的小规模纳税人取得增值税专用发票的，以增值税专用发票上注明的金额和 9% 的扣除率计算进项税额；取得(开具)农产品销售发票或收购发票的，以农产品收购发票或销售发票上注明的农产品买价和 9% 的扣除率计算进项税额；纳税人购进用于生产或者委托加工 13% 税率货物的农产品，按照 10% 的扣除率计算进项税额。进项税额计算公式为：

进项税额＝买价×扣除率

购进农产品，按照《农产品增值税进项税额核定扣除试点实施办法》抵扣进项税额的除外。

(4)纳税人购进国内旅客运输服务未取得增值税专用发票的，暂按照以下规定确定进项税额：

①取得增值税电子普通发票的，为发票上注明的税额；

②取得注明旅客身份信息的航空运输电子客票行程单的，按照下列公式计算进项税额：

航空旅客运输进项税额＝(票价＋燃油附加费)÷(1＋9%)×9%

③取得注明旅客身份信息的铁路车票的，按照下列公式计算进项税额：

铁路旅客运输进项税额＝票面全额÷(1＋9%)×9%

④取得注明旅客身份信息的公路、水路等其他客票的，按照下列公式计算进项税额：

公路、水路等其他旅客运输进项税额＝票面全额÷(1＋3%)×3%

(5)自境外单位或者个人购进劳务、服务、无形资产或者境内的不动产，从税务机关或者扣缴义务人取得的代扣代缴税款的完税凭证上注明的增值税额。

(6)原增值税一般纳税人购进货物或者接受劳务，用于《销售服务、无形资产或者不动产注释》所列项目的，不属于《增值税暂行条例》第十条规定不得抵扣进项税额的项目，其进项税额准予从销项税额中抵扣。

(7)原增值税一般纳税人购进服务、无形资产或者不动产，取得的增值税专用发票上注明的增值税额为进项税额，准予从销项税额中抵扣。

(8)原增值税一般纳税人自用的应征消费税的摩托车、汽车、游艇，其进项税额准予从销项税额中抵扣。

纳税人购进货物、劳务、服务、无形资产、不动产，取得的增值税扣税凭证不符合法律、行政法规或者国务院税务主管部门有关规定的,其进项税额不得从销项税额中抵扣。

增值税扣税凭证,是指增值税专用发票、海关进口增值税专用缴款书、农产品收购发票、农产品销售发票、完税凭证和符合规定的国内旅客运输发票。

纳税人凭完税凭证抵扣进项税额的,应当具备书面合同、付款证明和境外单位的对账单或者发票。资料不全的,其进项税额不得从销项税额中抵扣。

2.不得从销项税额中抵扣的进项税额

(1)用于简易计税方法计税项目、免征增值税项目、集体福利或者个人消费的购进货物、劳务、服务、无形资产和不动产。其中涉及的固定资产、无形资产、不动产,仅指专用于上述项目的固定资产、无形资产(不包括其他权益性无形资产)、不动产。

如果是既用于上述不允许抵扣项目又用于抵扣项目的,该进项税额准予全部抵扣。自2018年1月1日起,纳税人租入固定资产、不动产,既用于一般计税方法计税项目,又用于简易计税方法计税项目、免征增值税项目、集体福利或者个人消费的,其进项税额准予从销项税额中全额抵扣。

纳税人的交际应酬消费属于个人消费。

(2)非正常损失的购进货物,以及相关的劳务和交通运输服务。

(3)非正常损失的在产品、产成品所耗用的购进货物(不包括固定资产)、劳务和交通运输服务。

(4)非正常损失的不动产,以及该不动产所耗用的购进货物、设计服务和建筑服务。

(5)非正常损失的不动产在建工程所耗用的购进货物、设计服务和建筑服务。

纳税人新建、改建、扩建、修缮、装饰不动产,均属于不动产在建工程。

(6)购进的贷款服务、餐饮服务、居民日常服务和娱乐服务。

(7)纳税人接受贷款服务向贷款方支付的与该笔贷款直接相关的投融资顾问费、手续费、咨询费等费用,其进项税额不得从销项税额中抵扣。

(8)财政部和国家税务总局规定的其他情形。

上述第(4)项、第(5)项所称货物,是指构成不动产实体的材料和设备,包括建筑装饰材料和给排水、采暖、卫生、通风、照明、通信、煤气、消防、中央空调、电梯、电气、智能化楼宇设备及配套设施。

不动产、无形资产的具体范围,按照《销售服务、无形资产或者不动产注释》执行。

固定资产,是指使用期限超过12个月的机器、机械、运输工具以及其他与生产经营有关的设备、工具、器具等有形动产。

非正常损失,是指因管理不善造成货物被盗、丢失、霉烂变质,以及因违反法律法规造成货物或者不动产被依法没收、销毁、拆除的情形。

3.适用一般计税方法的纳税人,兼营简易计税方法计税项目、免征增值税项目而无法划分不得抵扣的进项税额,按照下列公式计算不得抵扣的进项税额:

不得抵扣的进项税额=当期无法划分的全部进项税额×(当期简易计税方法计税项目销售+免征增值税项目销售额)÷当期全部销售额

税务机关可以按照上述公式依据年度数据对不得抵扣的进项税额进行清算。

4.根据《增值税暂行条例实施细则》的规定,一般纳税人当期购进的货物或劳务用于生产经营,其进项税额在当期销项税额中予以抵扣。但已抵扣进项税额的购进货物或劳务如果事后改变用途,用于集体福利或者个人消费、购进货物发生非正常损失、在产品或产成品发生非正常损失等,应当将该项购进货物或者劳务的进项税额从当期的进项税额中扣减;无法确定该项进项税额的,按当期外购项目的实际成本计算应扣减的进项税额。

5.已抵扣进项税额的固定资产,发生《增值税暂行条例》规定的不得从销项税额中抵扣情形的,应在当月按下列公式计算不得抵扣的进项税额:

不得抵扣的进项税额＝固定资产净值×适用税率

固定资产净值,是指纳税人按照财务会计制度计提折旧后计算的固定资产净值。

6.已抵扣进项税额的购进服务,发生《营业税改征增值税试点实施办法》规定的不得从销项税额中抵扣情形(简易计税方法计税项目、免征增值税项目除外)的,应当将该进项税额从当期进项税额中扣减;无法确定该进项税额的,按照当期实际成本计算应扣减的进项税额。

7.已抵扣进项税额的无形资产,发生《营业税改征增值税试点实施办法》规定的不得从销项税额中抵扣情形的,按照下列公式计算不得抵扣的进项税额:

不得抵扣的进项税额＝无形资产净值×适用税率

无形资产净值,是指纳税人根据财务会计制度摊销后的余额。

8.已抵扣进项税额的不动产,发生非正常损失,或者改变用途,专用于简易计税方法计税项目、免征增值税项目、集体福利或者个人消费的,按照下列公式计算不得抵扣的进项税额,并从当期进项税额中扣减:

不得抵扣的进项税额＝已抵扣进项税额×不动产净值率

不产净值率＝(不动产净值÷不动产原值)×100%

9.纳税人适用一般计税方法计税的,因销售折让、中止或者退回而退还给购买方的增值税额,应当从当期的销项税额中扣减;因销售折让、中止或者退回而收回的增值税额,应当从当期的进项税额中扣减。

10.有下列情形之一者,应当按照销售额和增值税税率计算应纳税额,不得抵扣进项税额,也不得使用增值税专用发票:

(1)一般纳税人会计核算不健全,或者不能够提供准确税务资料的。

(2)应当办理一般纳税人资格登记而未办理的。

11.自2019年4月1日起,增值税一般纳税人取得不动产或者不动产在建工程的进项税额不再分两年抵扣。此前按照规定尚未抵扣完毕的待抵扣进项税额,可自2019年4月税款所属期起从销项税额中抵扣。

取得不动产,包括以直接购买、接受捐赠、接受投资入股、自建以及抵债等各种形式取得不动产。

12.根据《营业税改征增值税试点实施办法》及相关规定,不得抵扣且未抵扣进项税额的固定资产、无形资产,发生用途改变,用于允许抵扣进项税额的应税项目,可在用途改变的次月按照下列公式,计算可以抵扣的进项税额:

可以抵扣的进项税额＝固定资产、无形资产净值÷(1＋适用税率)×适用税率

上述可以抵扣的进项税额应取得合法有效的增值税扣税凭证。

13.按照规定不得抵扣进项税额的不动产,发生改变用途,用于允许抵扣进项税额项目的,按照下列公式在改变用途的次月计算可抵扣进项税额:

可抵扣进项税额＝增值税扣税凭证注明或计算的进项税额×不动产净值率

14.一般纳税人发生下列应税行为可以选择适用简易计税方法计税,不允许抵扣进项税额。

(1)公共交通运输服务,包括轮客渡、公交客运、地铁、城市轻轨、出租车、长途客运、班车。

(2)经认定的动漫企业为开发动漫产品提供的动漫脚本编撰、形象设计、背景设计、动画设计、分镜、动画制作、摄制、描线、上色、画面合成、配音、音效合成、剪辑、字幕制作、压缩转码(面向网络动漫、手机动漫格式适配)服务,以及在境内转让动漫版权(包括动漫品牌、形象或者内容的授权及再授权)。

(3)电影放映服务、仓储服务、装卸搬运服务、收派服务和文化体育服务。

(4)以纳入营改增试点之日前取得的有形动产为标的物提供的经营租赁服务。

(5)在纳入营改增试点之日前签订的尚未执行完毕的有形动产租赁合同。

15.加计抵减政策

自2019年4月1日至2021年12月31日,允许生产、生活性服务业纳税人按照当期可抵扣进项税额加计10%,抵减应纳税额。不得从销项税额中抵扣的进项税额,不得计提加计抵减额。

(1)生产、生活性服务业纳税人,是指提供邮政服务、电信服务、现代服务、生活服务(四项服务)取得的销售额占全部销售额的比重超过50%的纳税人。

(2)加计抵减的情形,具体如下:

①抵减前的应纳税额等于零的,当期可抵减加计抵减额全部结转下期抵减。

②抵减前的应纳税额大于零,且大于当期可抵减加计抵减额的,当期可抵减加计抵减额全额从抵减前的应纳税额中抵减。

③抵减前的应纳税额大于零,且小于或等于当期可抵减加计抵减额的,以当期可抵减加计抵减额抵减应纳税额至零,未抵减完的当期可抵减加计抵减额,结转下期继续抵减。

(3)加计抵减额的进项税额转出,已计提加计抵减额的进项税额,按规定作进项税额转出的,应在进项税额转出当期,相应调减加计抵减额。计算公式如下:

当期计提加计抵减额=当期可抵扣进项税额×10%

当期可抵减加计抵减额=上期未加计抵减额余额+当期计提加计抵减额-当期调减加计抵减额

16.进项税额抵扣期限的规定

(1)自2017年7月1日起,增值税一般纳税人取得的2017年7月1日及以后开具的增值税专用发票和机动车销售统一发票,应自开具之日起360日内认证或登录增值税发票选择确认平台进行确认,并在规定的纳税申报期内,向税务机关申报抵扣进项税额。

(2)增值税一般纳税人取得的2017年7月1日及以后开具的海关进口增值税专用缴款书,应自开具之日起360日内向税务机关报送《海关完税凭证抵扣清单》,申请稽核比对。

【任务实施】

【任务3—1】

【正确答案】ABD

【答案解析】根据《营业税改征增值税试点实施办法》及相关规定,试点纳税人提供建筑服务用简易计税方法的,以取得的全部价款和价外费用扣除支付的分包款后的余额为销售额。

【任务3—2】

【正确答案】A

【答案解析】增值税法中规定,纳税人采取以旧换新方式销售货物的,应按新货物的同期销售价格确定销售额,不得扣减旧货物的折价款(金银首饰除外),则该商店当月应纳增值税=(80 000+30 000)÷(1+13%)×13%=12 654.87(元)

【任务3-3】

【正确答案】B

【答案解析】对销售黄酒、啤酒以外的其他酒类产品的包装物押金,无论是否逾期,均应并入当期销售额征税。销项税额=(93 600+2 000)÷(1+13%)×13%=10 998.23(元)

【任务3-4】

【正确答案】A

【答案解析】购进货物用于职工福利,不可以抵扣进项税;作为礼品对外赠送,属于视同销售,要计算增值税,该企业没有同类产品售价,要按照其他纳税人的同类产品售价(购进价)计算纳税。可以抵扣的进项税=3 900×70%=2 730(元),销项税=30 000×70%×13%=2 730(元)。

【任务3-5】

【正确答案】

1.事项1中,甲公司需要缴纳增值税。设有两个以上机构并实行统一核算的纳税人,将货物从一个机构移送其他机构用于销售属于视同销售,但相关机构设在同一县(市)的除外。本题是从广州移送到深圳,属于视同销售,应缴纳增值税。甲公司该事项销项税额=226÷(1+13%)×13%=26万元。

2.事项2中,甲公司需要缴纳增值税。将自产、委托加工的货物用于集体福利属于视同销售,应缴纳增值税。甲公司该事项销项税额=3.39÷(1+13%)=0.39万元。

3.事项3中,甲公司需要缴纳增值税。将自产、委托加工或者购进的货物无偿赠送其他单位或个人属于视同销售,应缴纳增值税。甲公司该事项销项税额=22.6÷(1+13%)×13%=2.6万元。

【任务3-6】

【正确答案】C

【答案解析】自2019年4月1日至2021年12月31日,允许生产、生活性服务业纳税人按照当期可抵扣进项税额加计10%,抵减应纳税额。甲企业当月实际应缴纳增值税=100-20×(1+10%)=78(万元)。

【任务3-7】

【正确答案】C

【答案解析】2019年10月1日至2021年12月31日,允许生活性服务业纳税人按照当期可抵扣进项税额加计15%,抵减应纳税额。生活性服务业纳税人应按照当期可抵扣进项税额的15%计提当期加计抵减额。按照现行规定不得从销项税额中抵扣的进项税额,不得计提加计抵减额。

甲餐饮企业当期可以加计抵减进项税额=(25+5×90%)×15%=4.43(万元)

【任务3-8】

【正确答案】D

【答案解析】建筑服务适用 9% 的税率,材料、设备适用 13% 的税率,购入材料设备取得增值税专用发票,进项税额允许抵扣。该建筑安装公司当月应缴纳的增值税 = 6 400×9% − 1 500×13% = 381(万元)。

【任务 3−9】

1.【正确答案】C

【答案解析】采取预收款方式销售货物,增值税纳税义务发生时间为货物发出的当天。

2.【正确答案】A

【答案解析】销售额和折扣额在同一张发票上分别注明的,按照折扣后的金额计算增值税。含税售价需要做不含税的换算。

3.【正确答案】D

【答案解析】Y 型空调用于奖励以及食堂领用,均应视同销售。含税销售额要做不含税的换算。

4.【正确答案】ACD

【答案解析】购进的贷款服务、餐饮服务、居民日常服务和娱乐服务不得做进项税额抵扣。取得普通发票不得抵扣进项税额。

【任务 3−10】

【正确答案】

1.本月销项税额 = (120+30)÷(1+6%)×6% = 8.49(万元)

2.销项税额 = 90×6% = 5.4(万元)

3.销项税额 = 0。纳税人提供技术转让、技术开发和与之相关的技术咨询、技术服务收入,免征增值税。

4.本月准予抵扣的进项税额 = 6.5+0.9 = 7.4(万元)。

5.应缴纳的增值税 = 8.49+5.4−7.4 = 6.49(万元)

6.对符合规定的研发机构采购的国产设备,按规定实行全额退还增值税。

7.研发机构已退税的国产设备,自增值税发票开具之日起 3 年内,设备所有权转移或移作他用的,研发机构须按照规定计算增值税,向主管国家税务机关补缴已退税款。

三、简易计税方法应纳税额的计算

小规模纳税人发生应税销售行为采用简易计税方法计税,应按照销售额和征收率计算应纳增值税税额,不得抵扣进项税额。其计算公式为:

应纳税额 = 销售额×征收率

简易计税方法的销售额不包括其应纳税额,纳税人采用销售额和应纳税额合并定价方法的,按照下列公式计算销售额:

销售额 = 含税销售额÷(1+征收率)

纳税人适用简易计税方法计税的,因销售折让、中止或者退回而退还给购买方的销售额,应当从当期销售额中扣减。扣减当期销售额后仍有余额造成多缴的税款,可以从以后的应纳税额中扣减。

一般纳税人发生财政部和国家税务总局规定的特定应税行为,可以选择适用简易计税方法计税,但一经选择,36 个月内不得变更。

【任务实施】

【任务3—11】

【正确答案】B

【答案解析】应纳增值税=(40-20)÷1.05×5%=0.95(万元)

【任务3—12】

【正确答案】A

【答案解析】小规模纳税人进项税不能抵扣,则应纳增值税=107 000÷(1+3%)×3%=3 116.50(元)

【任务3—13】

【正确答案】D

【答案解析】小规模纳税人的进项税额不得抵扣,应纳增值税=32 960÷(1+3%)×3%=960(元)。

【任务3—14】

【正确答案】C

【答案解析】根据现行规定,增值税一般纳税人生产销售的商品混凝土,可选择按简易办法依3%的征收率征收增值税,不得抵扣进项税,应缴增值税=550÷(1+3%)×3%=16.02(万元)。

【任务3—15】

【正确答案】C

【答案解析】小规模纳税人提供应税服务,采用简易办法计税,应纳增值税=(5+3)÷(1+3%)×3%=0.23(万元)。

【任务3—16】

【正确答案】C

【答案解析】应缴纳增值税=20÷(1+3%)×3%=0.58(万元)。

【任务3—17】

【正确答案】

1.汽车租赁公司应缴纳增值税=16 000÷(1+13%)×13%=1 840.71(元)

2.电影放映服务可以选择简易计税。影院电影票收入应缴纳的增值税=110÷(1+3%)×3%=3.20(元)

3.旅游公司提供的代订宾馆服务应缴纳增值税=(1 000-880)÷(1+6%)×6%=6.79(元)

4.酒店应缴纳增值税=(168+268)÷(1+6%)×6%=24.68(元)

5.博物馆取得的收入应缴纳增值税为0。

因为税法规定,纪念馆、博物馆、文化馆、文物保护单位管理机构、美术馆、展览馆、书画院、图书馆在自己的场所提供文化体育服务取得的第一道门票收入,免征增值税。

6.提供游览场所按照文化服务缴纳增值税,文化体育服务可以选择简易计税。

景区取得收入应缴纳的增值税=420÷(1+3%)×3%=12.23(元)

7.王某销售股票,不缴纳增值税。

因为税法规定,个人从事金融商品转让业务免征增值税。

8.翻译服务按照咨询服务缴纳增值税,但其他个人按小规模纳税人纳税,适用3%的征收率。

应缴纳增值税=5 000÷(1+3%)×3%=145.63(元)

9.王某销售自己使用过的电脑不缴纳增值税。因为税法规定,其他个人销售自己使用过的物品,免征增值税。

【答案解析】注意以下几点:

1.纳税人提供租赁服务,采取预收款方式的,其纳税义务发生时间为收到预收款的当天。

2.纳税人提供旅游服务,可以选择以取得的全部价款和价外费用,扣除向旅游服务购买方收取并支付给其他单位或者个人的住宿费、餐饮费、交通费、签证费、门票费和支付给其他接团旅游企业的旅游费用后的余额为销售额。

3.个人从事金融商品转让业务免征增值税。

4.翻译服务按照咨询服务缴纳增值税,其他个人按照小规模纳税人纳税,适用3%的征收率。

5.其他个人销售自己使用过的物品,免征增值税。

四、进口环节应纳税额的计算

纳税人进口货物,无论是一般纳税人还是小规模纳税人,均应按照组成计税价格和规定的税率计算应纳税额,不允许抵扣发生在境外的任何税金。其计算公式为:

应纳税额=组成计税价格×税率

组成计税价格的构成分两种情况:

第一,如果进口货物不征收消费税,则上述公式中组成计税价格的计算公式为:

组成计税价格=关税完税价格+关税

第二,如果进口货物征收消费税,则上述公式中组成计税价格的计算公式为:

组成计税价格=关税完税价格+关税+消费税

根据《海关法》和《进出口关税条例》的规定,一般贸易下进口货物的关税完税价格以海关审定的成交价格为基础的到岸价格作为完税价格。所谓成交价格是一般贸易项下进口货物的买方为购买该项货物向卖方实际支付或应当支付的价格;到岸价格,包括货价,加上货物运抵我国关境内输入地点起卸前的包装费、运费、保险费和其他劳务费等费用构成的一种价格。

特殊贸易下进口的货物,由于进口时没有"成交价格"可作依据,因此,《进出口关税条例》对这些进口货物制定了确定其完税价格的具体办法。

【任务实施】

【任务3—18】

【正确答案】D

【答案解析】从报关地到企业的运费不在进口环节缴纳增值税。进口环节应缴纳的增值税税额=140 000×(1+30%)×13%=23 660(元)

【任务3—19】

【正确答案】C

【答案解析】从报关地到企业的运费不在进口环节缴纳增值税。进口环节应缴纳的增值税税额=120 000×(1+50%)×13%=23 400(元)

【任务3—20】

【正确答案】B

【答案解析】纳税人进口货物按照组成计税价格和规定的税率计算应纳税额。应纳税额＝组成计税价格×税率；组成计税价格＝关税完税价格＋关税。则甲公司该笔业务应缴纳增值税税额＝(116＋11.6)×13％＝16.588(万元)。

【任务实操】

龙江教育科技有限公司为增值税一般纳税人，2020年10月初有上期留抵进项税额31 026.49元，2020年10月发生的经济业务如下：

1.15日，从飞天科技有限公司购入打印机20台，金额共计19 111.76元，取得增值税专用发票一份，款已付。

2.15日，向立新实业有限公司销售打印机60台，货款共计190 282.96元，开具增值税专用发票一份，款项暂未收取。

3.18日，收到凌云汽车运输有限责任公司开具的运费增值税专用发票一份，金额共计23 055.71元，款已付。

4.18日，向三联印刷有限公司销售打印机120台，货款共计276 999.37元，开具增值税专用发票一份，款项暂未收取。

5.20日，从联想科技有限公司购入电脑一台，金额共计3 977.81元，取得增值税专用发票一份，款已付。

6.22日，向光华科技有限公司销售打印机2台，货款共计11 092.23元，开具增值税专用发票一份，款项暂未收取。

7.24日，进口电脑2台，关税完税价8641元，关税税额1 728.20元，取得海关进口增值税专用缴款书一份，款已付。

8.26日，从飞天科技有限公司购入复印机45台，金额共计416 887.35元，取得增值税专用发票一份，款已付。

9.26日，向天立实业有限公司销售打印机50台，货款共计173 097.76元，开具增值税普通发票一份，款项暂未收取。

10.28日，公司将自产产品打印机作为职工福利发放给员工，该批打印机市场不含税售价共计31 590.15元。

根据以上经济业务，请税务专员完成龙江教育科技有限公司2020年10月应纳增值税税额的计算工作任务。

任务四 税收优惠

【任务引例】

【任务4-1】根据增值税法律制度的规定,下列各项中,属于免税项目的是(　　)。
A.超市销售保健品
B.外贸公司进口供残疾人专用的物品
C.商场销售儿童玩具
D.外国政府无偿援助的进口物资

【任务4-2】根据增值税法律制度的规定,下列各项中,免征增值税的是(　　)。
A.单位销售自己使用过的小汽车
B.企业销售自产的仪器设备
C.外贸公司进口服装
D.农业生产者销售自产的蔬菜

【任务4-3】根据增值税法律制度的规定,下列各项中,免征增值税的有(　　)。
A.婚姻介绍所提供的婚姻介绍服务
B.医疗机构提供医疗服务
C.电信公司提供语音普通话服务
D.科研机构进口直接用于科学研究的仪器

【任务4-4】个人销售自建自用住房,需要缴纳增值税吗?(　　)

【任务4-5】下列各项中,不属于免税项目的是(　　)。
A.养老机构提供的养老服务
B.装修公司提供的装饰服务
C.婚介所提供的婚姻介绍服务
D.托儿所提供的保育服务

【任务4-6】根据增值税法律制度的规定,下列服务中,免征增值税的有(　　)。
A.学生勤工俭学提供的服务
B.残疾人福利机构提供的育养服务
C.婚姻介绍所提供的婚姻介绍服务
D.火葬场提供的殡葬服务

【任务4-7】残疾人个人提供修理自行车劳务,需要缴纳增值税吗?(　　)

【任务4-8】个人转让著作权需要缴纳增值税吗?(　　)

【任务4-9】增值税起征点的适用范围限于个人,是否适用于登记为一般纳税人的个体工商户?(　　)

【任务4-10】纳税人兼营免税、减税项目的,应当分别核算免税、减税项目的营业额;未分

别核算营业额的,是否享受免税、减税?(　　)

【任务4-11】增值税纳税人销售额未达到起征点的,免征增值税吗?(　　)

【任务4-12】以下有关增值税起征点的说法中,错误的是(　　)。

A.增值税起征点的适用范围仅限于个人,且不适用于登记为一般纳税人的个体工商户

B.小规模纳税人的销售额未达到规定的起征点的,免征增值税

C.小规模纳税人的销售额达到起征点的,应就其销售全额缴纳增值税

D.小规模纳税人的销售额超过起征点的,应就其超过起征点的销售额部分缴纳增值税

【任务4-13】下列项目中,免征增值税的有(　　)。

A.农业生产者销售的自产农产品

B.古旧图书

C.残疾人个人提供的加工劳务

D.避孕药品

【任务4-14】以下情形中,享受增值税免税优惠的有(　　)。

A.航天运输服务

B.会议展览地点在境外的会议展览服务

C.存储地点在境外的仓储服务

D.标的物在境外使用的有形动产租赁服务

【任务准备】

一、《增值税暂行条例》及其实施细则规定的免税项目

(一)农业生产者销售的自产农产品。

(二)避孕药品和用具。

(三)古旧图书。古旧图书,是指向社会收购的古书和旧书。

(四)直接用于科学研究、科学试验和教学的进口仪器、设备。

(五)外国政府、国际组织无偿援助的进口物资和设备。

(六)由残疾人的组织直接进口供残疾人专用的物品。

(七)销售自己使用过的物品。自己使用过的物品,是指其他个人自己使用过的物品。

二、营改增试点过渡政策的规定

(一)下列项目免征增值税

1.托儿所、幼儿园提供的保育和教育服务。

托儿所、幼儿园,是指经县级以上教育部门审批成立、取得办园许可证的实施0~6岁学前教育的机构,包括公办和民办的托儿所、幼儿园、学前班、幼儿班、保育院、幼儿院。

公办托儿所、幼儿园免征增值税的收入是指,在省级财政部门和价格主管部门审核报省级人民政府批准的收费标准以内收取的教育费、保育费。

民办托儿所、幼儿园免征增值税的收入是指,在报经当地有关部门备案并公示的收费标准范围内收取的教育费、保育费。

超过规定收费标准的收费,以开办实验班、特色班和兴趣班等为由另外收取的费用以及

与幼儿入园挂钩的赞助费、支教费等超过规定范围的收入,不属于免征增值税的收入。

2.养老机构提供的养老服务。

养老机构,是指依照民政部《养老机构设立许可办法》(民政部令第48号)设立并依法办理登记的为老年人提供集中居住和照料服务的各类养老机构;养老服务,是指上述养老机构按照民政部《养老机构管理办法》(民政部令第49号)的规定,为收住的老年人提供的生活照料、康复护理、精神慰藉、文化娱乐等服务。

3.残疾人福利机构提供的育养服务。

4.婚姻介绍服务。

5.殡葬服务。

6.残疾人员本人为社会提供的服务。

7.医疗机构提供的医疗服务。

医疗机构,是指依据国务院《医疗机构管理条例》(国务院令第149号)及卫生部《医疗机构管理条例实施细则》(卫生部令第35号)的规定,经登记取得《医疗机构执业许可证》的机构,以及军队、武警部队各级各类医疗机构。具体包括:各级各类医院、门诊部(所)、社区卫生服务中心(站)、急救中心(站)、城乡卫生院、护理院(所)、疗养院、临床检验中心,各级政府及有关部门举办的卫生防疫站(疾病控制中心)、各种专科疾病防治站(所),各级政府举办的妇幼保健所(站)、母婴保健机构、儿童保健机构,各级政府举办的血站(血液中心)等医疗机构。

本项所称的医疗服务,是指医疗机构按照不高于地(市)级以上价格主管部门会同同级卫生主管部门及其他相关部门制定的医疗服务指导价格(包括政府指导价和按照规定由供需双方协商确定的价格等)为就医者提供《全国医疗服务价格项目规范》所列的各项服务,以及医疗机构向社会提供卫生防疫、卫生检疫的服务。

8.从事学历教育的学校提供的教育服务。

(1)学历教育,是指受教育者经过国家教育考试或者国家规定的其他入学方式,进入国家有关部门批准的学校或者其他教育机构学习,获得国家承认的学历证书的教育形式。具体包括:

①初等教育:普通小学、成人小学。

②初级中等教育:普通初中、职业初中、成人初中。

③高级中等教育:普通高中、成人高中和中等职业学校(包括普通中专、成人中专、职业高中、技工学校)。

④高等教育:普通本专科、成人本专科、网络本专科、研究生(博士、硕士)、高等教育自学考试、高等教育学历文凭考试。

(2)从事学历教育的学校,是指:

①普通学校。

②经地(市)级以上人民政府或者同级政府的教育行政部门批准成立、国家承认其学员学历的各类学校。

③经省级及以上人力资源社会保障行政部门批准成立的技工学校、高级技工学校。

④经省级人民政府批准成立的技师学院。

上述学校均包括符合规定的从事学历教育的民办学校,但不包括职业培训机构等国家不承认学历的教育机构。

(3)提供教育服务免征增值税的收入,是指对列入规定招生计划的在籍学历教育服务取得的收入,具体包括:经有关部门审核批准并按规定标准收取的学费、住宿费、课本费、作业本费、考试报名费收入,以及学校食堂提供餐饮服务取得的伙食费收入。除此之外的收入,包括学校以各种名义收取的赞助费、择校费等,不属于免征增值税的范围。

学校食堂是指依照《学校食堂与学生集体用餐卫生管理规定》(教育部令第14号)管理的学校食堂。

9.学生勤工俭学提供的服务。

10.农业机耕、排灌、病虫害防治、植物保护、农牧保险以及相关技术培训业务,家禽、牲畜、水生动物的配种和疾病防治。

农业机耕,是指在农业、林业、牧业中使用农业机械进行耕作(包括耕耘、种植、收割、脱粒、植物保护等)的业务;排灌,是指对农田进行灌溉或者排涝的业务;病虫害防治,是指从事农业、林业、牧业、渔业的病虫害测报和防治的业务;农牧保险,是指为种植业、养殖业、牧业种植和饲养的动植物提供保险的业务;相关技术培训,是指与农业机耕、排灌、病虫害防治、植物保护业务相关以及为使农民获得农牧保险知识的技术培训业务;家禽、牲畜、水生动物的配种和疾病防治业务的免税范围,包括与该项服务有关的提供药品和医疗用具的业务。

11.纪念馆、博物馆、文化馆、文物保护单位管理机构、美术馆、展览馆、书画院、图书馆在自己的场所提供文化体育服务取得的第一道门票收入。

12.寺院、宫观、清真寺和教堂举办文化、宗教活动的门票收入。

13.行政单位之外的其他单位收取的符合《营业税改征增值税试点实施办法》第十条规定条件的政府性基金和行政事业性收费。

14.个人转让著作权。

15.个人销售自建自用住房。

16.2018年12月31日前,公共租赁住房经营管理单位出租公共租赁住房。

17.台湾航运公司、航空公司从事海峡两岸海上直航、空中直航业务在大陆取得的运输收入。

18.纳税人提供的直接或者间接国际货物运输代理服务。

19.符合规定条件的贷款、债券利息收入。

20.被撤销金融机构以货物、不动产、无形资产、有价证券、票据等财产清偿债务。

21.保险公司开办的一年期以上人身保险产品取得的保费收入。

22.符合规定条件的金融商品转让收入。

23.金融同业往来利息收入。

24.同时符合规定条件的担保机构从事中小企业信用担保或者再担保业务取得的收入(不含信用评级、咨询、培训等收入)3年内免征增值税。

25.国家商品储备管理单位及其直属企业承担商品储备任务,从中央或者地方财政取得的利息补贴收入和价差补贴收入。

26.纳税人提供技术转让、技术开发和与之相关的技术咨询、技术服务。

27.同时符合规定条件的合同能源管理服务。

28.2017年12月31日前,科普单位的门票收入,以及县级及以上党政部门和科协开展科普活动的门票收入。

29.政府举办的从事学历教育的高等、中等和初等学校(不含下属单位),举办进修班、培训班取得的全部归该学校所有的收入。

30.政府举办的职业学校设立的主要为在校学生提供实习场所并由学校出资自办、由学校负责经营管理、经营收入归学校所有的企业,从事《销售服务、无形资产或者不动产注释》中"现代服务"(不含融资租赁服务、广告服务和其他现代服务)、"生活服务"(不含文化体育服务、其他生活服务和桑拿、氧吧)业务活动取得的收入。

31.家政服务企业由员工制家政服务员提供家政服务取得的收入。

32.福利彩票、体育彩票的发行收入。

33.军队空余房产租赁收入。

34.为了配合国家住房制度改革,企业、行政事业单位按房改成本价、标准价出售住房取得的收入。

35.将土地使用权转让给农业生产者用于农业生产。

36.涉及家庭财产分割的个人无偿转让不动产、土地使用权。

37.土地所有者出让土地使用权和土地使用者将土地使用权归还给土地所有者。

38.县级以上地方人民政府或自然资源行政主管部门出让、转让或收回自然资源使用权(不含土地使用权)。

39.随军家属就业。

40.军队转业干部就业。

41.提供社区养老、抚育、家政等服务取得的收入。

(二)增值税即征即退

1.一般纳税人提供管道运输服务,对其增值税实际税负超过3%的部分实行增值税即征即退政策。

2.经人民银行、银监会或者商务部批准从事融资租赁业务的试点纳税人中的一般纳税人,提供有形动产融资租赁服务和有形动产融资性售后回租服务,对其增值税实际税负超过3%的部分实行增值税即征即退政策。商务部授权的省级商务主管部门和国家经济技术开发区批准的从事融资租赁业务和融资性售后回租业务的试点纳税人中的一般纳税人,2016年5月1日后实收资本达到1.7亿元的,从达到标准的当月起按照上述规定执行;2016年5月1日后实收资本未达到1.7亿元但注册资本达到1.7亿元的,在2016年7月31日前仍可按照上述规定执行,2016年8月1日后开展的有形动产融资租赁业务和有形动产融资性售后回租业务不得按照上述规定执行。

3.本规定所称增值税实际税负,是指纳税人当期提供应税服务实际缴纳的增值税额占纳税人当期提供应税服务取得的全部价款和价外费用的比例。

(三)扣减增值税规定

1.退役士兵创业就业。

2.重点群体创业就业。

(四)金融企业发放贷款后,自结息日起90日内发生的应收未收利息按现行规定缴纳增值税,自结息日起90日后发生的应收未收利息暂不缴纳增值税,待实际收到利息时按规定缴纳增值税。

(五)个人将购买不足2年的住房对外销售的,按照5%的征收率全额缴纳增值税;个人将购买2年以上(含2年)的住房对外销售的,免征增值税。上述政策适用于北京市、上海市、广州市和深圳市。

个人将购买不足2年的住房对外销售的,按照5%的征收率全额缴纳增值税;个人将购买2年以上(含2年)的非普通住房对外销售的,以销售收入减去购买住房价款后的差额按照5%的征收率缴纳增值税;个人将购买2年以上(含2年)的普通住房对外销售的,免征增值税。上述政策仅适用于北京市、上海市、广州市和深圳市。

上述增值税优惠政策除已规定期限的项目和第5项政策外,其他均在营改增试点期间执行。如果试点纳税人在纳入营改增试点之日前已经按照有关政策规定享受了营业税税收优惠,在剩余税收优惠政策期限内,按照规定享受有关增值税优惠。

三、跨境行为免征增值税的政策规定

境内的单位和个人销售的下列服务和无形资产免征增值税,但财政部和国家税务总局规定适用增值税零税率的除外。

(一)下列服务

1. 工程项目在境外的建筑服务。
2. 工程项目在境外的工程监理服务。
3. 工程、矿产资源在境外的工程勘察勘探服务。
4. 会议展览地点在境外的会议展览服务。
5. 存储地点在境外的仓储服务。
6. 标的物在境外使用的有形动产租赁服务。
7. 在境外提供的广播影视节目(作品)的播映服务。
8. 在境外提供的文化体育服务、教育医疗服务、旅游服务。

(二)为出口货物提供的邮政服务、收派服务、保险服务

为出口货物提供的保险服务,包括出口货物保险和出口信用保险。

(三)向境外单位提供的完全在境外消费的服务和无形资产

1. 电信服务。
2. 知识产权服务。
3. 物流辅助服务(仓储服务、收派服务除外)。
4. 鉴证咨询服务。
5. 专业技术服务。
6. 商务辅助服务。
7. 广告投放地在境外的广告服务。

8.无形资产。

(四)以无运输工具承运方式提供的国际运输服务

(五)为境外单位之间的货币资金融通及其他金融业务提供的直接收费金融服务,且该服务与境内的货物、无形资产和不动产无关

(六)财政部和国家税务总局规定的其他服务

四、起征点

纳税人发生应税销售行为的销售额未达到增值税起征点的,免征增值税;达到起征点的,全额计算缴纳增值税。

增值税起征点的适用范围限于个人,且不适用于登记为一般纳税人的个体工商户。

起征点的幅度规定如下:

(一)按期纳税的,为月销售额5000~20000元(含本数)。

(二)按次纳税的,为每次(日)销售额300~500元(含本数)。

起征点的调整由财政部和国家税务总局规定。省、自治区、直辖市财政厅(局)和税务局应当在规定的幅度内,根据实际情况确定本地区适用的起征点,并报财政部和国家税务总局备案。

五、小微企业免税规定

(一)自2019年1月1日至2021年12月31日,增值税小规模纳税人发生增值税应税销售行为,合计月销售额未超过10万元的,免征增值税。其中,以1个季度为纳税期限的增值税小规模纳税人,季度销售额未超过30万元的,免征增值税。

小规模纳税人发生增值税应税销售行为,合计月销售额超过10万元,但扣除本期发生的销售不动产的销售额后未超过10万元的,其销售货物、劳务、服务、无形资产取得的销售额免征增值税。

(二)增值税小规模纳税人月销售额未超过10万元的,当期因开具增值税专用发票已经缴纳的税款,在专用发票全部联次追回或者按规定开具红字专用发票后,可以向税务机关申请退还。

(三)其他个人采取一次性收取租金形式出租不动产,取得的租金收入,可在租金对应的租赁期内平均分摊,分摊后的月租金收入不超过3万元的,可享受小微企业免征增值税的优惠政策。

六、其他减免税规定

(一)纳税人兼营免税、减税项目的,应当分别核算免税、减税项目的销售额;

未分别核算销售额的,不得免税、减税。

(二)纳税人发生应税销售行为适用免税规定的,可以放弃免税,依照《增值税暂行条例》或者《营业税改征增值税试点实施办法》的规定缴纳增值税。放弃免税后,36个月内不得再申请免税。

(三)纳税人发生应税销售行为同时适用免税和零税率规定的,纳税人可以选择适用免税或者零税率。

【任务实施】

【任务4—1】
【正确答案】D
【答案解析】外国政府、国际组织无偿援助的进口物资和设备,免税;由残疾人的组织直接进口供残疾人专用的物品,免税。外贸企业进口残疾人专用物品不免税。

【任务4—2】
【正确答案】D
【答案解析】选项ABC,照章缴纳增值税;选项D,农业生产者销售的自产农产品,免征增值税。

【任务4—3】
【正确答案】ABD
【答案解析】婚姻介绍服务、医疗机构提供的医疗服务免征增值税,选项AB正确;直接用于科学研究、科学实验和教学的进口仪器、设备免税,选项D正确。

【任务4—4】
【正确答案】个人销售自建自用住房,免征增值税。

【任务4—5】
【正确答案】B
【答案解析】选项ACD均属于免税项目。选项B属于应税服务。

【任务4—6】
【正确答案】ABCD
【答案解析】本题考核"营改增试点过渡政策的免税规定"。

【任务4—7】
【正确答案】残疾人个人提供的应税服务免征增值税。

【任务4—8】
【正确答案】个人转让著作权免税。

【任务4—9】
【正确答案】增值税起征点的适用范围限于个人,不适用于登记为一般纳税人的个体工商户。

【任务4—10】
【正确答案】纳税人兼营免税、减税项目的,应当分别核算免税、减税项目的销售额;未分别核算销售额的,不得免税、减税。

【任务4—11】

【正确答案】增值税纳税人销售额未达到起征点的,免征增值税。

【任务4—12】

【正确答案】D

【答案解析】小规模纳税人的销售额未达到规定的起征点的,免征增值税;达到或超过起征点的,则应就其销售全额纳税。

【任务4—13】

【正确答案】ABCD

【答案解析】以上项目均免征增值税。

【任务4—14】

【正确答案】BCD

【答案解析】航天运输服务适用增值税零税率。

【任务实操】

请税务专员判断企业是否享受增值税税收优惠政策,如果可以享受增值税税收优惠政策,计算享受增值税税收优惠政策后企业当期应缴纳的增值税税额。

任务五 征收管理

【任务引例】

【任务5-1】 2014年5月8日,甲公司与乙公司签订了买卖电脑的合同,双方约定总价款为80万元。6月3日,甲公司就80万元货款全额开具了增值税专用发票,6月10日,甲公司收到乙公司第一笔货款45万元,6月25日,甲公司收到乙公司第二笔货款35万元。根据增值税法律制度的规定,甲公司增值税纳税义务发生的时间为( )。

A.5月8日　　　　B.6月3日　　　　C.6月10日　　　　D.6月25日

【任务5-2】 下列关于增值税纳税地点的表述中,正确的有( )。

A.固定业户应当向其机构所在地的主管税务机关申报纳税

B.非固定业户销售货物或者应税劳务,应当向销售地或者劳务发生地的主管税务机关申报纳税

C.进口货物,应当向报关地海关申报纳税

D.扣缴义务人应当向其机构所在地或者居住地的主管税务机关申报缴纳其扣缴的税款

【任务5-3】 根据增值税法律制度的规定,下列关于增值税纳税义务发生时间的表述中,正确的是( )。

A.委托他人代销货物的,为货物发出的当天

B.从事金融商品转让的,为金融商品所有权转移的当天

C.采用预收货款方式销售货物,货物生产工期不超过12个月的,为收到预收款的当天

D.采取直接收款方式销售货物的,为货物发出的当天

【任务5-4】 下列关于增值税纳税义务发生时间的表述中,不正确的是( )

A.纳税人发生应税行为先开具发票的,为开具发票的当天

B.纳税人发生视同销售不动产的,为不动产权属变更的当天

C.纳税人提供租赁服务采取预收款方式的,为交付租赁物的当天

D.纳税人从事金融商品转让的,为金融商品所有权转移的当天

【任务5-5】 纳税人采取委托银行收款方式销售货物时,增值税纳税义务发生时间是银行收到货款的当天吗?( )

【任务5-6】 纳税人采取直接收款方式销售货物,不论货物是否发出,其纳税义务发生时间均为收到销售款或者取得索取销售款凭据的当天吗?( )

【任务5-7】 李某户籍所在地在Q市,居住地在L市,工作单位在M市。2018年9月李某将位于N市的住房出售,则出售该住房增值税的纳税地点是( )。

A.Q市税务机关　　B.L市税务机关　　C.M市税务机关　　D.N市税务机关

【任务5-8】 根据增值税法律制度的规定,下列关于固定业户纳税人地点的表述中,不正确的有( )。

A.销售商标使用权,应当向商标使用权购买方所在地主管税务机关申报纳税
B.销售采矿权,应当向矿产所在地主管税务机关申报纳税
C.销售设计服务,应当向设计服务发生地主管税务机关申报纳税
D.销售广告服务,应当向机构所在地主管税务机关申报纳税

【任务5-9】银行增值税的纳税期限为1个月吗?(　　)

【任务准备】

一、纳税义务发生时间

(一)纳税人发生应税销售行为,为收讫销售款项或者取得索取销售款项凭据的当天;先开具发票的,为开具发票的当天。具体规定为:

1.采取直接收款方式销售货物,不论货物是否发出,均为收到销售款或者取得索取销售款凭据的当天。

纳税人生产经营活动中采取直接收款方式销售货物,已将货物移送对方并暂估销售收入入账,但既未取得销售款或取得索取销售款凭据也未开具销售发票的,其纳税义务发生时间为取得销售款或取得索取销售款凭据的当天;先开具发票的,为开具发票的当天。

2.采取托收承付和委托银行收款方式销售货物,为发出货物并办妥托收手续的当天。

3.采取赊销和分期收款方式销售货物,为书面合同约定的收款日期的当天,无书面合同的或者书面合同没有约定收款日期的,为货物发出的当天。

4.采取预收货款方式销售货物,为货物发出的当天,但生产销售生产工期超过12个月的大型机械设备、船舶、飞机等货物,为收到预收款或者书面合同约定的收款日期的当天。

5.委托其他纳税人代销货物,为收到代销单位的代销清单或者收到全部或部分货款的当天。未收到代销清单及货款的,为发出代销货物满180天的当天。

6.纳税人提供租赁服务采取预收款方式的,其纳税义务发生时间为收到预收款的当天。

7.纳税人从事金融商品转让的,为金融商品所有权转移的当天。

8.纳税人发生相关视同销售货物行为,为货物移送的当天。

9.纳税人发生视同销售劳务、服务、无形资产、不动产情形的,其纳税义务发生时间为劳务、服务、无形资产转让完成的当天或者不动产权属变更的当天。

(二)纳税人进口货物,其纳税义务发生时间为报关进口的当天。

(三)增值税扣缴义务发生时间为纳税人增值税纳税义务发生的当天。

二、纳税地点

1.固定业户应当向其机构所在地的税务机关申报纳税。总机构和分支机构不在同一县(市)的,应当分别向各自所在地的税务机关申报纳税;经国务院财政、税务部门或者其授权的财政、税务机关批准,可以由总机构汇总向总机构所在地的税务机关申报纳税。

2.固定业户到外县(市)销售货物或者劳务,应当向其机构所在地的税务机关报告外出经营事项,并向其机构所在地的税务机关申报纳税;未报告的,应当向销售地或者劳务发生地

的税务机关申报纳税;未向销售地或者劳务发生地的税务机关申报纳税的,由其机构所在地的税务机关补征税款。

3.非固定业户销售货物或者劳务,应当向销售地或者劳务发生地的税务机关申报纳税;未向销售地或者劳务发生地的税务机关申报纳税的,由其机构所在地或者居住地的税务机关补征税款。

4.进口货物,应当向报关地海关申报纳税。

5.其他个人提供建筑服务,销售或者租赁不动产,转让自然资源使用权,应向建筑服务发生地、不动产所在地、自然资源所在地税务机关申报纳税。

6.扣缴义务人应当向其机构所在地或者居住地的税务机关申报缴纳其扣缴的税款。

三、纳税期限

根据《增值税暂行条例》及其实施细则和《营业税改征增值税试点实施办法》的规定,增值税的纳税期限分别为1日、3日、5日、10日、15日、1个月或者1个季度。

纳税人的具体纳税期限,由税务机关根据纳税人应纳税额的大小分别核定;不能按照固定期限纳税的,可以按次纳税。以1个季度为纳税期限的规定适用于小规模纳税人、银行、财务公司、信托投资公司、信用社、财政部和国家税务总局规定的其他纳税人。

纳税人以1个月或者1个季度为1个纳税期的,自期满之日起15日内申报纳税;以1日、3日、5日、10日或者15日为1个纳税期的,自期满之日起5日内预缴税款,于次月1日起15日内申报纳税并结清上月应纳税款。

扣缴义务人解缴税款的期限,依照上述规定执行。

纳税人进口货物,应当自海关填发进口增值税专用缴款书之日起15日内缴纳税款。

四、增值税一般纳税人纳税申报办法

(一)纳税申报资料

纳税申报资料包括纳税申报表及其附列资料和纳税申报其他资料。

1.纳税申报表及其附列资料:

(1)《增值税纳税申报表(一般纳税人适用)》,见表2-3。

(2)《增值税纳税申报表附列资料(一)》(本期销售情况明细),见表2-4。

(3)《增值税纳税申报表附列资料(二)》(本期进项税额明细),见表2-5。

(4)《增值税纳税申报表附列资料(三)》(服务、不动产和无形资产扣除项目明细),见表2-6。

一般纳税人销售服务、不动产和无形资产,在确定服务、不动产和无形资产销售额时,按照有关规定可以从取得的全部价款和价外费用中扣除价款的,需填报《增值税纳税申报表附列资料(三)》,其他情况不填写该附列资料。

(5)《增值税纳税申报表附列资料(四)》(税额抵减情况表),见表2-7。

(6)《增值税减免税申报明细表》,见表2-8。

2.纳税申报的其他资料:

(1)已开具的税控机动车销售统一发票和普通发票的存根联。

(2)符合抵扣条件且在本期申报抵扣的增值税专用发票(含税控机动车销售统一发票)的

抵扣联。

(3)符合抵扣条件且在本期申报抵扣的海关进口增值税专用缴款书、购进农产品取得的普通发票的复印件。

(4)符合抵扣条件且在本期申报抵扣的税收完税凭证及其清单，书面合同、付款证明和境外单位的对账单或者发票。

(5)已开具的农产品收购凭证的存根联或报查联。

(6)纳税人销售服务、不动产和无形资产，在确定服务、不动产和无形资产销售额时，按照有关规定从取得的全部价款和价外费用中扣除价款的合法凭证及其清单。

(7)主管税务机关规定的其他资料。

3.纳税申报表及其附列资料为必报资料。纳税申报其他资料的报备要求由各省、自治区、直辖市和计划单列市国家税务局确定。

(二)纳税人跨县(市)提供建筑服务、房地产开发企业预售自行开发的房地产项目、纳税人出租与机构所在地不在同一县(市)的不动产，按规定需要在项目所在地或不动产所在地主管国税机关预缴税款的，需填写《增值税预缴税款表》。

表2—3

增值税纳税申报表
(一般纳税人适用)

根据国家税收法律法规及增值税相关规定制定本表。纳税人不论有无销售额,均应按税务机关核定的纳税期限填写本表,并向当地税务机关申报。

税款所属时间:自　年　月　日至　年　月　日　填表日期:　年　月　日　　　　　　金额单位:元至角分

纳税人识别号				所属行业:		
纳税人名称		(公章)	法定代表人姓名		注册地址	生产经营地址
开户银行及账号			登记注册类型			电话号码

	项目	栏次	一般项目		即征即退项目	
			本月数	本年累计	本月数	本年累计
销售额	(一)按适用税率计税销售额	1				
	其中:应税货物销售额	2				
	应税劳务销售额	3				
	纳税检查调整的销售额	4				
	(二)按简易办法计税销售额	5				
	其中:纳税检查调整的销售额	6				
	(三)免、抵、退办法出口销售额	7			——	——
	(四)免税销售额	8			——	——
	其中:免税货物销售额	9			——	——
	免税劳务销售额	10			——	——
税款计算	销项税额	11				
	进项税额	12				
	上期留抵税额	13			——	——
	进项税额转出	14				
	免、抵、退应退税额	15			——	——
	按适用税率计算的纳税检查应补缴税额	16				
	应抵扣税额合计	17＝12＋13－14－15＋16			——	——
	实际抵扣税额	18(如17＜11,则为17,否则为11)				
	应纳税额	19＝11－18				
	期末留抵税额	20＝17－18			——	——
	简易计税办法计算的应纳税额	21				
	按简易计税办法计算的纳税检查应补缴税额	22				
	应纳税额减征额	23				
	应纳税额合计	24＝19＋21－23				
税款缴纳	期初未缴税额(多缴为负数)	25				
	实收出口开具专用缴款书退税额	26				
	本期已缴税额	27＝28＋29＋30＋31				
	①分次预缴税额	28			——	——
	②出口开具专用缴款书预缴税额	29			——	——
	③本期缴纳上期应纳税额	30				
	④本期缴纳欠缴税额	31				
	期末未缴税额(多缴为负数)	32＝24＋25＋26－27				
	其中:欠缴税额(≥0)	33＝25＋26－27				
	本期应补(退)税额	34＝24－28－29				
	即征即退实际退税额	35	——	——		
	期初未缴查补税额	36				
	本期入库查补税额	37				
	期末未缴查补税额	38＝16＋22＋36－37			——	——

续表

授权声明	如果你已委托代理人申报,请填写下列资料: 为代理一切税务事宜,现授权　　　　　(地址)　　　　　为本纳税人的代理申报人,任何与本申报表有关的往来文件,都可寄予此人。 授权人签字:	申报人声明	本纳税申报表是根据国家税收法律法规及相关规定填报的,我确定它是真实的、可靠的、完整的。 声明人签字:

主管税务机关:　　　　　　　　接收人:　　　　　　　　接收日期:

表 2-4

增值税纳税申报表附列资料(一)

(本期销售情况明细)

税款所属时间:　　年　月　日至　　年　月　日

纳税人名称:(公章)　　　　　　　　　　　　　　　　　　　　　金额单位:元至角分

项目及栏次			开具增值税专用发票		开具其他发票		未开具发票		纳税检查调整		合计		服务、不动产和无形资产扣除项目本期实际扣除金额	扣除后	
			销售额	销项(应纳)税额	销售额	销项(应纳)税额	销售额	销项(应纳)税额	销售额	销项(应纳)税额	销售额	销项(应纳)税额	价税合计		含税(免税)销售额	销项(应纳)税额
			1	2	3	4	5	6	7	8	9=1+3+5+7	10=2+4+6+8	11=9+10	12	13=11-12	14=13÷(100%+税率或征收率)×税率或征收率
一、一般计税方法计税	全部征税项目	13%税率的货物及加工修理修配劳务	1														
		13%税率的服务、不动产和无形资产	2														
		9%税率的货物及加工修理修配劳务	3														
		9%税率的服务、不动产和无形资产	4														
		6%税率	5														
	其中:即征即退项目	即征即退货物及加工修理修配劳务	6														
		即征即退服务、不动产和无形资产	7														

续表

项目及栏次		开具增值税专用发票		开具其他发票		未开具发票		纳税检查调整		合计			服务、不动产和无形资产扣除项目本期实际扣除金额	扣除后	
		销售额	销项(应纳)税额	销售额	销项(应纳)税额	销售额	销项(应纳)税额	销售额	销项(应纳)税额	销售额	销项(应纳)税额	价税合计		含税(免税)销售额	销项(应纳)税额
		1	2	3	4	5	6	7	8	9=1+3+5+7	10=2+4+6+8	11=9+10	12	13=11-12	14=13÷(100%+税率或征收率)×税率或征收率
二、简易计税方法计税	全部征税项目	6%征收率	8							—	—				
		5%征收率的货物及加工修理修配劳务	9a												
		5%征收率的服务、不动产和无形资产	9b												
		4%征收率	10												
		3%征收率的货物及加工修理修配劳务	11												
		3%征收率的服务、不动产和无形资产	12												
		预征率 %	13a												
		预征率 %	13b												
		预征率 %	13c												
	其中:即征即退项目	即征即退货物及加工修理修配劳务	14	—	—	—	—	—	—						
		即征即退服务、不动产和无形资产	15												
三、免抵退税		货物及加工修理修配劳务	16												
		服务、不动产和无形资产	17												
四、免税		货物及加工修理修配劳务	18												
		服务、不动产和无形资产	19												

表 2-5

增值税纳税申报表附列资料(二)

(本期进项税额明细)

税款所属时间: 年 月 日至 年 月 日

纳税人名称:(公章) 金额单位:元至角分

一、申报抵扣的进项税额					
项目	栏次	份数	金额	税额	
(一)认证相符的增值税专用发票	1=2+3				
其中:本期认证相符且本期申报抵扣	2				
前期认证相符且本期申报抵扣	3				
(二)其他扣税凭证	4=5+6+7+8a+8b				
其中:海关进口增值税专用缴款书	5				
农产品收购发票或者销售发票	6				
代扣代缴税收缴款凭证	7		—		
加计扣除农产品进项税额	8a		—		
其他	8b				
(三)本期用于购建不动产的扣税凭证	9				
(四)本期用于抵扣的旅客运输服务扣税凭证	10				
(五)外贸企业进项税额抵扣证明	11		—		
当期申报抵扣进项税额合计	12=1+4+11				
二、进项税额转出额					
项目	栏次	税额			
本期进项税额转出额	13=14至23之和				
其中:免税项目用	14				
集体福利、个人消费	15				
非正常损失	16				
简易计税方法征税项目用	17				
免抵退税办法不得抵扣的进项税额	18				
纳税检查调减进项税额	19				
红字专用发票信息表注明的进项税额	20				
上期留抵税额抵减欠税	21				
上期留抵税额退税	22				
其他应作进项税额转出的情形	23				
三、待抵扣进项税额					
项目	栏次	份数	金额	税额	
(一)认证相符的增值税专用发票	24		—		
期初已认证相符但未申报抵扣	25				
本期认证相符且本期未申报抵扣	26				
期末已认证相符但未申报抵扣	27				
其中:按照税法规定不允许抵扣	28				
(二)其他扣税凭证	29=30至33之和				
其中:海关进口增值税专用缴款书	30				
农产品收购发票或者销售发票	31				
代扣代缴税收缴款凭证	32				
其他	33				
	34				

四、其他				
项目	栏次	份数	金额	税额
本期认证相符的增值税专用发票	35			
代扣代缴税额	36	——		——

表 2-6

增值税纳税申报表附列资料(三)
(服务、不动产和无形资产扣除项目明细)

税款所属时间： 年 月 日至 年 月 日

纳税人名称：(公章)　　　　　　　　　　　　　　　　　　　　　金额单位：元至角分

项目及栏次		本期服务、不动产和无形资产价税合计额(免税销售额)	服务、不动产和无形资产扣除项目				
			期初余额	本期发生额	本期应扣除金额	本期实际扣除金额	期末余额
		1	2	3	4=2+3	5(5≤1且5≤4)	6=4-5
13%税率的项目	1						
9%税率的项目	2						
6%税率的项目(不含金融商品转让)	3						
6%税率的金融商品转让项目	4						
5%征收率的项目	5						
3%征收率的项目	6						
免抵退税的项目	7						
免税的项目	8						

表 2-7

增值税纳税申报表附列资料(四)
(税额抵减情况表)

税款所属时间： 年 月 日至 年 月 日

纳税人名称：(公章)　　　　　　　　　　　　　　　　　　　　　金额单位：元至角分

一、税额抵减情况						
序号	抵减项目	期初余额	本期发生额	本期应抵减税额	本期实际抵减税额	期末余额
		1	2	3=1+2	4≤3	5=3-4
1	增值税税控系统专用设备费及技术维护费					
2	分支机构预征缴纳税款					
3	建筑服务预征缴纳税款					
4	销售不动产预征缴纳税款					
5	出租不动产预征缴纳税款					

续表

二、加计抵减情况						
序号	加计抵减项目	期初余额	本期发生额	本期调减额	本期可抵减额	本期实际抵减额	期末余额
		1	2	3	4＝1+2-3	5	6＝4-5
6	一般项目加计抵减额计算						
7	即征即退项目加计抵减额计算						
8	合计						

表2-8

增值税减免税申报明细表

税款所属时间：自　年　月　日至　年　月　日

纳税人名称：(公章)　　　　　　　　　　　　　　　　　　　　　　　　金额单位：元至角分

一、减税项目					
减税性质代码及名称	栏次	期初余额	本期发生额	本期应抵减税额	本期实际抵减税额	期末余额
		1	2	3＝1+2	4≤3	5＝3-4
合计	1					
	2					
	3					
	4					
	5					
	6					

二、免税项目					
免税性质代码及名称	栏次	免征增值税项目销售额	免税销售额扣除项目本期实际扣除金额	扣除后免税销售额	免税销售额对应的进项税额	免税额
		1	2	3＝1-2	4	5
合计	7					
出口免税	8		—	—	—	
其中：跨境服务	9		—	—	—	
	10					
	11					
	12					
	13					
	14					
	15					
	16					

《增值税纳税申报表(一般纳税人适用)》及其附列资料填写说明

本纳税申报表及其附列资料填写说明(以下简称本表及填写说明)适用于增值税一般纳税人(以下简称纳税人)。

一、《增值税纳税申报表(一般纳税人适用)》填写说明

(一)"税款所属时间"：指纳税人申报的增值税应纳税额的所属时间，应填写具体的起止年、月、日。

(二)"填表日期"：指纳税人填写本表的具体日期。

(三)"纳税人识别号"：填写纳税人的税务登记证件号码。

（四）"所属行业"：按照国民经济行业分类与代码中的小类行业填写。

（五）"纳税人名称"：填写纳税人单位名称全称。

（六）"法定代表人姓名"：填写纳税人法定代表人的姓名。

（七）"注册地址"：填写纳税人税务登记证件所注明的详细地址。

（八）"生产经营地址"：填写纳税人实际生产经营地的详细地址。

（九）"开户银行及账号"：填写纳税人开户银行的名称和纳税人在该银行的结算账户号码。

（十）"登记注册类型"：按纳税人税务登记证件的栏目内容填写。

（十一）"电话号码"：填写可联系到纳税人的常用电话号码。

（十二）"即征即退项目"列：填写纳税人按规定享受增值税即征即退政策的货物、劳务和服务、不动产、无形资产的征（退）税数据。

（十三）"一般项目"列：填写除享受增值税即征即退政策以外的货物、劳务和服务、不动产、无形资产的征（免）税数据。

（十四）"本年累计"列：一般填写本年度内各月"本月数"之和。其中，第13、20、25、32、36、38栏及第18栏"实际抵扣税额""一般项目"列的"本年累计"分别按本填写说明第（二十七）（三十四）（三十九）（四十六）（五十）（五十二）（三十二）条要求填写。

（十五）第1栏"（一）按适用税率计税销售额"：填写纳税人本期按一般计税方法计算缴纳增值税的销售额，包含：在财务上不作销售但按税法规定应缴纳增值税的视同销售和价外费用的销售额；外贸企业作价销售进料加工复出口货物的销售额；税务、财政、审计部门检查后按一般计税方法计算调整的销售额。

营业税改征增值税的纳税人，服务、不动产和无形资产有扣除项目的，本栏应填写扣除之前的不含税销售额。

本栏"一般项目"列"本月数"＝《附列资料（一）》第9列第1至5行之和－第9列第6、7行之和；本栏"即征即退项目"列"本月数"＝《附列资料（一）》第9列第6、7行之和。

（十六）第2栏"其中：应税货物销售额"：填写纳税人本期按适用税率计算增值税的应税货物的销售额。包含在财务上不作销售但按税法规定应缴纳增值税的视同销售货物和价外费用销售额，以及外贸企业作价销售进料加工复出口货物的销售额。

（十七）第3栏"应税劳务销售额"：填写纳税人本期按适用税率计算增值税的应税劳务的销售额。

（十八）第4栏"纳税检查调整的销售额"：填写纳税人因税务、财政、审计部门检查，并按一般计税方法在本期计算调整的销售额。但享受增值税即征即退政策的货物、劳务和服务、不动产、无形资产，经纳税检查属于偷税的，不填入"即征即退项目"列，而应填入"一般项目"列。

营业税改征增值税的纳税人，服务、不动产和无形资产有扣除项目的，本栏应填写扣除之前的不含税销售额。

本栏"一般项目"列"本月数"＝《附列资料（一）》第7列第1至5行之和。

（十九）第5栏"（二）按简易办法计税销售额"：填写纳税人本期按简易计税方法计算增值税的销售额。包含纳税检查调整按简易计税方法计算增值税的销售额。

营业税改征增值税的纳税人，服务、不动产和无形资产有扣除项目的，本栏应填写扣除之前的不含税销售额；服务、不动产和无形资产按规定汇总计算缴纳增值税的分支机构，其当期按预征率计算缴纳增值税的销售额也填入本栏。

本栏"一般项目"列"本月数"≥《附列资料(一)》第9列第8至13b行之和－第9列第14、15行之和;本栏"即征即退项目"列"本月数"≥《附列资料(一)》第9列第14、15行之和。

(二十)第6栏"其中:纳税检查调整的销售额":填写纳税人因税务、财政、审计部门检查,并按简易计税方法在本期计算调整的销售额。但享受增值税即征即退政策的货物、劳务和服务、不动产、无形资产,经纳税检查属于偷税的,不填入"即征即退项目"列,而应填入"一般项目"列。

营业税改征增值税的纳税人,服务、不动产和无形资产有扣除项目的,本栏应填写扣除之前的不含税销售额。

(二十一)第7栏"(三)免、抵、退办法出口销售额":填写纳税人本期适用免、抵、退税办法的出口货物、劳务和服务、无形资产的销售额。

营业税改征增值税的纳税人,服务、无形资产有扣除项目的,本栏应填写扣除之前的销售额。

本栏"一般项目"列"本月数"=《附列资料(一)》第9列第16、17行之和。

(二十二)第8栏"(四)免税销售额":填写纳税人本期按照税法规定免征增值税的销售额和适用零税率的销售额,但零税率的销售额中不包括适用免、抵、退税办法的销售额。

营业税改征增值税的纳税人,服务、不动产和无形资产有扣除项目的,本栏应填写扣除之前的免税销售额。

本栏"一般项目"列"本月数"=《附列资料(一)》第9列第18、19行之和。

(二十三)第9栏"其中:免税货物销售额":填写纳税人本期按照税法规定免征增值税的货物销售额及适用零税率的货物销售额,但零税率的销售额中不包括适用免、抵、退税办法出口货物的销售额。

(二十四)第10栏"免税劳务销售额":填写纳税人本期按照税法规定免征增值税的劳务销售额及适用零税率的劳务销售额,但零税率的销售额中不包括适用免、抵、退税办法的劳务的销售额。

(二十五)第11栏"销项税额":填写纳税人本期按一般计税方法计税的货物、劳务和服务、不动产、无形资产的销项税额。

营业税改征增值税的纳税人,服务、不动产和无形资产有扣除项目的,本栏应填写扣除之后的销项税额。

本栏"一般项目"列"本月数"=《附列资料(一)》(第10列第1、3行之和－第10列第6行)+(第14列第2、4、5行之和－第14列第7行);

本栏"即征即退项目"列"本月数"=《附列资料(一)》第10列第6行+第14列第7行。

(二十六)第12栏"进项税额":填写纳税人本期申报抵扣的进项税额。

本栏"一般项目"列"本月数"+"即征即退项目"列"本月数"=《附列资料(二)》第12栏"税额"。

(二十七)第13栏"上期留抵税额"

1.上期留抵税额按规定须挂账的纳税人,按以下要求填写本栏的"本月数"和"本年累计"。

上期留抵税额按规定须挂账的纳税人是指试点实施之日前一个税款所属期的申报表第20栏"期末留抵税额""一般货物、劳务和应税服务"列"本月数"大于零,且兼有营业税改征增值税服务、不动产和无形资产的纳税人(下同)。其试点实施之日前一个税款所属期的申报表第20栏"期末留抵税额""一般货物、劳务和应税服务"列"本月数",以下称为货物和劳务挂账留抵税额。

(1)本栏"一般项目"列"本月数":试点实施之日的税款所属期填写"0";以后各期按上期申报表第20栏"期末留抵税额""一般项目"列"本月数"填写。

(2)本栏"一般项目"列"本年累计":反映货物和劳务挂账留抵税额本期期初余额。试点实施之日的税款所属期按试点实施之日前一个税款所属期的申报表第20栏"期末留抵税额""一般货物、劳务和应税服务"列"本月数"填写;以后各期按上期申报表第20栏"期末留抵税额""一般项目"列"本年累计"填写。

(3)本栏"即征即退项目"列"本月数":按上期申报表第20栏"期末留抵税额""即征即退项目"列"本月数"填写。

2.其他纳税人,按以下要求填写本栏"本月数"和"本年累计"。

其他纳税人是指除上期留抵税额按规定须挂账的纳税人之外的纳税人(下同)。

(1)本栏"一般项目"列"本月数":按上期申报表第20栏"期末留抵税额""一般项目"列"本月数"填写。

(2)本栏"一般项目"列"本年累计":填写"0"。

(3)本栏"即征即退项目"列"本月数":按上期申报表第20栏"期末留抵税额""即征即退项目"列"本月数"填写。

(二十八)第14栏"进项税额转出":填写纳税人已经抵扣,但按税法规定本期应转出的进项税额。

本栏"一般项目"列"本月数"+"即征即退项目"列"本月数"=《附列资料(二)》第13栏"税额"。

(二十九)第15栏"免、抵、退应退税额":反映税务机关退税部门按照出口货物、劳务和服务、无形资产免、抵、退办法审批的增值税应退税额。

(三十)第16栏"按适用税率计算的纳税检查应补缴税额":填写税务、财政、审计部门检查,按一般计税方法计算的纳税检查应补缴的增值税税额。

本栏"一般项目"列"本月数"≤《附列资料(一)》第8列第1至5行之和+《附列资料(二)》第19栏。

(三十一)第17栏"应抵扣税额合计":填写纳税人本期应抵扣进项税额的合计数。按表中所列公式计算填写。

(三十二)第18栏"实际抵扣税额"

1.上期留抵税额按规定须挂账的纳税人,按以下要求填写本栏的"本月数"和"本年累计"。

(1)本栏"一般项目"列"本月数":按表中所列公式计算填写。

(2)本栏"一般项目"列"本年累计":填写货物和劳务挂账留抵税额本期实际抵减一般货物和劳务应纳税额的数额。将"货物和劳务挂账留抵税额本期期初余额"与"一般计税方法的一般货物及劳务应纳税额"两个数据相比较,取二者中小的数据。

其中:货物和劳务挂账留抵税额本期期初余额=第13栏"上期留抵税额""一般项目"列"本年累计";

一般计税方法的一般货物及劳务应纳税额=(第11栏"销项税额""一般项目"列"本月数"—第18栏"实际抵扣税额""一般项目"列"本月数")×一般货物及劳务销项税额比例;

一般货物及劳务销项税额比例=(《附列资料(一)》第10列第1、3行之和—第10列第6行)÷第11栏"销项税额""一般项目"列"本月数"×100%。

(3)本栏"即征即退项目"列"本月数":按表中所列公式计算填写。

2.其他纳税人,按以下要求填写本栏的"本月数"和"本年累计"

(1)本栏"一般项目"列"本月数":按表中所列公式计算填写。

(2)本栏"一般项目"列"本年累计":填写"0"。

(3)本栏"即征即退项目"列"本月数":按表中所列公式计算填写。

(三十三)第19栏"应纳税额":反映纳税人本期按一般计税方法计算并应缴纳的增值税额。按以下公式计算填写:

1.本栏"一般项目"列"本月数"=第11栏"销项税额""一般项目"列"本月数"-第18栏"实际抵扣税额""一般项目"列"本月数"-第18栏"实际抵扣税额""一般项目"列"本年累计"。

2.本栏"即征即退项目"列"本月数"=第11栏"销项税额""即征即退项目"列"本月数"-第18栏"实际抵扣税额""即征即退项目"列"本月数"。

(三十四)第20栏"期末留抵税额"

1.上期留抵税额按规定须挂账的纳税人,按以下要求填写本栏的"本月数"和"本年累计"

(1)本栏"一般项目"列"本月数":反映试点实施以后,货物、劳务和服务、不动产、无形资产共同形成的留抵税额。按表中所列公式计算填写。

(2)本栏"一般项目"列"本年累计":反映货物和劳务挂账留抵税额,在试点实施以后抵减一般货物和劳务应纳税额后的余额。按以下公式计算填写:

本栏"一般项目"列"本年累计"=第13栏"上期留抵税额""一般项目"列"本年累计"-第18栏"实际抵扣税额""一般项目"列"本年累计"。

(3)本栏"即征即退项目"列"本月数":按表中所列公式计算填写。

2.其他纳税人,按以下要求填写本栏"本月数"和"本年累计"

(1)本栏"一般项目"列"本月数":按表中所列公式计算填写。

(2)本栏"一般项目"列"本年累计":填写"0"。

(3)本栏"即征即退项目"列"本月数":按表中所列公式计算填写。

(三十五)第21栏"简易计税办法计算的应纳税额":反映纳税人本期按简易计税方法计算并应缴纳的增值税额,但不包括按简易计税方法计算的纳税检查应补缴税额。按以下公式计算填写:

本栏"一般项目"列"本月数"=《附列资料(一)》(第10列第8、9a、10、11行之和-第10列第14行)+(第14列第9b、12、13a、13b行之和-第14列第15行)

本栏"即征即退项目"列"本月数"=《附列资料(一)》第10列第14行+第14列第15行。

营业税改征增值税的纳税人,服务、不动产和无形资产按规定汇总计算缴纳增值税的分支机构,应将预征增值税额填入本栏。预征增值税额=应预征增值税的销售额×预征率。

(三十六)第22栏"按简易计税办法计算的纳税检查应补缴税额":填写纳税人本期因税务、财政、审计部门检查并按简易计税方法计算的纳税检查应补缴税额。

(三十七)第23栏"应纳税额减征额":填写纳税人本期按照税法规定减征的增值税应纳税额。包含按照规定可在增值税应纳税额中全额抵减的增值税税控系统专用设备费用以及技术维护费。

当本期减征额小于或等于第19栏"应纳税额"与第21栏"简易计税办法计算的应纳税额"之和时,按本期减征额实际填写;当本期减征额大于第19栏"应纳税额"与第21栏"简易计税办法计算的应纳税额"之和时,按本期第19栏与第21栏之和填写。本期减征额不足抵减部分结转下期继续抵减。

（三十八）第 24 栏"应纳税额合计"：反映纳税人本期应缴增值税的合计数。按表中所列公式计算填写。

（三十九）第 25 栏"期初未缴税额（多缴为负数）"："本月数"按上一税款所属期申报表第 32 栏"期末未缴税额（多缴为负数）""本月数"填写。"本年累计"按上年度最后一个税款所属期申报表第 32 栏"期末未缴税额（多缴为负数）""本年累计"填写。

（四十）第 26 栏"实收出口开具专用缴款书退税额"：本栏不填写。

（四十一）第 27 栏"本期已缴税额"：反映纳税人本期实际缴纳的增值税额，但不包括本期入库的查补税款。按表中所列公式计算填写。

（四十二）第 28 栏"①分次预缴税额"：填写纳税人本期已缴纳的准予在本期增值税应纳税额中抵减的税额。

营业税改征增值税的纳税人，分以下几种情况填写：

1.服务、不动产和无形资产按规定汇总计算缴纳增值税的总机构，其可以从本期增值税应纳税额中抵减的分支机构已缴纳的税款，按当期实际可抵减数填入本栏，不足抵减部分结转下期继续抵减。

2.销售建筑服务并按规定预缴增值税的纳税人，其可以从本期增值税应纳税额中抵减的已缴纳的税款，按当期实际可抵减数填入本栏，不足抵减部分结转下期继续抵减。

3.销售不动产并按规定预缴增值税的纳税人，其可以从本期增值税应纳税额中抵减的已缴纳的税款，按当期实际可抵减数填入本栏，不足抵减部分结转下期继续抵减。

4.出租不动产并按规定预缴增值税的纳税人，其可以从本期增值税应纳税额中抵减的已缴纳的税款，按当期实际可抵减数填入本栏，不足抵减部分结转下期继续抵减。

（四十三）第 29 栏"②出口开具专用缴款书预缴税额"：本栏不填写。

（四十四）第 30 栏"③本期缴纳上期应纳税额"：填写纳税人本期缴纳上一税款所属期应缴未缴的增值税额。

（四十五）第 31 栏"④本期缴纳欠缴税额"：反映纳税人本期实际缴纳和留抵税额抵减的增值税欠税额，但不包括缴纳入库的查补增值税额。

（四十六）第 32 栏"期末未缴税额（多缴为负数）"："本月数"反映纳税人本期期末应缴未缴的增值税额，但不包括纳税检查应缴未缴的税额。按表中所列公式计算填写。"本年累计"与"本月数"相同。

（四十七）第 33 栏"其中：欠缴税额（≥0）"：反映纳税人按照税法规定已形成欠税的增值税额。按表中所列公式计算填写。

（四十八）第 34 栏"本期应补（退）税额"：反映纳税人本期应纳税额中应补缴或应退回的数额。按表中所列公式计算填写。

（四十九）第 35 栏"即征即退实际退税额"：反映纳税人本期因符合增值税即征即退政策规定，而实际收到的税务机关退回的增值税额。

（五十）第 36 栏"期初未缴查补税额"："本月数"按上一税款所属期申报表第 38 栏"期末未缴查补税额""本月数"填写。"本年累计"按上年度最后一个税款所属期申报表第 38 栏"期末未缴查补税额""本年累计"填写。

（五十一）第 37 栏"本期入库查补税额"：反映纳税人本期因税务、财政、审计部门检查而实际入库的增值税额,包括按一般计税方法计算并实际缴纳的查补增值税额和按简易计税方法计算并实际缴纳的查补增值税额。

(五十二)第38栏"期末未缴查补税额":"本月数"反映纳税人接受纳税检查后应在本期期末缴纳而未缴纳的查补增值税额。按表中所列公式计算填写,"本年累计"与"本月数"相同。

二、《增值税纳税申报表附列资料(一)》(本期销售情况明细)填写说明

(一)"税款所属时间""纳税人名称"的填写同主表。

(二)各列说明

1.第1至2列"开具增值税专用发票":反映本期开具增值税专用发票(含税控机动车销售统一发票,下同)的情况。

2.第3至4列"开具其他发票":反映除增值税专用发票以外本期开具的其他发票的情况。

3.第5至6列"未开具发票":反映本期未开具发票的销售情况。

4.第7至8列"纳税检查调整":反映经税务、财政、审计部门检查并在本期调整的销售情况。

5.第9至11列"合计":按照表中所列公式填写。

营业税改征增值税的纳税人,服务、不动产和无形资产有扣除项目的,第1至11列应填写扣除之前的征(免)税销售额、销项(应纳)税额和价税合计额。

6.第12列"服务、不动产和无形资产扣除项目本期实际扣除金额":营业税改征增值税的纳税人,服务、不动产和无形资产有扣除项目的,按《附列资料(三)》第5列对应各行次数据填写,其中本列第5栏等于《附列资料(三)》第5列第3行与第4行之和;服务、不动产和无形资产无扣除项目的,本列填写"0"。其他纳税人不填写。

营业税改征增值税的纳税人,服务、不动产和无形资产按规定汇总计算缴纳增值税的分支机构,当期服务、不动产和无形资产有扣除项目的,填入本列第13行。

7.第13列"扣除后""含税(免税)销售额":营业税改征增值税的纳税人,服务、不动产和无形资产有扣除项目的,本列各行次=第11列对应各行次-第12列对应各行次。其他纳税人不填写。

8.第14列"扣除后""销项(应纳)税额":营业税改征增值税的纳税人,服务、不动产和无形资产有扣除项目的,按以下要求填写本列,其他纳税人不填写。

(1)服务、不动产和无形资产按照一般计税方法计税

本列各行次=第13列÷(100%+对应行次税率)×对应行次税率

本列第7行"按一般计税方法计税的即征即退服务、不动产和无形资产"不按本列的说明填写。具体填写要求见"各行说明"第2条第(2)项第③点的说明。

(2)服务、不动产和无形资产按照简易计税方法计税

本列各行次=第13列÷(100%+对应行次征收率)×对应行次征收率

本列第13行"预征率%"不按本列的说明填写。具体填写要求见"各行说明"第4条第(2)项。

(3)服务、不动产和无形资产实行免抵退税或免税的,本列不填写。

(三)各行说明

1.第1至5行"一、一般计税方法计税""全部征税项目"各行:按不同税率和项目分别填写

按一般计税方法计算增值税的全部征税项目。有即征即退征税项目的纳税人,本部分数据中既包括即征即退征税项目,又包括不享受即征即退政策的一般征税项目。

2.第 6 至 7 行"一、一般计税方法计税""其中:即征即退项目"各行:只反映按一般计税方法计算增值税的即征即退项目。按照税法规定不享受即征即退政策的纳税人,不填写本行。即征即退项目是全部征税项目的其中数。

(1)第 6 行"即征即退货物及加工修理修配劳务":反映按一般计税方法计算增值税且享受即征即退政策的货物和加工修理修配劳务。本行不包括服务、不动产和无形资产的内容。

①本行第 9 列"合计""销售额"栏:反映按一般计税方法计算增值税且享受即征即退政策的货物及加工修理修配劳务的不含税销售额。该栏不按第 9 列所列公式计算,应按照税法规定据实填写。

②本行第 10 列"合计""销项(应纳)税额"栏:反映按一般计税方法计算增值税且享受即征即退政策的货物及加工修理修配劳务的销项税额。该栏不按第 10 列所列公式计算,应按照税法规定据实填写。

(2)第 7 行"即征即退服务、不动产和无形资产":反映按一般计税方法计算增值税且享受即征即退政策的服务、不动产和无形资产。本行不包括货物及加工修理修配劳务的内容。

①本行第 9 列"合计""销售额"栏:反映按一般计税方法计算增值税且享受即征即退政策的服务、不动产和无形资产的不含税销售额。服务、不动产和无形资产有扣除项目的,按扣除之前的不含税销售额填写。该栏不按第 9 列所列公式计算,应按照税法规定据实填写。

②本行第 10 列"合计""销项(应纳)税额"栏:反映按一般计税方法计算增值税且享受即征即退政策的服务、不动产和无形资产的销项税额。服务、不动产和无形资产有扣除项目的,按扣除之前的销项税额填写。该栏不按第 10 列所列公式计算,应按照税法规定据实填写。

③本行第 14 列"扣除后""销项(应纳)税额"栏:反映按一般计税方法征收增值税且享受即征即退政策的服务、不动产和无形资产实际应计提的销项税额。服务、不动产和无形资产有扣除项目的,按扣除之后的销项税额填写;服务、不动产和无形资产无扣除项目的,按本行第 10 列填写。该栏不按第 14 列所列公式计算,应按照税法规定据实填写。

3.第 8 至 12 行"二、简易计税方法计税""全部征税项目"各行:按不同征收率和项目分别填写,按简易计税方法计算增值税的全部征税项目。有即征即退项目的纳税人,本部分数据中既包括即征即退项目,也包括不享受即征即退政策的一般征税项目。

4.第 13a 至 13c 行"二、简易计税方法计税""预征率%":反映营业税改征增值税的纳税人、服务、不动产和无形资产按规定汇总计算缴纳增值税的分支机构,预征增值税销售额、预征增值税应纳税额。其中,第 13a 行"预征率%"适用于所有实行汇总计算缴纳增值税的分支机构试点纳税人;第 13b、13c 行"预征率%"适用于部分实行汇总计算缴纳增值税的铁路运输试点纳税人。

(1)第 13a 至 13c 行第 1 至 6 列按照销售额和销项税额的实际发生数填写。

(2)第 13a 至 13c 行第 14 列,纳税人按"应预征缴纳的增值税=应预征增值税销售额×预征率"公式计算后据实填写。

5.第 14 至 15 行"二、简易计税方法计税""其中:即征即退项目"各行:只反映按简易计税方法计算增值税的即征即退项目。按照税法规定不享受即征即退政策的纳税人,不填写本行。即征即退项目是全部征税项目的其中数。

(1)第14行"即征即退货物及加工修理修配劳务":反映按简易计税方法计算增值税且享受即征即退政策的货物及加工修理修配劳务。本行不包括服务、不动产和无形资产的内容。

①本行第9列"合计""销售额"栏:反映按简易计税方法计算增值税且享受即征即退政策的货物及加工修理修配劳务的不含税销售额。该栏不按第9列所列公式计算,应按照税法规定据实填写。

②本行第10列"合计""销项(应纳)税额"栏:反映按简易计税方法计算增值税且享受即征即退政策的货物及加工修理修配劳务的应纳税额。该栏不按第10列所列公式计算,应按照税法规定据实填写。

(2)第15行"即征即退服务、不动产和无形资产":反映按简易计税方法计算增值税且享受即征即退政策的服务、不动产和无形资产。本行不包括货物及加工修理修配劳务的内容。

①本行第9列"合计""销售额"栏:反映按简易计税方法计算增值税且享受即征即退政策的服务、不动产和无形资产的不含税销售额。服务、不动产和无形资产有扣除项目的,按扣除之前的不含税销售额填写。该栏不按第9列所列公式计算,应按照税法规定据实填写。

②本行第10列"合计""销项(应纳)税额"栏:反映按简易计税方法计算增值税且享受即征即退政策的服务、不动产和无形资产的应纳税额。服务、不动产和无形资产有扣除项目的,按扣除之前的应纳税额填写。该栏不按第10列所列公式计算,应按照税法规定据实填写。

③本行第14列"扣除后""销项(应纳)税额"栏:反映按简易计税方法计算增值税且享受即征即退政策的服务、不动产和无形资产实际应计提的应纳税额。服务、不动产和无形资产有扣除项目的,按扣除之后的应纳税额填写;服务、不动产和无形资产无扣除项目的,按本行第10列填写。

6.第16行"三、免抵退税""货物及加工修理修配劳务":反映适用免、抵、退税政策的出口货物、加工修理修配劳务。

7.第17行"三、免抵退税""服务、不动产和无形资产":反映适用免、抵、退税政策的服务、不动产和无形资产。

8.第18行"四、免税""货物及加工修理修配劳务":反映按照税法规定免征增值税的货物及劳务和适用零税率的出口货物及劳务,但零税率的销售额中不包括适用免、抵、退税办法的出口货物及劳务。

9.第19行"四、免税""服务、不动产和无形资产":反映按照税法规定免征增值税的服务、不动产、无形资产和适用零税率的服务、不动产、无形资产,但零税率的销售额中不包括适用免、抵、退税办法的服务、不动产和无形资产。

三、《增值税纳税申报表附列资料(二)》(本期进项税额明细)填写说明

(一)"税款所属时间""纳税人名称"的填写同主表。

(二)第1至12栏"一、申报抵扣的进项税额":分别反映纳税人按税法规定符合抵扣条件,在本期申报抵扣的进项税额。

1.第1栏"(一)认证相符的增值税专用发票":反映纳税人取得的认证相符本期申报抵扣的增值税专用发票情况。该栏应等于第2栏"本期认证相符且本期申报抵扣"与第3栏"前期认证相符且本期申报抵扣"数据之和。

2.第2栏"其中:本期认证相符且本期申报抵扣":反映本期认证相符且本期申报抵扣的增值税专用发票的情况。本栏是第1栏的其中数,本栏只填写本期认证相符且本期申报抵扣的部分。

适用取消增值税发票认证规定的纳税人,当期申报抵扣的增值税发票数据,也填报在本栏中。

3.第3栏"前期认证相符且本期申报抵扣":反映前期认证相符且本期申报抵扣的增值税专用发票的情况。

辅导期纳税人依据税务机关告知的稽核比对结果通知书及明细清单注明的稽核相符的增值税专用发票填写本栏。本栏是第1栏的其中数,只填写前期认证相符且本期申报抵扣的部分。

4.第4栏"(二)其他扣税凭证":反映本期申报抵扣的除增值税专用发票之外的其他扣税凭证的情况。具体包括:海关进口增值税专用缴款书、农产品收购发票或者销售发票(含农产品核定扣除的进项税额)、代扣代缴税收完税凭证和其他符合政策规定的抵扣凭证。该栏应等于第5至8栏之和。

5.第5栏"海关进口增值税专用缴款书":反映本期申报抵扣的海关进口增值税专用缴款书的情况。按规定执行海关进口增值税专用缴款书先比对后抵扣的,纳税人需依据税务机关告知的稽核比对结果通知书及明细清单注明的稽核相符的海关进口增值税专用缴款书填写本栏。

6.第6栏"农产品收购发票或者销售发票":反映本期申报抵扣的农产品收购发票和农产品销售普通发票的情况。执行农产品增值税进项税额核定扣除办法的,填写当期允许抵扣的农产品增值税进项税额,不填写"份数""金额"。

7.第7栏"代扣代缴税收缴款凭证":填写本期按规定准予抵扣的完税凭证上注明的增值税额。

8.第8栏"其他":反映按规定本期可以申报抵扣的其他扣税凭证情况。

纳税人按照规定不得抵扣且未抵扣进项税额的固定资产、无形资产、不动产,发生用途改变,用于允许抵扣进项税额的应税项目,可在用途改变的次月将按公式计算出的可以抵扣的进项税额填入"税额"栏。

9.第9栏"(三)本期用于购建不动产的扣税凭证":反映按规定本期用于购建不动产并适用分2年抵扣规定的扣税凭证上注明的金额和税额。购建不动产是指纳税人2016年5月1日后取得并在会计制度上按固定资产核算的不动产或者2016年5月1日后取得的不动产在建工程。

取得不动产,包括以直接购买、接受捐赠、接受投资入股、自建以及抵债等各种形式取得不动产,不包括房地产开发企业自行开发的房地产项目。

本栏次包括第1栏中本期用于购建不动产的增值税专用发票和第4栏中本期用于购建不动产的其他扣税凭证。

本栏"金额""税额"≤第1栏+第4栏且本栏"金额""税额"≥0。

纳税人按照规定不得抵扣且未抵扣进项税额的不动产,发生用途改变,用于允许抵扣进项税额的应税项目,可在用途改变的次月将按公式计算出的可以抵扣的进项税额填入"税额"栏。

本栏"税额"列=《附列资料(五)》第2列"本期不动产进项税额增加额"。

10.第10栏"(四)本期不动产允许抵扣进项税额":反映按规定本期实际申报抵扣的不动产进项税额。本栏"税额"列=《附列资料(五)》第3列"本期可抵扣不动产进项税额"

11.第11栏"(五)外贸企业进项税额抵扣证明":填写本期申报抵扣的税务机关出口退税

部门开具的《出口货物转内销证明》列明允许抵扣的进项税额。

12.第12栏"当期申报抵扣进项税额合计":反映本期申报抵扣进项税额的合计数。按表中所列公式计算填写。

(三)第13至23栏"二、进项税额转出额"各栏:分别反映纳税人已经抵扣但按规定应在本期转出的进项税额明细情况。

1.第13栏"本期进项税额转出额":反映已经抵扣但按规定应在本期转出的进项税额合计数。按表中所列公式计算填写。

2.第14栏"免税项目用":反映用于免征增值税项目,按规定应在本期转出的进项税额。

3.第15栏"集体福利、个人消费":反映用于集体福利或者个人消费,按规定应在本期转出的进项税额。

4.第16栏"非正常损失":反映纳税人发生非正常损失,按规定应在本期转出的进项税额。

5.第17栏"简易计税方法征税项目用":反映用于按简易计税方法征税项目,按规定应在本期转出的进项税额。

营业税改征增值税的纳税人,服务、不动产和无形资产按规定汇总计算缴纳增值税的分支机构,当期应由总机构汇总的进项税额也填入本栏。

6.第18栏"免抵退税办法不得抵扣的进项税额":反映按照免、抵、退税办法的规定,由于征税税率与退税税率存在税率差,在本期应转出的进项税额。

7.第19栏"纳税检查调减进项税额":反映税务、财政、审计部门检查后而调减的进项税额。

8.第20栏"红字专用发票信息表注明的进项税额":填写主管税务机关开具的《开具红字增值税专用发票信息表》注明的在本期应转出的进项税额。

9.第21栏"上期留抵税额抵减欠税":填写本期经税务机关同意,使用上期留抵税额抵减欠税的数额。

10.第22栏"上期留抵税额退税":填写本期经税务机关批准的上期留抵税额退税额。

11.第23栏"其他应作进项税额转出的情形":反映除上述进项税额转出情形外,其他应在本期转出的进项税额。

(四)第24至34栏"三、待抵扣进项税额"各栏:分别反映纳税人已经取得,但按税法规定不符合抵扣条件,暂不予在本期申报抵扣的进项税额情况及按税法规定不允许抵扣的进项税额情况。

1.第24至28栏均为增值税专用发票的情况。

2.第25栏"期初已认证相符但未申报抵扣":反映前期认证相符,但按照税法规定暂不予抵扣及不允许抵扣,结存至本期的增值税专用发票情况。辅导期纳税人填写认证相符但未收到稽核比对结果的增值税专用发票期初情况。

3.第26栏"本期认证相符且本期未申报抵扣":反映本期认证相符,但按税法规定暂不予抵扣及不允许抵扣,而未申报抵扣的增值税专用发票情况。辅导期纳税人填写本期认证相符但未收到稽核比对结果的增值税专用发票情况。

4.第27栏"期末已认证相符但未申报抵扣":反映截至本期期末,按照税法规定仍暂不予抵扣及不允许抵扣且已认证相符的增值税专用发票情况。辅导期纳税人填写截至本期期末已认证相符但未收到稽核比对结果的增值税专用发票期末情况。

5.第28栏"其中:按照税法规定不允许抵扣":反映截至本期期末已认证相符但未申报抵扣的增值税专用发票中,按照税法规定不允许抵扣的增值税专用发票情况。

6.第29栏"(二)其他扣税凭证":反映截至本期期末仍未申报抵扣的除增值税专用发票之外的其他扣税凭证情况。具体包括:海关进口增值税专用缴款书、农产品收购发票或者销售发票、代扣代缴税收完税凭证和其他符合政策规定的抵扣凭证。该栏应等于第30至33栏之和。

7.第30栏"海关进口增值税专用缴款书":反映已取得但截至本期期末仍未申报抵扣的海关进口增值税专用缴款书情况,包括纳税人未收到稽核比对结果的海关进口增值税专用缴款书情况。

8.第31栏"农产品收购发票或者销售发票":反映已取得但截至本期期末仍未申报抵扣的农产品收购发票和农产品销售普通发票情况。

9.第32栏"代扣代缴税收缴款凭证":反映已取得但截至本期期末仍未申报抵扣的代扣代缴税收完税凭证情况。

10.第33栏"其他":反映已取得但截至本期期末仍未申报抵扣的其他扣税凭证的情况。

(五)第35至36栏"四、其他"各栏。

1.第35栏"本期认证相符的增值税专用发票":反映本期认证相符的增值税专用发票的情况。

2.第36栏"代扣代缴税额":填写纳税人根据《中华人民共和国增值税暂行条例》第十八条扣缴的应税劳务增值税额与根据营业税改征增值税有关政策规定扣缴的服务、不动产和无形资产增值税额之和。

四、《增值税纳税申报表附列资料(三)》(服务、不动产和无形资产扣除项目明细)填写说明

(一)本表由服务、不动产和无形资产有扣除项目的营业税改征增值税纳税人填写。其他纳税人不填写。

(二)"税款所属时间""纳税人名称"的填写同主表。

(三)第1列"本期服务、不动产和无形资产价税合计额(免税销售额)":营业税改征增值税的服务、不动产和无形资产属于征税项目的,填写扣除之前的本期服务、不动产和无形资产价税合计额;营业税改征增值税的服务、不动产和无形资产属于免抵退税或免税项目的,填写扣除之前的本期服务、不动产和无形资产免税销售额。本列各行次等于《附列资料(一)》第11列对应行次,其中本列第3行和第4行之和等于《附列资料(一)》第11列第5栏。

营业税改征增值税的纳税人,服务、不动产和无形资产按规定汇总计算缴纳增值税的分支机构,本列各行次之和等于《附列资料(一)》第11列第13a、13b行之和。

(四)第2列"服务、不动产和无形资产扣除项目""期初余额":填写服务、不动产和无形资产扣除项目上期期末结存的金额,试点实施之日的税款所属期填写"0"。本列各行次等于上期《附列资料(三)》第6列对应行次。

本列第4行"6%税率的金融商品转让项目""期初余额"年初首期填报时应填"0"。

(五)第3列"服务、不动产和无形资产扣除项目""本期发生额":填写本期取得的按税法规定准予扣除的服务、不动产和无形资产扣除项目金额。

(六)第4列"服务、不动产和无形资产扣除项目""本期应扣除金额":填写服务、不动产和无形资产扣除项目本期应扣除的金额。

本列各行次＝第2列对应各行次＋第3列对应各行次

(七)第5列"服务、不动产和无形资产扣除项目""本期实际扣除金额":填写服务、不动产和无形资产扣除项目本期实际扣除的金额。

本列各行次≤第4列对应各行次且本列各行次≤第1列对应各行次。

(八)第6列"服务、不动产和无形资产扣除项目""期末余额":填写服务、不动产和无形资产扣除项目本期期末结存的金额。

本列各行次＝第4列对应各行次－第5列对应各行次

五、《增值税纳税申报表附列资料(四)》(税额抵减情况表)填写说明

本表第1行由发生增值税税控系统专用设备费用和技术维护费的纳税人填写,反映纳税人增值税税控系统专用设备费用和技术维护费按规定抵减增值税应纳税额的情况。

本表第2行由营业税改征增值税纳税人,服务、不动产和无形资产按规定汇总计算缴纳增值税的总机构填写,反映其分支机构预征缴纳税款抵减总机构应纳税额的情况。

本表第3行由销售建筑服务并按规定预缴增值税的纳税人填写,反映其销售建筑服务预征缴纳税款抵减应纳增值税税额的情况。

本表第4行由销售不动产并按规定预缴增值税的纳税人填写,反映其销售不动产预征缴纳税款抵减应纳增值税税额的情况。

本表第5行由出租不动产并按规定预缴增值税的纳税人填写,反映其出租不动产预征缴纳税款抵减应纳增值税税额的情况。

未发生上述业务的纳税人不填写本表。

六、《增值税减免税申报明细表》填写说明

(一)本表由享受增值税减免税优惠政策的增值税一般纳税人和小规模纳税人填写。仅享受月销售额不超过3万元(按季纳税9万元)免征增值税政策或未达起征点的增值税小规模纳税人不需填报本表,即小规模纳税人当期增值税纳税申报表主表第12栏"其他免税销售额""本期数"和第16栏"本期应纳税额减征额""本期数"均无数据时,不需填报本表。

(二)"税款所属时间""纳税人名称"的填写同增值税纳税申报表主表(以下简称主表)。

(三)"一、减税项目"由本期按照税收法律、法规及国家有关税收规定享受减征(包含税额式减征、税率式减征)增值税优惠的纳税人填写。

1."减税性质代码及名称":根据国家税务总局最新发布的《减免性质及分类表》所列减免性质代码、项目名称填写。同时有多个减征项目的,应分别填写。

2.第1列"期初余额":填写应纳税额减征项目上期"期末余额",为对应项目上期应抵减而不足抵减的余额。

3.第2列"本期发生额":填写本期发生的按照规定准予抵减增值税应纳税额的金额。

4.第3列"本期应抵减税额":填写本期应抵减增值税应纳税额的金额。本列按表中所列公式填写。

5.第4列"本期实际抵减税额":填写本期实际抵减增值税应纳税额的金额。本列各行≤

第 3 列对应各行。

　　一般纳税人填写时,第 1 行"合计"本列数＝主表第 23 行"一般项目"列"本月数"。

　　小规模纳税人填写时,第 1 行"合计"本列数＝主表第 16 行"本期应纳税额减征额""本期数"。

　　6.第 5 列"期末余额":按表中所列公式填写。

　　(四)"二、免税项目"由本期按照税收法律、法规及国家有关税收规定免征增值税的纳税人填写。仅享受小微企业免征增值税政策或未达起征点的小规模纳税人不需填写,即小规模纳税人申报表主表第 12 栏"其他免税销售额""本期数"无数据时,不需填写本栏。

　　1."免税性质代码及名称":根据国家税务总局最新发布的《减免性质及分类表》所列减免性质代码、项目名称填写。同时有多个免税项目的,应分别填写。

　　2."出口免税"填写纳税人本期按照税法规定出口免征增值税的销售额,但不包括适用免、抵、退税办法出口的销售额。小规模纳税人不填写本栏。

　　3.第 1 列"免征增值税项目销售额":填写纳税人免税项目的销售额。免税销售额按照有关规定允许从取得的全部价款和价外费用中扣除价款的,应填写扣除之前的销售额。

　　一般纳税人填写时,本列"合计"等于主表第 8 行"一般项目"列"本月数"。

　　小规模纳税人填写时,本列"合计"等于主表第 12 行"其他免税销售额""本期数"。

　　4.第 2 列"免税销售额扣除项目本期实际扣除金额":免税销售额按照有关规定允许从取得的全部价款和价外费用中扣除价款的,据实填写扣除金额;无扣除项目的,本列填写"0"。

　　5.第 3 列"扣除后免税销售额":按表中所列公式填写。

　　6.第 4 列"免税销售额对应的进项税额":本期用于增值税免税项目的进项税额。小规模纳税人不填写本列,一般纳税人按下列情况填写:

　　(1)纳税人兼营应税和免税项目的,按当期免税销售额对应的进项税额填写;

　　(2)纳税人本期销售收入全部为免税项目,且当期取得合法扣税凭证的,按当期取得的合法扣税凭证注明或计算的进项税额填写;

　　(3)当期未取得合法扣税凭证的,纳税人可根据实际情况自行计算免税项目对应的进项税额;无法计算的,本栏次填写"0"。

　　7.第 5 列"免税额":一般纳税人和小规模纳税人分别按下列公式计算填写,且本列各行数应大于或等于 0。

　　一般纳税人公式:第 5 列"免税额"≤第 3 列"扣除后免税销售额"×适用税率－第 4 列"免税销售额对应的进项税额"。

　　小规模纳税人公式:第 5 列"免税额"＝第 3 列"扣除后免税销售额"×征收率。

【任务实施】

【任务 5-1】

【正确答案】B

【答案解析】根据规定,销售货物或提供应税劳务的,其纳税义务发生的时间为收讫销售款或者取得销售款凭据的当天。先开具发票的,为开具发票的当天。本题中,6 月 3 日,甲公司就 80 万元货款全额开具了增值税专用发票,所以增值税纳税义务发生的时间为 6 月 3 日。

【任务 5-2】

【正确答案】ABCD

【答案解析】增值税的纳税地点

【任务5-3】

【正确答案】B

【答案解析】选项A，委托其他纳税人代销货物，为收到代销单位的代销清单或者收到全部或部分货款的当天；选项C，采取预收货款方式销售货物，为货物发出的当天，但生产销售生产工期超过12个月的大型机械设备、船舶、飞机等货物，为收到预收款或者书面合同约定的收款日期的当天；选项D，纳税人生产经营活动中采取直接收款方式销售货物，已将货物移送对方并暂估销售收入入账，但既未取得销售款或取得索取销售款凭据也未开具销售发票的，其纳税义务发生时间为取得销售款或取得索取销售款凭据的当天；先开具发票的，为开具发票的当天。

【任务5-4】

【正确答案】C

【答案解析】纳税人提供租赁服务采取预收款方式的，为收到预收款的当天。

【任务5-5】

【正确答案】不是。采取委托银行收款方式销售货物时，其增值税纳税义务发生时间为发出货物并办妥托收手续的当天。

【任务5-6】

【正确答案】是的。纳税人采取直接收款方式销售货物，不论货物是否发出，其纳税义务发生时间均为收到销售款或者取得索取销售款凭据的当天。

【任务5-7】

【正确答案】D

【答案解析】其他个人提供建筑服务，销售或者租赁不动产，转让自然资源使用权，应向建筑服务发生地、不动产所在地、自然资源所在地税务机关申报纳税。

【任务5-8】

【正确答案】ABC

【答案解析】固定业户应当向其机构所在地或者居住地主管税务机关申报纳税，因此选项D正确。非固定业户销售货物、应税劳务或者发生应税行为，应当向销售地、劳务发生地或者应税行为发生地的主管税务机关申报纳税。其他个人提供建筑服务，销售或者租赁不动产，转让自然资源使用权，应向建筑服务发生地、不动产所在地、自然资源所在地主管税务机关申报纳税。

【任务5-9】

【正确答案】不是。以1个季度为纳税期限的规定适用于小规模纳税人、银行、财务公司、信托投资公司、信用社，以及财政部和国家税务总局规定的其他纳税人。

【任务实操】

请税务专员完成企业当期增值税纳税申报表的填报工作。

任务六　增值税发票使用及管理

【任务引例】

【任务6—1】一般纳税人的下列销售行为中,应开具增值税专用发票的是( )。
A.向消费者个人销售货物
B.提供免税劳务
C.向消费者个人提供餐饮服务
D.向一般纳税人提供修理修配劳务

【任务6—2】根据增值税法律制度的规定,商业企业一般纳税人零售的下列货物,可以开具增值税专用发票的是( )。
A.啤酒　　　　B.食品　　　　C.计算器　　　　D.遮阳帽

【任务6—3】下列情形中,不得自行开具增值税专用发票的有( )。
A.一般纳税人向消费者个人销售货物的
B.一般纳税人提供的应税劳务适用免税规定的
C.小规模纳税人(其他个人除外)提供应税劳务的
D.一般纳税人向一般纳税人提供加工劳务的

【任务6—4】根据增值税法律制度的规定,增值税一般纳税人有下列情形的不得领购开具专用发票( )。
A.有《税收征管法》规定的税收违法行为,拒不接受税务机关处理的
B.未按规定接受税务机关检查,经税务机关责令限期改正而仍未改正的
C.借用他人专用发票,经税务机关责令限期改正而仍未改正的
D.未按规定申请办理防伪税控系统变更发行,经税务机关责令限期改正而仍未改正的

【任务6—5】下列关于增值税专用发票记账联用途的表述中,正确的是( )。
A.作为购买方核算采购成本的记账凭证
B.作为销售方核算销售收入和增值税销项税额的记账凭证
C.作为购买方报送主管税务机关认证和留存备查的扣税凭证
D.作为购买方核算增值税进项税额的记账凭证

【任务6—6】根据增值税法律制度的规定,一般纳税人发生的下列行为中,可以开具增值税专用发票的是( )。
A.律师事务所向消费者个人提供咨询服务
B.生产企业向一般纳税人销售货物
C.商业企业向消费者个人零售食品
D.书店向消费者个人销售图书

【任务6—7】商业企业一般纳税人零售下列物品,不得开具增值税专用发票的有

( )。

  A.食品   B.劳保鞋   C.白酒   D.香烟

【任务6-8】根据增值税法律制度的规定,一般纳税人发生的下列业务中,允许开具增值税专用发票的是( )。

  A.家电商场向消费者个人销售电视机

  B.百货商店向小规模纳税人零售服装

  C.手机专卖店向消费者个人提供手机修理劳务

  D.商贸公司向一般纳税人销售办公用品

【任务6-9】甲电器商场向消费者个人销售的传真机,可以开具增值税专用发票吗?( )

【任务6-10】会计核算不健全,不能向税务机关准确提供增值税销项税额、进项税额以及应纳税额数据的增值税一般纳税人,是否可以领购开具增值税专用发票?( )

【任务准备】

  增值税专用发票,是增值税一般纳税人发生应税销售行为开具的发票,是购买方支付增值税额并可按照增值税有关规定据以抵扣增值税进项税额的凭证。

  一般纳税人应通过增值税防伪税控系统使用专用发票。使用,包括领购、开具、缴销、认证,稽核比对专用发票及其相应的数据电文。

一、专用发票的联次及用途

  专用发票由基本联次或者基本联次附加其他联次构成,基本联次为3联,分别为:

  (一)发票联,作为购买方核算采购成本和增值税进项税额的记账凭证;

  (二)抵扣联,作为购买方报送主管税务机关认证和留存备查的扣税凭证;

  (三)记账联,作为销售方核算销售收入和增值税销项税额的记账凭证。

  其他联次用途,由一般纳税人自行确定。自2014年8月1日起启用新版增值税专用发票,如图2-1、2-2、2-3所示。

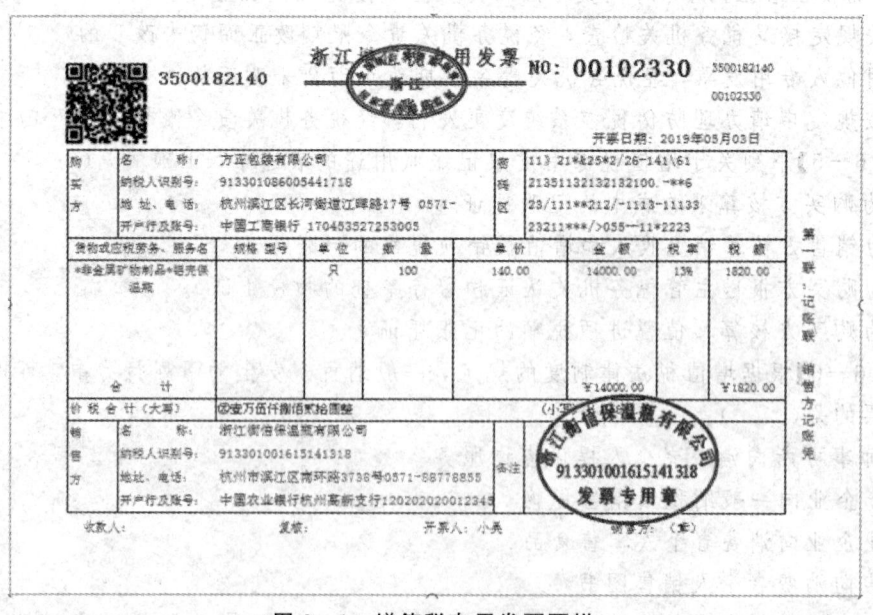

图2-1 增值税专用发票票样

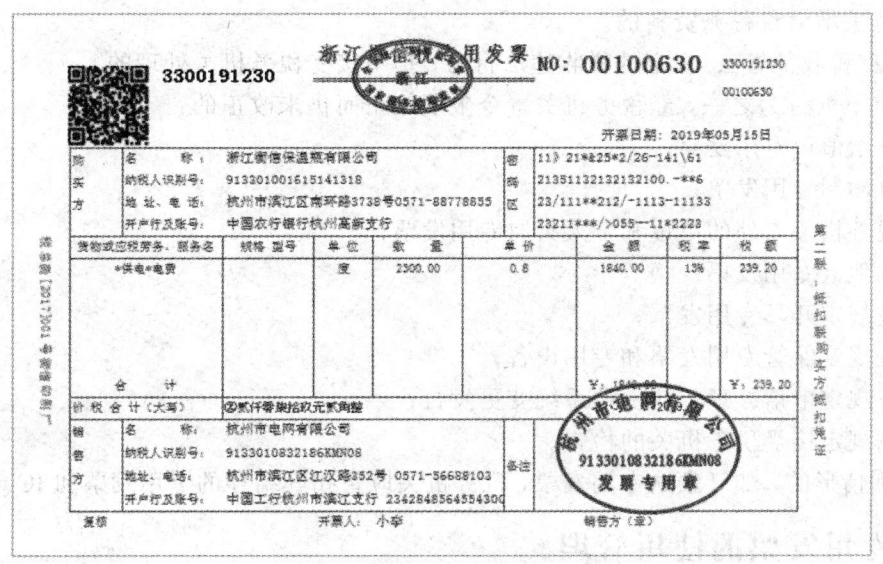

图 2-2 增值税专用发票票样

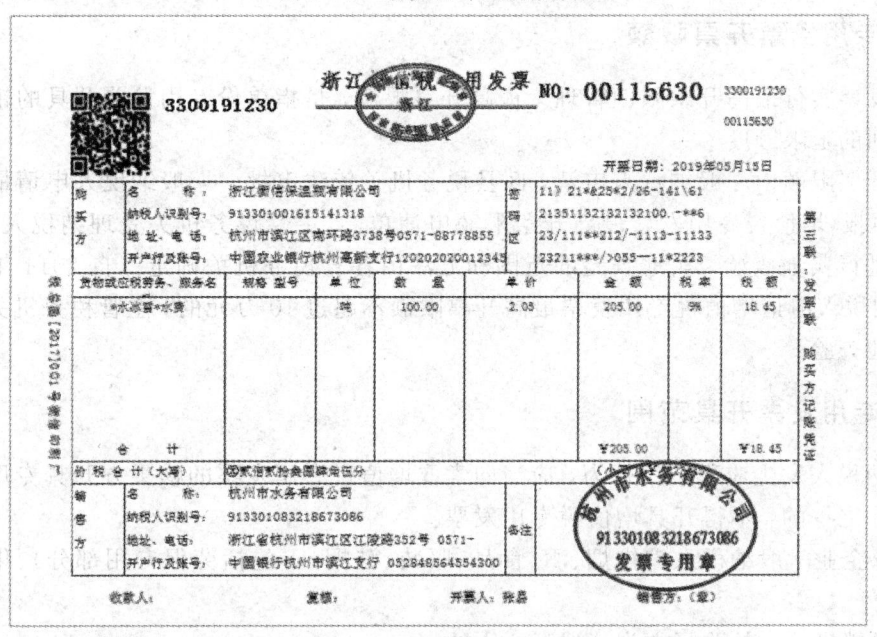

图 2-3 增值税专用发票票样

二、专用发票的领购

一般纳税人领购专用设备后,凭《最高开票限额申请表》《发票领购簿》到税务机关办理初始发行。初始发行,是指税务机关将一般纳税人的企业名称、纳税人识别号、开票限额、购票限量、购票人员姓名、密码、开票机数量、国家税务总局规定的其他信息等载入空白金税盘和 IC 卡的行为。一般纳税人凭《发票领购簿》、金税盘(或 IC 卡)和经办人身份证明领购专用发票。

一般纳税人有下列情形之一的,不得领购开具专用发票:

(一)会计核算不健全,不能向税务机关准确提供增值税销项税额、进项税额、应纳税额数据及其他有关增值税税务资料的。

(二)有《税收征管法》规定的税收违法行为,拒不接受税务机关处理的。

(三)有下列行为之一,经税务机关责令限期改正而仍未改正的:

1.虚开增值税专用发票;

2.私自印制专用发票;

3.向税务机关以外的单位和个人买取专用发票;

4.借用他人专用发票;

5.未按规定开具专用发票;

6.未按规定保管专用发票和专用设备;

7.未按规定申请办理防伪税控系统变更发行;

8.未按规定接受税务机关的检查。

有上列情形的,如已领购专用发票,税务机关应暂扣其结存的专用发票和IC卡。

三、专用发票的使用管理

(一)专用发票开票限额

专用发票实行最高开票限额管理。最高开票限额,是指单份专用发票开具的销售额合计数不得达到的上限额度。

最高开票限额由一般纳税人申请,区县税务机关依法审批。一般纳税人申请最高开票限额时,需填报《增值税专用发票最高开票限额申请单》。主管税务机关受理纳税人申请以后,根据需要进行实地查验,实地查验的范围和方法由各省税务机关确定。自2014年5月1日起,一般纳税人申请增值税专用发票最高开票限额不超过10万元的,主管税务机关不需要事前进行实地查验。

(二)专用发票开具范围

一般纳税人发生应税销售行为,应当向索取增值税专用发票的购买方开具专用发票。属于下列情形之一的,不得开具增值税专用发票:

1.商业企业一般纳税人零售烟、酒、食品、服装、鞋帽(不包括劳保专用部分)、化妆品等消费品的;

2.应税销售行为的购买方为消费者个人的;

3.发生应税销售行为适用免税规定的;

4.小规模纳税人发生应税销售行为的(需要开具专用发票的,可向税务机关申请代开,国家税务总局另有规定的除外)。

(三)专用发票开具要求

专用发票应按下列要求开具:

1.项目齐全,与实际交易相符;

2.字迹清楚,不得压线、错格;

3.发票联和抵扣联加盖财务专用章或者发票专用章;

4.按照增值税纳税义务的发生时间开具。

【任务实施】

【任务6-1】

【正确答案】D

【答案解析】根据规定,一般纳税人向消费者个人销售货物或者应税劳务的、销售货物或者应税劳务适用免税规定的,不得开具增值税专用发票。

【任务6-2】

【正确答案】C

【答案解析】商业企业一般纳税人零售的烟、酒、食品、服装、鞋帽、化妆品等消费品不得开具专用发票。零售企业一般面对的个人消费者,零售的烟、酒、食品、鞋帽、化妆品等消费品一般情况是用于个人的消费,用于个人消费的外购产品是不能抵扣进项的,所以是不能开具增值税专用发票的。而计算器可以作为企业的办公用品,如果商店零售计算器给企业的话,是可以开具增值税专用发票的。

【任务6-3】

【正确答案】AB

【答案解析】选项AB,均属于不得自行开具增值税专用发票的情形。

【任务6-4】

【正确答案】ABCD

【答案解析】一般纳税人有下列情形之一的,不得领购开具专用发票:(1)会计核算不健全,不能向税务机关准确提供增值税销项税额、进项税额、应纳税额数据及其他有关增值税税务资料的。(2)有《税收征管法》规定的税收违法行为,拒不接受税务机关处理的。(3)有下列行为之一,经税务机关责令限期改正而仍未改正的:①虚开增值税专用发票;②私自印制专用发票;③向税务机关以外的单位和个人买取专用发票;④借用他人的专用发票;⑤未按规定开具专用发票;⑥未按规定保管专用发票和专用设备;⑦未按规定申请办理防伪税控系统变更发行;⑧未按规定接受税务机关检查。有上列情形的,如已领购专用发票,主管税务机关应暂扣其结存的专用发票和IC卡。

【任务6-5】

【正确答案】B

【正确答案】选项AD,属于发票联的用途;选项C,属于抵扣联的用途。

【任务6-6】

【正确答案】B

【正确答案】向消费者个人销售货物、提供应税劳务或者发生应税行为的,不得开具增值税专用发票。

【任务6-7】

【正确答案】ACD

【正确答案】商业企业一般纳税人零售鞋帽(不包括劳保专用部分)是不得开具增值税专用发票的。

【任务6-8】

【正确答案】D

【正确答案】选项 AC，向消费者个人销售货物或者提供应税劳务的，不得开具增值税专用发票；选项 B，商业企业一般纳税人零售烟、酒、食品、服装、鞋帽（不包括劳保专用部分）、化妆品等消费品的，不得开具增值税专用发票。

【任务 6—9】

【正确答案】不可以。向消费者个人销售货物、服务、劳务、无形资产和不动产的不得开具增值税专用发票。

【任务 6—10】

【正确答案】不可以。会计核算不健全，不能向税务机关准确提供增值税销项税额、进项税额以及应纳税额数据的增值税一般纳税人，不可以领购开具增值税专用发票。

【任务实操】

请税务专员完成增值税专用发票开具和查验的工作任务。

项目三 消费税

【知识目标】
1. 了解消费税的基本知识,熟悉消费税法律制度的规定;
2. 掌握消费税应纳税额的计算方法。

【能力目标】
1. 能熟悉消费税的概念、征税范围和纳税义务人;
2. 掌握消费税的计税依据、税目和税率;
3. 掌握消费税组成计税价格的计算;学会消费税应纳税额的计算;
4. 了解消费税的纳税申报。

【素质目标】
1. 能熟悉国家关于消费税的法律法规的规定,了解国家制定消费税制度的现实意义;
2. 严格执行消费税法律制度的规定,正确计算消费税;
3. 了解消费税在税法中的地位,并了解消费税和其他税种的联系。

工作情境

假设您是一名刚刚毕业的大学生,应聘到一家企业专门从事纳税申报的工作,领导给您分派的工作任务是进行消费税的申报。关于消费税您需要具备以下基本知识:
1. 消费税的纳税义务人及征税范围;
2. 消费税的计税依据、税目及税率;
3. 消费税应纳税额的计算;
4. 消费税的征收管理;
5. 消费税的申报。

任务一　消费税概念、征税范围与纳税义务人

【任务引例】

【任务1-1】(多选题)下列主体不是消费税纳税义务人的有(　　)。

A.使用一次性木筷的餐饮行业

B.受托加工应税消费品的单位和个人

C.委托加工应税消费品的单位和个人

D.将应税消费品用于捐助国家指定的慈善机构的生产企业

【任务1-2】(简答题)A企业是零售金银首饰的商城,该企业2019年取得不含税销售收入90万元。

【任务1-3】(简答题)B企业是从事卷烟批发的企业,该企业2019年取得不含税销售额5 000万元。

以上企业发生业务是否属于消费税征税范围?是否需要缴纳消费税?

【任务准备】

我国现行消费税的基本规范是1993年12月13日国务院颁布的《中华人民共和国消费税暂行条例》(以下简称《消费税暂行条例》),于1994年开始实施。在对货物普遍征收增值税的基础上,选择少数消费品再多征收一道消费税,目的是调节产品结构,引导消费方向,保证国家财政收入,调节支付能力,缓解社会分配不公。

一、消费税概念

(一)消费税概念

消费税是对在我国境内从事生产、委托加工和进口应税消费品的单位和个人,就其应税消费品的销售额或销售量而征收的一种税。简单说就是以特定消费品为课税对象所征收的一种税,属于流转税的范畴。目前,世界上已有100多个国家开征了这一税种或类似税种。消费税在开征国税收收入总额中占有相当大的比重,特别是发展中国家,以商品课税为主体,地位尤其重要。

(二)消费税的特点

1.征税项目具有选择性

消费税实际上属于对特定的消费品的消费行为征税的税种。它是从人们普遍消费的大量消费品和消费行为中有选择地确定若干个征税项目,在税法中列举征税。

消费税主要包括特定消费品、奢侈品、高能耗消费品、不可再生的资源消费品和税基广、消费普遍、不影响人民群众生活水平,但又具有一定财政意义的普通消费品,共有15个税目。

与国外相比，我国消费税的征税范围更显偏窄，即未包括特殊消费行为的征税。

2.征收环节具有单一性

消费税属于价内税，并实行单一环节征收。除个别应税消费品会在以后的批发、零售等环节中缴纳消费税外，一般在应税消费品生产、委托加工和进口环节缴纳消费税。

3.征收方法具有多样性

消费税的计税方法比较灵活。为了适应不同应税消费品的情况，消费税在征收方法有从价计征、从量计征、复合计征三种方法。对一部分价格变化较大，且便于按价格核算的应税消费品，实行从价计征；对一部分价格变动较小，品种规格单一的应税消费品，实行从量计征；对卷烟、白酒实行从价、从量复合计征。

4.税收调节具有特殊性

消费税属于国家运用税收杠杆对某些消费品或消费行为进行特殊调节的税种。主要表现在两个方面：一是不同的征税项目税负差异较大（1%～56%），对需要限制或控制消费的消费品规定较高的税率；二是消费税往往同增值税配合实行双重调节。

5.消费税具有转嫁性

消费税与增值税同属于流转税，无论在哪个环节征收，征收多少，应税消费品中所含的消费税款最终都将转嫁给消费者，只不过增值税属于价外税，对所得税没有直接影响；消费税属于价内税，与所得税有直接关系。消费税与增值税通常是同一计税依据。

二、消费税纳税义务人

《消费税暂行条例》规定："在中华人民共和国境内生产、委托加工和进口应税消费品的单位和个人，以及国务院确定的消费税暂行条例规定的消费品的其他单位和个人，为消费税纳税义务人。"

"单位"是指国有企业、集体企业、私有企业、股份制企业、外商投资企业和外国企业、其他企业和行政单位、事业单位、军事单位、社会团体及其他单位。

"个人"是指个体经营者及其他个人。

"在中华人民共和国境内"是指生产、委托加工和进口属于应当征收消费税的消费品的起运地或所在地在境内。其中，委托加工的应税消费品由受托方于委托方提货时代扣代缴（受托方为个体经营者除外），自产自用的应税消费品，由自产自用单位和个人在移送使用时缴纳消费税。

其中，针对纳税义务人有一般规定和特殊规定。纳税义务人的一般规定：在我国境内生产、委托加工和进口条例规定的消费品的单位和个人，为消费税纳税义务人。即指定环节一次性缴纳消费税；除另有规定外，批发、零售环节一般不缴纳消费税。委托加工环节消费税的纳税人是委托方，扣缴义务人是受托方。特殊规定有：①批发卷烟的单位；②零售金银首饰、钻石及钻石饰品的单位和个人；③零售超豪华小汽车的单位、进口自用超豪华小汽车的单位及人员。

【任务实施】

【任务1—1】

【正确答案】AB

【答案解析】选项A，餐饮行业使用一次性木筷子不征收消费税；选项B，受托加工应税消费品的单位和个人是扣缴义务人,不是消费税纳税人,委托方是消费税纳税人。

三、消费税的征税范围

按照《消费税暂行条例》的规定,在中华人民共和国境内生产、委托加工和进口消费税暂行条例规定的消费品为消费税的征税范围。

确定消费税征税范围的总原则是:立足于我国经济发展水平、国家的消费政策、充分考虑人民生活水平、消费水平和消费结构状况,注重保证国家财政收入的稳定增长,并适当借鉴国外征收的成功经验和国际通行做法。消费税的征税范围也不是一成不变的,随着我国经济的发展,可根据国家政策和经济情况做适当的调整。列入消费税征税范围的消费品大体上可归为五类:

(一)自产应税消费品

1.自产应税消费品用于销售的,在生产销售环节纳税。
2.自产应税消费品自己使用的,按其不同用途区别对待:
(1)纳税人自产应税消费品用于连续生产应税消费品的,不纳税。卷烟厂自产的烟丝生产的卷烟,自产烟丝不纳税。
(2)纳税人自产应税消费品用于生产非应税消费品和在建工程、管理部门、提供劳务,以及用于馈赠、赞助、广告、样品、职工福利等方面的,在移送使用环节纳税。白酒厂自产的白酒用于职工福利视同销售。

(二)委托加工应税消费品

委托加工应税消费品是指由委托方提供原料及主要材料,受托方只收取加工费和代垫部分辅助材料费加工的应税消费品。对于以下情况不论在财务上是否作为销售处理,都不得作为委托加工应税消费品,应当按照销售自制产品缴纳消费税。
1.受托方先将原材料卖给委托方,再接受加工的应税消费品。
2.受托方以委托方的名义购进原材料生产的应税消费品。
3.受托方提供原材料生产的应税消费品。
委托加工的应税消费品,由受托方在向委托方交货时代收代缴消费税。受托方为个人的除外。委托加工的应税消费品,委托方收回用于连续生产应税消费品的,所纳税款准予按规定抵扣。委托方将收回的应税消费品,以不高于受托方的计税价格出售的,为直接出售,不再缴纳消费税;若委托方以高于受托方的计税价格出售的,不属于直接出售,仍然要缴纳消费税,但在计税时准予扣除受托方已代收代缴的消费税。

(三)进口应税消费品

单位和个人进口应税消费品,于报关进口时缴纳消费税,进口环节的消费税由海关代征。

(四)零售超豪华小汽车和金银首饰

对于超豪华小汽车[每辆零售价格130万元(不含增值税)及以上的乘用车和中轻型商用

客车],除在生产(进口)环节按现行税率征收消费税以外,在零售环节加征消费税。

金银首饰消费税由生产销售环节征收改为零售环节征收,且仅限于金、银和金基、银基合金首饰,以及金、银和金基、银基合金的镶嵌首饰及铂金首饰。

(五)卷烟批发

卷烟除生产环节征收以外,还在"批发"环节加征一道复合计征的消费税,其中包括烟草批发企业将卷烟销售给"零售单位"的情形。烟草批发企业将卷烟销售给其他烟草批发企业不缴纳批发环节的消费税。同时批发企业在计算应纳税额时,不得扣除卷烟中已含的生产环节的消费税税款。

思考:

增值税和消费税的区别和联系

区别	联系(交叉关系)
1.两税征收范围不同	1.两税都对货物征收
2.两税与价格的关系不同	2.两税在特定环节同时缴纳
3.两税的纳税环节不同	3.对于从价定率征消费税的应税消费品,同时
4.两税的计税方法不同	征收消费税和增值税,两税的计税依据一致

【任务实施】

【任务1—2】

【正确答案】根据消费税法律制度的规定:金银首饰消费税由生产销售环节改为零售环节,所以该零售商店取得的收入额属于消费税征税范围,应该就取得的不含增值税销售额90万元计算缴纳消费税。

【任务1—3】

【正确答案】根据消费税法律制度的规定:从事卷烟批发的企业属于消费税的征税范围,B企业就其2019年取得不含税销售额5000万元计算缴纳消费税。

任务二 消费税税目及税率

【任务引例】

【任务2-1】(多选题)目前属于消费税征税范围的有( )。
A.铅蓄电池　　　　B.高尔夫车　　　　C.变压器油　　　　D.翡翠首饰

【任务2-2】(多选题)下列属于"酒类"应税项目的有( )。
A.粮食白酒　　　　B.啤酒　　　　C.果啤　　　　D.酒精

【任务2-3】(多选题)下列卷烟,不分征税类别一律按照56%的税率征收消费税的是( )。
A.进口卷烟　　　　B.白包卷烟　　　　C.手工卷烟　　　　D.雪茄烟

【任务2-4】(单选题)以下关于消费税征收方法正确的是( )。
A.白酒实行从量定额方法征收消费税　　　　B.对所有化妆品一律征收消费税
C.体育上的发令纸不征收消费税　　　　　　D.高尔夫车征收消费税

【任务2-5】(多选题)以下关于消费税税率说法正确的是( )。
A.对所有烟征收消费税税率是一样的　　　　B.黄酒采用从价定率征税
C.白酒采用复合计征收方式征税　　　　　　D.对售价8000元的手表不征收消费税

【任务2-6】(单选题)下列关于消费税税率的表述错误的是( )。
A.消费税采用比例税率和定额税率两种形式,以适应不同应税消费品的实际情况
B.卷烟在批发环节加征一道复合税,税率为5%加0.005元/支
C.高档化妆品的税率是15%
D.纳税人将不同税率的应税消费品组成成套消费品销售的,从高适用税率

【任务准备】

一、消费税的税目(15个)

(一)烟

1.卷烟(包括进口卷烟、白包卷烟、手工卷烟和未经国务院批准纳入计划的生产的卷烟)

包括甲类卷烟和乙类卷烟。甲类卷烟为每标准条(200支,下同)调拨价格在70元(不含增值税)以上(含70元)的卷烟,税率为56%。乙类卷烟为每标准条调拨价格在70元(不含增值税)以下的卷烟,税率为36%。

2.雪茄烟。包括各种型号的雪茄烟。

3.烟丝。以烟叶为原料加工生产的不经卷制的散装烟。

(二)酒:酒精度在1度以上的各种酒精饮料,包括白酒、黄酒、啤酒和其他酒(含葡萄酒)

1.对饮食业、娱乐业举办的啤酒屋(啤酒坊)利用啤酒生产设备生产的啤酒征收消费税。

2.啤酒：
(1)甲类啤酒。出厂价(含包装物及包装物押金)在3000元(含，不含增值税)以上
乙类啤酒。出厂价(含包装物及包装物押金)在3000元(不含，不含增值税)以下(包装物押金不含重复使用的塑料周转箱的押金)
(2)果啤属于啤酒。
3.配制酒消费税适用税率：
(1)以蒸馏酒或食用酒精为酒基，同时符合条件的配制酒，按"其他酒"10%税率征税。
①具有国家相关部门批准的国食健字或卫食健字文号；
②酒精度低于38度(含，蒸馏食用酒精＋38批准)。
(2)以发酵酒为酒基，酒精度低于20度(含)的配制酒，按"其他酒"10%税率征税。(发酵＋20)
(3)其他配制酒，按"白酒"适用税率征税。
4.葡萄酒适用"其他酒"子目。

(三)高档化妆品

不含税价格在10元/毫升(克)或15元/片(张)以上。包括高档美容、修饰类化妆品、高档护肤类化妆品和成套化妆品，其中美容、修饰类化妆品是指香水、香水精、香粉、口红、指甲油、胭脂、眉笔、唇笔、蓝眼油、眼睫毛以及成套化妆品。不包括舞台、戏剧、影视演员化妆用的上妆油、卸妆油、油彩。

(四)贵重首饰及珠宝玉石

包括以金、银、白金、宝石、珍珠、钻石、翡翠、珊瑚、玛瑙等高贵稀有物质以及其他金属、人造宝石等制作的各种纯金银首饰及镶嵌首饰和经采掘、打磨、加工的各种珠宝玉石。出国人员免税商店销售的金银首饰征税。

(五)鞭炮烟火：体育上用的发令纸、鞭炮引线，不征收消费税

(六)成品油

成品油：包括汽油(含甲醇汽油、乙醇汽油)、柴油(含生物柴油)、石脑油、溶剂油、润滑油、航空煤油、燃料油7个子目。航空煤油暂缓征收。变压器油、导热类油等绝缘油类产品不属于润滑油，不征收消费税。

(七)小汽车

小汽车是指由动力驱动，具有4个或4个以上车轮的非轨道承载的车辆。包括用于载运乘客和货物的各类乘用车(最多9座)及中轻型商用客车(10～23座)。车身大于7米(含)并且座位在10～23座(含)以下的商用客车不征税。含驾驶员人数(额定载客)为区间值的(如8～10人、17～26人)小汽车，按其区间值下限人数确定征收范围。

改装车：排量小于1.5(含)的乘用车底盘改装的属于乘用车；大于1.5或中轻型商用客车改装的属于中轻型商用。电动汽车、沙滩车、雪地车、卡丁车、高尔夫车，不征税。

(八)摩托车：包括轻便摩托车和摩托车两种

对最大设计车速不超过 50 千米/小时，发动机气缸总工作容量不超过 50 毫升的三轮摩托车不征收消费税。气缸容量 250 毫升(不含)以下的小排量摩托车不征收消费税。

(九)高尔夫球及球具：包括高尔夫球(含比赛、练习用球)、高尔夫球杆、高尔夫球包(袋)以及高尔夫球的杆头、杆身和握把，高尔夫车不征税

(十)高档手表：销售价格(不含增值税)每只在 10000 元(含)以上的各类手表

(十一)游艇：艇身长度大于 8 米(含)小于 90 米(含)，内置发动机，可以在水上移动，一般为私人或团体购置，主要用于水上运动和休闲娱乐等非谋利活动的各类机动艇

(十二)木制一次性筷子：卫生筷子包括未经打磨、倒角的木制一次性筷子

(十三)实木地板：包括各种规格的实木地板、实木指接地板、实木复合地板以及用于装饰墙壁、天棚的侧端面为榫、槽的实木装饰板、未经涂饰的素板

(十四)电池：包括原电池、蓄电池、燃料电池、太阳能电池和其他电池。其中无汞原电池、金属氢化物镍蓄电池(又称"氢镍蓄电池"或"镍氢蓄电池")、锂原电池、锂离子蓄电池、太阳能电池、燃料电池和全钒液流电池，免征

(十五)涂料：涂料指涂于物体表面能形成具有保护、装饰或特殊性能的固态涂膜的一类液体或固体材料的总称。施工状态下挥发性有机物含量低于 420 克/升(含)的涂料免征消费税

【任务实施】
【任务 2-1】
【正确答案】AD
【答案解析】高尔夫车、变压器油不属于消费税征税范围。
【任务 2-2】
【正确答案】ABC
【答案解析】酒精不属于消费税征税范围。

二、消费税税率

(一)消费税税率的形式

1. 比例税率。大部分应税消费品适用。
2. 定额税率。啤酒、黄酒、成品油适用。
3. 复合税率。卷烟和白酒适用。其中卷烟批发环节从价税税率 11%，并按 0.005 元/支

加征从量税。

消费税税率表

税目	子目	计税单位	税率 定额税率/元	税率 比例税率%
(一)烟	1.卷烟 甲类卷烟 乙类卷烟	支	0.003元	56% 36%
	2.雪茄烟			36%
	3.烟丝			30%
	4.卷烟批发环节		0.005元	11%
(二)酒	1.白酒	500g	0.5元	20%
	2.啤酒： (1)甲类啤酒 乙类啤酒 (2)果啤属于啤酒	吨	250元 220元	
	3.黄酒		240元	
	4.其他酒			10%
(三)高档化妆品	高档化妆品			15%
(四)贵重首饰及珠宝玉石	1.金银首饰、铂金首饰和钻石及钻石饰品(零售环节)			5%
	2.其他贵重首饰及珠宝玉石(生产环节)			10%
(五)鞭炮、烟火	鞭炮、烟火			15%
(六)成品油	汽油、石脑油、润滑剂、溶剂油	升	1.52元	
	柴油、燃料油、航空煤油(暂缓征收)		1.2元	

续表

税目	子目	计税单位	税率	
			定额税率/元	比例税率%
(七)小汽车	1.乘用车			
	（1）气缸容量（排气量，下同）在 1L（含）以下的			1%
	（2）气缸容量在 1.0L 以上至 1.5L（含）的			3%
	（3）气缸容量在 1.5L 以上至 2.0L（含）的			5%
	（4）气缸容量在 2.0L 以上至 2.5L（含）的			9%
	（5）气缸容量在 2.5L 以上至 3.0L（含）的			12%
	（6）气缸容量在 3.0L 以上至 4.0L（含）的			25%
	（7）气缸容量在 4.0L 以上的			40%
	2.中轻型商用客车			5%
	3.超豪华小汽车(零售环节)			10%
(八)摩托车	1.气缸容量 250ml			3%
	2.气缸容量 250ml 以上的			10%
(九)高尔夫球及球具	高尔夫球及球具			10%
(十)高档手表	高档手表			20%
(十一)游艇	游艇			10%
(十二)木制一次性筷子	木制一次性筷子			5%
(十三)实木地板	实木地板			5%
(十四)电池	电池			4%
(十五)涂料	涂料			4%

(二)适用税率的确定

以下情况纳税人按照相关规定确定适用税率：

1.适用最高税率

(1)纳税人兼营不同税率的应税消费品，分别核算不同税率应税消费品的销售额或销售数量，未分别核算的，按最高税率征税。

(2)纳税人将应税消费品与非应税消费品以及适用税率不同的应税消费品组成成套消费

品销售的,应根据成套消费品的销售额按照应税消费品中适用的最高税率的消费品税率征税。

2.卷烟适用税率的确定

(1)纳税人自产自用的卷烟应当按照纳税人生产的同牌号规格的卷烟销售价格确定征税类别和适用税率。没有同牌号规格卷烟销售价格的一律按照卷烟最高税率征税。

(2)委托加工的卷烟按照受托方同牌号规格卷烟的征税类别和适用税率征税。若没有一律按照卷烟最高税率征税。

(3)残次品卷烟应当按照同牌号规格正品卷烟的征税类别确定使用税率。

(4)白包卷烟、手工卷烟和未经国务院批准纳入计划的企业和个人生产的卷烟不分征税类别一律按照56%税率征税,并按照每标准箱150元计算定额税率。

【任务实施】

【任务2-3】

【正确答案】ABC

【答案解析】根据税法规定白包卷烟、手工卷烟和未经国务院批准纳入计划的企业和个人生产的卷烟不分征税类别一律按照56%税率征税,并按照每标准箱150元计算定额税率。

【任务2-4】

【正确答案】C

【答案解析】白酒实行复核计税,只针对高档化妆品征税,高尔夫车不征税。

【任务2-5】

【正确答案】CD

【答案解析】对卷烟实行复合计征、雪茄烟实行从价征收;啤酒、黄酒、成品油采用从量定额征收;对销售价格(不含增值税)每只在10 000元(含)以上的各类手表征税。

【任务2-6】

【正确答案】B

【答案解析】卷烟在批发环节加征一道复合税,税率为11%加0.005元/支。

任务三 计税依据

【任务引例】

【任务3-1】（计算题）某木地板厂为增值税一般纳税人。2020年7月15日，向某建材商场销售实木地板一批，取得含增值税销售额101.7万元。已知实木地板适用的消费税税率为5%，计算该厂当月应纳消费税税额。

【任务3-2】（计算题）某酒厂为增值税一般纳税人，主要生产粮食白酒和啤酒。2020年5月：

(1)销售啤酒150吨，每吨不含税售价2 400元。销售啤酒收取包装物押金1 130元。

(2)销售粮食白酒50 000斤，取得不含税销售额105 000元；另外，收取粮食白酒品牌使用费4 746元；本月销售粮食白酒收取包装物押金9 266元。

要求：计算该酒厂本月啤酒、白酒应纳消费税税额分别是多少？应纳增值税税额是多少？（啤酒单位税额220元/吨）。

【任务3-3】（计算题）甲酒厂为增值税一般纳税人，2019年8月移送50吨B类白酒给自设非独立核算门市部，不含增值税售价为1.5万元/吨，门市部对外不含增值税售价为3万元/吨。计算应纳消费税税额。

【任务3-4】（计算题）某汽车生产企业主要从事小汽车生产和改装业务，为增值税一般纳税人，2019年9月份经营如下业务：

(1)将生产的800辆汽车分两批出售，其中300辆增值税专用发票注明金额4 500万元，税额为585万元，500辆增值税专用发票注明金额6 500万元，税额845万元。

(2)将生产的100辆小汽车用于换取生产资料，以成本12万元每辆互相开具增值税专用发票注明金额1 200万元，税额156万元。

要求：分别计算用于出售小汽车和用于换取资料的汽车应纳消费税。

【任务3-5】（计算题）甲白酒生产厂，2019年8月向白酒销售公司（关联公司）销售白酒6吨，不含税价每吨30万元，白酒销售公司继续销售的价格每吨42万元。

要求：计算甲厂应缴纳的消费税税额（税务机关核定的消费税最低计税价格每吨32万元。)

【任务3-6】（计算题）乙商场零售金银首饰取得含税销售额10.44万元，其中包括以旧换新业务中新首饰的含税销售额5.83万元。在以旧换新业务中，旧首饰作价的含税金额为3.51万元，甲商场实际收取的含税金额为2.32万元。

计算：乙商场零售金银首饰应缴纳的消费税、增值税。

【任务准备】

一、实行从价定率的计税依据

在从价定率计算方法中，应纳税额的计算取决于并入应税消费品的销售额和适用税率两

个因素。其基本计算公式为:

应纳税额＝应税消费品的销售额×适用税率

销售额的确定

1.销售额为纳税人销售应税消费品向购买方收取的全部价款和价外费用,不包括向购买方收取的增值税税额。

应税消费品的销售额换算＝含增值税的销售额÷(1＋增值税税率或征收率)

"价外费用"是指价外收取的基金、集资费、返还利润、补贴、违约金(延期付款利息)和手续费、包装费、储备费、优质费、运输装卸费、代收款项、代垫款项以及其他各种性质的价外收费。下列款项不包括在内:

(1)承运部门的运费发票开具给购货方的;

(2)纳税人将该项发票转交给购货方。

其他价外费用,无论是否属于纳税人的收入,均应并入销售额计算征税。

2.包装物的问题:

(1)应税消费品连同包装物销售的,无论包装物是否单独计价,也不论在会计上如何核算,均应并入应税消费品的销售额中征收消费税。

(2)对既作价随同应税消费品销售,又另外收取押金的包装物的押金,凡纳税人在规定的期限内没有退还的,均应并入应税消费品的销售额,按照应税消费品的适用税率缴纳消费税。

针对包装物押金计税问题总结:

押金种类	收取时,未逾期	逾期时
一般应税消费品的包装物押金	不缴增值税,不缴消费税	缴纳增值税,缴纳消费税(押金需换算为不含税价)
酒类产品包装物押金(除啤酒、黄酒外)	缴纳增值税、消费税(押金需换算为不含税价)	不再缴纳增值税、消费税
啤酒、黄酒包装物押金	不缴增值税,不缴消费税	只缴纳增值税,不缴纳消费税(因为从量征收)

其中:"逾期"是指按合同约定实际逾期或以1年为期限,对收取1年以上的押金,无论是否退还均并入销售额征税。押金为含税收入。

3.白酒生产企业向商业销售单位收取的"品牌使用费"是不论企业采取何种方式或以何种名义收取价款,均应并入白酒的销售额中缴纳消费税。

4.纳税人销售的应税消费品,以外汇结算销售额的,其销售额的人民币折合率可以选择结算的当天或者当月1日的国家外汇牌价(原则上为中间价)。纳税人应在事先确定采取何种折合率,确定后1年内不得变更。(增值税:确定后12个月内不得变更)。

【任务实施】

【任务3—1】

【答案解析】

(1)不含增值税销售额=101.7÷(1+13%)=90(万元)
(2)应纳消费税税额=90×5%=4.5(万元)

二、实行从量定额的计税依据

在从量定额计算方法下,应纳税额的计算取决于消费品的应税数量和单位税额两个因素。其基本计算公式为:

应纳税额=应税消费品的销售数量×单位税额

(一)销售数量的确定

1. 销售应税消费品的,为应税消费品的销售数量。
2. 自产自用应税消费品的,为应税消费品的移送使用数量。
3. 委托加工应税消费品的,为纳税人收回的应税消费品数量。
4. 进口的应税消费品,为海关核定的应税消费品的进口数量。

(二)从量定额的换算标准

品目	换算标准	品目	换算标准
白酒	500 毫升=500 克	石脑油	1 吨=1 385 升
啤酒	1 吨=988 升	溶剂油	1 吨=1 282 升
黄酒	1 吨=962 升	润滑油	1 吨=1 126 升
汽油	1 吨=1 388 升	燃料油	1 吨=1 015 升
柴油	1 吨=1 176 升	航空煤油	1 吨=1 246 升

黄酒、啤酒是以吨为税额单位;汽油、柴油是以升为税额单位的。

【任务实施】
【任务3-2(1)】
【答案解析】
(1)啤酒应纳消费税=150×220=33 000(元)

三、从价从量复合计征

根据消费税法的规定,卷烟和白酒实行从价定率和从量定额相结合的方法征税。其计算公式为:

应纳税额=应税销售数量×定额税率+应税销售额×比例税率

【任务实施】
【任务3-2(2)】
【答案解析】
(2)粮食白酒应纳消费税=50 000×0.5+105 000×20%+4 746÷1.13×20%+9 266÷1.13×20%=48 480(元)

该酒厂应纳增值税的销项税额=105 000×13%+4 746÷1.13×13%+9 266÷1.13×13%+150×2 400×13%=49 777(元)

四、计税依据的特殊规定

纳税人通过自设非独立核算门市部销售的自产应税消费品,应按照门市部对外销售额或者销售数量征收消费税。(不按厂家给门市的价格计算)

【任务实施】
【任务3—3】
【答案解析】
应缴纳的消费税=3×50×20%+50×2 000×0.5÷10 000=35(万元)

纳税人用于换取生产资料和消费资料,投资入股和抵偿债务等方面的应税消费品,应当以纳税人同类应税消费品的最高销售价格作为计税依据计算消费税。

【提示】增值税按照平均价格计算征收。

【任务3—4】
【答案解析】
(1)出售小汽车应纳消费税=(4 500+6 500)×5%=550(万元)
(2)用于换取资料的小汽车应缴纳消费税税额:
第一批单价=4 500÷300=15(万元)
第二批单价=6 500÷500=13(万元)
最高单价15万元
应纳消费税=15×100×5%=75(万元)

【提示】其他视同销售业务,按同类平均价计税,平均单价=(4 500+6 500)÷800=13.75(万元)

(一)卷烟计税价格的核定

1.卷烟消费税最低计税价格(以下简称计税价格)核定范围为卷烟生产企业在生产环节销售的所有牌号、规格的卷烟。

2.计税价格由国家税务总局按照卷烟批发环节销售价格扣除卷烟批发环节批发毛利核定并发布。

计税价格的核定公式为:

某牌号、规格卷烟计税价格=批发环节销售价格×(1-适用批发毛利率)

未经国家税务总局核定计税价格的新牌号、新规格卷烟,生产企业应按卷烟调拨价格申报纳税。已经国家税务总局核定计税价格的卷烟,生产企业实际销售价格高于计税价格的,按实际销售价格确定适用税率,计算应纳税款并申报纳税;实际销售价格低于计税价格的,按计税价格确定适用税率,计算应纳税款并申报纳税。(孰高)

(二)白酒最低计税价格的核定

1.核定范围。

(1)白酒生产企业销售给销售单位的白酒,生产企业消费税计税价格低于销售单位对外销售价格(不含增值税,下同)70%以下的,税务机关应核定消费税最低计税价格。

(2)白酒消费税最低计税价格由白酒生产企业自行申报,税务机关核定。

自2015年6月1日起,纳税人将委托加工收回的白酒销售给销售单位,消费税计税价格低于销售单位对外销售价格(不含增值税)70%以下的,也应核定消费税最低计税价格。销售单位,是指销售公司、购销公司以及委托境内其他单位或个人包销本企业生产白酒的商业机构。销售公司、购销公司,是指专门购进并销售白酒生产企业生产的白酒,并与该白酒生产企业存在关联性质。包销,是指销售单位依据协定价格从白酒生产企业购进白酒,同时承担大部分包装材料等成本费用,并负责销售白酒。

2.核定标准。

(1)白酒生产企业销售给销售单位的白酒,生产企业消费税计税价格高于销售单位对外销售价格70%(含70%)以上的,税务机关暂不核定消费税最低计税价格。

(2)白酒生产企业销售给销售单位的白酒,生产企业消费税计税价格低于销售单位对外销售价格70%以下的,消费税最低计税价格由税务机关根据生产规模、白酒品牌、利润水平等情况在销售单位对外销售价格50%~70%范围内自行核定。其中生产规模较大,利润水平较高的企业生产的需要核定消费税最低计税价格的白酒,税务机关核价幅度原则上应选择在销售单位对外销售价格60%~70%范围内。

3.重新核定。

已核定最低计税价格的白酒,销售单位对外销售价格持续上涨或下降时间达到3个月以上、累计上涨或下降幅度在20%(含)以上的白酒,税务机关重新核定最低计税价格。

4.计税价格的适用。

已核定最低计税价格的白酒,生产企业实际销售价格高于消费税最低计税价格的,按实际销售价格申报纳税;实际销售价格低于消费税最低计税价格的,按最低计税价格申报纳税。(孰高)

【任务实施】

【任务3-5】

【答案解析】

白酒生产企业售价30万元,低于42万元/吨×70%=29.4万元,白酒生产企业消费税计税依据由税务机关核定消费税最低计税价格(每吨32万元)。

甲企业应缴消费税=6×32×20%+6×2 000×0.5÷10 000=38.4+0.6=39(万元)

(三)金银首饰销售额的确定

1.只在零售环节征收消费税的有:金银首饰、钻石及钻石饰品。

2.对既销售金银首饰,又销售非金银首饰的生产、经营单位,不能分别核算:在生产环节销售的,一律从高适用税率(10%)征收消费税;在零售环节销售的,一律按金银首饰征收消费税(5%)。

3.计税依据一般规定:不含增值税的销售额。

不含增值税的销售额=含税销售额÷(1+13%)

具体规定如下：

销售业务	计税依据
1.金银首饰与其他产品组成成套消费品销售	按销售额全额征收消费税
2.金银首饰连同包装物销售	无论包装是否单独计价，也无论会计上如何核算，均应并入金银首饰的销售额，计征消费税
3.带料加工的金银首饰	按受托方销售同类金银首饰的销售价格确定计税依据征收消费税。没有同类金银首饰销售价格的，按照组成计税价格计算纳税
4.以旧换新（含翻新改制）销售金银首饰	按实际收取的不含增值税的全部价款确定计税依据征收消费税

【任务实施】

【任务3-6】

【答案解析】

乙商场应纳消费税＝(10.44－5.83)÷1.13×5％＋2.32÷1.13×5％＝0.31(万元)

乙商场应纳增值税＝(10.44－5.83)÷1.13×13％＋2.32÷1.13×13％＝0.80(万元)

任务四 应纳税额的计算

【任务引例】

【任务 4—1】(计算题)某摩托车厂为增值税一般纳税人,下设一家非独立核算的门市部,当年 9 月份该厂将生产的摩托车交于门市部,计价 80 万元。门市部对外销售,取得含税销售额 113 万元。摩托车消费税税率 3%。

要求:计算该项业务缴纳的消费税税额。

【任务 4—2】(计算题)某酒厂生产一种粮食白酒,对外赞助 0.5 吨,已知该白酒无同类产品出厂价,生产成本每吨 30 000 元,成本利润率为 10%,粮食白酒定额税率 0.5 元/斤,比例税率 20%。

要求:计算该厂当月应缴纳的消费税税额。

【任务 4—3】(计算题)某化妆品公司将一批自产的高档化妆品用作职工福利,该批福利的成本为 100 000 元,无同类产品市场销售价格,但已知其成本利润率为 5%,消费税率 15%。计算该批高档化妆品应缴纳的消费税税额。

【任务 4—4】(计算题)某白酒厂 2020 年春节前,将新研制的粮食白酒 1 吨作为过节福利发放给员工,该粮食白酒无同类产品市场销售价格。已知该批粮食白酒生产成本 20 000 元,成本利润率为 5%,白酒消费税比例税率为 20%;定额税率为 0.5 元/500 克。计算该批粮食白酒应纳消费税税额。

【任务 4—5】(计算题)甲企业委托 A 工厂加工一批应税消费品,甲企业为 A 工厂提供原材料等实际成本为 30 000 元,支付 A 工厂加工费 6 000 元,其中包括 A 工厂代垫的辅助材料 500 元。已知适用消费税税率 10%。同时该应税消费品受托方无同类消费品销售价格。

要求:计算 A 工厂代收代缴应税消费品的消费税税额。

【任务 4—6】(计算题)甲地板厂生产实木地板,2019 年 7 月发生业务如下:

(1)将外购素板 30% 加工成 A 型实木地板,当月对外销售并开具增值税专用发票注明销售金额 30 万元、税额 3.9 万元。

(2)受乙地板厂委托加工一批 A 型实木地板,双方约定由甲厂提供素板,乙厂支付加工费。甲厂将剩余的外购实木素板全部投入加工,当月将加工完毕的实木地板交付乙厂,开具的增值税专用发票注明收取材料费金额 30.6 万元、加工费 5 万元。

【要求 1】判断业务(2)是否为消费税法规定的委托加工业务并说明理由。

【要求 2】指出业务(2)的消费税纳税义务人、计税依据确定方法及数额。

【要求 3】计算业务(2)应缴纳的消费税税额。

【任务 4—7】(计算题)某贸易公司 2019 年 12 月以邮运方式从国外进口一批高档化妆品,经海关审定的货物价格为 32 万元、邮费 2 万元。当月将该批高档化妆品销售取得不含税收入 55 万元。该批高档化妆品关税税率为 15%,消费税税率为 15%。求该公司当月应缴纳的消费税(万元)。

【任务 4—8】(计算题)某企业进口一批烟丝,境外成交价格 200 万元,运至我国境内输入地点起卸前运费和保险费 20 万元。将烟丝从海关监管区运往仓库,支付运费 10 万元,取得货运增值税专用发票。

要求:计算进口环节缴纳各项税金。(关税税率为 10%、消费税税率为 30%)

【任务 4—9】(计算题)某卷烟生产企业,某月初库存外购应税烟丝金额 80 万元,当月又外购应税烟丝金额 500 万元(不含增值税),月末库存烟丝金额 20 万元,其余被当月生产卷烟领用。请计算卷烟厂当月准许扣除的外购烟丝已缴纳的消费税税额。(烟丝适用的消费税税率为 30%)

【任务 4—10】(计算题)2020 年 8 月某首饰厂从某商贸企业购进一批珠宝玉石,增值税发票注明价款 50 万元,增值税税款 8 万元,打磨后再将其销售给首饰商城,收到不含税价款 90 万元。已知珠宝玉石消费税税率为 10%,求该首饰厂应缴纳的消费税。

【任务 4—11】(多选题)企业出口的下列应税消费品中,属于消费税出口免税并退税范围的有( )。

A.生产企业委托外贸企业代理出口的应税消费品
B.有出口经营权的生产企业自营出口的应税消费品
C.有出口经营权的外贸企业购进用于直接出口的应税消费品
D.有出口经营权的外贸企业受其他外贸企业委托代理出口的应税消费品

【任务 4—12】(单选题)某化妆品厂受托加工一批高档化妆品,委托方提供原材料成本 30 000 元,化妆品厂收取加工费 10 000 元、代垫辅助材料款 5 000 元,该厂没有同类高档化妆品销售价格。该化妆品厂应代收代缴消费税( )元。(以上款项均不含增值税,高档化妆品消费税税率 15%)

A.7 142.86　　　　B.7 941.18　　　　C.20 142.86　　　　D.20 250.00

【任务 4—13】(多选题)某木材公司将一批自产实木地板用于本企业宾馆,其成本为 8 万元,消费税税率和成本利润率均为 5%,则其计税销售额为( )。

A.消费税组价为 8.84 万元　　　　B.消费税组价为 9.26 万元
C.增值税组价为 7.18 万元　　　　D.增值税组价为 8.84 万元

【任务 4—14】(多选题)下列各项中,可以抵扣已缴纳消费税的有( )。

A.外购已税高档手表改装加工的钻石手表
B.委托加工收回的已税玉石用于生产玉石首饰
C.外购的汽车轮胎用于生产小汽车
D.外购已税实木地板为原料生产的实木地板

【任务 4—15】(多选题)下列关于委托加工应税消费品收回后的消费税处理,说法正确的有( )。

A.委托方将委托加工产品收回后,用于销售的,售价高于受托方代收代缴消费税的计税价格,按规定申报纳税
B.委托方将委托加工产品收回后,用于直接销售的,在销售时不再缴纳消费税
C.委托加工产品收回后用于连续生产应税消费品,已纳税款按规定准予抵扣
D.委托加工产品收回后用于连续生产应税消费品,已纳税款不准予抵扣

【任务准备】

一、生产环节应纳消费税的计算

纳税人在生产环节应该缴纳的消费税包括生产后直接对外销售应税消费品和自产自用两种方式。

消费税应纳税额计算方法：

三种计税方法	计税公式
1.从价定率计税	应纳税额＝销售额×比例税率
2.从量定额计税（啤酒、黄酒、成品油）	应纳税额＝销售数量×单位税额
3.复合计税（白酒、卷烟）	应纳税额＝销售额×比例税率＋销售数量×单位税额

（一）生产后直接对外销售应纳消费税的计算

1.纳税人生产的应税消费品，于销售时纳税。税额计算方法如上表所示。

【任务实施】

【任务4－1】

【答案解析】

应缴纳的消费税税额＝113÷(1＋13％)×3％＝2.05(万元)

【任务4－2】

【答案解析】

根据消费税法律制度的规定，白酒实行复合计税。

从量税＝0.5×2 000×0.5＝500(元)

从价税＝[0.5×30 000×(1＋10％)＋500]÷(1－20％)×20％＝4 250(元)

应纳消费税税额＝500＋4 250＝4 750(元)

（二）自产自用应纳税额的计算

1.纳税人自产自用的应税消费品，用于连续生产应税消费品的，不纳税。所谓"纳税人自产自用的应税消费品，用于连续生产应税消费品的"，是指作为生产最终应税消费品的直接材料、并构成最终产品实体的应税消费品。例如，卷烟厂生产出烟丝，烟丝已是应税消费品，卷烟厂再用生产出的烟丝连续生产卷烟，这样，用于连续生产卷烟的烟丝就不缴纳消费税，只对生产的卷烟征收消费税。当然，生产出的烟丝如果是直接销售的，则烟丝还是要缴纳消费税的。

2.用于其他方面的规定如生产非应税消费品、在建工程、管理部门、非生产机构、馈赠、赞助、集资、广告、样品、职工福利、奖励等方面于移送使用时纳税。

按照纳税人生产的同类消费品的销售价格计算纳税，没有同类消费品销售价格的，按照组成计税价格纳税。

同类消费品的销售价格是指纳税人当月销售的同类消费品的销售价格，如果当月同类消费品各期销售价格高低不同，应按销售数量加权平均计算。但销售的应税消费品有下列情况之一的，不得列入加权平均计算：①销售价格明显偏低又无正当理由的；②无销售价格的。

如果当月无销售或者当月未完结，应按照同类消费品上月或者最近月份的销售价格计算纳税。没有同类消费品销售价格的，按照组成计税价格计算纳税。具体如下：

(1)实行从价定率办法计征消费税的，计算公式：

组成计税价格＝(成本＋利润)÷(1－消费税税率)

＝[成本×(1＋成本利润率)]÷(1－消费税税率)

应纳税额＝组成计税价格×比例税率

【任务实施】

【任务4－3】

【答案解析】

组成计税价格＝成本×(1＋成本利润率)÷(1－消费税税率)

＝100 000×(1＋5％)÷(1－15％)＝123 529.42(元)

应纳消费税额＝123 529.42×15％＝18 529.42(元)

(2)实行从量定额办法计征消费税：消费税税额计算与售价和组成计税价格无关，在计算增值税时如果用到组成计税价格时要包括消费税。

(3)复合计税：

组成计税价格＝(成本＋利润＋自产自用数量×定额税率)÷(1－比例税率)

应纳税额＝组成计税价格×比例税率＋自产自用数量×定额税率

以上(1)(2)(3)式中："成本"指应税消费品的产品生产成本。"利润"是指根据应税消费品的全国平均成本利润率计算的利润。具体由国家税务总局确定。

【任务实施】

【任务4－4】

【答案解析】

纳税人自产自用的应税消费品，用于企业员工福利的，应按照同类消费品的销售价格计算缴纳消费税；没有同类消费品销售价格的，按照组成计税价格计算纳税。

(1)从量消费税＝1×2 000×0.5＝1 000(元)

(2)组成计税价格＝[20 000×(1＋5％)＋1 000]÷(1－20％)＝27 500(元)

(3)应纳消费税税额＝27 500×20％＋1 000＝6 500(元)

二、委托加工应税消费品消费税的计算

委托加工应税消费品是由委托方提供原料和主要材料，受托方只收取加工费和代垫部分辅助材料。对于由受托方提供原材料生产的应税消费品，或者受托方先将原材料卖给委托方，后再接受加工的应税消费品，以及由受托方以委托方名义购进原材料生产的应税消费品，不论在财务上是否作为销售处理，都不得作为委托加工应税消费品，而应当按照销售自制应税消费品缴纳消费税。

委托加工应税消费品消费税由受托方在向委托方交货时代收代缴，但纳税人委托个人(含个体户)加工应税消费品由委托方收回后在委托方所在地缴纳消费税。符合委托加工应税消费品的，按照受托方的同类消费品的销售价格计算纳税，没有同类消费品销售价格的，按照组成计税价格计算纳税。

(一)从价定率组成计税价格的计算

组成计税价格＝(材料成本＋加工费)÷(1－消费税税率)

应纳税额＝组成计税价格×比例税率

(二)复合计税办法组成计税价格的计算

组成计税价格＝(材料成本＋加工费＋委托加工数量×定额税率)÷(1－比例税率)

应纳税额＝组成计税价格×比例税率＋委托加工数量×定额税率

其中"材料成本"是指委托方所提供加工材料的实际成本。"加工费"是指受托方加工应税消费品向委托方所收取的全部费用(包括代垫辅助材料的实际成本),但不包括随加工费收取的销项税。

【任务实施】

【任务4－5】

【答案解析】

组成计税价格＝(材料成本＋加工费)÷(1－消费税税率)
　　　　　　＝(30 000＋6 000)÷(1－10％)＝40 000(元)

A工厂代收代缴消费税税额＝40 000×10％＝4 000(元)

(三)**收回后的处理**:委托加工的应税消费品,受托方在交货时已代收代缴消费税,委托方收回后,以不高于受托方的计税价格出售的,为直接出售,不再缴纳消费税。

委托方以高于受托方的计税价格出售的,不属于直接出售,需按照规定申报缴纳消费税,在计税时准予扣除受托方已代收代缴的消费税。

【任务实施】

【任务4－6(要求1)】

【答案解析】

该业务不是消费税法规定的委托加工业务。按照消费税税法的规定,委托加工应税消费品是指委托方提供原料和主要材料,受托方只收取加工费和代垫部分辅助材料加工的应税消费品,而本例中主要材料是由受托方提供,不能视为委托加工。

【任务4－6(要求2)】

【答案解析】

1.消费税纳税义务人:甲厂。

2.计税依据确定方法:销售价格按照最近时期同类实木地板的价格确定。

3.计税依据＝30÷30％×70％＝70(万元)。

【任务4－6(要求3)】

【答案解析】

应纳消费税＝30÷30％×70％×5％＝3.5(万元)

三、进口环节应纳税额计算

纳税人进口应税消费品,按照组成计税价格和规定的税率计算应纳税额。

(一)适用从价定率的进口应税消费品

组成计税价格=(关税完税价格+关税)÷(1-消费税税率)
应纳税额=组成计税价格×消费税税率

(二)实行定额税率的进口应税消费品

应纳税额=应税消费品数量×消费税单位税额

(三)实行复合计税方法的进口应税消费品

组成计税价格=(关税完税价格+关税+消费税定额税)÷(1-消费税适用比例税率)
应纳消费税税额=消费税组成计税价格×消费税适用比例税率+消费税定额税率

其中,"进口数量"是指海关核定的应税消费品进口征税数量,"关税完税价格"是指海关核定的关税计税价格。

【任务实施】

【任务 4-7】

【答案解析】

高档化妆品从价计征消费税应纳消费税=组成计税价格×消费税税率。其中,组价=(关税完税价格+关税)÷(1-消费税税率)

应缴纳消费税=(32+2)×(1+15%)÷(1-15%)×15%=6.9(万元)

【任务 4-8】

【答案解析】

关税完税价格=200+20=220(万元)

(1)进口关税=220×10%=22(万元)

(2)进口增值税=(220+22)÷(1-30%)×13%=44.95(万元)

(3)进口消费税=(220+22)÷(1-30%)×30%=103.72(万元)

四、已纳消费税扣除规定

为避免重复征税,消费税法律制度规定,外购的应税消费品和委托加工收回的应税消费品继续生产应税消费品销售的,可以将外购应税消费品和委托加工收回应税消费品已缴纳的消费税扣除。计算税款时,应按当期销售数量或生产领用数量或委托加工收回数量计算准予扣除应税消费品已缴纳的消费税税款。

(一)外购应税消费品后销售

针对一些企业自己不生产应税消费品,而是购进应税消费品后进一步生产加工、包装、贴标签或组合销售的情况,应当征收消费税,同时允许扣除外购应税消费品的已纳税款。如化妆品、鞭炮烟火、珠宝玉石等应税消费品,购进后进一步加工、包装等,应当征收消费税,其税额计算时允许扣除已纳税额。

(二)外购应税消费品连续生产应税消费品

此情况适用于外购已税消费品连续生产应税消费品,对其进行消费税计征时,税法规定按当期生产领用的数量计算准予扣除的外购应税消费品的已纳税款。

1.计算公式如下:

当期准予扣除的已纳税款＝当期准予扣除的外购应税消费品买价×外购应税消费品适用税率

当期准予扣除的外购应税消费品买价＝期初库存的外购应税消费品的买价＋当期购进的应税消费品的买价－期末库存的外购应税消费品的买价

2.扣除范围:

(1)外购已税烟丝生产的卷烟;

(2)外购已税高档化妆品生产的高档化妆品;

(3)外购已税珠宝玉石生产的贵重首饰及珠宝玉石;

(4)外购已税鞭炮烟火生产的鞭炮烟火;

(5)外购已税杆头、杆身和握把为原料生产的高尔夫球杆;

(6)外购已税木制一次性筷子为原料生产的木制一次性筷子;

(7)外购已税实木地板为原料生产的实木地板;

(8)外购已税汽油、柴油、石脑油、燃料油、润滑油为原料生产应税成品油;

(9)纳税人从葡萄酒生产企业购进、进口葡萄酒连续生产应税葡萄酒的,准予从葡萄酒消费税应纳税额中扣除所耗用应税葡萄酒已纳消费税税款。(葡萄酒:本期不足抵扣的,余额可以留待下期继续抵扣)

3.扣税环节的注意事项:

(1)纳税人外购的已税珠宝、玉石原料生产的改在零售环节征收消费税的金银首饰(镶嵌首饰),在计税时一律不得扣除外购珠宝、玉石的已纳税款。

(2)允许扣除税款的仅限从工业企业购进的应税消费品和进口环节已纳消费税的应税消费品,对从境内商业企业购进应税消费品的已纳税款一律不得扣除。

【任务实施】

【任务4—9】

【答案解析】

(1)当期准许扣除的外购烟丝买价＝80＋500－20＝560(万元)

(2)当月准许扣除的外购烟丝已缴纳的消费税税额＝560×30％＝168(万元)

(三)委托加工收回的应税消费品已纳税款的扣除

委托加工收回的应税消费品已由受托方代收代缴消费税,委托方收回货物后用于连续生产的应税消费品的,其已纳税款按照规定从连续生产的应税消费品应纳税额中扣除。

下列连续生产的应税消费品准予从应纳消费税税额中按当期生产领用数量计算扣除委托加工收回的应税消费品已纳税款。

扣除范围:

(1)委托加工收回的已税烟丝生产的卷烟;

(2)委托加工收回的已税高档化妆品生产的高档化妆品；

(3)委托加工收回的已税珠宝玉石生产的贵重首饰及珠宝玉石；

(4)委托加工收回的已税鞭炮烟火生产的鞭炮烟火；

(5)委托加工收回的已税杆头、杆身和握把为原料生产的高尔夫球杆；

(6)委托加工收回的已税木制一次性筷子为原料生产的木制一次性筷子；

(7)委托加工收回的已税实木地板为原料生产的实木地板；

(8)委托加工收回的已税汽油、柴油、石脑油、燃料油、润滑油为原料生产应税成品油；

(9)委托加工收回的已税摩托车连续生产应税摩托车。(如外购两轮摩托车改装三轮摩托车)

【任务实施】

【任务4－10】

【答案解析】

应纳消费税＝90×10％－50×10％＝4(万元)

五、特殊环节应纳消费税计算

(一)金银首饰——零售环节

金银首饰零售环节纳税仅限于金基、银基合金首饰以及金、银和金基、银基合金的镶嵌首饰、钻石及钻石饰品。若金银首饰与其他金银首饰组成成套消费品销售的，应按销售额全额征收消费税。

对既销售金银首饰，又销售非金银首饰的生产、经营单位，应将两类商品划分清楚，分别核算销售额。凡划分不清楚或不能分别核算的，在生产环节销售的，一律从高适用税率征收消费税；在零售环节销售的，一律按金银首饰征收消费税。金银首饰与其他产品组成成套消费品销售的，应按销售额全额征收消费税。

(二)超豪华小汽车——零售环节

2016年12月1日起，对超豪华小汽车，在生产(进口)环节按现行税率征收消费税基础上，超豪华小汽车在零售环节加征一道消费税。

应纳税额的计算：应纳税额＝零售环节销售额(不含增值税)×零售环节税率

【提示】国内汽车生产企业直接销售给消费者的超豪华小汽车，消费税税率按照生产环节税率和零售环节税率加总计算。其消费税应纳税额计算公式为：

应纳税额＝销售额(不含增值税)×(生产环节税率＋零售环节税率)

(三)卷烟批发环节

在中华人民共和国境内从事卷烟批发业务的单位和个人批发销售的所有牌号规格的卷烟以纳税人批发卷烟的销售额(不含增值税)按照适用税率11％和0.005元/支，征收卷烟批发环节消费税。纳税人销售给纳税人以外的单位和个人的卷烟于销售时纳税。纳税人之间销售的卷烟不缴纳消费税。纳税人应将卷烟销售额与其他商品销售额分开核算，未分开核算的，一并征收消费税。

六、消费税出口退税

(一)出口应税消费品退(免)税政策

出口应税消费品退(免)消费税,在政策上包括出口免税并退税、出口免税但不退税、出口不免税也不退税三种。

(二)出口应税消费品的退税率

出口应税消费品应退消费税的税率或单位税额,依据《中华人民共和国消费税暂行条例》所附《消费税税目税率(税额)表》执行。这是退(免)消费税与退(免)增值税的一个重要区别:当出口的货物是应税消费品时,其退还增值税要按规定的退税率计算,其退还消费税按该应税消费品所适用的消费税税率计算。

企业应将不同消费税税率的出口应税消费品分开核算和申报,凡划分不清适用税率的,一律从低适用税率计算应退消费税税额。

(三)出口应税消费品退税额的计算

1.从价定率计征消费税的应税消费品

应退消费税税额=出口货物的工厂销售额×消费税税率

2.从量定率计征消费税的应税消费品

应退消费税税额=出口数量×单位税额

3.复合计征消费税的应税消费品

应退消费税销售额=出口货物的工厂销售额×消费税税率+出口数量×单位税额

【任务实施】

【任务4-11】

【正确答案】CD

【答案解析】有出口经营权的生产企业自营出口或者生产企业委托外贸企业代理出口的应税消费品,属于消费税出口免税不退税的范围。

【任务4-12】

【正确答案】B

【答案解析】该化妆品厂应代收代缴消费税=(30 000+10 000+5 000)÷(1-15%)×15%=7 941.18(元)

【任务4-13】

【正确答案】AD

【答案解析】从价定率征收消费税的组价中,成本利润率按消费税规定中执行,组价=8×(1+5%)÷(1-5%)=8.84(万元),这一价格也是计算增值税的依据。

【任务4-14】

【正确答案】BD

【答案解析】选项A,高档手表不在外购应税消费品已纳税款的扣除范围内,故不能抵扣已缴纳的消费税;选项C,轮胎不征收消费税。

【任务 4—15】
【正确答案】ABC
【答案解析】选项 D，委托加工产品后收回用于连续生产应税消费品，已纳税款按规定是准予抵扣的。

任务五 征收管理

【任务引例】

【任务5-1】(多选题)甲企业从境外进口一批化妆品,下列关于该业务缴消费税表述中正确的有( )。

A.甲企业应向报关地海关申报缴纳消费税
B.甲企业应当自海关发进口消费税专用缴款书之日起15日内缴纳税款
C.海关代征的消费税应分别入中央库和地方库
D.甲企业使用该进口已税化妆品生产化妆品准许扣除进口环节缴纳的消费税

【任务准备】

一、消费税纳税义务发生时间

纳税人生产的应税消费品于销售时纳税,进口消费品应当于应税消费品报关进口环节纳税。消费税纳税义务发生的时间,以货款结算方式或行为发生时间分别确定。

结算方式或行为发生时间	确认纳税义务发生时间
采取赊销和分期收款	销售合同规定的收款日期的当天
预收货款	发出应税消费品的当天
采取托收承付和委托银行收款	发出应税消费品并办妥托收手续的当天
其他结算方式	收讫销售款或者取得索取销售款的凭据的当天
纳税人自产自用的应税消费品	移送使用的当天
纳税人委托加工的应税消费品	纳税人提货的当天
纳税人进口的应税消费品	报关进口的当天

二、纳税地点

1.纳税人销售的应税消费品,以及自产自用的应税消费品,除国家另有规定外,应当向纳税人核算地主管税务机关申报纳税。纳税人的总机构与分支机构不在同一县(市)的,应在生产应税消费品的分支机构所在地缴纳消费税。但经国家税务总局及所属省国家税务局批准,纳税人分支机构应纳消费税税款也可由总机构汇总向总机构所在地主管税务机关缴纳。

2.委托加工的应税消费品,由受托方向所在地主管税务机关报缴消费税税款。受托方为个人的,一律由委托方收回后在委托方所在地缴纳消费税。

3.进口的应税消费品,由进口人或者其代理人向报关地海关申报纳税。

4.纳税人到外县(市)销售或委托外县(市)代销自产应税消费品的,应事先向所在地主管税务机关提出申请,并于应税消费品销售后,回到纳税人核算地缴纳消费税。

5.纳税人销售的应税消费品,如因质量问题等原因由购买者退回时,经机构所在地或者居住地税务机关审核批转后,可退还已缴纳的消费税税款。

6.出口的应税消费品办理退税后,发生退关,或者国外退货进口时予以免税的,报关出口必须及时向机构所在地或者居住地税务机关申报补缴已经退还的消费税税款。

三、纳税期限

按照《消费税暂行条例》规定,消费税的纳税期限分别为1日、3日、5日、10日、15日、1个月或者1个季度。纳税人的具体纳税期限,由主管税务机关根据纳税人应纳税额的大小分别核定。不能按固定期限纳税的,纳税人可以按照每次取得的销售收入计算纳税。

纳税人以1个月或一个季度为一期纳税的,自期满之日起15日内申报纳税;以1日、3日、5日、10日或者15日为一期纳税的,自期满之日起5日内预缴税款,于次月1日起至15日内申报纳税并结清上月应纳税款。

纳税人进口应税消费品,应当自海关填发税款缴纳书的次日起15日内缴纳税款。

【任务实施】

【任务5—1】

【正确答案】ABD

【答案解析】选项C,海关代征的消费税应入中央库。

【任务实操】

1.请根据以下资料完成《消费税纳税申报表(卷烟)》的填制

资料1:企业销售基本情况

公司于2019年7月销售楠山牌卷烟。根据背景资料,请代为申报消费税。(卷烟不含税销售单价为20 000元/标准箱,1标准箱等于50 000支。)2019年9月,共销售卷烟2.85标准箱,取得不含税销售款57 000元,税款7 410元。2019年7月9日向交通银行缴付上半年消费税款69 933.50元

资料2:企业基本情况表

企业基本情况表

企业名称	北京楠山烟草有限公司		
通讯地址	北京市朝阳区建国路77号西单中心写字楼4号楼	邮编	100013
统一社会信用代码	911101020200183838		
主管税务机关	国家税务总局北京市朝阳区税务局		
开户银行	交通银行北京朝阳支行	账号	14020763220191999394O
成立时间	2008年10月22日	注册资本	人民币贰佰万元整
法定代表人	张瑞洋	相关行业工作年数	8年
联系人	张瑞洋	联系电话	010—85829040
经营范围(按营业执照上登记填写)	烟草、卷烟的生产与销售		
所属行业	农、林、牧、渔业 采矿业 制造业 建筑业 电力、燃气及水的生产和供应业 信息传输、计算机服务和软件业 交通运输、仓储和邮政业 批发和零售业 生活服务业 房地产业 金融业 现代服务业 其他		
主要关联企业名称 (集团公司、母子总分公司、 或者同属集团公司的子/分公司)			

烟类应税消费品消费税纳税申报表

税款所属期： 年 月 日至 年 月 日

纳税人名称(公章)： 纳税人识别号：

填表日期： 年 月 日 单位:卷烟万支、雪茄烟支、烟丝千克；金额单位:元(列至角分)

项目 应税消费品名称	适用税率		销售数量	销售额	应纳税额
	定额税率	比例税率			
卷烟	30元/万支	56%			
卷烟	30元/万支	36%			
雪茄烟	——	36%			
烟丝	——	30%			
合计	——		——	——	

	声明 此纳税申报表是根据国家税收法律的规定填报的，我确定它是真实的、可靠的、完整的。 经办人(签章)： 财务负责人(签章)： 联系电话：
本期准予扣除税额：	
本期减(免)税额：	
期初未缴税额：	
本期缴纳前期应纳税额：	(如果你已委托代理人申报，请填写) 授权声明 为代理一切税务事宜，现授权____ ____(地址)____为本纳税人的代理申报人，任何与本申报表有关的往来文件，都可寄予此人。 授权人签章：
本期预缴税额：	
本期应补(退)税额：	
期末未缴税额：	

以下由税务机关填写

受理人(签章)： 受理日期： 年 月 日 受理税务机关(章)：

填表说明

一、本表仅限烟类消费税纳税人使用。

二、本表"销售数量"为《中华人民共和国消费税暂行条例》《中华人民共和国消费税暂行条例实施细则》及其他法规、规章规定的当期应申报缴纳消费税的烟类应税消费品销售(不含出口免税)数量。

三、本表"销售额"为《中华人民共和国消费税暂行条例》《中华人民共和国消费税暂行条例实施细则》及其他法规、规章规定的当期应申报缴纳消费税的烟类应税消费品销售(不含出口免税)收入。

四、根据《中华人民共和国消费税暂行条例》和《财政部国家税务总局关于调整烟类产品消费税政策的通知》(财税〔2001〕91号)的规定，本表"应纳税额"计算公式如下：

(一)卷烟

应纳税额＝销售数量×定额税率＋销售额×比例税率

(二)雪茄烟、烟丝

应纳税额＝销售额×比例税率

五、本表"本期准予扣除税额"按本表附件一的本期准予扣除税款合计金额填写。

六、本表"本期减(免)税额"不含出口退(免)税额。

七、本表"期初未缴税额"填写本期期初累计应缴未缴的消费税额，多缴为负数。其数值等于上期"期末未缴税额"。

八、本表"本期缴纳前期应纳税额"填写本期实际缴纳入库的前期消费税额。

九、本表"本期预缴税额"填写纳税申报前已预先缴纳入库的本期消费税额。

十、本表"本期应补(退)税额"计算公式如下，多缴为负数：

本期应补(退)税额＝应纳税额(合计栏金额)－本期准予扣除税额－本期减(免)税额－本期预缴税额

十一、本表"期末未缴税额"计算公式如下，多缴为负数：

期末未缴税额＝期初未缴税额＋本期应补(退)税额－本期缴纳前期应纳税额

十二、本表为 A4 竖式，所有数字小数点后保留两位。一式二份，一份纳税人留存，一份税务机关留存。

附1

本期准予扣除税额计算表

税款所属期： 年 月 日至 年 月 日

纳税人名称（公章）： 纳税人识别号：

填表日期： 年 月 日　　　　　　　　　　　　金额单位：元（列至角分）

一、当期准予扣除的委托加工烟丝已纳税款计算
1.期初库存委托加工烟丝已纳税款：
2.当期收回委托加工烟丝已纳税款：
3.期末库存委托加工烟丝已纳税款：
4.当期准予扣除的委托加工烟丝已纳税款：
二、当期准予扣除的外购烟丝已纳税款计算
1.期初库存外购烟丝买价：
2.当期购进烟丝买价：
3.期末库存外购烟丝买价：
4.当期准予扣除的外购烟丝已纳税款：
三、本期准予扣除税款合计

填表说明

一、本表作为《烟类应税消费品消费税纳税申报表》的附报资料，由外购或委托加工收回烟丝后连续生产卷烟的纳税人填报。

二、根据《国家税务总局关于用外购和委托加工收回的应税消费品连续生产应税消费品征收消费税问题的通知》（国税发〔1995〕94号）的规定，本表"当期准予扣除的委托加工烟丝已纳税款"计算公式如下：

当期准予扣除的委托加工烟丝已纳税款＝期初库存委托加工烟丝已纳税款＋当期收回委托加工烟丝已纳税款－期末库存委托加工烟丝已纳税款

三、根据《国家税务总局关于用外购和委托加工收回的应税消费品连续生产应税消费品征收消费税问题的通知》（国税发〔1995〕94号）的规定，本表"当期准予扣除的外购烟丝已纳税款"计算公式如下：

当期准予扣除的外购烟丝已纳税款＝（期初库存外购烟丝买价＋当期购进烟丝买价－期末库存外购烟丝买价）×外购烟丝适用税率（30%）

四、本表"本期准予扣除税款合计"为本期外购及委托加工收回烟丝后连续生产卷烟准予扣除烟丝已纳税款的合计数，应与《烟类应税消费品消费税纳税申报表》中对应项目一致。

五、本表为A4竖式，所有数字小数点后保留两位。一式二份，一份纳税人留存，一份税务机关留存。

附2

本期代收代缴税额计算表

税款所属期： 年 月 日至 年 月 日

纳税人名称（公章）： 纳税人识别号：

填表日期： 年 月 日　　　　　　　　　　　　　　金额单位：元（列至角分）

项目	应税消费品名称	卷烟	卷烟	雪茄烟	烟丝	合计
适用税率	定额税率	30元/万支	30元/万支	——	——	——
	比例税率	56%	36%	36%	30%	
受托加工数量						——
同类产品销售价格						——
材料成本						——
加工费						——
组成计税价格						——
本期代收代缴税款						

填表说明

一、本表作为《烟类应税消费品消费税纳税申报表》的附报资料，由烟类应税消费品受托加工方填报。

二、本表"受托加工数量"的计量单位为：卷烟为万支，雪茄烟为支，烟丝为千克。

三、本表"同类产品销售价格"为受托方同类产品销售价格。

四、根据《中华人民共和国消费税暂行条例》的规定，本表"组成计税价格"的计算公式如下：

组成计税价格＝（材料成本＋加工费）÷（1－消费税税率）

五、根据《中华人民共和国消费税暂行条例》的规定，本表"本期代收代缴税款"的计算公式如下：

（一）当受托方有同类产品销售价格时，

本期代收代缴税款＝同类产品销售价格×受托加工数量×适用税率＋受托加工数量×适用税率

（二）当受托方没有同类产品销售价格时，

本期代收代缴税款＝组成计税价格×适用税率＋受托加工数量×适用税率

六、本表为A4竖式，所有数字小数点后保留两位。一式二份，一份纳税人留存，一份税务机关留存。

附3

卷烟生产企业年度销售明细表

所属期： 年度

企业名称： 计量单位：万支、元、元/条(200支)

卷烟条包装商品条码	卷烟牌号规格	产量	销量	销售价格	调拨价格	消费税计税价格	销售额	备注
1	2	3	4	5	6	7	8	9

填表说明

一、本表为年报，由卷烟生产企业消费税纳税人于年度终了后填写，作为《烟类应税消费品消费税纳税申报表》的附报资料于次年1月份办理消费税纳税申报时一并报送。

二、本表第2栏"卷烟牌号规格"为经国家烟草专卖局批准生产的卷烟牌号规格。

三、本表第3栏、第4栏"产量、销量"为报表所属期内同一牌号、规格卷烟产量、销量，计量单位为"万支"。

四、本表第5栏"销售价格"为生产企业实际销售同一牌号、规格卷烟价格，不含增值税，计量单位为"元/条(200支)"，非标准条包装的卷烟应折算成标准条卷烟价格。

五、本表第6栏"调拨价格"为国家烟草专卖局核定的卷烟价格，计量单位为"元/条(200支)"，非标准条包装的卷烟应折算成标准条卷烟价格。

六、本表第7栏"消费税计税价格"为国家税务总局核定并下发的计税价格，计量单位为"元/条(200支)"。

七、在同一所属期内消费税计税价格发生变化的，应分行填写，并在备注栏中标注变动日期，同时填写核定消费税计税价格的文件字号。

八、未核定计税价格的卷烟、出口的卷烟，按实际销售价格填报。

九、已核定消费税计税价格但已停产卷烟、新牌号新规格卷烟、价格变动牌号卷烟、出口卷烟分别在备注栏中注明"停产""新牌号""价格变动""出口"字样。

十、本表第8栏"销售额"，不含增值税，计量单位为"元"。

十一、本表为A4横式，所有数字小数点后保留两位。一式二份，一份纳税人留存，一份税务机关留存。

附 4　　　　　　　　　　**本期减(免)税额明细表**

　　　　　　税款所属期：　　年　月　日至　　年　月　日

纳税人名称(公章)：　纳税人识别号：□□□□□□□□□□□□□□□

填表日期：　年　月　日　　　　　　　　　　　　　金额单位：元(列至角分)

应税消费品名称 \ 项目	减(免)性质代码	减(免)项目名称	减(免)金额	适用税率(从价定率)	减(免)数量	适用税率(从量定额)	减(免)税额
1	2	3	4	5	6	7	8＝4×5＋6×7
合计	——						

　　　　　　　　　　　　　　　填表说明

一、本表作为消费税纳税申报表的附列资料，由符合消费税减免税政策规定的纳税人填报。本表不含暂缓征收的项目。未发生减(免)消费税业务的纳税人和受托加工方不填报本表。

二、本表"税款所属期""纳税人名称""纳税人识别号"的填写同消费税申报表主表。

三、本表"应税消费品名称"栏，填写按照税收法规规定减征、免征应税消费品的名称。

四、本表"减(免)性质代码"栏，根据国家税务总局最新发布的减(免)性质代码，填写减征、免征应税消费品对应的减(免)性质代码。

五、本表"减(免)项目名称"栏，根据国家税务总局最新发布的减(免)项目名称，填写减征、免征应税消费品对应的减(免)项目名称。

六、本表"减(免)金额"栏，填写本期应当申报减征、免征消费税的应税消费品销售金额，适用不同税率的应税消费品，其减(免)金额应区分不同税率分栏填写。

七、本表"减(免)数量"栏，填写本期应当申报减征、免征消费税的应税消费品销售数量，适用不同税率的应税消费品，其减(免)数量应区分不同税率分栏填写。计量单位应与消费税纳税申报表一致。

八、本表"适用税率"栏，填写按照税法规定减征、免征应税消费品的适用税率。

九、本表"减(免)税额"栏，填写本期按适用税率计算的减征、免征消费税额。同一税款所属期内同一应税消费品适用多档税率的，应分别按照适用税率计算减(免)税额。

十、本表"减(免)税额合计"为本期减征、免征消费税额的合计数。该栏数值应与当期消费税纳税申报表"本期减(免)税额"栏数值一致。

十一、本表为 A4 竖式，一式二份，一份纳税人留存，一份税务机关留存。

附5　　　　　　　　**各牌号规格卷烟消费税计税价格**

所属期：　　年　月　日至　　　年　月　日

纳税人名称（公章）：　　纳税人识别号：☐☐☐☐☐☐☐☐☐☐☐☐☐☐☐

填表日期：　年　月　日　　　　　　　　　　　单位：万支、元、元/条（200支）

卷烟牌号	烟支包装规格	销量	消费税计税价格	销售额	备注
合计	——		——	——	——

填表说明

一、本表为月报，作为《烟类应税消费品消费税纳税申报表》的附报资料，由卷烟消费税纳税人每月办理消费税纳税申报时报送；同时报送本表的EXCEL格式电子文件。

二、本表"消费税计税价格"为计算缴纳消费税的卷烟价格。已核定消费税计税价格的卷烟，实际销售价格高于核定消费税计税价格的，填写实际销售价格；实际销售价格低于核定消费税计税价格的，填写核定消费税计税价格；同时，在备注栏中填写核定消费税计税价格的文号。未核定消费税计税价格的，以及出口、委托加工收回后直接销售的卷烟，填写实际销售价格。在同一所属期内该栏数值发生变化的，应分行填写，并在备注栏中标注变动日期。

三、已核定消费税计税价格但已停产卷烟、新牌号新规格卷烟、交易价格变动牌号卷烟、出口卷烟、委托加工收回后直接销售卷烟分别在备注栏中注明"停产""新牌号""价格变动""出口""委托加工收回后直接销售"字样。新牌号新规格卷烟需同时在备注栏中注明投放市场的月份。委托加工收回后直接销售卷烟需同时注明受托加工方企业名称。

四、本表"销售额"按照以下公式计算填写：

销售额＝销量×消费税计税价格

五、本表为A4横式，所有数字小数点后保留两位。一式二份，一份纳税人留存，一份税务机关留存。

项目四
城建税、教育费附加和烟叶税

【知识目标】

1. 了解掌握城市维护建设税的含义、纳税人及征收范围、应纳税额的计算、税收优惠、征收管理过程;

2. 了解掌握教育费附加的含义、纳税人及征收范围、应纳税额的计算、税收优惠、征收管理过程;

3. 了解掌握烟叶税的含义、纳税人及征收范围、应纳税额的计算、税收优惠、征收管理过程。

【能力目标】

1. 能够准确计算城市维护建设税的应纳税额;熟知城市维护建设税的相关税收优惠政策,并能够灵活运用;能够进行纳税申报。

2. 能够准确计算教育费附加的应纳税额;熟知教育费附加的相关税收优惠政策,并能够灵活运用;能够进行纳税申报。

3. 能够准确计算烟叶税的应纳税额;熟知烟叶税的相关税收优惠政策,并能够灵活运用;能够进行纳税申报。

【素质目标】

1. 严格执行税法的有关规定,依法纳税,培养严谨、细致、踏实的工作作风;

2. 熟练掌握税收法律、法规政策,工作、生活中增强法律意识,依法办事;

3. 具备良好的职业道德修养,爱岗敬业,廉洁自律,洁身自好。坚持原则、不做假账,真实客观地反映经济活动的面目。

工作情境

如果你是一名初涉职场的大学毕业生,若成功应聘到企业的财会部门,从事涉税业务的工作,一般都会涉及增值税、城市维护建设税、教育费附加、房产税、车辆购置税、车船税、印花税纳税申报等工作。

作为税务会计,增值税、城市维护建设税、教育费附加、房产税、车辆购置税、车船税、印花税等各税种的征税范围、税额计算、税收优惠政策、纳税申报各个环节,都要熟悉掌握。

本项目涉及城市维护建设税、教育费附加和烟叶税各税种的征税范围、税额计算、税收优惠政策、纳税申报等工作知识。这些又直接关系到职工个人、单位乃至国家的经济利益。

认真学习掌握本项目涉及城市维护建设税、教育费附加和烟叶税,各税种知识,使得您在税务会计岗位工作得心应手,完全胜任企业的财会部门税务会计岗位的工作。

任务一　城市维护建设税

【任务引例】

大学毕业生张楠应聘到牡丹江市兴业商贸有限公司财务部，同事遇到了如下问题需要解决，请你帮助她：

【任务1—1】企业缴纳的下列税额中，应作为城市维护建设税计税依据的是（　　）。

A.消费税税额　　B.房产税税额　　C.城镇土地使用税税额　　D.增值税税额

【任务1—2】下列行为中，需要缴纳城市维护建设税的有（　　）。

A.事业单位出租房屋的行为　　　　B.企业购买房屋的行为
C.煤矿开采原煤并销售的行为　　　D.超市销售蔬菜的行为

【任务1—3】下列有关项目属于城市维护建设税计税依据的是（　　）。

A.国有企业偷漏增值税被处的罚款　　B.化妆品公司偷逃的消费税
C.个体工商户拖欠的个人所得税　　　D.中外合资企业在华机构缴纳的企业所得税

【任务1—4】下列项目中，可以作为城建税计税依据的是（　　）。

A.增值税税金　　　　B.消费税滞纳金
C.房产税罚款　　　　D.补纳的企业所得税税金

【任务1—5】目前我国城建税的税率实行的是（　　）的方法。

A.纳税人所属行业差别比例税率　　　B.纳税人所在地差别比例税率
C.纳税人所属行业累进税率　　　　　D.纳税人所在地统一累进税率

【任务1—6】牡丹江市兴业商贸有限公司位于县城，2019年9月撤县设为市区，该企业2019年9月实际缴纳增值税600 000元，缴纳消费税400 000元。计算该企业2019年9月应纳的城市维护建设税税额。

【任务1—7】下列属于城建税计税基础的有（　　）。

A.本月实际缴纳的消费税　　　　B.计算的免、抵税额
C.本月实际缴纳的增值税　　　　D.进口的增值税

【任务1—8】下列各项中，符合城市维护建设税规定的有（　　）。

A.对国家重大水利工程建设基金免征城市维护建设税
B.因减免税而需进行增值税、消费税退库的，可同时退还城市维护建设税
C.对出口产品退还增值税、消费税的，不退还城市维护建设税
D.海关对进口产品代征增值税、消费税的，征收城市维护建设税

【任务准备】

城市维护建设税法，是指我国制定的，用以调整城市维护建设税征收与缴纳权利及义务关系的法律规范。我国现行城市维护建设税的基本法律规范，是1985年2月8日国务院发布，并于同年1月1日在全国范围内实施的《中华人民共和国城市维护建设税暂行条例》（以

下简称《城市维护建设税暂行条例》)。

城市维护建设税是对从事工商经营,缴纳增值税、消费税的单位和个人,征收的一种附加税。

城市维护建设税的特点主要有以下几个方面:

首先是税款专款专用,所征城市维护建设税税款,要求专项保证用于城市公用事业和公共设施的维护和建设。具体使用由地方人民政府确定,充分调动了地方政府协税护税征税的积极性。其次它属于一种附加税,城市维护建设税是以纳税人实际缴纳的增值税、消费税税额为计税依据,与增值税、消费税同时征收,保证了税源的充足,对补充城市维护建设资金的不足产生了积极的作用。其本身没有特定的课税对象,其征管方法也完全比照增值税、消费税的有关规定办理。最后我国各地城镇规模及其维护建设资金所需求不同,设计了不同的比例税率。

一、城市维护建设税纳税义务人与征税范围

城市维护建设税是对从事生产经营活动,缴纳增值税、消费税的单位和个人征收的一种税。城市维护建设税的纳税义务人,是指负有缴纳增值税、消费税义务的单位和个人。包括国有企业、集体企业、私营企业、股份制企业、其他企业和行政单位、事业单位、军事单位、社会团体、其他单位,以及个体工商户及其他个人。

城市维护建设税的代扣代缴、代收代缴义务人,比照增值税、消费税的有关规定办理。增值税、消费税的代扣代缴、代收代缴义务人,同时也是城市维护建设税的代扣代缴、代收代缴义务人。

二、税率、计税依据和应纳税额的计算

(一)税率

城市维护建设税的税率,是指纳税人应缴纳的城市维护建设税税额与纳税人实际缴纳的增值税、消费税税额之间的比率,城市维护建设税按纳税人所在地的不同,设置了三档地区差别比例税率,特殊规定除外,即(见表4-1):

表4-1　　　　　　　　　　　城市维护建设税的税率表

适用范围	税率	说明
所在地为市区的	7%	
所在地为县城、镇的	5%	撤县建市后,城市维护建设税适用税率为7%
所在地不在市区、县城或者镇的	1%	开采海洋石油资源的中外合作油(气)田所在地在海上,其城市维护建设税适用1%的税率

城市维护建设税的适用税率,应当按纳税人所在地的规定税率执行。但是,对下列两种情况,可按缴纳增值税、消费税所在地的规定税率,就地缴纳城市维护建设税:

1.由受托方代扣代缴、代收代缴增值税、消费税的单位和个人,其代扣代缴、代收代缴的城市维护建设税,按受托方所在地适用税率执行;

2.流动经营等无固定纳税地点的单位和个人,在经营地缴纳增值税、消费税的,其城市维

护建设税的缴纳按经营地适用税率执行。

(二)计税依据

城市维护建设税的计税依据,是指纳税人实际缴纳的增值税、消费税税额。值得注意的是:纳税人违反增值税、消费税有关税法规定,而加收的滞纳金和罚款,是税务机关对纳税人违法行为的经济制裁,不作为城市维护建设税的计税依据,但纳税人在被查补增值税、消费税和被处以罚款时,应同时对其偷漏的城市维护建设税进行补税、征收滞纳金,并处罚款。

城市维护建设税以增值税、消费税税额为计税依据并同时征收,如果要免征或者减征增值税、消费税,也就要同时免征或者减征城市维护建设税。但对出口产品退还增值税、消费税的,不退还已缴纳的城市维护建设税。

自2005年1月1日起,经国家税务局正式审核批准的当期免、抵的增值税税额,应计入城市维护建设税和教育费附加的计征范围,分别按规定的税(费)率征收城市维护建设税和教育费附加,2005年1月1日前,已按抵免的增值税税额征收的城市维护建设税和教育费附加不再退还,未征的不再补征。

(三)应纳税额的计算

城市维护建设税纳税人的应纳税额大小,是由纳税人实际缴纳的增值税、消费税税额决定的,其计算公式为:

应纳税额=纳税人实际缴纳的增值税、消费税税额之和×适用税率

三、税收优惠和征收管理

(一)税收优惠

城市维护建设税原则上不单独减免,但因城市维护建设税又具附加税性质,当主税发生减免时,城市维护建设税也相应发生税收减免。

城市维护建设税的税收减免具体有以下几种情况:

1.城市维护建设税按减免后实际缴纳的增值税、消费税税额计征,即随增值税、消费税的减免而减免。

2.对于因减免税而需进行增值税、消费税退库的,城市维护建设税也可同时退库。

3.海关对进口产品代征的增值税、消费税,不征收城市维护建设税。

4.对增值税、消费税实行先征后返、先征后退、即征即退办法的,除另有规定外,对随增值税、消费税附征的城市维护建设税和教育费附加,一律不退(返)还。

5.为支持国家重大水利工程建设,对国家重大水利工程建设基金免征城市维护建设税。

6.对实行增值税期末留抵退税的纳税人,允许其从城市维护建设税、教育费附加和地方教育附加的计税(征)依据中,扣除退还的增值税税额。

(二)征收管理

1.纳税环节

城市维护建设税的纳税环节,实际就是纳税人缴纳增值税、消费税的环节。纳税人只要

发生增值税、消费税的纳税义务,就要在同样的环节,分别计算缴纳城市维护建设税。

2.纳税地点

城市维护建设税分别与增值税、消费税同时缴纳。所以,纳税人缴纳增值税、消费税的地点,就是该纳税人缴纳城市维护建设税的地点。但是,属于下列情况的,纳税地点为:

(1)代扣代缴、代收代缴增值税、消费税的单位和个人,同时也是城市维护建设税的代扣代缴、代收代缴义务人,其城市维护建设税的纳税地点在代扣代收地。

(2)跨省开采的油田,下属生产单位与核算单位不在一个省内的,各油井应缴纳的城市维护建设税,应由核算单位计算,随同增值税一并汇拨油井所在地,由油井在缴纳增值税的同时,一并缴纳城市维护建设税。

(3)纳税人跨地区提供建筑服务、销售和出租不动产的,应在建筑服务发生地、不动产所在地,预缴增值税时,以预缴增值税税额为计税依据,并按预缴增值税所在地的城市维护建设税适用税率和教育费附加征收率,就地计算缴纳城市维护建设税和教育费附加。

预缴增值税的纳税人在其机构所在地申报缴纳增值税时,以其实际缴纳的增值税税额为计税依据,并按机构所在地的城市维护建设税适用税率和教育费附加征收率,就地计算缴纳城市维护建设税和教育费附加。

(4)对流动经营等无固定纳税地点的单位和个人,应随同增值税、消费税在经营地按适用税率计算缴纳。

3.纳税期限

城市维护建设税纳税期限,分别与增值税、消费税的纳税期限一致。

4.纳税申报

填制《城市维护建设税纳税申报表》实训。

【任务实施】

【任务1-1】

【正确答案】AD

【答案解析】城建税的计税依据是纳税人实际缴纳的增值税、消费税税额。

【任务1-2】

【正确答案】AC

【答案解析】超市销售蔬菜免征增值税。

【任务1-3】

【正确答案】B

【答案解析】滞纳金、罚款不是城市维护建设税的计税依据;个人所得税、企业所得税不是城建税的计税依据。

【任务1-4】

【正确答案】A

【答案解析】纳税人实际缴纳的增值税、消费税是城建税的计税依据,而增值税、消费税的罚款和滞纳金不是城建税的计税依据;房产税、企业所得税不是城建税的计税依据。

【任务1-5】

【正确答案】B

【答案解析】目前我国城建税法实行的是纳税人所在地差别比例税率,所以在计算应纳税额时,应根据纳税人所在地来确定适用税率。

【任务1—6】
【答案解析】
应纳城市维护建设税税额=(实际缴纳的增值税+实际缴纳的消费税)×适用税率
=(600 000+400 000)×7%
=1 000 000×7%
=70 000(元)

【任务1—7】
【正确答案】ABC
【答案解析】海关对进口产品代征的增值税、消费税,不征收城市维护建设税。

【任务1—8】
【正确答案】ABC
【答案解析】选项D,海关对进口产品代征增值税、消费税,不征收城市维护建设税。

任务二 教育费附加和地方教育附加

【任务引例】

大学毕业生张楠应聘到牡丹江市兴业商贸有限公司财务部,同事遇到了如下问题需要解决,请你帮助她。

【任务2—1】 某企业2019年3月实际缴纳增值税500 000元,缴纳消费税300 000元。计算该企业应缴纳的教育费附加和地方教育附加是多少。

【任务2—2】 某县城一加工企业,2020年3月份因进口半成品缴纳增值税120万元;销售产品缴纳增值税280万元;该企业本月应缴纳的城市维护建设税、教育费附加和地方教育附加为多少万元?

【任务准备】

教育费附加和地方教育附加是对缴纳增值税、消费税的单位和个人,就其实际缴纳的增值税、消费税税额,为计算依据征收的一种附加费。

国务院于1986年4月28日颁布了《征收教育费附加的暂行规定》,决定从同年7月1日开始在全国范围内征收教育费附加。省、自治区、直辖市人民政府根据国务院的有关规定,可以决定开征用于教育的地方教育附加费,专款专用。2010年财政部下发了《关于统一地方教育附加政策有关问题的通知》对各省、自治区、直辖市的地方教育附加进行了统一。

一、教育费附加和地方教育附加的征收范围及计征依据

教育费附加和地方教育附加征收范围:对缴纳增值税、消费税的单位和个人征收。它是以单位和个人实际缴纳的增值税、消费税税款为计征依据,分别与增值税、消费税同时缴纳。

二、教育费附加和地方教育附加计征比率

教育费附加计征比率曾几经变化。现行教育费附加征收比率为3%,地方教育附加征收率,从2010年起统一为2%。

三、教育费附加和地方教育附加的计算

教育费附加和地方教育附加的计算公式为:

应纳教育费附加=实际缴纳的增值税、消费税×征收比率(3%)

应纳地方教育附加=实际缴纳的增值税、消费税×征收比率(2%)

四、教育费附加和地方教育附加的减免规定

1.对海关进口的产品征收的增值税、消费税,不征收教育费附加。

2 对由于减免增值税、消费税而发生退税的,可同时退还已征收的教育费附加。但对出

口产品退还增值税、消费税的,不退还已征的教育费附加。

3.对国家重大水利工程建设基金免征教育费附加。

4.自2016年2月1日起,按月纳税的,月销售额或营业额不超过10万元(按季度纳税的,季度销售额或营业额不超过30万元)的缴纳义务人,免征教育费附加、地方教育附加。

【任务实施】

【任务2-1】

【答案解析】:

应纳教育费附加=(实际缴纳的增值税+实际缴纳的消费税)×征收比率
=(500 000+300 000)×3‰=800 000×3‰=24 000(元)

应纳地方教育附加=(实际缴纳的增值税+实际缴纳的消费税)×征收比率
=(500 000+300 000)×2‰=800 000×2‰=16 000(元)

【任务2-2】

【答案解析】应纳的城建税和教育费附加=280×5%=14(万元)

应纳的教育费附加=280×(3%+2%)=14(万元)

任务三 烟叶税

【任务引例】

大学毕业生张楠应聘到牡丹江市兴业商贸有限公司财务部,同事遇到了如下问题需要解决,请你帮助她。

【任务3—1】下列关于烟叶税的说法错误的是( )。

A.烟叶税的纳税人为销售烟叶的单位和个人

B.烟叶税的征税范围为晾晒烟叶、烤烟叶

C.纳税人收购烟叶,应当向烟叶收购地的主管税务机关申报纳税

D.纳税人应当自纳税义务发生月终了之日起15日内申报并缴纳税款

【任务3—2】某烟草公司2017年8月8日到邻县收购烟草支付价款88万元,另向烟农支付了10%价外补贴,下列纳税事项的表述中,正确的是( )。

A.烟草公司8月收购烟叶应缴纳烟叶税19.6万元

B.烟草公司8月收购烟叶应缴纳烟叶税17.6万元

C.烟草公司收购烟叶的纳税义务发生时间是8月8日

D.烟草公司应向公司所在地主管税务机关申报缴纳烟叶税

【任务3—3】2019年7月,甲市某烟草公司向乙县某烟叶种植户收购了一批烟叶,收购价款90万元,价外补贴9万元。下列关于烟叶税征收处理表述中,符合税务规定的有( )。

A.纳税人为烟叶种植户 B.应在次月15日内申报纳税

C.应在乙县主管税务机关申报纳税 D.应纳税额为19.8万元

【任务3—4】某烟草公司系增值税一般纳税人,2019年1月收购烟叶100 000千克,烟叶收购价格10元/千克,总计1 000 000元,货款已全部支付,请计算该烟草公司8月收购烟叶应纳的烟叶税。

【任务准备】

烟叶税是以纳税人收购烟叶的收购金额为计税依据征收的一种税。2006年4月28日,国务院公布了《中华人民共和国烟叶税暂行条例》,并自公布之日起施行。2017年12月27日第十二届全国人民代表大会常务委员会第三十一次会议通过《中华人民共和国烟叶税法》,该法自2018年7月1日起施行。开征烟叶税取代原烟叶特产农业税。

一、纳税义务人和征税范围

(一)纳税义务人

在中华人民共和国境内,依照《中华人民共和国烟叶税暂行条例》的规定收购烟叶的单位,为烟叶税的纳税人。

(二)征税范围

烟叶税的征税范围是指晾晒烟叶、烤烟叶。

二、税率和应纳税额的计算

(一)税率

烟叶税实行比例税率,税率为20%。实行全国统一的税率,主要是考虑烟叶属于特殊的专卖品,其税率不宜存在地区间的差异,否则会形成各地之间的不公平竞争,不利于烟叶种植的统一规划和烟叶市场、烟叶收购价格的统一。

(二)应纳税额的计算

烟叶税的应纳税额,按照纳税人收购烟叶实际支付的价款总额乘以税率计算,计算公式为:

应纳税额=实际支付价款×税率

纳税人收购烟叶实际支付的价款总额,包括纳税人支付给烟叶生产销售单位和个人的烟叶收购价款和价外补贴,其中,价外补贴统一按烟叶收购价款的10%计算。

收购额=实际支付价款×(1+10%)

三、征收管理

烟叶税的征收管理,依照《中华人民共和国税收征收管理法》及《中华人民共和国烟叶税法》的有关规定执行。

(一)纳税义务发生时间

烟叶税的纳税义务发生时间,为纳税人收购烟叶的当日,收购烟叶的当日是指纳税人向烟叶销售者支付收购烟叶款项或者开具收购烟叶凭据的当日。

(二)纳税地点

纳税人收购烟叶,应当向烟叶收购地的主管税务机关申报缴纳烟叶税。

(三)纳税期限

烟叶税按月计征,纳税人应当于纳税义务发生月份终了之日起十五日内申报并缴纳税款。

【任务实施】

【任务 3—1】

【正确答案】A

【答案解析】烟叶税的纳税人为在我国境内收购烟叶的单位,因此选项A错误。

【任务 3—2】

【正确答案】C

【答案解析】应纳烟叶税＝88×(1＋10%)×20%＝19.36(万元)。烟叶税的纳税义务发生时间为纳税人收购烟叶的当天,即8月8日。

【任务3－3】

【正确答案】BCD

【答案解析】应纳税额＝90×(1＋10%)×20%＝19.8万元。

【任务3－4】

【答案解析】应缴纳烟叶税＝1 000 000×(1＋10%)×20%＝20 000(元)

任务四 纳税实训

【实训任务】

【任务4-1】填制《城市维护建设税纳税申报表》：

资料：牡丹江市兴业商贸有限公司位于市区，2019年7月销售产品缴纳增值税350 680.38元；缴纳消费税202 589.12元。此外，被税务机关查补增值税150 360元，被税务机关处以罚款50 000元。计算该公司7月应缴纳的城市维护建设税为多少元，并填制《城市维护建设税纳税申报表》。

城市维护建设税纳税申报表

填报日期： 年 月 日

纳税人识别号：□□□□□□□□□□□□□□□□□□

金额单位：元

纳税人名称：				税款所属期限		
计税依据	计税金额	税率	应纳税额	已纳税额	应补(退)税额	
1	2	3	4＝2×3	5	6＝4－5	

如纳税人填报，由纳税人填写以下各栏		如委托代理人填报，由代理人填写以下各栏			备注
会计主管(签章)	纳税人(公章)	代理人名称		代理人(公章)	
		代理人地址			
		经办人姓名		电话	
以下由税务机关填写					
收到申报表日期		接收人			

项目五 企业所得税

【知识目标】
1. 了解企业所得税基本法规知识;
2. 掌握企业所得税纳税调整项目的计算方法;
3. 掌握企业所得税应纳税额的计算及相关税收优惠规定;
4. 掌握企业所得税的月(季)度预缴纳税申报、年终汇算清缴的纳税申报。

【能力目标】
1. 能判断居民纳税人、非居民纳税人,适用何种税率;
2. 能根据业务资料计算企业应纳所得税税额;
3. 能根据业务资料填制企业所得税月(季)度预缴纳税申报表;
4. 能根据业务资料填制企业所得税年度纳税申报表及相关附表;
5. 能办理年终企业所得税的汇算清缴工作。

【素质目标】
1. 严格执行《中华人民共和国企业所得税法》的各项规定,培养细致、踏实的工作作风;
2. 在计算企业所得税时不要隐瞒收入,也不要罗列没有发生的费用,把法律意识摆在首位;
3. 具备良好的职业道德修养,爱岗敬业,洁身自好,真实客观地反映经济活动的面目。

工作情境

如果您是一名初涉职场的大学毕业生,应聘的工作岗位是税务专员岗位,主要负责开展本企业的企业所得税的涉税事项并完成企业所得税的预缴和年末汇算清缴工作,那么如何按照税收政策规定正确计算和缴纳企业所得税,并进行企业所得税管理工作呢?

按照《中华人民共和国企业所得税法》规定,企业所得税按年计征,分月或者分季预缴,年终汇算清缴,多退少补。按月或按季预缴的,应当自月份或者季度终了15日内,向税务机关报送预缴企业所得税纳税申报表,预缴税款。汇算清缴是自年度终了之日起5个月内,向税务机关报送年度企业所得税纳税申报表,进行汇算清缴,结清应缴应退税款。

企业所得税的汇算清缴必须明确两个概念:会计利润和应纳税所得额。应纳税所得额是在会计利润的基础上按照税法的相关规定进行纳税调整后的金额。税法对收入的确定和税前扣除项目的确定都有明确的规定,汇算时要严格遵守。

任务一　企业所得税概念、纳税义务人

【任务引例】

【任务1-1】下列不属于我国企业所得税纳税人的是(　　)。

A.在外国成立但实际管理机构在中国境内的企业

B.在中国境内成立的外商独资企业

C.在中国境内成立的个人独资企业

D.在中国境内未设立机构、场所，但有来源于中国境内所得的企业

【任务1-2】下列属于我国企业所得税居民企业的有(　　)。

A.依法在我国境内成立的外商投资企业

B.在加拿大注册，但是实际管理机构在我国境内的企业

C.在香港注册且实际管理机构也在香港的企业

D.在美国注册成立且实际管理机构不在我国境内，但是在我国设立机构场所的企业

【任务准备】

一、企业所得税的概念和作用

(一)企业所得税的概念

企业所得税是对我国境内的企业和其他取得收入的组织的生产经营所得和其他所得征收的一种税。

企业所得税法，是指国家制定的用以调整企业所得税征收与缴纳之间权利及义务关系的法律规范。现行企业所得税法是2007年3月16日第十届全国人民代表大会第五次全体会议通过的《中华人民共和国企业所得税法》和2007年11月28日国务院第197次常务会议通过的《中华人民共和国企业所得税法实施条例》。

(二)企业所得税的作用

1.促进企业改善经营管理活动，提升企业的盈利能力。

2.调节产业结构，促进经济发展。

3.为国家建设筹集财政资金。

二、纳税义务人

企业所得税的纳税义务人，是指在中华人民共和国境内的企业和其他取得收入的组织。《企业所得税法》第一条规定，除个人独资企业、合伙企业不适用企业所得税法外，凡在我国境内，企业和其他取得收入的组织为企业所得税的纳税义务人，依照本法规定缴纳企业所

得税。

企业所得税的纳税人分为居民企业和非居民企业。

(一)居民企业

居民企业,是指依法在中国境内成立,或者依照外国(地区)法律成立但实际管理机构在中国境内的企业。这里的企业包括国有企业、集体企业、私营企业、联营企业、股份制企业,外商投资企业、外国企业以及有生产、经营所得和其他所得的其他组织。有生产、经营所得和其他所得的其他组织,是指经国家有关部门批准,依法注册、登记的事业单位、社会团体等组织。实际管理机构,是指对企业的生产经营、人员、账务、财产等实施实质性全面管理和控制的机构。

(二)非居民企业

非居民企业,是指依照外国(地区)法律成立且实际管理机构不在中国境内,但在中国境内设立机构、场所的,或者在中国境内未设立机构、场所,但有来源于中国境内所得的企业。

上述所称机构、场所,是指在中国境内从事生产经营活动的机构、场所,包括:管理机构、营业机构、办事机构;工厂、农场、开采自然资源的场所;提供劳务的场所;从事建筑、安装、装配、修理、勘探等工程作业的场所;其他从事生产经营活动的机构、场所。

非居民企业委托营业代理人在中国境内从事生产经营活动的,包括委托单位或者个人经常代其签订合同,或者储存、交付货物等,该营业代理人视为非居民企业在中国境内设立的机构、场所。

【任务实施】

【任务1-1】

【正确答案】C

【答案解析】选项D,依照外国(地区)法律、法规成立且实际管理机构不在中国境内,但在中国境内设立机构、场所的,或者在中国境内未设立机构、场所,但有来源于中国境内所得的企业,为我国非居民企业。选项A、B为居民企业,选项C不是我国企业所得税纳税人。

【任务1-2】

【正确答案】AB

【答案解析】企业所得税法中,采用注册地标准和实际管理机构所在地标准作为判定是否属于居民企业的标准。A符合注册地标准,B符合实际管理机构所在地标准。在香港特别行政区、澳门特别行政区和台湾地区成立的企业,参照适用非居民企业的有关规定。

任务二 征税对象与税率

【任务引例】

【任务2—1】下列按照负担、支付所得的企业场所所在地确定所得来源地的是(　　)。
A.股息、红利所得　　　　　　　　B.提供劳务所得
C.权益性投资资产转让所得　　　　D.利息所得

【任务2—2】下列按分配所得的所在地确定所得来源地的是(　　)。
A.销售货物所得　　　　　　　　　B.股息所得
C.动产转让所得　　　　　　　　　D.特许权使用费所得

【任务2—3】根据我国企业所得税法的有关规定,下列说法正确的有(　　)。
A.非居民企业不在我国缴纳企业所得税
B.非居民企业只就来源于中国境内的所得缴纳企业所得税
C.居民企业应就来源于中国境内外的所得缴纳企业所得税
D.在中国境内未设立机构场所的非居民企业来源于境外的所得,不缴纳企业所得税

【任务2—4】下列关于企业所得税实际征收率的表述中正确的有(　　)。
A.符合条件的小型微利企业取得的所得,实际征收率10%
B.经认定的技术先进型服务企业,实际征收率15%
C.在中国境内未设立机构、场所的非居民企业,取得的来源于中国境内的所得,实际征收率10%
D.在中国境内设立机构、场所的非居民企业,取得与该机构、场所有实际联系的所得,实际征收率15%

【任务准备】

一、征税对象

企业所得税的征税对象,是指企业的生产经营所得、其他所得和清算所得。

(一)居民企业的征税对象

居民企业应就来源于中国境内、境外的所得作为征税对象。所得包括销售货物所得、提供劳务所得、转让财产所得、股息红利等权益性投资所得、利息所得、租金所得、特许权使用费所得、接受捐赠所得和其他所得。

(二)非居民企业的征税对象

非居民企业在中国境内设立机构、场所的,应当就其所设机构、场所取得的来源于中国境内的所得,以及发生在中国境外但与其所设机构、场所有实际联系的所得,缴纳企业所得税。

非居民企业在中国境内未设立机构、场所的,或者虽设立机构、场所但取得的所得与其所设机构、场所没有实际联系的,应当就其来源于中国境内的所得缴纳企业所得税。

(三)所得来源的确定

1.销售货物所得,按照交易活动发生地确定。

2.提供劳务所得,按照劳务发生地确定。

3.转让财产所得。

(1)不动产转让所得按照不动产所在地确定。

(2)动产转让所得按照转让动产的企业或者机构、场所所在地确定。

(3)权益性投资资产转让所得按照投资企业所在地确定。

4.股息、红利等权益性投资所得,按照分配所得的企业所在地确定。

5.利息所得、租金所得、特许权使用费所得,按照负担、支付所得的企业或者机构场所所在地确定,或者按照负担、支付所得的个人的住所地确定。

6.其他所得,由国务院财政、税务主管部门确定。

【任务实施】

【任务2-1】

【正确答案】D

【答案解析】股息、红利等权益性投资所得,按照分配所得的企业所在地确定;提供劳务所得,按照劳务发生地确定;权益性投资资产转让所得按照被投资企业所在地确定;利息所得、租金所得、特许权使用费所得,按照负担、支付所得的企业或者机构、场所所在地确定,或者按照负担、支付所得的个人的住所确定。

【任务2-2】

【正确答案】B

【答案解析】选项A,销售货物,按照交易活动发生地确定;选项B,股息、红利等权益性投资所得,按照分配所得的企业所在地确定;选项C,按照转让动产的企业或者机构、场所所在地确定;选项D,利息所得、租金所得、特许权使用费所得,按照负担、支付所得的企业或者机构、场所所在地确定,或者按照负担、支付所得的个人的住所地确定。

【任务2-3】

【正确答案】CD

【答案解析】在中国境内未设立机构场所的非居民企业,应当就其来源于中国境内的所得缴纳企业所得税;在中国境内设立机构场所的非居民企业,应当就其来源于中国境内的所得,以及来源于中国境外但与其所设机构场所有实际联系的所得缴纳企业所得税。

二、企业所得税税率

企业所得税税率是体现国家与企业分配关系的核心要素。

企业所得税实行比例税率。

(一)基本税率为25%。适用于居民企业和在中国境内设有机构、场所且所得与机构、场所有关联的非居民企业。

(二)低税率为20%。适用于在中国境内未设立机构、场所的,或者虽设立机构、场所但取得的所得与其所设机构、场所没有实际联系的非居民企业。

(三)小型微利企业优惠税率

1.小型微利企业认定

小型微利企业减按20%的税率征收企业所得税。小型微利企业的条件如下：

(1)工业企业，年度应纳税所得额不超过50万元，从业人数不超过100人，资产总额不超过3 000万元。

(2)其他企业，年度应纳税所得额不超过50万元，从业人数不超过80人，资产总额不超过1 000万元。

从业人数，包括与企业建立劳动关系的职工人数和企业接受的劳务派遣用工人数。

从业人数和资产总额指标，应按企业全年的季度平均值确定。具体计算公式如下：

季度平均值=(季初值+季末值)÷2

全年季度平均值=全年各季度平均值之和÷4

年度中间开业或者终止经营活动的，以其实际经营期作为一个纳税年度确定上述相关指标。

小型微利企业，是指企业的全部生产经营活动产生的所得均负有我国企业所得税纳税义务的企业。仅就来源于我国所得负有我国纳税义务的非居民企业，不适用上述规定。

2.小型微利企业2019年1月1日至2021年12月31日优惠政策

对小型微利企业年应纳税所得额不超过100万元的部分，减按25%计入应纳税所得额，按20%的税率缴纳企业所得税;对年应纳税所得额超过100万元但不超过300万元的部分，减按50%计入应纳税所得额，按20%的税率缴纳企业所得税。

上述小型微利企业是指从事国家非限制和禁止行业，且同时符合年度应纳税所得额不超过300万元、从业人数不超过300人、资产总额不超过5000万元等三个条件的企业。

从业人数，包括与企业建立劳动关系的职工人数和企业接受的劳务派遣用工人数。所称从业人数和资产总额指标，应按企业全年的季度平均值确定。具体计算公式如下：

季度平均值=(季初值+季末值)÷2

全年季度平均值=全年各季度平均值之和÷4

年度中间开业或者终止经营活动的，以其实际经营期作为一个纳税年度确定上述相关指标。

【任务实施】

【任务2—4】

【正确答案】BC

【答案解析】选项A，小型微利企业所得税率20%，但是所得额有减征，实际征收率5%或10%;选项D，适用的税率为25%。

任务三　应纳税所得额

【任务引例】

【任务3—1】下列关于企业所得税收入确认时间的表述正确的有(　　)。
A.企业转让股权收入，应于转让协议生效且完成股权变更手续时，确认收入的实现
B.股息、红利等权益性投资收益，除另有规定外，按照投资方做出利润分配决定的日期确认收入的实现
C.特许权使用费收入，按照合同约定的特许权使用人应付特许权使用费的日期确认收入的实现
D.接受捐赠收入，按照实际收到捐赠资产的日期确认收入的实现

【任务3—2】下列关于企业所得税收入的确定说法，正确的有(　　)。
A.企业发生的商业折扣应当按扣除商业折扣后的余额确定销售商品收入金额
B.企业发生的现金折扣应当按扣除现金折扣后的余额确定销售商品收入金额
C.为特定客户开发软件的收费，应根据开发的完工进度确认收入
D.采取产品分成方式取得收入的，按照企业分得产品的日期确认收入的实现

【任务3—3】下列关于企业所得税收入的表述正确的有(　　)。
A.只允许取得会籍而收取的会员费，于取得时确认收入
B.长期为客户提供重复的劳务收取的劳务费，在相关劳务活动发生时确认收入
C.属于提供初始及后续服务的特许权费，在提供服务时确认收入
D.企业以买一赠一等方式组合销售本企业商品的，赠品不缴纳所得税

【任务3—4】下列收入中，属于企业所得税免税收入的有(　　)。
A.企业投资者持有2019—2023年发行的铁路债券取得的利息收入
B.2020年间，电影主管部门按照各自职能权限批准从事电影制片、发行、放映的电影集团公司取得的转让电影版权的收入
C.居民企业直接投资于其他居民企业取得的投资收益
D.非营利组织从事营利性活动取得的收入

【任务3—5】下列属于企业所得税不征税收入的有(　　)。
A.企业根据法律、行政法规等有关规定，代政府收取的具有专项用途的财政资金
B.符合条件的非营利组织的收入
C.企业取得的，经国务院批准的财政、税务主管部门规定专项用途的财政性资金
D.国债利息收入

【任务3—6】下列各项中，不属于企业所得税工资、薪金支出范围的有(　　)。
A.雇员年终加薪的支出
B.按规定为雇员缴纳社会保险的支出

C.为雇员提供的劳动保护费支出
D.向雇员提供的加班工资支出

【任务3-7】某居民企业2018年实际支出的工资、薪金总额为150万元，福利费本期发生20万元，拨缴的工会经费3万元，已经取得工会拨缴收据，实际发生职工教育经费4.50万元，该企业2018年应调整的应纳税所得额为（　　）万元。

  A.0   B.0.75   C.9.75   D.5.50

【任务3-8】某企业注册资本为3 000万元，2019年按同期金融机构贷款利率从其关联方借款6 800万元，发生借款利息680万元，关联方实际税负低于该企业，企业准予扣除的利息金额为（　　）万元。

  A.680   B.600   C.480   D.490

【任务3-9】某高新技术企业因扩大生产规模新建厂房，由于自有资金不足，2019年1月1日向银行借入长期借款1笔，金额3 000万元，贷款年利率是4.5%，2019年4月1日该厂房开始建设，12月31日房屋竣工结算并交付使用，则2019年度该企业可以在税前直接扣除的该项借款费用为（　　）万元。

  A.36.65   B.35.45   C.32.75   D.33.75

【任务3-10】某工业企业2019年度全年销售收入为1 000万元，转让无形资产所有权收入100万元，提供加工劳务收入150万元，变卖固定资产收入30万元，视同销售收入100万元，当年发生业务招待费10万元。则该企业2019年度所得税税前可以扣除的业务招待费用为（　　）万元。

  A.6   B.6.25   C.4.75   D.3.75

【任务3-11】某企业2019年销售收入2 000万元。当年实际发生业务招待费20万元。该企业当年可在所得税税前列支的业务招待费金额为（　　）万元。

  A.10   B.12   C.15   D.20

【任务3-12】某居民企业2019年度取得生产经营收入总额2 800万元，发生销售成本2 000万元、财务费用150万元、管理费用400万元（其中含业务招待费15万元，未包含相关税金及附加），上缴增值税60万元、消费税140万元、城市维护建设税14万元、教育费附加6万元，"营业外支出"账户中列支被工商行政管理部门罚款7万元，通过公益性社会团体向扶贫地区进行扶贫捐赠10万元。该企业在计算2019年度应纳税所得额时，准予扣除的公益性捐赠的金额为（　　）万元。

  A.2.25   B.8.76   C.1.24   D.10

【任务3-13】根据企业所得税法的规定，下列项目中，允许在应纳税所得额中扣除的是（　　）。

A.子公司以管理费名义支付给母公司的费用
B.税务机关处以的罚款
C.非正常损失有赔偿的部分
D.企业之间支付的租金

【任务3-14】下列各项中，不可以在企业所得税前扣除的有（　　）。

A.企业因自然灾害造成的财产损失
B.支付合同违约金
C.未取得合法有效的扣除凭证的支出

D.企业缴纳的税款滞纳金

【任务3-15】根据企业所得税相关规定,关于企业亏损弥补的说法,正确的有( )。
A.境外营业机构的亏损可以用境内营业机构的盈利弥补
B.一般企业亏损弥补的年限最长不得超过5年
C.一般性税务处理下被分立企业的亏损不得由分立企业弥补
D.境内营业机构的亏损可以用境外营业机构的盈利弥补

【任务准备】

应纳税所得额的计算

应纳税所得额是企业所得税的计税依据,按照《企业所得税法》的规定,应纳税所得额为企业每一个纳税年度的收入总额减除不征税收入、免税收入、各项扣除以及允许弥补的以前年度亏损后的余额。基本公式为:

应纳税所得额=收入总额-不征税收入-免税收入-各项扣除-允许弥补的以前年度亏损

(一)收入总额

企业的收入总额包括以货币形式和非货币形式从各种来源取得的收入,具体有:销售货物收入,提供劳务收入,转让财产收入,股息、红利等权益性投资收益,利息收入,租金收入,特许权使用费收入,接受捐赠收入,其他收入。

企业取得收入的货币形式,包括现金、存款、应收账款、应收票据、准备持有至到期的债券投资以及债务的豁免等;纳税人以非货币形式取得的收入,包括固定资产、生物资产、无形资产、股权投资、存货、不准备持有至到期的债券投资、劳务以及有关权益等,这些非货币资产应当按照公允价值确定收入额,公允价值,是指按照市场价格确定的价值。收入的具体构成为:

1.一般收入的确认

(1)销售货物收入。是指企业销售商品、产品、原材料、包装物、低值易耗品以及其他存货取得的收入。

(2)提供劳务收入。是指企业从事建筑安装、修理修配、交通运输、仓储租赁、金融保险、邮电通信、咨询经纪、文化体育、科学研究、技术服务、教育培训、餐饮住宿、中介代理、卫生保健、社区服务、旅游、娱乐、加工以及其他劳务服务活动取得的收入。

(3)转让财产收入。是指企业转让固定资产、生物资产、无形资产、股权、债权等财产取得的收入。

(4)股息、红利等权益性投资收益。是指企业因权益性投资从被投资方取得的收入。股息、红利等权益性投资收益,除国务院财政、税务主管部门另有规定外,按照被投资方做出利润分配决定的日期确认收入的实现。

(5)利息收入。是指企业将资金提供给他人使用但不构成权益性投资,或者因他人占用本企业资金取得的收入,包括存款利息、贷款利息、债券利息、欠款利息等收入。利息收入,按照合同约定的债务人应付利息的日期确认收入的实现。

(6)租金收入。是指企业提供固定资产、包装物或者其他有形资产的使用权取得的收入。租金收入,按照合同约定的承租人应付租金的日期确认收入的实现。其中,如果交易合同或协议中规定租赁期限跨年度,且租金提前一次性支付的,根据《实施条例》第九条规定的收入与费用配比原则,出租人可对上述已确认的收入,在租赁期内,分期均匀计入相关年度收入。

(7)特许权使用费收入。是指企业提供专利权、非专利技术、商标权、著作权以及其他特许权的使用权取得的收入。特许权使用费收入,按照合同约定的特许权使用人应付特许权使用费的日期确认收入的实现。

(8)接受捐赠收入。是指企业接受的来自其他企业、组织或者个人无偿给予的货币性资产、非货币性资产。接受捐赠收入,按照实际收到捐赠资产的日期确认收入的实现。

(9)其他收入。是指企业取得的除以上收入外的其他收入,包括企业资产溢余收入、逾期未退包装物押金收入、确实无法偿付的应付款项、已作坏账损失处理后又收回的应收款项、债务重组收入、补贴收入、违约金收入、汇兑收益等。

【任务实施】
【任务3—1】
【正确答案】 ACD
【答案解析】 选项B,股息、红利等权益性投资收益,除另有规定外,按照被投资方做出利润分配决定的日期确认收入的实现。

2.特殊收入的确认

(1)以分期收款方式销售货物的,按照合同约定的收款日期确认收入的实现。

(2)企业受托加工制造大型机械设备、船舶、飞机,以及从事建筑、安装、装配工程业务或者提供其他劳务等,持续时间超过12个月的,按照纳税年度内完工进度或者完成的工作量确认收入的实现。

(3)采取产品分成方式取得收入的,按照企业分得产品的日期确认收入的实现,其收入额按照产品的公允价值确定。

(4)企业发生非货币性资产交换,以及将货物、财产、劳务用于捐赠、偿债、赞助、集资、广告、样品、职工福利或者利润分配等用途的,应当视同销售货物、转让财产或者提供劳务,但国务院财政、税务主管部门另有规定的除外。

(5)对企业投资者持有2019—2023年发行的铁路债券取得的利息收入,减半征收企业所得税。铁路债券是指以中国铁路总公司为发行和偿还主体的债券,包括中国铁路建设债券、中期债券、中期票据、短期融资券等债务融资工具。

(6)永续债企业所得税处理

自2019年1月1日起,企业发行的永续债,可以适用股息、红利企业所得税政策,即:投资方取得的永续债利息收入属于股息、红利性质,按照现行企业所得税政策相关规定进行处理,其中,发行方和投资方均为居民企业的,永续债利息收入可以适用企业所得税法规定的居民企业之间的股息、红利等权益性投资收益免征企业所得税规定;同时发行方支付的永续债利息支出不得在企业所得税税前扣除。

3.处置资产收入的确认

企业发生下列情形的处置资产,除将资产转移至境外,由于资产所有权属在形式和实质上均不发生改变,可作为内部处置资产,不视同销售确认收入,相关资产的计税基础延续计算。

(1)将资产用于生产、制造、加工另一产品。

(2)改变资产形状、结构或性能。

(3)改变资产用途(如自建商品房转为自用或经营)。
(4)将资产在总机构及其分支机构之间转移。
(5)上述两种或两种以上情形的混合。
(6)其他不改变资产所有权属的用途。

企业将资产移送他人的下列情形,因资产所有权属已发生改变而不属于内部处置资产,应按规定视同销售确定收入。
(1)用于市场推广或销售。
(2)用于交际应酬。
(3)用于职工奖励或福利。
(4)用于股息分配。
(5)用于对外捐赠。
(6)其他改变资产所有权属的用途。

4.非货币性资产投资企业所得税处理

非货币性资产,是指现金、银行存款、应收账款、应收票据以及准备持有至到期的债券投资等货币性资产以外的资产。

(1)居民企业(以下简称企业)以非货币性资产对外投资确认的非货币性资产转让所得,可在不超过5年期限内,分期均匀计入相应年度的应纳税所得额,按规定计算缴纳企业所得税。

(2)企业以非货币性资产对外投资,应对非货币性资产进行评估并按评估后的公允价值扣除计税基础后的余额,计算确认非货币性资产转让所得。

企业以非货币性资产对外投资,应于投资协议生效并办理股权登记手续时,确认非货币性资产转让收入的实现。

(3)企业以非货币性资产对外投资而取得被投资企业的股权,应以非货币性资产的原计税成本为计税基础,加上每年确认的非货币性资产转让所得,逐年进行调整。

被投资企业取得非货币性资产的计税基础,应按非货币性资产的公允价值确定。

(4)企业在对外投资5年内转让上述股权或投资收回的,应停止执行递延纳税政策,并就递延期内尚未确认的非货币性资产转让所得,在转让股权或投资收回当年的企业所得税年度汇算清缴时,一次性计算缴纳企业所得税;企业在计算股权转让所得时,可按有关规定将股权的计税基础一次调整到位。

企业在对外投资5年内注销的,应停止执行递延纳税政策,并就递延期内尚未确认的非货币性资产转让所得,在注销当年的企业所得税年度汇算清缴时,一次性计算缴纳企业所得税。

(5)此处所称非货币性资产投资,限于以非货币性资产出资设立新的居民企业,或将非货币性资产注入现存的居民企业。

(6)企业发生非货币性资产投资,符合《财政部 国家税务总局关于企业重组业务企业所得税处理若干问题的通知》(财税〔2009〕59号)等文件规定的特殊性税务处理条件的,也可选择按特殊性税务处理规定执行。

5.相关收入实现的确认

除《企业所得税法》及其实施条例前述收入的规定外,企业销售收入的确认,必须遵循权责发生制原则和实质重于形式原则。

(1)企业销售商品同时满足下列条件的,应确认收入的实现:

①商品销售合同已经签订,企业已将商品所有权相关的主要风险和报酬转移给购货方。
②企业对已售出的商品既没有保留通常与所有权相联系的继续管理权,也没有实施有效控制。
③收入的金额能够可靠地计量。
④已发生或将发生的销售方的成本能够可靠地核算。

(2)符合上款收入确认条件,采取下列商品销售方式的,应按以下规定确认收入实现时间:
①销售商品采用托收承付方式的,在办妥托收手续时确认收入。
②销售商品采取预收款方式的,在发出商品时确认收入。
③销售商品需要安装和检验的,在购买方接受商品以及安装和检验完毕时确认收入。如果安装程序比较简单,可在发出商品时确认收入。
④销售商品采用支付手续费方式委托代销的,在收到代销清单时确认收入。

(3)采用售后回购方式销售商品的,销售的商品按售价确认收入,回购的商品作为购进商品处理。有证据表明不符合销售收入确认条件的,如以销售商品方式进行融资,收到的款项应确认为负债,回购价格大于原售价的,差额应在回购期间确认为利息费用。

(4)销售商品以旧换新的,销售商品应当按照销售商品收入确认条件确认收入,回收的商品作为购进商品处理。

(5)企业为促进商品销售而在商品价格上给予的价格扣除属于商业折扣,商品销售涉及商业折扣的,应当按照扣除商业折扣后的金额确定销售商品收入金额。

债权人为鼓励债务人在规定的期限内付款而向债务人提供的债务扣除属于现金折扣,销售商品涉及现金折扣的,应当按扣除现金折扣前的金额确定销售商品收入金额,现金折扣在实际发生时作为财务费用扣除。

企业因售出商品的质量不合格等原因而在售价上给予的减让属于销售折让;企业因售出商品质量、品种不符合要求等原因而发生的退货属于销售退回。企业已经确认销售收入的售出商品发生销售折让和销售退回,应当在发生当期冲减当期销售商品收入。

(6)企业在各个纳税期末,提供劳务交易的结果能够可靠估计的,应采用完工进度(完工百分比)法确认提供劳务收入。

(7)企业以买一赠一等方式组合销售本企业商品的,不属于捐赠,应将总的销售金额按各项商品的公允价值的比例来分摊确认各项的销售收入。

(8)企业取得财产(包括各类资产、股权、债权等)转让收入、债务重组收入、接受捐赠收入、无法偿付的应付款收入等,不论是以货币形式还是非货币形式体现,除另有规定外,均应一次性计入确认收入的年度计算缴纳企业所得税。

【任务实施】

【任务3—2】

【正确答案】ACD

【答案解析】企业发生的现金折扣应当按扣除现金折扣前的金额确定销售商品收入金额,现金折扣在实际发生时作为财务费用扣除。

【任务3—3】

【正确答案】ABC

【答案解析】企业以买一赠一等方式销售商品的,不属于捐赠,应将总的销售金额按各项商品的公允价值的比例来分摊确认各项的销售收入。

(二)不征税收入和免税收入

1.不征税收入

(1)财政拨款。财政拨款是指各级人民政府对纳入预算管理的事业单位、社会团体等组织拨付的财政资金,但国务院和国务院财政、税务主管部门另有规定的除外。

(2)依法收取并纳入财政管理的行政事业性收费、政府性基金。行政事业性收费是指依照法律、法规等有关规定,按照国务院规定程序批准,在实施社会公共管理,以及在向公民、法人或者其他组织提供特定公共服务过程中,向特定对象收取并纳入财政管理的费用。政府性基金是指企业依照法律、行政法规等有关规定,代政府收取的具有专项用途的财政资金。

(3)国务院规定的其他不征税收入。

2.免税收入

(1)国债利息收入。为鼓励企业积极购买国债,支援国家建设,税法规定,企业因购买国债所得的利息收入,免征企业所得税。

(2)符合条件的居民企业之间的股息、红利等权益性收益,是指居民企业直接投资于其他居民企业取得的投资收益。

(3)在中国境内设立机构、场所的非居民企业从居民企业取得与该机构、场所有实际联系的股息、红利等权益性投资收益。该收益都不包括连续持有居民企业公开发行并上市流通的股票不足12个月取得的投资收益。

(4)符合条件的非营利组织的收入。

非营利组织的下列收入为免税收入:

①接受其他单位或者个人捐赠的收入。

②除《中华人民共和国企业所得税法》第七条规定的财政拨款以外的其他政府补助收入,但不包括因政府购买服务取得的收入。

③按照省级以上民政、财政部门规定收取的会费。

④不征税收入和免税收入孳生的银行存款利息收入。

⑤财政部、国家税务总局规定的其他收入。

【任务实施】

【任务3—4】

【正确答案】BC

【答案解析】选项A,企业投资者持有2019—2023年发行的铁路债券取得的利息收入,减半征收企业所得税;选项B,对电影主管部门按照各自职能权限批准从事电影制片、发行、放映的电影集团公司(含成声企业)、电影制片厂及其他电影企业取得的电影拷贝(含数字拷贝)收入、转让电影版权(包括转让和许可使用)收入、电影发行收入以及在农村取得的电影放映收入,免征增值税;选项D,非营利组织从事营利性活动取得的收入,应按规定缴纳企业所得税,不属于免税收入。

【任务3—5】

【正确答案】AC

【答案解析】选项B、D属于免税收入范畴。注意不征税收入与免税收入的辨析:不征税收入包括财政拨款、依法收取并纳入财政管理的行政事业性收费政府性基金、国务院财政税务主管部门规定专项用途并经国务院批准的财政性资金。免税收入包括国债利息收入、符合条件的股息红利收入、符合条件的非营业组织的收入、地方政府债券利息收入。

(三)税前扣除原则和范围

1.扣除项目的原则

企业申报的扣除项目和金额要真实、合法。所谓真实,是指能提供证明有关支出确属已经实际发生;合法,是指符合国家税法的规定,若其他法规规定与税收法规规定不一致,应以税收法规的规定为标准。除税收法规另有规定外,税前扣除一般应遵循以下原则:

(1)权责发生制原则。是指企业费用应在发生的所属期扣除,而不是在实际支付时确认扣除。

(2)配比原则。是指企业发生的费用应当与收入配比扣除。除特殊规定外,企业发生的费用不得提前或滞后申报扣除。

(3)相关性原则。企业可扣除的费用从性质和根源上必须与取得应税收入直接相关。

(4)确定性原则。即企业可扣除的费用不论何时支付,其金额必须是确定的。

(5)合理性原则。符合生产经营活动常规,应当计入当期损益或者有关资产成本的必要和正常的支出。

2.扣除项目的范围

《企业所得税法》规定,企业实际发生的与取得收入有关的、合理的支出,包括成本、费用、税金、损失和其他支出,准予在计算应纳税所得额时扣除。

(1)成本。是指企业在生产经营活动中发生的销售成本、销货成本、业务支出以及其他耗费,即企业销售商品(产品、材料、下脚料、废料、废旧物资等)、提供劳务、转让固定资产、无形资产(包括技术转让)的成本。

(2)费用。是指企业每一个纳税年度为生产、经营商品和提供劳务等所发生的销售(经营)费用、管理费用和财务费用。已经计入成本的有关费用除外。

(3)税金。是指企业发生的除企业所得税和允许抵扣的增值税以外的企业缴纳的各项税金及其附加。即企业按规定缴纳的消费税、城市维护建设税、关税、资源税、土地增值税、房产税、车船税、土地使用税、印花税、教育费附加等产品销售税金及附加。这些已纳税金准予税前扣除。准许扣除的税金有两种方式:一是在发生当期扣除;二是在发生当期计入相关资产的成本,在以后各期分摊扣除。

(4)损失。是指企业在生产经营活动中发生的固定资产和存货的盘亏、毁损、报废损失,转让财产损失,呆账损失,坏账损失,自然灾害等不可抗力因素造成的损失以及其他损失。

企业发生的损失,减除责任人赔偿和保险赔款后的余额,依照国务院财政、税务主管部门的规定扣除。

企业已经作为损失处理的资产,在以后纳税年度又全部收回或者部分收回时,应当计入当期收入。

(5)扣除的其他支出。是指除成本、费用、税金、损失外,企业在生产经营活动中发生的与生产经营活动有关的、合理的支出。

3.扣除项目及其标准

在计算应纳税所得额时,下列项目可按照实际发生额或规定的标准扣除。

(1)工资、薪金支出。

企业发生的合理的工资、薪金支出准予据实扣除。工资、薪金支出是企业每一纳税年度支付给本企业任职或与其有雇佣关系的员工的所有现金或非现金形式的劳动报酬,包括基本工资、奖金、津贴、补贴、年终加薪、加班工资,以及与任职或者是受雇有关的其他支出。

"合理的工资、薪金",是指企业按照股东大会、董事会、薪酬委员会或相关管理机构制定的工资、薪金制度规定实际发放给员工的工资、薪金。

【任务实施】
【任务3-6】
【正确答案】BC
【答案解析】选项B,按规定为雇员缴纳社会保险的支出属于社会保险费支出,不属于工资薪金支出;选项C,为雇员提供的劳动保护费支出应该计入费用类科目,不属于工资、薪金支出。

(2)职工福利费、工会经费、职工教育经费。

企业发生的职工福利费、工会经费、职工教育经费按标准扣除,未超过标准的按实际数扣除,超过标准的只能按标准扣除。

①企业发生的职工福利费支出,不超过工资、薪金总额14%的部分准予扣除。

企业发生的职工福利费,应该单独设置账册,进行准确核算。没有单独设置账册准确核算的,税务机关应责令企业在规定的期限内改正。逾期仍未改正的,税务机关可对企业发生的职工福利费进行合理的核定。

②企业拨缴的工会经费,不超过工资、薪金总额2%的部分准予扣除。

③除国务院财政、税务主管部门另有规定外,企业发生的职工教育经费支出,自2018年1月1日起不超过工资薪金总额8%的部分,准予在计算企业所得税应纳税所得额时扣除;超过部分准予结转以后纳税年度扣除。

软件生产企业发生的职工教育经费中的职工培训费用,根据《财政部 国家税务总局关于企业所得税若干优惠政策的通知》(财税〔2012〕27号)规定,可以全额在企业所得税前扣除。软件生产企业应准确划分职工教育经费中的职工培训费支出,对于不能准确划分的,以及准确划分后职工教育经费中扣除职工培训费用的余额,一律按照工资薪金总额8%的比例扣除。

上述计算职工福利费、职工教育经费的"工资、薪金总额",是指企业按照规定实际发放的工资、薪金总和,不包括企业的职工福利费、职工教育经费、工会经费以及养老保险费、医疗保险费、失业保险费、工伤保险费、生育保险费等社会保险费和住房公积金。属于国有性质的企业,其工资、薪金,不得超过政府有关部门给予的限定数额;超过部分不得计入企业工资、薪金总额,也不得在计算企业应纳税所得额时扣除。

【任务实施】
【任务3-7】
【正确答案】A
【答案解析】福利费扣除限额=150×14%=21(万元),实际发生20万元,准予扣除20万元。工会经费扣除限额=150×2%=3(万元),实际发生3万元,可以据实扣除。职工教育经费扣除限额=150×8%=12(万元),实际发生4.50万元,可以据实扣除。调整应纳税所得额=0(万元)

(3)社会保险费。

①企业依照国务院有关主管部门或者省级人民政府规定的范围和标准为职工缴纳的"五

险一金",即基本养老保险费、基本医疗保险费、失业保险费、工伤保险费、生育保险费等基本社会保险费和住房公积金,准予扣除。

②企业为投资者或者职工支付的补充养老保险费、补充医疗保险费,在国务院财政、税务主管部门规定的范围和标准内,准予扣除。企业依照国家有关规定为特殊工种职工支付的人身安全保险费和符合国务院财政、税务主管部门规定可以扣除的商业保险费准予扣除。

③企业参加财产保险,按照规定缴纳的保险费,准予扣除。企业为投资者或者职工支付的商业保险费,不得扣除。

(4) 利息费用。

企业在生产、经营活动中发生的利息费用,按下列规定扣除。

①非金融企业向金融企业借款的利息支出、金融企业的各项存款利息支出和同业拆借利息支出、企业经批准发行债券的利息支出可据实扣除。

②非金融企业向非金融企业借款的利息支出,不超过按照金融企业同期同类贷款利率计算的数额的部分可据实扣除,超过部分不许扣除。

③关联企业利息费用的扣除。企业从关联方接受的债权性投资与权益性投资的比例超过规定标准而发生的利息支出,不得在计算应纳税所得额时扣除。

【任务实施】

【任务3—8】

【正确答案】B

【答案解析】根据规定,企业实际支付给关联方的利息支出,除另有规定外,其接受关联方债权性投资与其权益性投资比例为:除金融企业外的其他企业2:1。该企业的注册资本为3 000万元,关联方债权性投资不应超过3 000×2=6 000(万元),现借款6 800万元,准予扣除的利息金额是6 000万元产生的利息,即680×6 000÷6 800=600(万元)。

(5) 借款费用。

①企业在生产经营活动中发生的合理的不需要资本化的借款费用,准予扣除。

②企业为购置、建造固定资产、无形资产和经过12个月以上的建造才能达到预定可销售状态的存货发生借款的,在有关资产购置、建造期间发生的合理的借款费用,应予以资本化,作为资本性支出计入有关资产的成本;有关资产交付使用后发生的借款利息,可在发生当期扣除。

③企业通过发行债权、取得贷款、吸收保户储金等方式融资而发生的合理的费用支出,符合资本化条件的,应计入相关资产成本;不符合资本化条件的,应作为财务费用,准予在企业所得税前据实扣除。

【任务实施】

【任务3—9】

【正确答案】D

【答案解析】企业为购置、建造固定资产发生借款的,在有关资产购置、建造期间发生的合理的借款费用,应予以资本化,作为资本性支出计入有关资产的成本。厂房建造前发生的借款利息可以在税前直接扣除,可以扣除的借款费用=3 000×4.5%÷12×3=33.75(万元)。

(6) 汇兑损失。

企业在货币交易中,以及纳税年度终了时将人民币以外的货币性资产、负债按照期末即期人民币汇率中间价折算为人民币时产生的汇兑损失,除已经计入有关资产成本以及与向所有者进行利润分配相关的部分外,准予扣除。

(7)业务招待费。

企业发生的与生产经营活动有关的业务招待费支出,按照发生额的60%扣除,但最高不得超过当年销售(营业)收入的5‰。

对从事股权投资业务的企业(包括集团公司总部、创业投资企业等),其从被投资企业所分配的股息、红利以及股权转让收入,可以按规定的比例计算业务招待费扣除限额。

企业在筹建期间,发生的与筹办活动有关的业务招待费支出,可按实际发生额的60%计入企业筹办费,并按有关规定在税前扣除。

【任务实施】

【任务3—10】

【正确答案】A

【答案解析】企业所得税法规定:企业发生的与生产经营活动有关的业务招待费,按照发生额的60%扣除,但最高不得超过当年销售(营业)收入的5‰。作为业务招待费准扣限额计算基数的销售(营业)收入包括主营业务收入、其他业务收入和视同销售收入,不包括投资收益(除从事股权投资的企业外)和营业外收入。

业务招待费限额=(1 000+150+100)×0.5%=6.25(万元),发生额的60%=10×60%=6(万元),所以税前可以扣除的金额为6万元。

【任务3—11】

【正确答案】A

【答案解析】企业所得税法规定:企业发生的与生产经营活动有关的业务招待费,按照发生额的60%扣除,但最高不得超过当年销售(营业)收入的5‰。本题中,20×60%=12(万元),2 000×5‰=10(万元),两者相比择其小者,即当年可在所得税税前列支的业务招待费金额为10万元。

(8)广告费和业务宣传费。

企业发生的符合条件的广告费和业务宣传费支出,除国务院财政、税务主管部门另有规定外,不超过当年销售(营业)收入15%的部分,准予扣除;超过部分,准予结转在以后纳税年度扣除。

2016年1月1日至2020年12月31日,对化妆品制造或者销售、医药制造和饮料制造(不含酒类制造)企业发生的广告费和业务宣传费支出,不超过当年销售(营业)收入30%的部分,准予扣除;超过部分,准予在以后纳税年度结转扣除。

(9)环境保护专项资金。

企业依照法律、行政法规有关规定提取的用于环境保护、生态恢复等方面的专项资金,准予扣除。上述专项资金提取后改变用途的,不得扣除。

(10)保险费。

企业参加财产保险,按照规定缴纳的保险费,准予扣除。

(11)租赁费。

企业根据生产经营活动的需要租入固定资产支付的租赁费,按照以下方法扣除:

①以经营租赁方式租入固定资产发生的租赁费支出,按照租赁期限均匀扣除。经营性租赁是指所有权不转移的租赁。

②以融资租赁方式租入固定资产发生的租赁费支出,按照规定构成融资租入固定资产价

值的部分应当提取折旧费用，分期扣除。融资租赁是指在实质上转移与一项资产所有权有关的全部风险和报酬的一种租赁。

(12)劳动保护费。

企业发生的合理的劳动保护支出，准予扣除。

(13)公益性捐赠支出。

公益性捐赠，是指企业通过公益性社会团体或者县级(含县级)以上人民政府及其部门，用于《中华人民共和国公益事业捐赠法》规定的公益事业的捐赠。

企业发生的公益性捐赠支出，不超过年度利润总额12％的部分，准予扣除。超过年度利润总额12％的部分，准予以后三年内在计算应纳税所得额时结转扣除。

年度利润总额，是指企业依照国家统一会计制度的规定计算的年度会计利润。

企业发生的公益性捐赠支出未在当年税前扣除的部分，自2017年1月1日起准予以后年度结转扣除，但结转年限自捐赠发生年度的次年起计算最长不得超过三年。企业在对公益性捐赠支出计算扣除时，应先扣除以前年度结转的捐赠支出，再扣除当年发生的捐赠支出。

用于公益事业的捐赠支出，是指《中华人民共和国公益事业捐赠法》规定的向公益事业的捐赠支出，具体范围包括：

①救助灾害、救济贫困、扶助残疾人等困难的社会群体和个人的活动。

②教育、科学、文化、卫生、体育事业。

③环境保护、社会公共设施建设。

④促进社会发展和进步的其他社会公共和福利事业。

企事业单位、社会团体以及其他组织捐赠住房作为廉租住房的视同公益性捐赠按上述规定执行。

2019年1月1日至2022年12月31日，企业通过公益性社会组织或者县级(含县级)以上人民政府及其组成部门和直属机构，用于目标脱贫地区的扶贫捐赠支出，准予在计算企业所得税应纳税所得额时据实扣除。在政策执行期限内，目标脱贫地区实现脱贫的，可继续适用上述政策。"目标脱贫地区"包括832个国家扶贫开发工作重点县、集中连片特困地区县(新疆阿克苏地区6县1市享受片区政策)和建档立卡贫困村。

企业同时发生扶贫捐赠支出和其他公益性支出，在计算公益性捐赠支出年度扣除限额时，符合上述条件的扶贫捐赠支出不计算在内。

【任务实施】

【任务3－12】

【正确答案】D

【答案解析】2019年1月1日至2022年12月31日，企业通过公益性社会组织或者县级(含县级)以上人民政府及其组成部门和直属机构，用于目标脱贫地区的扶贫捐赠支出，准予在计算企业所得税前扣除。

(14)有关资产的费用。

企业转让各类固定资产发生的费用，允许扣除。企业按规定计算的固定资产折旧费、无形资产和递延资产的摊销费，准予扣除。

(15)总机构分摊的费用。

非居民企业在中国境内设立的机构、场所，就其中国境外总机构发生的与该机构、场所生产经营有关的费用,能够提供总机构出具的费用汇集范围、定额、分配依据和方法等证明文件,并合理分摊的,准予扣除。

(16)资产损失。

企业当期发生的固定资产和流动资产盘亏、毁损净损失,由其提供清查盘存资料经主管税务机关审核后,准予扣除。

(17)依照有关法律、行政法规和国家有关税法规定准予扣除的其他项目。

如会员费、合理的会议费、差旅费、违约金、诉讼费用等。

(18)手续费及佣金支出

企业发生的与生产经营有关的手续费及佣金支出,不超过以下规定计算限额以内的部分,准予扣除;超过部分,不得扣除。

①保险企业:财产保险企业按当年全部保费收入扣除退保金等后余额的15%(含本数,下同)计算限额,在计算应纳税所得额时准予扣除;超过部分,允许结转以后年度扣除;人身保险企业按当年全部保费收入扣除退保金等后余额的10%计算限额。

②其他企业:按与具有合法经营资格中介服务机构或个人(不含交易双方及其雇员、代理人和代表人等)所签订服务协议或合同确认的收入金额的5%计算限额。

(19)企业维简费支出

企业实际发生的维简费支出,属于收益性支出的,可作为当期费用税前扣除;属于资本性支出的,应计入有关资产成本,并按《企业所得税法》规定计提折旧或摊销费用在税前扣除。

(20)企业参与政府统一组织的棚户区改造支出。

企业参与政府统一组织的工矿(含中央下放煤矿)棚户区改造、林区棚户区改造、垦区危房改造并同时符合一定条件的棚户区改造支出,准予在企业所得税前扣除。

(四)不得扣除的项目

在计算应纳税所得额时,下列支出不得扣除:

1.向投资者支付的股息、红利等权益性投资收益款项。

2.企业所得税税款。

3.税收滞纳金。是指纳税人违反税收法规,被税务机关处以的滞纳金。

4.罚金、罚款和被没收财物的损失。是指纳税人违反国家有关法律、法规规定,被有关部门处以的罚款,以及被司法机关处以的罚金和被没收财物。

5.超过规定标准的捐赠支出。

6.赞助支出。是指企业发生的与生产经营活动无关的各种非广告性质支出。

7.未经核定的准备金支出。是指不符合国务院财政、税务主管部门规定的各项资产减值准备、风险准备等准备金支出。

8.企业之间支付的管理费、企业内营业机构之间支付的租金和特许权使用费,以及非银行企业内营业机构之间支付的利息,不得扣除。

9.与取得收入无关的其他支出。

【任务实施】

【任务3—13】

【正确答案】D

【答案解析】母公司以管理费形式向子公司提取费用，子公司因此支付给母公司的管理费，不得扣除；非正常损失部分经税务机关审批的可以在税前扣除，但对于有赔偿的部分不是真正的损失，所以，不得在税前扣除。

【任务 3—14】

【正确答案】CD

【答案解析】选项 A、B 是允许税前扣除的。

（五）亏损弥补

1.亏损，是指企业依照《企业所得税法》及其暂行条例的规定，将每一纳税年度的收入总额减除不征税收入、免税收入和各项扣除后小于零的数额。税法规定，企业某一纳税年度发生的亏损可以用下一年度的所得弥补，下一年度的所得不足以弥补的，可以逐年延续弥补，但最长不得超过 5 年。而且，企业在汇总计算缴纳企业所得税时，其境外营业机构的亏损不得抵减境内营业机构的盈利。

2.自 2018 年 1 月 1 日起，当年具备高新技术企业或科技型中小企业资格的企业，其具备资格年度之前 5 个年度发生的尚未弥补完的亏损，准予结转以后年度弥补，最长结转年限由 5 年延长至 10 年。

3.企业筹办期间不计算为亏损年度，企业自开始生产经营的年度，为开始计算企业损益的年度。企业从事生产经营之前进行筹办活动期间发生筹办费用支出，不得计算为当期的亏损，企业可以在开始经营之日的当年一次性扣除，也可以按照新税法有关长期待摊费用的处理规定处理，但一经选定，不得改变。

4.税务机关对企业以前年度纳税情况进行检查时调增的应纳税所得额，凡企业以前年度发生亏损且该亏损属于企业所得税法规定允许弥补的，应允许调增的应纳税所得额弥补该亏损。弥补该亏损后仍有余额的，按照企业所得税法规定计算缴纳企业所得税。对检查调增的应纳税所得额应根据其情节，依照《税收征收管理法》有关规定进行处理或处罚。

上述规定自 2010 年 12 月 1 日开始执行。以前（含 2008 年度之前）没有处理的事项，按本规定执行。

5.对企业发现以前年度实际发生的、按照税收规定应在企业所得税前扣除而未扣除或者少扣除的支出，企业作出专项申报及说明后，准予追补至该项目发生年度计算扣除，但追补确认期限不得超过 5 年。

企业由于上述原因多缴的企业所得税税款，可以在追补确认年度企业所得税应纳税款中抵扣，不足抵扣的，可以向以后年度递延抵扣或申请退税。

亏损企业追补确认以前年度未在企业所得税前扣除的支出，或盈利企业经过追补确认后出现亏损的，应首先调整该项支出所属年度的亏损额，然后再按照弥补亏损的原则计算以后年度多缴的企业所得税款，并按前款规定处理。

【任务实施】

【任务 3—15】

【正确答案】BCD

【答案解析】税法明确，境外营业机构的亏损不得抵减境内营业机构的盈利。

任务四 资产的税务处理

【任务引例】

【任务4—1】企业发生的下列支出中,可在发生当期直接在企业所得税税前扣除的是( )。

A.固定资产的大修理支出

B.租入固定资产的改建支出

C.固定资产的日常修理支出

D.已足额提取折旧的固定资产的改建支出

【任务4—2】2019年初甲居民企业以实物资产1 600万元直接投资于乙居民企业,取得乙企业40%的股权。2019年12月,甲企业撤回对乙企业的全部投资,取得资产总计2 600万元,投资撤回时乙企业累计未分配利润为1 000万元,累计盈余公积150万元。甲企业投资撤回应缴纳的企业所得税为( )万元。

A.200　　　　　　B.135　　　　　　C.340　　　　　　D.0

【任务准备】

资产是由于资本投资而形成的财产,对于资本性支出以及无形资产受让、开办、开发费用,不允许作为成本、费用从纳税人的收入总额中作一次性扣除,只能采取分次计提折旧或分次摊销的方式予以扣除。即纳税人经营活动中使用的固定资产的折旧费用、无形资产和长期待摊费用的摊销费用可以扣除。税法规定,纳入税务处理范围的资产形式主要有固定资产、生物资产、无形资产、长期待摊费用、投资资产、存货等,均以历史成本为计税基础。历史成本,是指企业取得该项资产时实际发生的支出。企业持有各项资产期间资产增值或者减值,除国务院财政、税务主管部门规定可以确认损益外,不得调整该资产的计税基础。

一、固定资产的税务处理

固定资产,是指企业为生产产品、提供劳务、出租或者经营管理而持有的、使用时间超过12个月的非货币性资产,包括房屋、建筑物、机器、机械、运输工具以及其他与生产经营活动有关的设备、器具、工具等。

(一)固定资产计税基础

1.外购的固定资产,以购买价款和支付的相关税费以及直接归属于使该资产达到预定用途发生的其他支出为计税基础。

2.自行建造的固定资产,以竣工结算前发生的支出为计税基础。

3.融资租入的固定资产,以租赁合同约定的付款总额和承租人在签订租赁合同过程中发生的相关费用为计税基础,租赁合同未约定付款总额的,以该资产的公允价值和承租人在签订租赁合同过程中发生的相关费用为计税基础。

4.盘盈的固定资产,以同类固定资产的重置完全价值为计税基础。

5.通过捐赠、投资、非货币性资产交换、债务重组等方式取得的固定资产,以该资产的公允价值和支付的相关税费为计税基础。

6.改建的固定资产,除已足额提取折旧的固定资产和租入的固定资产以外的其他固定资产,以改建过程中发生的改建支出增加计税基础。

(二)固定资产折旧的范围

在计算应纳税所得额时,企业按照规定计算的固定资产折旧,准予扣除。下列固定资产不得计算折旧扣除:

1.房屋、建筑物以外未投入使用的固定资产。
2.以经营租赁方式租入的固定资产。
3.以融资租赁方式租出的固定资产。
4.已足额提取折旧仍继续使用的固定资产。
5.与经营活动无关的固定资产。
6.单独估价作为固定资产入账的土地。
7.其他不得计算折旧扣除的固定资产。

(三)固定资产折旧的计提方法

1.企业应当自固定资产投入使用月份的次月起计算折旧;停止使用的固定资产,应当自停止使用月份的次月起停止计算折旧。

2.企业应当根据固定资产的性质和使用情况,合理确定固定资产的预计净残值。固定资产的预计净残值一经确定,不得变更。

3.固定资产按照直线法计算的折旧,准予扣除。

(四)固定资产折旧的计提年限

除国务院财政、税务主管部门另有规定外,固定资产计算折旧的最低年限如下:

1.房屋、建筑物,为20年。
2.飞机、火车、轮船、机器、机械和其他生产设备,为10年。
3.与生产经营活动有关的器具、工具、家具等,为5年。
4.飞机、火车、轮船以外的运输工具,为4年。
5.电子设备,为3年。

从事开采石油、天然气等矿产资源的企业,在开始商业性生产前发生的费用和有关固定资产的折耗、折旧方法,由国务院财政、税务主管部门另行规定。

(五)固定资产折旧的处理

1.企业固定资产会计折旧年限如果短于税法规定的最低折旧年限,其按会计折旧年限计提的折旧高于按税法规定的最低折旧年限计提的折旧部分,应调增当期应纳税所得额;企业固定资产会计折旧年限已期满且会计折旧已提足,但税法规定的最低折旧年限尚未到期且税收折旧尚未足额扣除,其未足额扣除的部分准予在剩余的税收折旧年限继续按规定扣除。

2.企业固定资产会计折旧年限如果长于税法规定的最低折旧年限,其折旧应按会计折旧年限计算扣除,税法另有规定的除外。

3.企业按会计规定提取的固定资产减值准备,不得在税前扣除,其折旧仍按税法确定的固定资产计税基础计算扣除。

4.企业按税法规定实行加速折旧的,其按加速折旧办法计算的折旧额可全额在税前扣除。

5.石油、天然气开采企业在计提油气资产折耗(折旧)时,由于会计与税法规定计算方法不同导致的折耗(折旧)差异,应按税法规定进行纳税调整。

(六)固定资产改扩建的税务处理

自2011年7月1日起,企业对房屋、建筑物固定资产在未足额提取折旧前进行改扩建的,如属于推倒重置的,该资产原值减除提取折旧后的净值,应并入重置后的固定资产计税成本,并在该固定资产投入使用后的次月起,按照税法规定的折旧年限,一并计提折旧;如属于提升功能、增加面积的,该固定资产的改扩建支出,并入该固定资产计税基础,并从改扩建完工投入使用后的次月起,重新按税法规定的该固定资产折旧年限计提折旧,如该改扩建后的固定资产尚可使用的年限低于税法规定的最低年限的,可以按尚可使用的年限计提折旧。

【任务实施】

【任务4—1】

【正确答案】C

【答案解析】固定资产的大修理支出、租入固定资产的改建支出和已足额提取折旧的固定资产的改建支出作为长期待摊费用,按照规定摊销的,准予扣除。

二、生物资产的税务处理

生物资产,是指有生命的动物和植物。生物资产分为消耗性生物资产、生产性生物资产和公益性生物资产。消耗性生物资产,是指为出售而持有的,或在将来收获为农产品的生物资产,包括生长中的农田作物、蔬菜、用材林以及存栏待售的牲畜等。生产性生物资产,是指为产出农产品、提供劳务或出租等目的而持有的生物资产,包括经济林、薪炭林、产畜和役畜等。公益性生物资产,是指以防护、环境保护为主要目的的生物资产,包括防风固沙林、水土保持林和水源涵养林等。

(一)生物资产的计税基础

生产性生物资产按照以下方法确定计税基础:

1.外购的生产性生物资产,以购买价款和支付的相关税费为计税基础。

2.通过捐赠、投资、非货币性资产交换、债务重组等方式取得的生产性生物资产,以该资产的公允价值和支付的相关税费为计税基础。

(二)生物资产的折旧方法和折旧年限

生产性生物资产按照直线法计算的折旧,准予扣除。企业应当自生产性生物资产投入使用月份的次月起计算折旧;停止使用的生产性生物资产,应当自停止使用月份的次月起停止计算折旧。

企业应当根据生产性生物资产的性质和使用情况,合理确定生产性生物资产的预计净残值。生产性生物资产的预计净残值一经确定,不得变更。

生产性生物资产计算折旧的最低年限如下:

1. 林木类生产性生物资产,为10年。
2. 畜类生产性生物资产,为3年。

三、无形资产的税务处理

无形资产,是指企业长期使用、但没有实物形态的资产,包括专利权、商标权、著作权、土地使用权、非专利技术、商誉等。

(一)无形资产的计税基础

无形资产按照以下方法确定计税基础:

1. 外购的无形资产,以购买价款和支付的相关税费以及直接归属于使该资产达到预定用途发生的其他支出为计税基础。
2. 自行开发的无形资产,以开发过程中该资产符合资本化条件后至达到预定用途前发生的支出为计税基础。
3. 通过捐赠、投资、非货币性资产交换、债务重组等方式取得的无形资产,以该资产的公允价值和支付的相关税费为计税基础。

(二)无形资产摊销的范围

在计算应纳税所得额时,企业按照规定计算的无形资产摊销费用,准予扣除。

下列无形资产不得计算摊销费用扣除:

1. 自行开发的支出已在计算应纳税所得额时扣除的无形资产。
2. 自创商誉。
3. 与经营活动无关的无形资产。
4. 其他不得计算摊销费用扣除的无形资产。

(三)无形资产的摊销方法及年限

无形资产的摊销,采取直线法计算。无形资产的摊销年限不得低于10年。作为投资或者受让的无形资产,有关法律规定或者合同约定了使用年限的,可以按照规定或者约定的使用年限分期摊销。外购商誉的支出,在企业整体转让或者清算时,准予扣除。

四、长期待摊费用的税务处理

长期待摊费用,是指企业发生的应在一个年度以上或几个年度进行摊销的费用。在计算应纳税所得额时,企业发生的下列支出作为长期待摊费用,按照规定摊销的,准予扣除。

1. 已足额提取折旧的固定资产的改建支出。
2. 租入固定资产的改建支出。
3. 固定资产的大修理支出。

4.其他应当作为长期待摊费用的支出。

企业的固定资产修理支出可在发生当期直接扣除。企业的固定资产改良支出,如果有关固定资产尚未提足折旧,可增加固定资产价值;如有关固定资产已提足折旧,可作为长期待摊费用,在规定的期限内平均摊销。

固定资产的改建支出,是指改变房屋或者建筑物结构、延长使用年限等发生的支出。已足额提取折旧的固定资产的改建支出,按照固定资产预计尚可使用年限分期摊销;租入固定资产的改建支出,按照合同约定的剩余租赁期限分期摊销;改建的固定资产延长使用年限的,除已足额提取折旧的固定资产、租入固定资产的改建支出外,其他的固定资产发生改建支出,应当适当延长折旧年限。

大修理支出,按照固定资产尚可使用年限分期摊销。

企业所得税法所指固定资产的大修理支出,是指同时符合下列条件的支出:

1.修理支出达到取得固定资产时的计税基础50%以上。
2.修理后固定资产的使用年限延长2年以上。

其他应当作为长期待摊费用的支出,自支出发生月份的次月起,分期摊销,摊销年限不得低于3年。

五、存货的税务处理

存货,是指企业持有以备出售的产品或者商品、处在生产过程中的在产品、在生产或者提供劳务过程中耗用的材料和物料等。

(一)存货的计税基础

存货按照以下方法确定成本:
1.通过支付现金方式取得的存货,以购买价款和支付的相关税费为成本。
2.通过支付现金以外的方式取得的存货,以该存货的公允价值和支付的相关税费为成本。
3.生产性生物资产收获的农产品,以产出或者采收过程中发生的材料费、人工费和分摊的间接费用等必要支出为成本。

(二)存货的成本计算方法

企业使用或者销售的存货的成本计算方法,可以在先进先出法、加权平均法、个别计价法中选用一种。计价方法一经选用,不得随意变更。

企业转让以上资产,在计算企业应纳税所得额时,资产的净值允许扣除。其中,资产的净值,是指有关资产、财产的计税基础减除已经按照规定扣除的折旧、折耗、摊销、准备金等后的余额。

除国务院财政、税务主管部门另有规定外,企业在重组过程中,应当在交易发生时确认有关资产的转让所得或者损失,相关资产应当按照交易价格重新确定计税基础。

六、投资资产的税务处理

投资资产是指企业对外进行权益性投资和债权性投资而形成的资产。

(一)投资资产的成本

投资资产按以下方法确定投资成本：

1.通过支付现金方式取得的投资资产，以购买价款为成本。

2.通过支付现金以外的方式取得的投资资产，以该资产的公允价值和支付的相关税费为成本。

(二)投资资产成本的扣除方法

企业对外投资期间，投资资产的成本在计算应纳税所得额时不得扣除，企业在转让或者处置投资资产时，投资资产的成本准予扣除。

(三)投资企业撤回或减少投资的税务处理

自 2011 年 7 月 1 日起，投资企业从被投资企业撤回或减少投资，其取得的资产中，相当于初始出资的部分，应确认为投资收回；相当于被投资企业累计未分配利润和累计盈余公积按减少实收资本比例计算的部分，应确认为股息所得；其余部分确认为投资资产转让所得。

被投资企业发生的经营亏损，由被投资企业按规定结转弥补；投资企业不得调整减低其投资成本，也不得将其确认为投资损失。

(四)非货币性资产投资的税务处理

非货币性资产，是指现金、银行存款、应收账款、应收票据以及准备持有至到期的债券投资等货币性资产以外的资产。

1.居民企业(以下简称企业)以非货币性资产对外投资确认的非货币性资产转让所得，可在不超过 5 年期限内，分期均匀计入相应年度的应纳税所得额，按规定计算缴纳企业所得税。

2.企业以非货币性资产对外投资，应对非货币性资产进行评估并按评估后的公允价值扣除计税基础后的余额，计算确认非货币性资产转让所得。

企业以非货币性资产对外投资，应于投资协议生效并办理股权登记手续时，确认非货币性资产转让收入的实现。

3.企业以非货币性资产对外投资而取得被投资企业的股权，应以非货币性资产的原计税成本为计税基础，加上每年确认的非货币性资产转让所得，逐年进行调整。

被投资企业取得非货币性资产的计税基础，应按非货币性资产的公允价值确定。

4.企业在对外投资 5 年内转让上述股权或投资收回的，应停止执行递延纳税政策，并就递延期内尚未确认的非货币性资产转让所得，在转让股权或投资收回当年的企业所得税年度汇算清缴时，一次性计算缴纳企业所得税；企业在计算股权转让所得时，可按本通知第三条第一款规定将股权的计税基础一次调整到位。

企业在对外投资 5 年内注销的，应停止执行递延纳税政策，并就递延期内尚未确认的非货币性资产转让所得，在注销当年的企业所得税年度汇算清缴时，一次性计算缴纳企业所得税。

5.非货币性资产投资，限于以非货币性资产出资设立新的居民企业，或将非货币性资产注入现存的居民企业。

6.企业发生非货币性资产投资,符合《财政部 国家税务总局关于企业重组业务企业所得税处理若干问题的通知》(财税〔2009〕59号)等文件规定的特殊性税务处理条件的,也可选择按特殊性税务处理规定执行。

七、税法规定与会计规定差异的处理

税法规定与会计规定差异的处理,是指企业在财务会计核算中与税法规定不一致的,应当依照税法规定予以调整。即企业在平时进行会计核算时,可以按会计制度的有关规定进行账务处理,但在申报纳税时,对税法规定和会计制度规定有差异的,要按税法规定进行纳税调整。

1.企业不能提供完整、准确的收入及成本、费用凭证,不能正确计算应纳税所得额的,由税务机关核定其应纳税所得额。

2.企业依法清算时,以其清算终了后的清算所得为应纳税所得额,按规定缴纳企业所得税。所谓清算所得,是指企业的全部资产可变现价值或者交易价格减除资产净值、清算费用以及相关税费等后的余额。

投资方企业从被清算企业分得的剩余资产,其中相当于从被清算企业累计未分配利润和累计盈余公积中应当分得的部分,应当确认为股息所得;剩余资产减除上述股息所得后的余额,超过或者低于投资成本的部分,应当确认为投资资产转让所得或者损失。

3.企业应纳税所得额是根据税收法规计算出来的,它在数额上与依据财务会计制度计算的利润总额往往不一致。因此,税法规定:对企业按照有关财务会计规定计算的利润总额,要按照税法的规定进行必要调整后,才能作为应纳税所得额计算缴纳所得税。

4.自2011年7月1日起,企业当年度实际发生的相关成本、费用,由于各种原因未能及时取得该成本、费用的有效凭证,企业在预缴季度所得税时,可暂按账面发生金额进行核算;但在汇算清缴时,应补充提供该成本、费用的有效凭证。

【任务实施】
【任务4—2】
【正确答案】B
【答案解析】初始投资1 600万元确认为投资收回。
甲企业应确认的股息所得=(1 000+150)×40%=460(万元)
居民企业之间的符合条件的投资收益免税。
甲企业应确认的投资资产转让所得=2 600−1 600−460=540(万元)
应缴纳企业所得税=540×25%=135(万元)

任务五 资产损失的所得税处理

【任务引例】

【任务5-1】依据企业所得税相关规定,发生下列情形,导致应收账款无法收回的部分,可以作为坏账损失在所得税前扣除的是( )。

A.债务人死亡,遗产继承人拒绝偿还的

B.债务人解散,清算程序拖延达3年的

C.与债务人达成债务重组协议,无法追偿的

D.债务人4年未清偿,追偿成本超过应收账款的

【任务准备】

一、资产损失的定义

资产损失,是指企业在生产经营活动中实际发生的、与取得应税收入有关的资产损失,包括现金损失,存款损失,坏账损失,贷款损失,股权投资损失,固定资产和存货的盘亏、毁损、报废、被盗损失,自然灾害等不可抗力因素造成的损失以及其他损失。

上述资产是指企业拥有或者控制的、用于经营管理活动且与取得应税收入有关的资产,包括现金、银行存款、应收及预付款项[包括应收票据、各类垫款(垫款、企业之间往来款项)]等货币资产,存货、固定资产、在建工程、生产性生物资产等非货币资产,以及债权性投资和股权(权益)性投资。

二、资产损失扣除政策

依据财税〔2009〕57号文规定,企业资产损失税前扣除政策如下:

(一)企业清查出的现金短缺减除责任人赔偿后的余额,作为现金损失在计算应纳税所得额时扣除。

(二)企业将货币性资金存入法定具有吸收存款职能的机构,因该机构依法破产、清算,或者政府责令停业、关闭等原因,确实不能收回的部分,作为存款损失在计算应纳税所得额时扣除。

(三)企业除贷款类债权外的应收、预付账款符合下列条件之一的,减除可收回金额后确认的无法收回的应收、预付款项,可以作为坏账损失在计算应纳税所得额时扣除:

1.债务人依法宣告破产、关闭、解散、被撤销,或者被依法注销、吊销营业执照,其清算财产不足清偿的。

2.债务人死亡,或者依法被宣告失踪、死亡,其财产或者遗产不足清偿的。

3.债务人逾期3年以上未清偿,且有确凿证据证明已无力清偿债务的。

4.与债务人达成债务重组协议或法院批准破产重整计划后,无法追偿的。

5.因自然灾害、战争等不可抗力导致无法收回的。

6.国务院财政、税务主管部门规定的其他条件。

(四)企业经采取所有可能的措施和实施必要的程序之后,符合下列条件之一的贷款类债权,可以作为贷款损失在计算应纳税所得额时扣除:

1.借款人和担保人依法宣告破产、关闭、解散、被撤销,并终止法人资格,或者已完全停止经营活动,被依法注销、吊销营业执照,对借款人和担保人进行追偿后,未能收回的债权。

2.借款人死亡,或者依法被宣告失踪、死亡,依法对其财产或者遗产进行清偿,并对担保人进行追偿后,未能收回的债权。

3.借款人遭受重大自然灾害或者意外事故,损失巨大且不能获得保险补偿,或者以保险赔偿后,确实无力偿还部分或者全部债务,对借款人财产进行清偿和对担保人进行追偿后,未能收回的债权。

4.借款人触犯刑律,依法受到制裁,其财产不足归还所借债务,又无其他债务承担者,经追偿后确实无法收回的债权。

5.由于借款人和担保人不能偿还到期债务,企业诉诸法律,经法院对借款人和担保人强制执行,借款人和担保人均无财产可执行,法院裁定执行程序终结或终止(中止)后,仍无法收回的债权。

6.由于借款人和担保人不能偿还到期债务,企业诉诸法律后,经法院调解或经债权人会议通过,与借款人和担保人达成和解协议或重整协议,在借款人和担保人履行完还款义务后,无法追偿的剩余债权。

7.由于上述(1)~(6)项原因借款人不能偿还到期债务,企业依法取得抵债资产,抵债金额小于贷款本息的差额,经追偿后仍无法收回的债权。

8.开立信用证、办理承兑汇票、开具保函等发生垫款时,凡开证申请人和保证人由于上述(1)~(7)项原因,无法偿还垫款,金融企业经追偿后仍无法收回的垫款。

9.银行卡持卡人和担保人由于上述(1)~(7)项原因,未能还清透支款项,金融企业经追偿后仍无法收回的透支款项。

10.助学贷款逾期后,在金融企业确定的有效追索期限内,依法处置助学贷款抵押物(质押物),并向担保人追索连带责任后,仍无法收回的贷款。

11.经国务院专案批准核销的贷款类债权。

12.国务院财政、税务主管部门规定的其他条件。

(五)企业的股权投资符合下列条件之一的,减除可收回金额后确认的无法收回的股权投资,可以作为股权投资损失在计算应纳税所得额时扣除:

1.被投资方依法宣告破产、关闭、解散、被撤销,或者被依法注销、吊销营业执照的。

2.被投资方财务状况严重恶化,累计发生巨额亏损,已连续停止经营3年以上,且无重新恢复经营改组计划的。

3.对被投资方不具有控制权,投资期限届满或者投资期限已超过10年,且被投资单位因连续3年经营亏损导致资不抵债的。

4.被投资方财务状况严重恶化,累计发生巨额亏损,已完成清算或清算期超过3年的。

5.国务院财政、税务主管部门规定的其他条件。

(六)对企业盘亏的固定资产或存货,以该固定资产的账面净值或存货的成本减除责任人赔偿后的余额,作为固定资产或存货盘亏损失在计算应纳税所得额时扣除。

(七)对企业毁损、报废的固定资产或存货,以该固定资产的账面净值或存货的成本减除残值、保险赔款和责任人赔偿后的余额,作为固定资产或存货毁损、报废损失在计算应纳税所得额时扣除。

(八)对企业被盗的固定资产或存货,以该固定资产的账面净值或存货的成本减除保险赔款和责任人赔偿后的余额,作为固定资产或存货被盗损失在计算应纳税所得额时扣除。

(九)企业因存货盘亏、毁损、报废、被盗等原因不得从增值税销项税额中抵扣的进项税额,可以与存货损失一起在计算应纳税所得额时扣除。

(十)企业在计算应纳税所得额时已经扣除的资产损失,在以后纳税年度全部或者部分收回时,其收回部分应当作为收入计入收回当期的应纳税所得额。

(十一)企业境内、境外营业机构发生的资产损失应分开核算,对境外营业机构由于发生资产损失而产生的亏损,不得在计算境内应纳税所得额时扣除。

(十二)企业对其扣除的各项资产损失,应当提供能够证明资产损失确属已实际发生的合法证据,包括具有法律效力的外部证据、具有法定资质的中介机构的经济鉴证证明、具有法定资质的专业机构的技术鉴定证明等。

三、资产损失税前扣除管理

根据国家税务总局关于发布《企业资产损失所得税税前扣除管理办法》公告2011年第25号的规定,自2011年1月1日起,企业资产损失税前扣除管理的基本原则是:

(一)准予在企业所得税税前扣除的资产损失,是指企业在实际处置、转让上述资产过程中发生的合理损失(以下简称实际资产损失),以及企业虽未实际处置、转让上述资产,但符合财税〔2009〕57号文件和本办法规定条件计算确认的损失(以下简称法定资产损失)。

(二)企业实际资产损失,应当在其实际发生且会计上已做损失处理的年度申报扣除;

企业向税务机关申报扣除资产损失,仅需填报企业所得税年度纳税申报表《资产损失税前扣除及纳税调整明细表》,不再报送资产损失相关资料,相关资料由企业留存备查。

(三)企业发生的资产损失,应按规定的程序和要求向主管税务机关申报后方能在税前扣除。未经申报的损失,不得在税前扣除。

(四)企业以前年度发生的资产损失未能在当年税前扣除的,可以按照本办法的规定向税务机关说明并进行专项申报扣除。其中,属于实际资产损失的,准予追补至该项损失发生年度扣除,其追补确认期限一般不得超过五年,但因计划经济体制转轨过程中遗留的资产损失、企业重组上市过程中因权属不清出现争议而未能及时扣除的资产损失、因承担国家政策性任务而形成的资产损失以及政策定性不明确而形成资产损失等特殊原因形成的资产损失,其追补确认期限经国家税务总局批准后可适当延长。属于法定资产损失,应在申报年度扣除。

企业因以前年度实际资产损失未在税前扣除而多缴的企业所得税税款,可在追补确认年度企业所得税应纳税款中予以抵扣,不足抵扣的,向以后年度递延抵扣。

企业实际资产损失发生年度扣除追补确认的损失后出现亏损的,应先调整资产损失发生年度的亏损额,再按弥补亏损的原则计算以后年度多缴的企业所得税税款,并按前款办法进行税务处理。

另外还对申报管理,资产损失的确认证据,货币资产损失、非货币资产损失、投资损失的确认等作出了规定。

【任务实施】

【任务 5—1】

【正确答案】C

【答案解析】符合资产损失扣除政策的"债务人逾期 3 年以上未清偿，且有确凿证据证明已无力清偿债务的"。

任务六 税收优惠

【任务引例】

【任务6-1】 某高新技术企业,取得技术转让收入900万元,其中成本100万,该企业应缴纳企业所得税( )万元。
  A.22.5   B.30   C.37.5   D.33

【任务6-2】 2018年至2020年12月31日,企业发生的研发费用,未形成无形资产计入当期损益的,在按照规定据实扣除的基础上,再按照研究开发费用的( )加计扣除。
  A.50%   B.75%   C.150%   D.175%

【任务6-3】 甲企业2012年1月1日向乙企业(未上市的中小高新技术企业)投资100万元,股权持有到2013年12月31日。甲企业2013年度可抵扣的应纳税所得额是多少?

【任务6-4】 某居民企业2019年6月购置并投入使用环境保护专用设备(属于企业所得税优惠目录的范围),取得增值税专用发票注明的金额300万元、税额39万元,2019年该企业应纳税所得额168万元。该企业当年应缴纳的企业所得税为( )万元。
  A.12.0   B.6.9   C.26.0   D.42.0

【任务准备】

税收优惠,是指国家运用税收政策在税收法律、行政法规中规定对某一部分特定企业和课税对象给予减轻或免除税收负担的一种措施。税法规定的企业所得税的税收优惠方式包括免税、减税、加计扣除、加速折旧、减计收入、税额抵免等。

一、免征与减征优惠

企业的下列所得,可以免征、减征企业所得税。企业如果从事国家限制和禁止发展的项目,不得享受企业所得税优惠。

(一)从事农、林、牧、渔业项目的所得

企业从事农、林、牧、渔业项目的所得,包括免征和减征两部分。

1.企业从事下列项目的所得,免征企业所得税:
(1)蔬菜、谷物、薯类、油料、豆类、棉花、麻类、糖料、水果、坚果的种植。
(2)农作物新品种的选育。
(3)中药材的种植。
(4)林木的培育和种植。
(5)牲畜、家禽的饲养。
(6)林产品的采集。
(7)灌溉、农产品初加工、兽医、农技推广、农机作业和维修等农、林、牧、渔服务业项目。

(8)远洋捕捞。

2.企业从事下列项目的所得,减半征收企业所得税:
(1)花卉、茶以及其他饮料作物和香料作物的种植。
(2)海水养殖、内陆养殖。

(二)从事国家重点扶持的公共基础设施项目投资经营的所得

《企业所得税法》所称国家重点扶持的公共基础设施项目,是指《公共基础设施项目企业所得税优惠目录》规定的港口码头、机场、铁路、公路、电力、水利等项目。

企业从事国家重点扶持的公共基础设施项目的投资经营的所得,自项目取得第一笔生产经营收入所属纳税年度起,第1年至第3年免征企业所得税,第4年至第6年减半征收企业所得税。

企业承包经营、承包建设和内部自建自用本条规定的项目,不得享受上述规定的企业所得税优惠。

(三)从事符合条件的环境保护、节能节水项目的所得

符合条件的环境保护、节能节水项目的所得,包括公共污水处理、公共垃圾处理、沼气综合开发利用、节能减排技术改造、海水淡化等。项目的具体条件和范围由国务院财政、税务主管部门和国务院有关部门制定,报国务院批准后公布施行。

环境保护、节能节水项目的所得,自项目取得第一笔生产经营收入所属纳税年度起,第1年至第3年免征企业所得税,第4年至第6年减半征收企业所得税。

但是,以上规定享受减免税优惠的项目,若在减免税期限内转让的,受让方自受让之日起,可以在剩余期限内享受规定的减免税优惠;减免税期限届满后转让的,受让方不得就该项目重复享受减免税优惠。

(四)符合条件的技术转让所得

1.企业所得税法所称符合条件的技术转让所得免征、减征企业所得税,是指一个纳税年度内,居民企业转让技术所有权所得不超过500万元的部分,免征企业所得税;超过500万元的部分,减半征收企业所得税。

2.技术转让的范围,包括居民企业转让专利技术、计算机软件著作权、集成电路布图设计权、植物新品种、生物医药新品种、5年(含)以上非独占许可使用权,以及财政部和国家税务总局确定的其他技术。

3.符合条件的技术转让所得的计算方法:
技术转让所得=技术转让收入-技术转让成本-相关税费
或技术转让所得=技术转让收入-无形资产摊销费用-相关税费-应分摊期间费用

(1)技术转让收入是指当事人履行技术转让合同后获得的价款,不包括销售或转让设备、仪器、零部件、原材料等非技术性收入。不属于与技术转让项目密不可分的技术咨询、技术服务、技术培训等收入,不得计入技术转让收入。

可以计入技术转让收入的技术咨询、技术服务、技术培训收入,是指转让方为使受让方掌握所转让的技术投入使用、实现产业化而提供的必要的技术咨询、技术服务、技术培训所产生

的收入,并应同时符合以下条件:

①在技术转让合同中约定的与该技术转让相关的技术咨询、技术服务、技术培训;

②技术咨询、技术服务、技术培训收入与该技术转让项目收入一并收取价款。

(2)技术转让成本是指转让的无形资产的净值,即该无形资产的计税基础减除在资产使用期间按照规定计算的摊销扣除额后的余额。

(3)相关税费是指技术转让过程中实际发生的有关税费,包括除企业所得税和允许抵扣的增值税以外的各项税金及其附加、合同签订费用、律师费等相关费用及其他支出。

4.享受减免企业所得税优惠的技术转让应符合以下条件:

(1)享受优惠的技术转让主体是企业所得税法规定的居民企业;

(2)技术转让属于财政部、国家税务总局规定的范围;

(3)境内技术转让经省级以上科技部门认定;

(4)向境外转让技术经省级以上商务部门认定;

(5)国务院税务主管部门规定的其他条件。

5.技术转让应签订技术转让合同。其中,境内的技术转让须经省级以上(含省级)科技部门认定登记,跨境的技术转让须经省级以上(含省级)商务部门认定登记,涉及财政经费支持的技术转让,须经省级以上(含省级)科技部门审批。

6.居民企业技术出口应由有关部门按照商务部、科技部发布的《中国禁止出口限制出口技术目录》(商务部、科技部令2008年第12号)进行审查。居民企业取得禁止出口和限制出口技术转让所得,不享受技术转让减免企业所得税优惠政策。

7.居民企业从直接或间接持有股权之和达到100%的关联方取得的技术转让所得,不享受技术转让减免企业所得税优惠政策。

8.享受技术转让所得减免企业所得税优惠的企业,应单独计算技术转让所得,并合理分摊企业的期间费用;没有单独计算的,不得享受技术转让所得企业所得税优惠。

9.企业发生技术转让,应在纳税年度终了后至报送年度纳税申报表以前,向主管税务机关办理减免税备案手续。

【任务实施】

【任务6—1】

【正确答案】A

【答案解析】该企业应缴纳企业所得税=(900-100-500)×50%×15%=22.5(万元)

二、高新技术企业优惠

(一)高新技术企业的优惠税率

国家需要重点扶持的高新技术企业减按15%的税率征收企业所得税。国家需要重点扶持的高新技术企业,是指拥有核心自主知识产权,并同时符合下列条件的企业。

1.企业申请认定时须注册成立一年以上。

2.企业通过自主研发、受让、受赠、并购等方式,获得对其主要产品(服务)在技术上发挥核心支持作用的知识产权的所有权。

3.对企业主要产品(服务)发挥核心支持作用的技术属于《国家重点支持的高新技术领域》

规定的范围。

4.企业从事研发和相关技术创新活动的科技人员占企业当年职工总数的比例不低于10%。

5.企业近三个会计年度(实际经营期不满三年的按实际经营时间计算,下同)的研究开发费用总额占同期销售收入总额的比例符合如下要求:

(1)最近一年销售收入小于5 000万元(含)的企业,比例不低于5%;

(2)最近一年销售收入在5 000万元至2亿元(含)的企业,比例不低于4%;

(3)最近一年销售收入在2亿元以上的企业,比例不低于3%。

其中,企业在中国境内发生的研究开发费用总额占全部研究开发费用总额的比例不低于60%。

6.近一年高新技术产品(服务)收入占企业同期总收入的比例不低于60%。

7.企业创新能力评价应达到相应要求。

8.企业申请认定前一年内未发生重大安全、重大质量事故或严重环境违法行为。

(二)高新技术企业境外所得适用税率及税收抵免规定

根据财税〔2011〕47号规定,自2010年1月1日起,高新技术企业境外所得适用税率及税收抵免有关问题按以下规定执行:

1.以境内、境外全部生产经营活动有关的研究开发费用总额、总收入、销售收入总额、高新技术产品(服务)收入等指标申请并经认定的高新技术企业,其来源于境外的所得可以享受高新技术企业所得税优惠政策,即对其来源于境外所得可以按照15%的优惠税率缴纳企业所得税,在计算境外抵免限额时,可按照15%的优惠税率计算境内外应纳税总额。

2.上述高新技术企业境外所得税收抵免的其他事项,仍按照财税〔2009〕125号文件的有关规定执行。

3.此处所称高新技术企业,是指依照《中华人民共和国企业所得税法》及其实施条例规定,经认定机构按照《高新技术企业认定管理办法》(国科发火〔2008〕172号)和《高新技术企业认定管理工作指引》(国科发火〔2008〕362号)认定取得高新技术企业证书并正在享受企业所得税15%税率优惠的企业。

(三)高新技术企业资格复审期间企业所得税预缴规定

根据国家税务总局公告2011年第4号规定,高新技术企业资格复审结果公示之前企业所得税预缴按以下规定执行:

高新技术企业应在资格期满前三个月内提出复审申请,在通过复审之前,在其高新技术企业资格有效期内,其当年企业所得税暂按15%的税率预缴。

(四)取消高新技术企业资格的情况

已认定的高新技术企业有下列行为之一的,由认定机构取消其高新技术企业资格。

1.在申请认定过程中存在严重弄虚作假行为的。

2.发生重大安全、重大质量事故或有严重环境违法行为的。

3.未按期报告与认定条件有关重大变化情况,或累计两年未填报年度发展情况报表的。

对被取消高新技术企业资格的企业,由认定机构通知税务机关按《税收征管法》及有关规定,追缴其自发生上述行为之日所属年度起已享受的高新技术企业税收优惠。

三、技术先进型服务企业优惠

(一)技术先进型服务企业的优惠税率

自2017年1月1日起,在全国范围内对经认定的技术先进型服务企业,减按15%的税率征收企业所得税。

(二)技术先进型服务企业的条件

享受符合规定的企业所得税优惠政策的技术先进型服务企业必须同时符合以下条件:
1.在中国境内(不包括港、澳、台地区)注册的法人企业。
2.从事《技术先进型服务业务认定范围(试行)》中的一种或多种技术先进型服务业务,采用先进技术或具备较强的研发能力。
3.具有大专以上学历的员工占企业职工总数的50%以上。
4.从事《技术先进型服务业务认定范围(试行)》中的技术先进型服务业务取得的收入占企业当年总收入的50%以上。
5.从事离岸服务外包业务取得的收入不低于企业当年总收入的35%。

四、加计扣除优惠

加计扣除是指对企业支出项目按规定的比例给予税前扣除的基础上再追加扣除。加计扣除优惠包括以下四项内容:

(一)一般企业研究开发费

研究开发费,自2018年至2020年12月31日,未形成无形资产计入当期损益的,在按照规定据实扣除的基础上,再按照研究开发费用的75%加计扣除;形成无形资产的,按照无形资产成本的175%摊销。

从2017年1月1日起,可以加计扣除的研究开发费按下列相关规定执行:
1.人员人工费用。
人员人工费用指直接从事研发活动人员的工资薪金、基本养老保险费、基本医疗保险费、失业保险费、工伤保险费、生育保险费和住房公积金,以及外聘研发人员的劳务费用。
(1)直接从事研发活动人员包括研究人员、技术人员、辅助人员。
(2)工资薪金包括按规定可以在税前扣除的对研发人员股权激励的支出。
(3)直接从事研发活动的人员、外聘研发人员同时从事非研发活动的,企业应对其人员活动情况做必要记录,并将其实际发生的相关费用按实际工时占比等合理方法在研发费用和生产经营费用间分配,未分配的不得加计扣除。
2.直接投入费用。
直接投入费用指研发活动直接消耗的材料、燃料和动力费用;用于中间试验和产品试制的模具、工艺装备开发及制造费,不构成固定资产的样品、样机及一般测试手段购置费,试制产品的检验费;用于研发活动的仪器、设备的运行维护、调整、检验、维修等费用,以及通过经营租赁方式租入的用于研发活动的仪器、设备租赁费。

产品销售与对应的材料费用发生在不同纳税年度且材料费用已计入研发费用的,可在销售当年以对应的材料费用发生额直接冲减当年的研发费用,不足冲减的,结转以后年度继续冲减。

3.折旧费用。

折旧费用指用于研发活动的仪器、设备的折旧费。

4.无形资产摊销费用。

无形资产摊销费用指用于研发活动的软件、专利权、非专利技术(包括许可证、专有技术、设计和计算方法等)的摊销费用。

5.新产品设计费、新工艺规程制定费、新药研制的临床试验费、勘探开发技术的现场试验费。

指企业在新产品设计、新工艺规程制定、新药研制的临床试验、勘探开发技术的现场试验过程中发生的与开展该项活动有关的各类费用。

6.其他相关费用。

其他相关费用指与研发活动直接相关的其他费用,如技术图书资料费、资料翻译费、专家咨询费、高新科技研发保险费,研发成果的检索、分析、评议、论证、鉴定、评审评估、验收费用,知识产权的申请费、注册费、代理费、差旅费、会议费、职工福利费、补充养老保险费、补充医疗保险费。

此类费用总额不得超过可加计扣除研发费用总额的10%。

7.其他事项。

【任务实施】

【任务6-2】

【正确答案】B

【答案解析】研究开发费,自2018年至2020年12月31日,未形成无形资产计入当期损益的,在按照规定据实扣除的基础上,再按照研究开发费用的75%加计扣除;形成无形资产的,按照无形资产成本的175%摊销。

(二)高科技型中小企业研究开发费用

科技型中小企业开展研发活动中实际发生的研发费用,未形成无形资产计入当期损益的,在按规定据实扣除的基础上,在2017年1月1日至2019年12月31日,再按照实际发生额的75%在税前加计扣除;形成无形资产的,在上述期间按照无形资产成本的175%在税前摊销。根据财税〔2018〕99号文,该研发费用加计扣除政策适用时限延长至2020年12月31日。

(三)企业委托境外研究开发费用与税前加计扣除

企业委托境外的研发费用按照费用实际发生额的80%计入委托方的委托境外研发费用,不超过境内符合条件的研发费用2/3的部分,可以按规定在企业所得税前加计扣除。

(四)企业安置残疾人员所支付的工资

企业安置残疾人员所支付工资费用的加计扣除,是指企业安置残疾人员的,在按照支付给残疾职工工资据实扣除的基础上,按照支付给残疾职工工资的100%加计扣除。残疾人员的范围适用《中华人民共和国残疾人保障法》的有关规定。企业安置国家鼓励安置的其他就业人员所支付的工资的加计扣除办法,由国务院另行规定。

五、创投企业优惠

创业投资企业从事国家需要重点扶持和鼓励的创业投资,可以按投资额的一定比例抵扣应纳税所得额。

创投企业优惠,是指创业投资企业采取股权投资方式投资于未上市的中小高新技术企业2年以上的,可以按照其投资额的70%在股权持有满2年的当年抵扣该创业投资企业的应纳税所得额;当年不足抵扣的,可以在以后纳税年度结转抵扣。

【任务实施】

【任务6-3】

【正确答案】甲企业2013年度可抵扣的应纳税所得额为70万元。

六、加速折旧优惠

(一)可以加速折旧的固定资产

企业的固定资产由于技术进步等原因,确需加速折旧的,可以缩短折旧年限或者采取加速折旧的方法。可采用以上折旧方法的固定资产是指:

1.由于技术进步,产品更新换代较快的固定资产;
2.常年处于强震动、高腐蚀状态的固定资产。

采取缩短折旧年限方法的,最低折旧年限不得低于规定折旧年限的60%;采取加速折旧方法的,可以采取双倍余额递减法或者年数总和法。

(二)生物药品制造等6行业加速折旧规定

依据财税〔2014〕75号文件,对有关固定资产加速折旧企业所得税政策问题规定如下:

1.对生物药品制造业,专用设备制造业,铁路、船舶、航空航天和其他运输设备制造业,计算机、通信和其他电子设备制造业,仪器仪表制造业,信息传输、软件和信息技术服务业等6个行业的企业2014年1月1日后新购进的固定资产,可缩短折旧年限或采取加速折旧的方法。

对上述6个行业的小型微利企业2014年1月1日后新购进的研发和生产经营共用的仪器、设备,单位价值不超过100万元的,允许一次性计入当期成本费用在计算应纳税所得额时扣除,不再分年度计算折旧;单位价值超过100万元的,可缩短折旧年限或采取加速折旧的方法。

2.对所有行业企业2014年1月1日后新购进的专门用于研发的仪器、设备,单位价值不超过100万元的,允许一次性计入当期成本费用在计算应纳税所得额时扣除,不再分年度计算折旧;单位价值超过 100 万元的,可缩短折旧年限或采取加速折旧的方法。

3.对所有行业企业持有的单位价值不超过 5000 元的固定资产,允许一次性计入当期成本费用在计算应纳税所得额时扣除,不再分年度计算折旧。

4.企业按上述第 1 条、第 2 条规定缩短折旧年限的,对其购置的新固定资产,最低折旧年限不得低于《企业所得税法实施条例》规定的折旧年限的 60%;企业购置已使用过的固定资产,其最低折旧年限不得低于《企业所得税法实施条例》规定的最低折旧年限减去已使用年限后剩余年限的 60%。采取加速折旧方法的,可采取双倍余额递减法或者年数总和法。第 1~3 条规定之外的企业固定资产加速折旧所得税处理问题,继续按照企业所得税法及其实施条例和现行税收政策规定执行。

(三)轻工、纺织、机械、汽车四个领域重点行业加速折旧规定

1.对轻工、纺织、机械、汽车四个领域重点行业企业 2015 年 1 月 1 日后新购进的固定资产(包括自行建造),允许缩短折旧年限或采取加速折旧方法。

四个领域重点行业企业是指以上述行业业务为主营业务,其固定资产投入使用当年的主营业务收入占企业收入总额 50%(不含)以上的企业。所称收入总额,是指企业所得税法第六条规定的收入总额。

2.对四个领域重点行业小型微利企业 2015 年 1 月 1 日后新购进的研发和生产经营共用的仪器、设备,单位价值不超过 100 万元(含)的,允许在计算应纳税所得额时一次性全额扣除;单位价值超过 100 万元的,允许缩短折旧年限或采取加速折旧方法。

3.企业按 1、2 条规定缩短折旧年限的,对其购置的新固定资产,最低折旧年限不得低于实施条例第六十条规定的折旧年限的 60%;对其购置的已使用过的固定资产,最低折旧年限不得低于实施条例规定的最低折旧年限减去已使用年限后剩余年限的 60%。最低折旧年限一经确定,不得改变。

4.企业按上述第 1、2 条规定采取加速折旧方法的,可以采用双倍余额递减法或者年数总和法。加速折旧方法一经确定,不得改变。

(四)设备、器具等固定资产一次性扣除规定

企业在 2018 年 1 月 1 日至 2020 年 12 月 31 日新购进的设备、器具(指除房屋、建筑物以外的固定资产),单位价值不超过 500 万元的,允许一次性计入当期成本费用在计算应纳税所得额时扣除,不再分年度计算折旧;单位价值超过 500 万元的,仍按《企业所得税法实施条例》、《财政部 国家税务总局关于完善固定资产加速折旧企业所得税政策的通知》(财税〔2014〕75 号)、《财政部 国家税务总局关于进一步完善固定资产加速折旧企业所得税政策的通知》(财税〔2015〕106 号)等相关规定执行。

(五)支持制造业企业加快技术改造和设备更新

1.财政部和税务总局 2019 年 4 月 23 日发布公告规定,自 2019 年 1 月 1 日起,适用《财政部 国家税务总局关于完善固定资产加速折旧企业所得税政策的通知》(财税〔2014〕75 号)和《财政部 国家税务总局关于进一步完善固定资产加速折旧企业所得税政策的通知》(财税〔2015〕106 号)规定固定资产加速折旧优惠的行业范围,扩大至全部制造业领域。

2.制造业按照国家统计局《国民经济行业分类和代码(CB/T4754—2017)》确定。今后国家有关部门更新国民经济行业分类和代码,从其规定。

3.制造业企业未享受固定资产加速折旧优惠的,可自公告发布后在月(季)度预缴申报时享受优惠或在2019年度汇算清缴时享受优惠。

七、减计收入优惠

企业综合利用资源,生产符合国家产业政策规定的产品所取得的收入,可以在计算应纳税所得额时减计收入。

综合利用资源,是指企业以《资源综合利用企业所得税优惠目录》规定的资源作为主要原材料,生产国家非限制和禁止并符合国家和行业相关标准的产品取得的收入,减按90%计入收入总额。

上述所称原材料占生产产品材料的比例不得低于《资源综合利用企业所得税优惠目录》规定的标准。

【任务实施】

【任务6—4】

【正确答案】A

【答案解析】企业购置并实际使用符合规定的环境保护、节能节水、安全生产等专用设备的,该专用设备的投资额的10%可以从企业当年的应纳税额中抵免。增值税进项税额允许抵扣,其专用设备投资额不再包括增值税进项税额。应缴纳企业所得税=168×25%−300×10%=12(万元)

八、税额抵免优惠

企业购置并实际使用《环境保护专用设备企业所得税优惠目录》(2017年版)、《节能节水专用设备企业所得税优惠目录》(2017年版)和《安全生产专用设备企业所得税优惠目录》规定的环境保护、节能节水、安全生产等专用设备的,该专用设备的投资额的10%可以从企业当年的应纳税额中抵免;当年不足抵免的,可以在以后5个纳税年度结转抵免。

享受前款规定的企业所得税优惠的企业,应当实际购置并自身实际投入使用前款规定的专用设备;企业购置上述专用设备在5年内转让、出租的,应当停止享受企业所得税优惠,并补缴已经抵免的企业所得税税款。转让的受让方可以按照该专用设备投资额的10%抵免当年企业所得税应纳税额;当年应纳税额不足抵免的,可以在以后5个纳税年度结转抵免。

企业同时从事适用不同企业所得税待遇项目的,其优惠项目应当单独计算所得,并合理分摊企业的期间费用;没有单独计算的,不得享受企业所得税优惠。

自2009年1月1日起,增值税一般纳税人购进固定资产发生的进项税额可从其销项税额中抵扣。如增值税进项税额允许抵扣,其专用设备投资额不再包括增值税进项税额;如增值税进项税额不允许抵扣,其专用设备投资额应为增值税专用发票上注明的价格合计金额。企业购买专用设备取得普通发票的,其专用设备投资额为普通发票上注明的金额。

九、民族自治地方的优惠

民族自治地方的自治机关对本民族自治地方的企业应缴纳的企业所得税中属于地方分享

的部分,可以决定减征或者免征。自治州、自治县决定减征或者免征的,须报省、自治区、直辖市人民政府批准。

对民族自治地方内国家限制和禁止行业的企业,不得减征或者免征企业所得税。

十、非居民企业优惠

非居民企业减按10%的税率征收企业所得税。这里的非居民企业,是指在中国境内未设立机构、场所的,或者虽设立机构、场所但取得的所得与其所设机构、场所没有实际联系的企业。

非居民企业取得下列所得免征企业所得税。

1.外国政府向中国政府提供贷款取得的利息所得。

2.国际金融组织向中国政府和居民企业提供优惠贷款取得的利息所得。

3.经国务院批准的其他所得。

十一、特殊行业优惠

(一)鼓励软件产业和集成电路产业发展

为进一步鼓励软件产业和集成电路产业发展,财税〔2012〕27号文件规定了相应的企业所得税优惠政策,主要有:

1.集成电路线宽小于0.8微米(含)的集成电路生产企业,经认定后,在2017年12月31日前自获利年度起计算优惠期,第一年至第二年免征企业所得税,第三年至第五年按照25%的法定税率减半征收企业所得税,并享受至期满为止。

2.集成电路线宽小于0.25微米或投资额超过80亿元的集成电路生产企业,经认定后,减按15%的税率征收企业所得税,其中经营期在15年以上的,在2017年12月31日前自获利年度起计算优惠期,第一年至第五年免征企业所得税,第六年至第十年按照25%的法定税率减半征收企业所得税,并享受至期满为止。

3.我国境内新办的集成电路设计企业和符合条件的软件企业,经认定后,在2018年12月31日前自获利年度起计算优惠期,第一年至第二年免征企业所得税,第三年至第五年按照25%的法定税率减半征收企业所得税,并享受至期满为止。

软件企业所得税优惠政策适用于经认定并实行查账征收方式的软件企业。所称经认定,是指经国家规定的软件企业认定机构按照软件企业认定管理的有关规定进行认定并取得软件企业认定证书。

软件企业的获利年度,是指软件企业开始生产经营后,第一个应纳税所得额大于零的纳税年度,包括对企业所得税实行核定征收方式的纳税年度。软件企业享受定期减免税优惠的期限应当连续计算,不得因中间发生亏损或其他原因而间断。

4.国家规划布局内的重点软件企业和集成电路设计企业,如当年未享受免税优惠的,可减按10%的税率征收企业所得税。

5.2018年1月1日后新设立的集成电路线宽小于130纳米,且经营期限在10年以上的集成电路生产企业或项目,第一年和第二年免征企业所得税、第三年至第五年按25%法定税率减半征收,享受至期满为止。

6.2018年1月1日后新设的集成电路线宽小于65纳米或投资额超过150亿元,且经营期限在 15 年以上的集成电路生产企业或项目,第一年至第五年免征企业所得税、第六年至第十年按 25% 法定税率减半征收,享受至期满为止。

7.享受上述第 5 条和第 6 条优惠的集成电路生产企业,优惠期自企业获利年度起算;按集成电路生产项目享受上述第 5 条和第 6 条优惠的,优惠期自项目取得第一笔生产经营收入所属纳税年度起算。

8.2017 年 12 月 31 日前设立但未获利的集成电路线宽小于 0.25 微米或投资超过 80 亿元,且经营期在 15 年以上的集成电路生产企业,自获利年度起享受五免五减半的优惠待遇,按 25% 法定税率减半征收并享受至期满为止。

9.2017 年 12 月 31 日前设立但未获利的集成电路线宽小于 0.8 微米(含)的集成电路生产企业,自获利年度起享受两免三减半的优惠待遇,按 25% 法定税率减半征收并享受至期满为止。

(二)鼓励证券投资基金发展

1.对证券投资基金从证券市场中取得的收入,包括买卖股票、债券的差价收入,股权的股息、红利收入,债券的利息收入及其他收入,暂不征收企业所得税。

2.对投资者从证券投资基金分配中取得的收入,暂不征收企业所得税。

3.对证券投资基金管理人运用基金买卖股票、债券的差价收入,暂不征收企业所得税。

(三)节能服务公司的优惠政策

自 2011 年 1 月 1 日起,对符合条件的节能服务公司实施合同能源管理项目,符合企业所得税税法有关规定的,自项目取得第一笔生产经营收入所属纳税年度起,第一年至第三年免征企业所得税,第四年至第六年按照 25% 的法定税率减半征收企业所得税。

(四)电网企业电网新建项目

根据《中华人民共和国企业所得税法》及其实施条例的有关规定,居民企业从事符合《公共基础设施项目企业所得税优惠目录(2008 年版)》规定条件和标准的电网(输变电设施)的新建项目,可依法享受"三免三减半"的企业所得税优惠政策。基于企业电网新建项目的核算特点,暂以资产比例法,即以企业新增输变电固定资产原值占企业总输变电固定资产原值的比例,合理计算电网新建项目的应纳税所得额,并据此享受"三免三减半"的企业所得税优惠政策。

(五)从事污染防治的第三方企业

自 2019 年 1 月 1 日起至 2021 年 12 月 31 日,对符合条件的从事污染防治的第三方企业(以下称第三方防治企业)减按 15% 的税率征收企业所得税。

第三方防治企业是指受排污企业或政府委托,负责环境污染治理设施(包括自动连续监测设施,下同)运营维护的企业。第三方防治企业应当同时符合以下条件:

1.在中国境内(不包括港、澳、台地区)依法注册的居民企业;

2.具有 1 年以上连续从事环境污染治理设施运营实践,且能够保证设施正常运行;

3.具有至少 5 名从事本领域工作且具有环保相关专业中级及以上技术职称的技术人员,或者至少 2 名从事本领域工作且具有环保相关专业高级及以上技术职称的技术人员;

4.从事环境保护设施运营服务的年度营业收入占总收入的比例不低于 60%;

5.具备检验能力,拥有自有实验室,仪器配置可满足运行服务范围内常规污染物指标的检测需求;

6.保证其运营的环境保护设施正常运行,使污染物排放指标连续稳定达到国家或者地方规定的排放标准要求;

7.具有良好的纳税信用,近三年内纳税信用等级未被评定为C级或D级。

十二、西部大开发的税收优惠

(一)适用范围

适用范围包括重庆市、四川省、贵州省、云南省、西藏自治区、陕西省、甘肃省、宁夏回族自治区、青海省、新疆维吾尔自治区、新疆生产建设兵团、内蒙古自治区和广西壮族自治区(上述地区统称西部地区)。湖南省湘西土家族苗族自治州、湖北省恩施土家族苗族自治州、吉林省延边朝鲜族自治州、江西省赣州市,可以比照西部地区的税收优惠政策执行。

(二)具体内容

1.对设在西部地区国家鼓励类产业企业,在2011年1月1日至2020年12月31日,减按15%的税率征收企业所得税。

国家鼓励类产业企业,是指以《产业结构调整指导目录》(2005年版)中规定的产业项目为主营业务,其主营业务收入占企业总收入70%以上的企业。

2.对西部地区2010年12月31日前新办的,根据《财政部 国家税务总局 海关总署关于西部大开发税收优惠政策问题的通知》(财税〔2001〕202号)规定,可以享受企业所得税"两免三减半"的交通、电力、水利、广播电视企业,其享受的企业所得税"两免三减半"优惠可以继续享受到期满为止。

3.对在西部地区新办交通、电力、水利、邮政、广播电视企业,上述项目业务收入占企业总收入70%以上的,可以享受企业所得税如下优惠政策:内资企业自开始生产经营之日起,第一年至第二年免征企业所得税,第三年至第五年减半征收企业所得税。

上述企业同时符合本规定条件的,第三年至第五年减半征收企业所得税时,按15%税率计算出应纳所得税额后减半执行。

上述所称企业,是指投资主体自建、运营上述项目的企业,单纯承揽上述项目建设的施工企业不得享受两年免征、三年减半征收企业所得税的政策。

(三)赣州市执行西部大开发政策的规定

2012年1月1日至2020年12月31日,对设在赣州市的鼓励类产业的内资企业和外商投资企业减按15%的税率征收企业所得税。

鼓励类产业的内资企业是指以《产业结构调整指导目录》中规定的鼓励类产业项目为主营业务,且其主营业务收入占企业收入总额70%以上的企业。

鼓励类产业的外商投资企业是指以《外商投资产业指导目录》中规定的鼓励类项目和《中西部地区外商投资优势产业目录》中规定的江西省产业项目为主营业务,且其主营业务收入占企业收入总额70%以上的企业。

任务七 应纳税额的计算

【任务引例】

【任务7-1】某市生产企业为增值税一般纳税人,2019年取得产品不含税销售收入6 000万元,当年发生产品销售成本2 600万元,销售费用1 200万元,管理费用480万元,财务费用60万元,投资收益120万元;营业外支出150万元;销售税金160万元,其中含增值税120万元。当年发生部分业务如下所示:

(1)计入成本、费用中的实发工资总额1 000万元,拨缴职工工会经费25万元、发生职工福利费150万元、发生职工教育经费30万元。

(2)销售费用含当年发生的广告支出1 050万元。

(3)管理费用中含当年发生的业务招待费25万元。

(4)营业外支出中含通过公益性社会团体向贫困山区捐款100万元,因管理不善造成的资产损失15万元,直接捐赠给扶贫帮扶对象5万元,支付税收滞纳金6万元。

(5)当年向境内关联方借款750万元,年利率7%(金融企业同期贷款利率为6%),实际支付利息52.5万元。关联企业在该企业的权益性投资为250万元,该企业不能证明此项交易符合独立原则,也不能证明实际税负不高于关联企业。

(6)当年撤回对境内某公司的股权投资取得85万元,其中原始投资成本50万元,相当于被投资企业累计未分配利润和累计盈余公积按减少实收资本的比例计算的部分为15万元。

(7)当年12月购入机器设备一台并投入使用,不含税价款为350万元,采用直线法进行摊销,预计使用年限为10年,净残值率为5%,企业选择一次性扣除。

(8)该企业分别在A、B两国设有分公司(我国与A、B两国已经缔结避免双重征税协定),在A国分公司的应纳税所得额为50万元,A国税率为20%;在B国分公司的应纳税所得额为30万元,B国税率为30%。两个分公司在A、B两国分别缴纳了10万元和9万元的企业所得税,该企业选择分国抵免方法。

要求:根据上述资料,按下列顺序计算回答问题,如有计算需计算出合计数。

1. 计算企业的会计利润总额。
2. 计算业务(1)应调整的应纳税所得额。
3. 计算业务(2)应调整的应纳税所得额。
4. 计算业务(3)应调整的应纳税所得额。
5. 计算业务(4)应调整的应纳税所得额。
6. 计算业务(5)应调整的应纳税所得额。
7. 计算业务(6)应调整的应纳税所得额。
8. 计算业务(7)应调整的应纳税所得额,并说明理由。
9. 计算企业境内所得的应纳税所得额。

10.计算企业境外所得在我国应补缴的企业所得税额。
11.计算企业年终汇算清缴实际缴纳的企业所得税。

【任务准备】

一、居民企业应纳税额的计算

居民企业应缴纳所得税额等于应纳税所得额乘以适用税率,基本计算公式为:
应纳税额＝应纳税所得额×适用税率－减免税额－抵免税额
根据计算公式可以看出,应纳税额的多少,取决于应纳税所得额和适用税率两个因素。在实际过程中,应纳税所得额的计算一般有两种方法。

(一)直接计算法

在直接计算法下,企业每一纳税年度的收入总额减除不征税收入、免税收入、各项扣除以及允许弥补的以前年度亏损后的余额为应纳税所得额。计算公式与前述相同,即为:
应纳税所得额＝收入总额－不征税收入－免税收入－各项扣除金额－允许弥补的以前年度亏损

(二)间接计算法

在间接计算法下,是在会计利润总额的基础上加或减按照税法规定调整的项目金额后,即为应纳税所得额。计算公式为:
应纳税所得额＝会计利润总额±纳税调整项目金额
纳税调整项目金额包括两方面的内容,一是税收规定范围与会计规定不一致的应予以调整的金额;二是税法规定扣除标准与会计规定不一致的应予以调整的金额。

二、居民企业核定征收应纳税额的计算

(一)核定征收企业所得税的范围

核定征收办法适用于居民企业纳税人,纳税人具有下列情形之一的,核定征收企业所得税:
1.依照法律、行政法规的规定可以不设置账簿的。
2.依照法律、行政法规的规定应当设置但未设置账簿的。
3.擅自销毁账簿或者拒不提供纳税资料的。
4.虽设置账簿,但账目混乱或者成本资料、收入凭证、费用凭证残缺不全,难以查账的。
5.发生纳税义务,未按照规定的期限办理纳税申报,经税务机关责令限期申报,逾期仍不申报的。
6.申报的计税依据明显偏低,又无正当理由的。
特殊行业、特殊类型的纳税人和一定规模以上的纳税人不适用核定征收办法。上述特定纳税人由国家税务总局另行明确。
根据国家税务总局公告 2012 年第 27 号规定,自 2012 年 1 月 1 日起,专门从事股权(股票)投资业务的企业,不得核定征收企业所得税。
对依法按核定应税所得率方式核定征收企业所得税的企业,取得的转让股权(股票)收入等

转让财产收入，应全额计入应税收入额，按照主营项目(业务)确定适用的应税所得率计算征税；若主营项目(业务)发生变化，应在当年汇算清缴时，按照变化后的主营项目(业务)重新确定适用的应税所得率计算征税。

(二)核定征收的办法

税务机关应根据纳税人的具体情况，对核定征收企业所得税的纳税人，核定应税所得率或者核定应纳所得税额。

1.具有下列情形之一的，核定其应税所得率：

(1)能正确核算(查实)收入总额，但不能正确核算(查实)成本费用总额的。

(2)能正确核算(查实)成本费用总额，但不能正确核算(查实)收入总额的。

(3)通过合理方法，能计算和推定纳税人收入总额或成本费用总额的。

纳税人不属于以上情形的，核定其应纳所得税额。

2.税务机关采用下列方法核定征收企业所得税

(1)参照当地同类行业或者类似行业中经营规模和收入水平相近的纳税人的税负水平核定。

(2)按照应税收入额或成本费用支出额定率核定。

(3)按照耗用的原材料、燃料、动力等推算或测算核定。

(4)按照其他合理方法核定。

采用前款所列一种方法不足以正确核定应纳税所得额或应纳税额的，可以同时采用两种以上的方法核定。采用两种以上方法测算的应纳税额不一致时，可按测算的应纳税额从高核定。

采用应税所得率方式核定征收企业所得税的，应纳所得税额计算公式如下：

应纳所得税额＝应纳税所得额×适用税率

应纳税所得额＝应税收入额×应税所得率

或：应纳税所得额＝成本(费用)支出额÷(1－应税所得率)×应税所得率

实行应税所得率方式核定征收企业所得税的纳税人，经营多业的，无论其经营项目是否单独核算，均由税务机关根据其主营项目确定适用的应税所得率。

主营项目应为纳税人所有经营项目中，收入总额或者成本(费用)支出额或者耗用原材料、燃料、动力数量所占比重最大的项目。

应税所得率按下表规定的幅度标准确定。

应税所得率的幅度标准 单位:%

行业	应税所得率
农、林、牧、渔业	3～10
制造业	5～15
批发和零售贸易业	4～15
交通运输业	7～15

续表

行业	应税所得率
建筑业	8～20
饮食业	8～25
娱乐业	15～30
其他行业	10～30

纳税人的生产经营范围、主营业务发生重大变化，或者应纳税所得额或应纳税额增减变化达到20%的，应及时向税务机关申报调整已确定的应纳税额或应税所得率。

(三)核定征收企业所得税的管理

1.主管税务机关应及时向纳税人送达《企业所得税核定征收鉴定表》，及时完成对其核定征收企业所得税的鉴定工作。

纳税人应在收到《企业所得税核定征收鉴定表》后10个工作日内，填好该表并报送主管税务机关。《企业所得税核定征收鉴定表》一式三联，主管税务机关和县税务机关各执一联，另一联送达纳税人执行。主管税务机关还可根据实际工作需要，适当增加联次备用。

纳税人收到《企业所得税核定征收鉴定表》后，未在规定期限内填列、报送的，税务机关视同纳税人已经报送，按上述程序进行复核认定。

2.纳税人实行核定应税所得率方式的，按下列规定申报纳税：

(1)主管税务机关根据纳税人应纳税额的大小确定纳税人按月或者按季预缴，年终汇算清缴。预缴方法一经确定，一个纳税年度内不得改变。

(2)纳税人应依照确定的应税所得率计算纳税期间实际应缴纳的税额，进行预缴。按实际数额预缴有困难的，经主管税务机关同意，可按上一年度应纳税额的1/12或1/4预缴，或者按经主管税务机关认可的其他方法预缴。

(3)纳税人预缴税款或年终进行汇算清缴时，应按规定填写《中华人民共和国企业所得税月(季)度预缴纳税申报表(B类)》，在规定的纳税申报时限内报送主管税务机关。

3.纳税人实行核定应纳所得税额方式的，按下列规定申报纳税：

(1)纳税人在应纳所得税额尚未确定之前，可暂按上年度应纳所得税额的1/12或1/4预缴，或者按经主管税务机关认可的其他方法，按月或按季分期预缴。

(2)在应纳所得税额确定以后，减除当年已预缴的所得税额，余额按剩余月份或季度均分，以此确定以后各月或各季的应纳税额，由纳税人按月或按季填写《中华人民共和国企业所得税月(季)度预缴纳税申报表(B类)》，在规定的纳税申报期限内进行纳税申报。

(3)纳税人年度终了后，在规定的时限内按照实际经营额或实际应纳税额向税务机关申报纳税。申报额超过核定经营额或应纳税额的，按申报额缴纳税款；申报额低于核定经营额或应纳税额的，按核定经营额或应纳税额缴纳税款。

4.对违反核定征收规定的行为，按照《中华人民共和国税收征收管理法》及其实施细则的有关规定处理。

三、非居民企业应纳税额的计算

对于在中国境内未设立机构、场所的,或者虽设立机构、场所但取得的所得与其所设机构、场所没有实际联系的非居民企业的所得,按照下列方法计算应纳税所得额:

(一)股息、红利等权益性投资收益和利息、租金、特许权使用费所得,以收入全额为应纳税所得额。

(二)转让财产所得,以收入全额减除财产净值后的余额为应纳税所得额。

(三)其他所得,参照前两项规定的方法计算应纳税所得额。

(四)扣缴企业所得税应纳税额计算。

扣缴企业所得税应纳税额=应纳税所得额×实际征收率

四、非居民企业所得税核定征收办法

非居民企业因会计账簿不健全,资料残缺难以查账,或者其他原因不能准确计算并据实申报其应纳税所得额的,税务机关有权采取以下方法核定其应纳税所得额。

(一)按收入总额核定应纳税所得额:适用于能够正确核算收入或通过合理方法推定收入总额,但不能正确核算成本费用的非居民企业。计算公式如下:

应纳税所得额=收入总额×经税务机关核定的利润率

(二)按成本费用核定应纳税所得额:适用于能够正确核算成本费用,但不能正确核算收入总额的非居民企业。计算公式如下:

应纳税所得额=成本费用总额÷(1-经税务机关核定的利润率)×经税务机关核定的利润率

(三)按经费支出换算收入核定应纳税所得额:适用于能够正确核算经费支出总额,但不能正确核算收入总额和成本费用的非居民企业。计算公式如下:

应纳税所得额=经费支出总额÷(1-经税务机关核定的利润率)×经税务机关核定的利润率

(四)税务机关可按照以下标准确定非居民企业的利润率:

1.从事承包工程作业、设计和咨询劳务的,利润率为15%~30%。

2.从事管理服务的,利润率为30%~50%。

3.从事其他劳务或劳务以外经营活动的,利润率不低于15%。

税务机关有根据认为非居民企业的实际利润率明显高于上述标准的,可以按照比上述标准更高的利润率核定其应纳税所得额。

(五)非居民企业与中国居民企业签订机器设备或货物销售合同,同时提供设备安装装配、技术培训、指导、监督服务等劳务,其销售货物合同中未列明提供上述劳务服务收费金额,或者计价不合理的,主管税务机关可以根据实际情况,参照相同或相近业务的计价标准核定劳务收入。无参照标准的,以不低于销售货物合同总价款的10%为原则,确定非居民企业的劳务收入。

【任务实施】

【任务7-1】

【答案解析】

(1) 会计利润总额 = 6 000 − 2 600 − 1 200 − 480 − 60 + 120 − 150 − (160 − 120) = 1 590(万元)

(2) 工会经费应调增所得额 = 25 − 1 000 × 2% = 5(万元)

职工福利费应调增所得额 = 150 − 1 000 × 14% = 10(万元)

职工教育经费扣除限额 = 1 000 × 8% = 80(万元)，实际发生 30 万元，可以据实扣除，无须调整。

工资和三项经费应调增所得额 = 10 + 5 = 15(万元)

(3) 广告费扣除限额 = 6 000 × 15% = 900(万元)

广告费调增所得额 = 1 050 − 900 = 150(万元)

(4) 业务招待费扣除限额 = 6 000 × 5‰ = 30(万元) > 25 × 60% = 15(万元)

业务招待费调增所得额 = 25 − 15 = 10(万元)

(5) 公益性捐赠扣除限额 = 1 590 × 12% = 190.8(万元)，实际发生的公益性捐赠 100 万元，可以据实扣除，无须调整。直接捐赠和税收滞纳金，不得税前扣除。

应调增所得额 = 5 + 6 = 11(万元)

(6) 可以扣除的利息费用 = 250 × 2 × 6% = 30(万元)，应纳税调增 = 52.5 − 30 = 22.5(万元)。

(7) 相当于被投资企业累计未分配利润和累计盈余公积按减少实收资本的比例计算的部分是免税的，因此纳税调减 15 万元。

(8) 2019 年应调整应纳税所得额 0 万元。

理由：企业在 2018 年 1 月 1 日至 2020 年 12 月 31 日期间新购进的设备、器具，单位价值不超过 500 万元的，允许一次性计入当期成本费用在计算应纳税所得额时扣除。固定资产在投入使用月份的次月所属年度一次性税前扣除。所以 2019 年 12 月购入的机器设备，在 2020 年度一次性扣除。

(9) 境内所得的应纳税所得额 = 1 590 + 15 + 150 + 10 + 11 + 22.5 − 15 − (50 + 30)(境外所得) = 1 703.5(万元)

(10) A 国扣除限额 = 50 × 25% = 12.5(万元)

B 国扣除限额 = 30 × 25% = 7.5(万元)

在 A 国缴纳的所得税为 10 万元，低于扣除限额 12.5 万元，可全额扣除。

在 B 国缴纳的所得税为 9 万元，高于扣除限额 7.5 万元，其超过扣除限额的部分 1.5 万元当年不能扣除。

在我国应补缴的所得税额 = 12.5 − 10 = 2.5(万元)

(11) 年终汇算清缴实际缴纳的企业所得税 = 1 703.5 × 25% + 2.5 = 428.38(万元)

任务八 征收管理

【任务引例】
【任务8—1】如何征收企业所得税?
【任务8—2】合伙企业如何确定应纳税所得额?
【任务准备】

一、纳税地点

(一)除税收法律、行政法规另有规定外,居民企业以企业登记注册地为纳税地点;但登记注册地在境外的,以实际管理机构所在地为纳税地点。企业注册登记地是指企业依照国家有关规定登记注册的住所地。

(二)居民企业在中国境内设立不具有法人资格的营业机构的,应当汇总计算并缴纳企业所得税。企业汇总计算并缴纳企业所得税时,应当统一核算应纳税所得额,具体办法由国务院财政、税务主管部门另行制定。

(三)非居民企业在中国境内设立机构、场所的,应当就其所设机构、场所取得的来源于中国境内的所得,以及发生在中国境外但与其所设机构、场所有实际联系的所得,以机构、场所所在地为纳税地点。非居民企业在中国境内设立两个或者两个以上机构、场所的,经税务机关审核批准,可以选择由其主要机构、场所汇总缴纳企业所得税。非居民企业经批准汇总缴纳企业所得税后,需要增设、合并、迁移、关闭机构、场所或者停止机构、场所业务的,应当事先由负责汇总申报缴纳企业所得税的主要机构、场所向其所在地税务机关报告;需要变更汇总缴纳企业所得税的主要机构、场所的,依照前款规定办理。

(四)非居民企业在中国境内未设立机构、场所的,或者虽设立机构、场所但取得的所得与其所设机构、场所没有实际联系的所得,以扣缴义务人所在地为纳税地点。

(五)除国务院另有规定外,企业之间不得合并缴纳企业所得税。

二、纳税期限

企业所得税按年计征,分月或者分季预缴,年终汇算清缴,多退少补。

企业所得税的纳税年度,自公历1月1日起至12月31日止。企业在一个纳税年度的中间开业,或者由于合并、关闭等原因终止经营活动,使该纳税年度的实际经营期不足12个月的,应当以其实际经营期为1个纳税年度。企业清算时,应当以清算期间作为1个纳税年度。

自年度终了之日起5个月内,向税务机关报送年度企业所得税纳税申报表,并汇算清缴,结清应缴应退税款。

企业在年度中间终止经营活动的,应当自实际经营终止之日起60日内,向税务机关办理当期企业所得税汇算清缴。

三、纳税申报

按月或按季预缴的,应当自月份或者季度终了之日起15日内,向税务机关报送预缴企业所得税纳税申报表,预缴税款。

企业在报送企业所得税纳税申报表时,应当按照规定附送财务会计报告和其他有关资料。

企业应当在办理注销登记前,就其清算所得向税务机关申报并依法缴纳企业所得税。

依照企业所得税法缴纳的企业所得税,以人民币计算。所得以人民币以外的货币计算的,应当折合成人民币计算并缴纳税款。

企业在纳税年度内无论盈利或者亏损,都应当依照《企业所得税法》第五十四条规定的期限,向税务机关报送预缴企业所得税纳税申报表、年度企业所得税纳税申报表、财务会计报告和税务机关规定应当报送的其他有关资料。

四、源泉扣缴

(一)扣缴义务人

1.对非居民企业在中国境内未设立机构、场所的,或者虽设立机构、场所但取得的所得与其所设机构、场所没有实际联系的所得应缴纳的所得税,实行源泉扣缴,以支付人为扣缴义务人。税款由扣缴义务人在每次支付或者到期应支付时,从支付或者到期应支付的款项中扣缴。

上述所称支付人,是指依照有关法律规定或者合同约定对非居民企业直接负有支付相关款项义务的单位或者个人。

上述所称支付,包括现金支付、汇拨支付、转账支付和权益兑价支付等货币支付和非货币支付。

上述所称到期应支付的款项,是指支付人按照权责发生制原则应当计入相关成本、费用的应付款项。

2.对非居民企业在中国境内取得工程作业和劳务所得应缴纳的所得税,税务机关可以指定工程价款或者劳务费的支付人为扣缴义务人。

(二)扣缴方法

1.扣缴义务人扣缴税款时,按前述非居民企业计算方法计算税款。

2.应当扣缴的所得税,扣缴义务人未依法扣缴或者无法履行扣缴义务的,由企业在所得发生地缴纳。企业未依法缴纳的,税务机关可以从该企业在中国境内其他收入项目的支付人应付的款项中,追缴该企业的应纳税款。

上述所称所得发生地,是指依照实施条例第七条规定的原则确定的所得发生地;中国境内存在多处所得发生地的,由企业选择其中之一申报缴纳企业所得税。

上述所称该企业在中国境内的其他收入,是指该企业在中国境内取得的其他各种来源的收入。

3.税务机关在追缴该企业应纳税款时,应当将追缴理由、追缴数额、缴纳期限和缴纳方式等告知该企业。

4.扣缴义务人每次代扣的税款,应当自代扣之日起7日内缴入国库,并向所在地的税务机关报送扣缴企业所得税报告表。

五、合伙企业所得税的征收管理

自2008年1月1日起,合伙企业缴纳的所得税按下列规定处理,此前规定与下列规定有抵触的,以下列规定为准。

(一)合伙企业以每一个合伙人为纳税义务人。合伙企业合伙人是自然人的,缴纳个人所得税;合伙人是法人和其他组织的,缴纳企业所得税。

(二)合伙企业生产经营所得和其他所得采取"先分后税"的原则。具体应纳税所得额的计算按照《关于个人独资企业和合伙企业投资者征收个人所得税的规定》(财税〔2000〕91号)及《财政部国家税务总局关于调整个体工商户个人独资企业和合伙企业个人所得税税前扣除标准有关问题的通知》(财税〔2008〕65号)的有关规定执行。

前款所称生产经营所得和其他所得,包括合伙企业分配给所有合伙人的所得和企业当年留存的所得(利润)。

(三)合伙企业的合伙人按照下列原则确定应纳税所得额:

1.合伙企业的合伙人以合伙企业的生产经营所得和其他所得,按照合伙协议约定的分配比例确定应纳税所得额。

2.合伙协议未约定或者约定不明确的,以全部生产经营所得和其他所得,按照合伙人协商决定的分配比例确定应纳税所得额。

3.协商不成的,以全部生产经营所得和其他所得,按照合伙人实缴出资比例确定应纳税所得额。

4.无法确定出资比例的,以全部生产经营所得和其他所得,按照合伙人数量平均计算每个合伙人的应纳税所得额。

合伙协议不得约定将全部利润分配给部分合伙人。

(四)亏损抵减

合伙企业的合伙人是法人和其他组织的,合伙人在计算其缴纳企业所得税时,不得用合伙企业的亏损抵减其盈利。

【任务实施】

【任务8—1】企业所得税按年计征,分月或者分季预缴,年终汇算清缴,多退少补。企业所得税的纳税年度为自公历1月1日起至12月31日。

【任务8—2】合伙企业的合伙人以合伙企业的生产经营所得和其他所得,按照合伙协议约定的分配比例确定应纳税所得额。

六、纳税申报表

中华人民共和国企业所得税年度纳税申报表(A类)

税款所属期间： 年 月 日至 年 月 日

纳税人名称

纳税人识别号： 金额单位:元(列至角分)

类别	行次	项目	金额
利润总额计算	1	一、营业收入	
	2	减：营业成本	
	3	税金及附加	
	4	销售费用	
	5	管理费用	
	6	财务费用	
	7	资产减值损失	
	8	加：公允价值变动收益	
	9	投资收益	
	10	二、营业利润(1－2－3－4－5－6－7＋8＋9)	
	11	加：营业外收入	
	12	减：营业外支出	
	13	三、利润总额(10＋11－12)	
应纳税所得额计算	14	减：境外所得	
	15	加：纳税调整增加额	
	16	减：纳税调整减少额	
	17	减：免税、减计收入及加计扣除	
	18	加：境外应税所得抵减境内亏损	
	19	四、纳税调整后所得(13－14＋15－16－17＋18)	
	20	减：所得减免	
	21	减：弥补以前年度亏损	
	22	减：抵扣应纳税所得额	
	23	五、应纳税所得额(19－20－21－22)	

续表

类别	行次	项目	金额
应纳税额计算	24	税率(25%)	
	25	六、应纳所得税额(23×24)	
	26	减：减免所得税额	
	27	减：抵免所得税额	
	28	七、应纳税额(25－26－27)	
	29	加：境外所得应纳所得税额	
	30	减：境外所得抵免所得税额	
	31	八、实际应纳所得税额(28+29－30)	
	32	减：本年累计实际已预缴的所得税额	
	33	九、本年应补(退)所得税额(31－32)	
	34	其中：总机构分摊本年应补(退)所得税额	
	35	财政集中分配本年应补(退)所得税额	
	36	总机构主体生产经营部门分摊本年应补(退)所得税额	
附列资料	37	以前年度多缴的所得税额在本年抵减额	
	38	以前年度应缴未缴在本年入库所得税额	

纳税人公章：	代理申报中介机构公章：	主管税务机关受理专用章：
经办人：	经办人及执业证件号码：	受理人：
申报日期：　年　月　日	代理申报日期：　年　月　日	受理日期：　年　月　日

【任务实操】

完成【任务7－1】企业所得税纳税申报表的填制。

项目六 个人所得税

【知识目标】

1. 了解掌握个人所得税的含义、个人所得税的纳税义务人,纳税义务人依据住所和居住时间两个标准区分为:居民个人和非居民个人,分别承担不同的纳税义务;
2. 了解掌握个人所得税征税范围和税率;
3. 了解掌握个人所得税应纳税所得额的确定、应纳税额的计算、税收优惠、征收管理过程。

【能力目标】

1. 运用所学居民个人和非居民个人划分标准,能够准确区分居民个人和非居民个人,能够确定居民个人和非居民个人承担的纳税义务;
2. 能够准确区分个人所得税征税范围;
3. 能够准确计算个人所得税的应纳税所得额,准确运用相关税收优惠政策并能够准确计算应纳税额;并能够灵活运用;能够进行纳税申报。

【素质目标】

1. 严格执行税法的有关规定,依法纳税,培养严谨、细致、踏实的工作作风;
2. 熟练掌握税法相关法规政策,工作、生活中增强法律意识,依法办事;
3. 具备良好的职业道德修养,爱岗敬业,廉洁自律,洁身自好。坚持原则,不做假账,真实客观地反映经济活动的面目。

工作情境

如果您是一名初涉职场的大学毕业生,若成功应聘到企业的财会部门,从事涉税业务的工作,一般都会涉及增值税、城市维护建设税、教育费附加、房产税、车辆购置税、车船税、印花税、个人所得税等纳税申报等工作。

作为税务会计,增值税、城市维护建设税、教育费附加、房产税、车辆购置税、车船税、印花税、个人所得税等各税种的征税范围、税额计算、税收优惠政策、纳税申报各个环节,都要熟悉掌握。

本项目涉及个人所得税的征税范围、税额计算、税收优惠政策、纳税申报等工作知识。这些又直接关系到职工个人、单位乃至国家的经济利益。

认真学习掌握本项目涉及个人所得税税种知识,使得您在税务会计岗位工作得心应手,完全胜任企业的财会部门税务会计岗位的工作。

任务一　个人所得税概念、纳税义务人

【任务引例】

大学毕业生张楠应聘到牡丹江市兴业商贸有限公司财务部,同事遇到了如下问题需要解决,请你帮助她。

【任务1—1】约翰是美国人,在我国境内无住所,2019年7月10日来我国工作,2020年5月15日回美国,其间从未离境,则按我国税法规定,约翰属于(　　)纳税人。

A.2019年度为我国非居民个人,2020年度为我国居民个人

B.2019年度为我国居民个人,2020年度为我国非居民个人

C.2019年度和2020年度均为我国非居民个人

D.2019年度和2020年度均为我国居民个人

【任务1—2】根据个人所得税法的规定,个人所得税的纳税义务人包括(　　)。

A.个体工商业主　　　　　　B.个人独资企业

C.在中国有所得的外籍人员　　D.私营企业

【任务准备】

一、个人所得税的概念

个人所得税的基本规范,是1980年9月10日第五届全国人民代表大会第三次会议制定的《中华人民共和国个人所得税法》(以下简称《个人所得税法》),多年来通过了七次修改,目前适用的是2018年8月31日,由第十三届全国人民代表大会常务委员会第五次会议修改通过并公布的,自2019年1月1日起施行。个人所得税法是指国家制定的,用以调整个人所得税征收与缴纳之间权利及义务关系的法律规范。

二、纳税义务人

个人所得税的纳税义务人,包括中国公民、个体工商业户、个人独资企业、合伙企业投资者、在中国有所得的外籍人员(包括无国籍人员,下同)和香港、澳门、台湾同胞。上述纳税义务人依据住所和居住时间两个标准区分为:居民个人和非居民个人,分别承担不同的纳税义务。

(一)居民个人

居民个人,即负有无限纳税义务人。其所取得的应纳税所得,无论是来源于中国境内,还是中国境外任何地方,都要在中国缴纳个人所得税。

根据我国《个人所得税法》规定,居民个人,是指在中国境内有住所,或者无住所而一个纳税年度在中国境内居住累计满183天的个人。

在中国境内有住所的个人,是指因户籍、家庭、经济利益关系,而在中国境内习惯性居住的个人。这里所说的习惯性居住,是判定纳税义务人属于居民个人还是非居民个人的一个重要依据。它是指个人因学习、工作、探亲等原因消除之后,没有理由在其他地方继续居留时,所要回到的地方,而不是指实际居住或在某一个特定时期内的居住地。一个纳税人因学习、工作、探亲、旅游等原因,原来是在中国境外居住,但是在这些原因消除之后,如果必须回到中国境内居住的,则中国为该人的习惯性居住地。尽管该纳税义务人在一个纳税年度内,甚至连续几个纳税年度,都未在中国境内居住过1天,他仍然是中国的居民个人,应就其来自全球的应纳税所得,向中国缴纳个人所得税。

一个纳税年度在境内居住累计满183天,是指在一个纳税年度(公历1月1日起至12月31日,下同)内,在中国境内居住累计满183天。在计算居住天数时,按其一个纳税年度内,在我国境内的实际居住时间确定,取消了原有的临时离境规定。即境内无住所的某人在一个纳税年度内无论出境多少次,只要在我国境内累计居住满183天,就可判定为我国的居民个人。综上可知,个人所得税的居民个人包括以下两类:

1.在中国境内定居的中国公民和外国侨民。但不包括虽具有中国国籍,却并没有在中国大陆定居,而是侨居海外的华侨和居住在香港、澳门、台湾的同胞。

2.从公历1月1日起至12月31日,在中国境内累计居住满183天的外国人、海外侨胞和香港、澳门、台湾同胞。例如,一个外籍人员从2018年10月起到中国境内的公司任职,在2019年纳税年度内,虽然曾多次离境回国,但由于该外籍个人在我国境内的居住停留时间累计达206天,已经超过了一个纳税年度内在境内累计居住满183天的标准。因此,该纳税义务人应为居民个人。

现行税法中关于"中国境内"的概念,是指中国大陆地区,目前还不包括香港、澳门和台湾地区。

(二)非居民个人

非居民个人,是指不符合居民个人判定标准(条件)的纳税义务人。非居民个人,承担有限纳税义务,即仅就其来源于中国境内的所得,向中国缴纳个人所得税。

《个人所得税法》规定,非居民个人是"在中国境内,无住所又不居住,或者无住所而一个纳税年度内在我国境内居住累计不满183天的个人"。也就是说,非居民个人,是指习惯性居住地不在中国境内,而且不在中国居住;或者在一个纳税年度内,在中国境内居住累计不满183天的个人。

值得注意的是,在现实生活中,习惯性居住地不在中国境内的个人,只有外籍人员、华侨或香港、澳门和台湾同胞。因此,非居民个人实际上只能是在一个纳税年度中,没有在中国境内居住,或者在中国境内居住天数累计不满183天的外籍人员、华侨或香港、澳门、台湾同胞。

自2004年7月1日起,对境内居住的天数和境内实际工作期间按以下规定为准:

1.判定纳税义务时,如何计算在中国境内居住的天数。

对在中国境内无住所的个人,需要计算确定其在中国境内实际累计居住天数,以便依照税法和协定或安排的规定判定其在我国负有何种纳税义务时,均应以该个人实际在我国逗留天数计算。上述个人入境、离境、往返或多次往返我国境内外的当日,均按1天计算其在我国实际逗留天数。

2.个人入、离我国境内当日及在我国境内实际工作期间的判定。

对在中国境内、境外机构同时担任职务或仅在境外机构任职的境内无住所个人,在按《国家税务总局关于在中国境内无住所的个人计算缴纳个人所得税若干具体问题的通知》(国税函发〔1995〕125号)第一条的规定,计算其中国境内工作期间时,对其入境、离境、往返或多次往返中国境内外的当日,均按半天计算为在华实际工作天数(如表6—1所示)。

表6—1　　　　　　　　　　个人所得税纳税义务人

纳税义务人	按划分标准区分不同的纳税义务人	判定标准说明	纳税义务
中国公民、个体工商业户、个人独资企业、合伙企业投资者、在中国有所得的外籍人员(包括无国籍人员,下同)和香港、澳门、台湾同胞。	依据住所和居住时间两个标准区分,划分分别承担不同义务的纳税人。	居民个人	在中国境内定居的中国公民和外国侨民。但不包括虽具有中国国籍,却并没有在中国大陆定居,而是侨居海外的华侨和居住在香港、澳门、台湾的同胞。	居民个人,就来源于中国境内和境外的全部所得纳税。
			从公历1月1日起至12月31日,在中国境内累计居住满183天的外国人、海外侨胞和香港、澳门、台湾同胞。	
		非居民个人	不符合居民个人判定标准(条件)的纳税义务人	非居民个人,仅就来源于中国境内的所得纳税。

【任务实施】

【任务1—1】

【正确答案】C

【答案解析】在中国境内无住所又不居住,或者无住所而一个纳税年度内在中国境内居住累计不满183天的个人,为非居民个人。在2019年度和2020年度,约翰的在华时间都没有超过183天,因此他这两年都属于我国的非居民个人。

【任务1—2】

【正确答案】ABC

【答案解析】选项D,私营企业可能是企业所得税的纳税义务人。个人独资企业和合伙企业投资者是个人所得税的纳税人。

任务二 征税范围与税率

【任务引例】

大学毕业生张楠应聘到牡丹江市兴业商贸有限公司财务部，同事遇到了如下问题需要解决，请你帮助她。

【任务2—1】居民个人取得的下列所得，应纳入"综合所得"计征个人所得税的是（　　）。

A.偶然所得　　　　　　　　B.特许权使用费

C.股息红利所得　　　　　　D.财产转让所得

【任务2—2】居民个人下列各项中，属于"综合所得"项目按年计算征税的有（　　）。

A.工资薪金所得　　　　　　B.劳务报酬所得

C.经营所得　　　　　　　　D.财产租赁所得

【任务2—3】下列各项中，应当按照工资、薪金所得项目征收个人所得税的有（　　）。

A.劳动分红　　　　　　　　B.独生子女补贴

C.差旅费津贴　　　　　　　D.超过规定标准的误餐费

【任务2—4】对个人代销彩票取得的所得，计征个人所得税时，适用的所得项目是（　　）。

A.劳务报酬所得　　　　　　　　　　　　B.工资、薪金所得

C.对企事业单位的承包经营、承租经营所得　　D.经营所得

【任务2—5】下列个人收入，属于纳税人应按"劳务报酬"所得缴纳个人所得税的有（　　）。

A.张某办理内退手续后，在其他单位重新就业取得的收入

B.王某由任职单位派遣到外商投资企业担任总经理取得的收入

C.陈某为供货方介绍业务，从供货方取得的佣金

D.演员江某到外地演出，取得由当地主办方支付的演出费

【任务2—6】个人作品以图书、报刊形式出版、发表取得的所得应按（　　）税目计征个人所得税。

A.工资、薪金所得　　　　　　B.劳务报酬所得

C.特许权使用费所得　　　　　D.稿酬所得

【任务2—7】下列补贴中，属于个人所得税"工资、薪金所得"征税范围的是（　　）。

A.独生子女补贴　　　　　　B.劳动分红

C.托儿补助费　　　　　　　D.外国来华留学生领取的生活津贴费

【任务2—8】以下应按照"特许权使用费所得"征收个人所得税的是（　　）。

A.转让债券取得的所得

B.转让住房取得的所得

C.个人将其收藏的已故作家文字作品手稿拍卖取得的所得

D.个人将自己的文字作品手稿拍卖取得的所得

【任务2—9】根据个人所得税法的规定,个人所得税的纳税义务人包括(　　)。
A.个体工商业主　　　　　　　　B.个人独资企业
C.在中国有所得的外籍人员　　　　D.私营企业

【任务2—10】下列选项,不应按照"利息、股息、红利所得"项目征收个人所得税的有(　　)。
A.个人取得的企业债券利息
B.合伙企业的个人投资者以企业资金为本人购买住房
C.个人参与商场的抽奖活动抽到的奖金
D.公司职工取得的用于购买企业国有股权的劳动分红

【任务2—11】下列各项所得,按"工资、薪金所得"缴纳个人所得税的有(　　)。
A.年终一次性奖金　　　　　　　　B.退休后再任职取得的收入
C.从事个体出租车运营的出租车驾驶员取得的收入
D.出租汽车经营单位对出租车驾驶员采取单车承包或承租方式运营,出租车驾驶员从事客货营运取得的收入

【任务2—12】下列个人收入,应按照"特许权使用费所得"项目缴纳个人所得税的有(　　)。
A.作家公开拍卖自己的文字作品手稿原件的收入
B.电视剧编剧从电视剧制作中心获得的剧本使用费收入
C.画家公开拍卖自己绘画时使用过的金笔取得的收入
D.作者公开拍卖自己的文字作品复印件的收入

【任务2—13】下列各项中,适用5%～35%的五级超额累进税率,征收个人所得税的有(　　)。
A.个体工商户的生产经营所得　　　　B.合伙企业的生产经营所得
C.个人独资企业的生产经营所得　　　　D.对企事业单位的承包经营、承租经营所得

【任务准备】

一、征税范围

个人所得税的征税对象是纳税义务人取得的应税所得。《个人所得税法》列举征税的个人所得共有9项。居民个人取得下列第一项至第四项所得(以下称综合所得),按纳税年度合并计算个人所得税;非居民个人取得下列第一项至第四项所得,按月或者按次分项计算个人所得税。纳税人取得下列第五项至第九项所得,分别计算个人所得税。

个人所得税是主要以自然人取得的各类应税所得为征税对象,而征收的一种所得税。是政府利用税收对个人收入进行调节的一种手段。个人所得税的纳税人不仅包括个人,还包括具有自然人性质的企业。从世界范围看个人所得税的税制模式有三种:分类征收制、综合征收制与混合征收制。(1)分类征收制,就是将纳税人不同来源、性质的所得项目,分别规定不同的税率征税;(2)综合征收制,是对纳税人全年的各项所得加以汇总,就其总额进行征税;(3)混合征收制,是对纳税人不同来源、性质的所得,先分别按照不同的税率征税,然后将全年的各项所得进行汇总征税。三种不同的征收模式各有其优缺点。

目前,我国个人所得税已初步建立分类与综合相结合的征收模式,即混合征收制。个人所得税在组织财政收入、增强公民纳税意识,尤其在调节个人收入分配差距方面具有重要作用。

征税范围:综合征收＋分类征收

税目	非居民个人	居民个人
1.工资、薪金所得	按月分项计算	按纳税年度合并计算 个人所得税——综合所得
2.劳务报酬所得	按次分项计算	
3.稿酬所得	按次分项计算	
4.特许权使用费所得	按次分项计算	
5.经营所得	按年分项计算	按年分项计算
6.利息、股息、红利所得	按次分项计算	按次分项计算
7.财产租赁所得	按次分项计算	按月分项计算
8.财产转让所得	按次分项计算	按次分项计算
9.偶然所得	按次分项计算	按次分项计算

【任务准备】

【任务2－1】

【正确答案】B

【答案解析】居民个人取得工资、薪金、劳务报酬、稿酬、特许权使用费四项所得为综合所得。

【任务2－2】

【正确答案】AB

【答案解析】对于居民纳税人而言，综合所得只包括工资薪金所得、劳务报酬所得、稿酬所得和特许权使用费所得，不包括其他税目。

(一)工资、薪金所得

工资、薪金所得，是指个人因任职或者受雇而取得的工资、薪金、奖金、年终加薪、劳动分红、津贴、补贴以及与任职或者受雇有关的其他所得。

1.工资、薪金所得涵盖范围

一般来说，工资、薪金所得属于非独立个人劳动所得。所谓非独立个人劳动，是指个人所从事的是由他人指定、安排并接受管理的劳动，工作或服务于公司、工厂、行政事业单位的人员(私营企业主除外)均为非独立劳动者。他们从上述单位取得的劳动报酬，是以工资、薪金的形式体现的。在这类报酬中，工资和薪金的收入主体略有差异。

通常情况下，把直接从事生产、经营或服务的劳动者(工人)的收入称为工资，即所谓"蓝领阶层"所得；而将从事社会公职或管理活动的劳动者(公职人员)的收入称为薪金，即所谓"白领阶层"所得。但实际立法过程中，我国是从简便易行的角度考虑，将工资、薪金合并为一个项目，计征个人所得税。

工资、薪金所得涵盖范围除工资、薪金以外，奖金、年终加薪、劳动分红、津贴、补贴也被确定为工资、薪金范畴。其中，年终加薪、劳动分红不分种类和取得情况，一律按工资、薪金所得课税。这里的奖金是指所有具有工资性质的奖金，但免税奖金的范围在税法中另有规定。此外，还有一些所得的发放被视为取得都是工资、薪金所得的情形。例如，公司职工取得的用于购买企业国有股权的劳动分红,按"工资、薪金所得"项目,计征个人所得税;再如,出租汽车经营单位,对出租车驾驶员采取单车承包或承租方式运营,出租车驾驶员从事客货营运取得的收入,按"工资、薪金所得"项目征税。

2.个人取得的津贴、补贴,不计入工资、薪金所得的项目有:

根据我国目前个人收入的构成情况,规定对于一些不属于工资、薪金性质的补贴、津贴或者不属于纳税人本人工资、薪金所得项目的收入,不予征税。这些项目包括:

(1)独生子女补贴。

(2)执行公务员工资制度,未纳入基本工资总额的补贴、津贴差额和家属成员的副食品补贴。

(3)托儿补助费。

(4)差旅费津贴、误餐补助。其中,误餐补助是指按照财政部规定,个人因公在城区、郊区工作,不能在工作单位或返回就餐的,依据实际误餐顿数,按规定的标准领取的误餐费。

注意:单位以误餐补助名义发给职工的补助、津贴不能包括在内。

(5)外国来华留学生,领取的生活津贴费、奖学金,不属于工资、薪金范畴,不征个人所得税。

3.军队干部取得的补贴、津贴中,有8项不计入"工资、薪金所得"项目征税,即:

(1)政府特殊津贴。

(2)福利补助。

(3)夫妻分居补助费。

(4)随军家属无工作生活困难补助。

(5)独生子女保健费。

(6)子女保教补助费。

(7)机关在职军以上干部公勤费(保姆费)。

(8)军粮差价补贴。

4.军队干部取得的以下补贴、津贴,暂不征税。

(1)军人职业津贴。

(2)军队设立的艰苦地区补助。

(3)专业性补助。

(4)基层军官岗位津贴(营连排长岗位津贴)。

(5)伙食补贴。

(二)劳务报酬所得

劳务报酬所得,是指个人独立从事非雇用的各种劳务,所取得的所得。内容如下:

1.设计,是指按照客户的要求,代为制定工程、工艺等各类设计业务。

2.装潢,是指接受委托,对物体进行装饰、修饰,使之美观或具有特定用途的作业。

3.安装,是指按照客户要求,对各种机器、设备的装配、安置,以及与机器、设备相连的附属设施的装设和被安装机器设备的绝缘、防腐、保温、油漆等工程作业。

4.制图,是指受托按实物或设想物体的形象,依体积、面积、距离等,用一定比例绘制成平面图、立体图、透视图等的业务。

5.化验，是指受托用物理或化学的方法，检验物质的成分和性质等业务。

6.测试，是指利用仪器、仪表或其他手段，代客户对物品的性能和质量进行检测、试验的业务。

7.医疗，是指从事各种病情诊断、治疗等医护业务。

8.法律，是指受托担任辩护律师、法律顾问，撰写辩护词、起诉书等法律文书的业务。

9.会计，是指受托从事会计核算的业务。

10.咨询，是指对客户提出的政治、经济、科技、法律、会计、文化等方面的问题，进行解答、说明的业务。

11.讲学，是指应邀(聘)进行讲课、作报告、介绍情况等业务。

12.翻译，是指受托从事中、外语言或文字的翻译(包括笔译和口译)的业务。

13.审稿，是指对文字作品或图形作品进行审查、核对的业务。

14.书画，是指按客户要求，或自行从事书法、绘画、题词等业务。

15.雕刻，是指代客镌刻图章、牌匾、碑、玉器、雕塑等业务。

16.影视，是指应邀或应聘在电影、电视节目中，出任演员或担任导演、音响、化妆、道具、制作、摄影等与拍摄影视节目有关的业务。

17.录音，是指使用录音器械，代客户录制各种音响、磁带的业务，或者应邀演讲、演唱、采访等而被录音的服务。

18.录像，是指使用录像器械，代客户录制各种图像、节目的业务；或者应邀表演、采访等被录像的业务。

19.演出，是指参加戏剧、音乐、舞蹈、曲艺等文艺演出活动的业务。

20.表演，是指从事杂技、体育、武术、健美、时装、气功以及其他技巧性表演活动的业务。

21.广告，是指利用图书、报纸、杂志、广播、电视、电影、招贴、路牌、橱窗、霓虹灯、灯箱、墙面及其他载体，为介绍商品、经营服务项目、文体节目或通告、声明等事项，所做的宣传和提供相关服务的业务。

22.展览，是指举办或参加书画展览、影视展、盆景展、邮展、个人收藏品展、花鸟虫鱼展等各种展示活动的业务。

23.技术服务，是指利用自己的一技之长而进行技术指导、提供技术帮助的业务。

24.介绍服务，是指介绍供求双方商谈，或者介绍产品、经营服务项目等服务的业务。

25.经纪服务，是指经纪人通过居间介绍，促成各种交易和提供劳务等服务的业务。

26.代办服务，是指代委托人办理受托范围内的各项事宜的业务。

27.其他劳务，指上述列举的26项劳务项目之外的各种劳务。

【值得注意】：(1)自2004年1月20日起，对商品营销活动中，企业和单位对其营销业绩突出的非雇员，以培训班、研讨会、工作考察等名义组织旅游活动，通过免收差旅费、旅游费，对个人实行的营销业绩奖励(包括实物、有价证券等)。应根据所发生费用的金额，作为该营销人员当期的劳务收入，按照"劳务报酬所得"项目征收个人所得税，并由提供上述费用的企业和单位代扣代缴。(2)个人由于担任董事职务所取得的董事费收入，属于劳务报酬所得性质，按照"劳务报酬所得"项目征收个人所得税，但仅适用于个人担任公司董事、监事，且不在公司任职、受雇的情形。个人在公司(包括关联公司)任职、受雇，同时兼任董事、监事的，应将董事费、监事费与个人工资收入合并，统一按照"工资、薪金所得"项目征收个人所得税。

一项所得是属于工资、薪金所得，还是属于劳务报酬所得。这两者的区别在于：

项目	区别
工资、薪金所得	工资、薪金所得是属于非独立个人劳务活动，即在机关、团体、学校、部队、企业、事业单位及其他组织中任职、受雇而得到的报酬。
劳务报酬所得	劳务报酬所得，则是个人独立从事各种技艺、提供各项劳务取得的报酬。

（三）稿酬所得

稿酬所得，是指个人因其作品以图书、报刊形式出版、发表而取得的所得。这里所说的作品，包括文学作品、书画作品、摄影作品，以及其他作品。注意：对不以图书、报刊形式出版、发表的翻译、审稿、书画所得归为"劳务报酬"所得。主要是考虑了出版、发表作品的特殊性。将"稿酬所得"独立划归一个征税项目，第一，它是一种依靠较高智力创作的精神产品；第二，它具有普遍性；第三，它与社会主义精神文明和物质文明密切相关；第四，它的报酬相对偏低。因此，"稿酬所得"应当与一般"劳务报酬"相区别，对"稿酬所得"项目单列征税，有利于单独制定征税办法，并给予适当优惠照顾，体现国家的优惠、照顾政策。

（四）特许权使用费所得

特许权使用费所得，是指个人提供专利权、商标权、著作权、非专利技术以及其他特许权的使用权取得的所得。提供著作权的使用权取得的所得，不包括稿酬所得。

专利权，是由国家专利主管机关依法授予专利申请人或其权利继承人在一定期间内实施其发明创造的专有权。商标权，即商标注册人享有的商标专用权。著作权即版权，是作者依法对文学、艺术和科学作品享有的专有权。个人提供或转让商标权、著作权、专有技术或技术秘密、技术诀窍取得的所得，应当依法按"特许权使用费所得"项目征收个人所得税。

（五）经营所得

经营所得，是指：

1.个体工商户从事生产、经营活动取得的所得，个体工商户以业主为个人所得税纳税义务人。

个人独资企业投资人、合伙企业的个人合伙人，来源于境内注册的个人独资企业、合伙企业生产、经营的所得。

2.个人依法从事办学、医疗、咨询，以及其他有偿服务活动取得的所得。

3.个人对企业、事业单位承包经营、承租经营，以及转包、转租取得的所得。

对企事业单位的承包经营、承租经营所得，是指个人承包经营或承租经营，以及转包、转租取得的所得。承包项目可分多种，如：生产经营、采购、销售、建筑安装等各种承包、转包项目：包括全部转包或部分转包。

4.个人从事其他生产、经营活动取得的所得。

例如，个人因从事彩票代销业务而取得的所得；或者从事个体出租车运营的出租车驾驶员取得的收入，都应按照"经营所得"项目计征个人所得税。这里所说的从事个体出租车运营,包括:出租车属个人所有,但挂靠出租汽车经营单位或企事业单位,驾驶员向挂靠单位缴纳管理费的;或出租汽车经营单位将出租车所有权转移给驾驶员的。

注意:个体工商户和从事生产、经营活动的个人,取得与生产、经营活动无关的其他各项应税所得,应分别按照其他应税项目的有关规定,计算征收个人所得税。如,取得银行存款的利息所得、对外投资取得的股息所得,应按"股息、利息、红利"税目的规定,单独计征个人所得税。个人独资企业、合伙企业的个人投资者,以企业资金为本人、家庭成员及其相关人员,支付与企业生产、经营活动无关的消费性支出,以及购买汽车、住房等财产性支出,视为企业对个人投资者利润分配,应并入投资者个人的生产、经营所得,依照"经营所得"项目计征个人所得税。

(六)利息、股息、红利所得

利息、股息、红利所得,是指个人拥有债权、股权而取得的利息、股息、红利所得。

1.利息,是指个人拥有债权而取得的利息,包括存款利息、贷款利息和各种债券的利息。按税法规定,个人取得的利息所得,除国债和国家发行的金融债券利息外,都应当依法缴纳个人所得税。

2.股息、红利,是指个人拥有股权取得的股息、红利。按照一定的比率对每股发给的息金叫股息;公司、企业应分配的利润,按拥有股份分配的叫红利。股息、红利所得,除另有规定外,都应当缴纳个人所得税。

除个人独资企业、合伙企业以外的其他企业的个人投资者,以企业资金为本人、家庭成员,及其相关人员支付与企业生产、经营活动无关的消费性支出,以及购买汽车、住房等财产性支出,视为企业对个人投资者的红利分配,依照"利息、股息、红利所得"项目计算征收个人所得税。

在纳税年度内,个人投资者从其投资企业(个人独资企业、合伙企业除外)借款,在该纳税年度终了后,既不归还又未用于企业生产、经营的,其未归还的借款,可视为企业对个人投资者的红利分配,依照"利息、股息、红利所得"项目计算征收个人所得税。

(七)财产租赁所得

财产租赁所得,是指个人出租不动产、机器设备、车船,以及其他财产取得的所得。个人取得的财产转租收入,属于"财产租赁所得"的征税范围,由财产转租人按"财产租赁所得"缴纳个人所得税。

(八)财产转让所得

财产转让所得,是指个人转让有价证券、股权、合伙企业中的财产份额、不动产、机器设备、车船,以及其他财产取得的所得。

个人进行的财产转让主要是个人财产所有权的转让。财产转让实际上是一种买卖行为,当事人双方通过签订、履行财产转让合同,形成财产买卖的法律关系,使出让财产的个人从对方取得价款(收入)或其他经济利益。财产转让所得因其性质的特殊性,需要单独列举项目征税。对个人取得的各项财产转让所得,除股票转让所得外,都要征收个人所得税。具体规定为:

1.股票转让所得。

根据《个人所得税法实施条例》规定,对股票转让所得征收个人所得税的办法,由国务院另行规定,并报全国人民代表大会常务委员会备案。鉴于我国证券市场发育还不成熟,股份制改革仍需完善,对股票转让所得的计算、征税办法和纳税期限的确认等,都需要做深入的调查研究后,结合国际通行的做法,作出符合我国实际的规定。因此,国务院决定,对股票转让所得暂不征收个人所得税。

2.量化资产股份转让。

集体所有制企业在改制为股份合作制企业时,对职工个人以股份形式取得的拥有所有权的企业量化资产,暂缓征收个人所得税;待个人将股份转让时,就其转让收入额,减除个人取得该股份时,实际支付的费用支出和合理转让费用后的余额,按"财产转让所得"项目计算征收个人所得税。

(九)偶然所得

偶然所得,是指个人得奖、中奖、中彩,以及其他偶然性质的所得。

1.得奖,是指参加各种有奖竞赛活动,取得名次得到的奖金;

2.中奖、中彩,是指参加各种有奖活动,如:有奖销售、有奖储蓄或者购买彩票,经过规定程序抽中、摇中号码而取得的奖金。

偶然所得应缴纳的个人所得税税款,一律由发奖单位或机构代扣代缴。

如果个人取得的所得,难以界定应纳税所得项目的,由国务院税务主管部门确定。

【任务实施】

【任务2—3】

【正确答案】AD

【答案解析】选项B、C不计入工资薪金所得。

【任务2—4】

【正确答案】D

【答案解析】个人因从事彩票代销业务而取得的所得、从事个体出租车运营的出租车驾驶员取得的收入,按"经营所得"缴纳个人所得税。

【任务2—5】

【正确答案】CD

【答案解析】选项A,退休人员再任职的,按"工资薪金"缴纳个税;选项B,由于担任总经理职位,按"工资薪金"缴纳个税。

【任务2—6】

【正确答案】D

【答案解析】个人作品以图书、报刊形式出版、发表取得的所得按稿酬所得计征个人所得税。

【任务2—7】

【正确答案】B

【答案解析】根据我国目前个人收入的构成情况,规定对于一些不属于工资、薪金性质的补贴、津贴或者不属于纳税人本人工资、薪金所得项目的收入,不予征税,包括:独生子女补贴;执行公务员工资制度未纳入基本工资总额的补贴、津贴等差额和家属成员的副食品补贴;差旅费津贴、误餐补助;外国来华留学生,领取的生活津贴费、奖学金等。

【任务2-8】
【正确答案】D
【答案解析】选项A、B、C按照财产转让所得征税。

【任务2-9】
【正确答案】ABC
【答案解析】选项D,私营企业可能是企业所得税的纳税义务人。个人独资企业和合伙企业投资者是个人所得税的纳税人。

【任务2-10】
【正确答案】BCD
【答案解析】选项B,按照"经营所得"项目征税;选项C,按照"偶然所得"项目征税;选项D,按照"工资、薪金所得"项目征税。

【任务2-11】
【正确答案】ABD
【答案解析】选项C,按"经营所得"项目缴纳个人所得税。

【任务2-12】
【正确答案】ABD
【答案解析】选项C应按照"财产转让所得"项目缴纳个人所得税。

二、税率

(一)综合所得适用税率

综合所得适用七级超额累进税率,税率为3%～45%(见表6-1)。

居民个人每一纳税年度内取得的综合所得,包括:工资薪金所得、劳务报酬所得、稿酬所得和特许权使用费所得。

表6-1 综合所得个人所得税税率表

级数	全年应纳税所得额	税率(%)
1	不超过36000元的	3
2	超过36000元至144000元的部分	10
3	超过144000元至300000元的部分	20
4	超过300000元至420000元的部分	25
5	超过420000元至660000元的部分	30
6	超过660000元至960000元的部分	35
7	超过960000元的部分	45

注1:本表所称全年应纳税所得额,是指依照税法的规定,居民个人取得综合所得以每一纳税年度收入额减除费用六万元,以及专项扣除、专项附加扣除和依法确定的其他扣除后的

余额;

注2:非居民个人取得工资、薪金所得,劳务报酬所得,稿酬所得和特许权使用费所得,依照本表按月换算后计算应纳税额。

(二)经营所得适用五级超额累进税率,税率为5%~35%(见表6-2)

表6-2   经营所得个人所得税税率表

级数	全年应纳税所得额	税率(%)
1	不超过30000元的	5
2	超过30000元至90000元的部分	10
3	超过90000元至300000元的部分	20
4	超过300000元至500000元的部分	30
5	超过500000元的部分	35

注:本表所称全年应纳税所得额,是指依照本法第六条的规定,以每一纳税年度的收入总额减除成本、费用以及损失后的余额。

这里值得注意的是,由于目前实行承包、承租经营的形式较多,分配方式也不相同,因此,承包、承租人按照承包、承租经营合同(或协议)规定取得所得的适用税率也不一致。

(1)承包、承租人对企业经营成果不拥有所有权,仅是按合同(或协议)规定取得一定所得的,其所得按"工资、薪金所得"项目征税,纳入年度综合所得,适用3%~45%的七级超额累进税率(表6-1)。

(2)承包、承租人按合同(或协议)的规定,只向发包、出租方缴纳一定费用后,企业经营成果归其所有的,承包、承租人取得的所得,按对企事业单位的承包经营、承租经营"经营所得"项目,适用5%~35%的五级超额累进税率征税(表6-2)。

(三)其他所得适用税率

利息、股息、红利所得,财产租赁所得,财产转让所得和偶然所得,适用税率为20%的比例税率。

【任务实施】

【任务2-13】

【正确答案】ABCD

【答案解析】选项A、B、C、D均属于经营所得,适用五级超额累进税率,税率为5%~35%。

任务三 应纳税所得额的确定

【任务引例】
大学毕业生张楠应聘到牡丹江市兴业商贸有限公司财务部,同事遇到了如下问题需要解决,请你帮助她。

【任务3-1】个人取得的下列所得中,适用按年征收个人所得税的是( )。
A.经营家庭旅馆取得的所得   B.将房产以年租的方式取得的租金所得
C.转让房产取得的所得   D.转让持有期满一年的股票取得的所得

【任务3-2】下列关于计算个人所得税时可扣除的财产原值表述正确的是( )。
A.拍卖通过画廊购买的字画,原值为该字画的市场价值
B.拍卖通过赠送取得的字画,原值为其受赠该字画时所发生的相关税费
C.拍卖祖传的字画,原值为该字画的评估价值
D.拍卖通过拍卖行拍得的字画,原值为该字画的市场价值

【任务3-3】下列关于纳税人享受符合规定的专项附加扣除计算时间的说法,正确的有( )。
A.学前教育阶段,为子女年满3周岁当月至小学入学前一月
B.专业技术人员职业资格继续教育,为取得相关证书的当月
C.赡养老人,为被赡养人年满60周岁的次月至赡养义务终止的年末
D.住房租金,为租赁合同(协议)约定的房屋租赁期开始的当月至租赁期结束的当月

【任务3-4】下列属于个人所得税专项附加扣除项目的有( )。
A.子女教育   B.继续教育   C.住房租金   D.赡养老人

【任务3-5】对于个人的财产转让所得,在计算征收个人所得税时,准予从收入中扣除的财产原值及合理费用有( )。
A.有价证券的原值   B.建筑物的建造费用
C.机器设备的购进价格及运输费   D.转让土地使用权所取得的价外收入

【任务3-6】中国公民赵某出版作品集,取得稿酬所得20000元,赵某稿酬所得年末应并入综合所得的收入额为( )元。
A.2240   B.20000   C.11200   D.16000

【任务准备】

应纳税所得额的规定

由于个人所得税的应税项目不同,并且取得某项所得所需费用也各不相同,因此,计算个人应纳税所得额时,需按不同的应税项目分项计算。是以某项应税项目的收入额减去税法规定的该项目费用减除标准后的余额,为该应税项目应纳税所得额。正确计算应纳税所得

额,是依法征收个人所得税的基础和前提。

(一)每次收入的确定

《个人所得税法》规定,对纳税义务人个人所得税征税方法有三种:(1)是按年计征,如,经营所得,居民个人取得的综合所得;(2)是按月计征,如,非居民个人取得的工资、薪金所得;(3)是按次计征,如,利息、股息、红利所得,财产租赁所得,偶然所得和非居民个人取得的劳务报酬所得,稿酬所得,特许权使用费所得等6项所得。

在按次征收情况下,由于扣除费用是依据每次应纳税所得额的大小,分别规定了定额和定率扣除两种标准。如,财产租赁所得,每次收入不超过4 000元的,减除费用800元;4 000元以上的减除20%的费用,其余额为应纳税所得额。

个人所得税计算征税方法一览表:

征税方法	适用情形
按年计征	经营所得、居民个人取得的综合所得
按月计征	非居民个人取得的工资、薪金所得
按次计征	利息、股息、红利所得;财产租赁所得;偶然所得;财产转让所得

非居民个人取得的劳务报酬、稿酬、特许权使用费等按次计征,前述6个项目的"次",按照《个人所得税法实施条例》作出了明确规定。具体规定是:

1.非居民个人取得"劳务报酬所得""稿酬所得""特许权使用费所得",根据不同所得项目的特点,分别规定为:

(1)属于一次性收入的,以取得该项收入为一次。

a.就"劳务报酬所得"来看,从事设计、安装、装潢、制图、化验、测试等劳务,往往是接受客户的委托,按照客户的要求,完成一次劳务后取得收入。因此,劳务报酬所得是属于只有一次性的收入,应以每次提供劳务取得的收入为一次。

两个以上的个人共同取得同一项目收入的,应当对每个人取得的收入分别按照个人所得税法的规定计算纳税。

但需要注意的是,如果一次性劳务报酬取得的收入,客户以分月支付方式取得的,就适用同一事项连续取得收入,以1个月内取得的收入为一次的规定。

b.就"稿酬所得"来看,以每次出版、发表取得的收入为一次,不论出版单位是预付,还是分笔支付稿酬;或者加印该作品后再付稿酬,均应合并其稿酬所得,按一次收入计征个人所得税。

具体又可细分为:同一作品再版取得的所得,应视作另一次稿酬所得收入计征个人所得税;同一作品先在报刊上连载,然后再出版,或先出版,再在报刊上连载的,应视为两次稿酬所得征税。即连载作为一次,出版作为另一次;同一作品在报刊上连载取得收入的,以连载完成后取得的所有收入合并为一次,计征个人所得税;同一作品在出版和发表时,以预付稿酬或分次支付稿酬等形式取得的稿酬收入,应合并计算为一次;同一作品出版、发表后,因添加印数,而追加稿酬的,应与以前出版、发表时取得的稿酬合并计算为一次,计征个人所得税;在两处或两处以上出版、发表或再版同一作品而取得稿酬所得,则可分别各处取得的所得或再版所得,按分次所得计征个人所得税;作者去世后,对取得其遗作稿酬的个人,按稿酬所得征收个人所得税。

稿酬所得按"次"计征个人所得税具体规定：

以每次出版、发表取得的收入为一次。	
①同一作品再版取得的所得	视为另一次稿酬所得计征个税
②同一作品出版、发表后，因添加印数而追加稿酬的	应与以前出版、发表时取得的稿酬合并计算为一次计征个税
③同一作品先在报刊上连载，再出版，或先出版，再在报刊上连载的	视为两次稿酬所得：连载作为一次，出版作为另一次
④在两处或两处以上出版、发表或再版同一作品而取得稿酬所得	可分别各处取得的所得或再版所得按分次所得计征个人所得税
⑤同一作品在报刊上连载取得收入的	以连载完成后取得的所有收入合并为一次，计征个税
⑥同一作品在出版和发表时，以预付稿酬或分次支付稿酬等形式取得稿酬收入	应合并计算为一次

c.就"特许权使用费所得"来看，以某项使用权的一次转让所取得的收入为一次。一个非居民个人，可能不仅拥有一项特许权利，每一项特许权的使用权也可能不止一次地向我国境内提供。因此，对特许权使用费所得按"次"征收的界定，明确为每一项使用权的每次转让所取得的收入为一次。如果该次转让取得的收入是分笔支付的，则应将各笔收入相加后作为一次的收入，计征个人所得税。

(2)属于同一事项连续取得收入的，以1个月内取得的收入为一次。例如，某外籍歌手(非居民个人)与一卡拉OK厅签约，在一定时期内，每天到卡拉OK厅演唱一次，每次演出后付酬600元。在计算其劳务报酬所得时，应视为同一事项的连续性收入，以其1个月内，取得的劳务报酬所得收入为一次计征个人所得税，而不能以每天取得的收入为一次。

2.财产租赁所得，以1个月内取得的租金收入为一次计征个人所得税。

3.利息、股息、红利所得，以支付利息、股息、红利时取得的收入为一次。

4.偶然所得，以每次取得的收入为一次。

(二)应纳税所得额和费用减除标准

1.居民个人取得综合所得，以每年收入额减除费用60 000元，以及专项扣除、专项附加扣除和依法确定的其他扣除后的余额，为应纳税所得额。

(1)专项扣除，包括居民个人按照国家规定的范围和标准，缴纳的基本养老保险、基本医疗保险、失业保险等社会保险费和住房公积金等。

(2)专项附加扣除，包括子女教育、继续教育、大病医疗、住房贷款利息或者住房租金、赡养老人等支出，具体范围、标准和实施步骤由国务院确定，并报全国人民代表大会常务委员会备案。并将根据教育、医疗、住房、养老等民生支出变化情况，适时调整专项附加扣除的范围和标准。取得综合所得和经营所得的居民个人可以享受专项附加扣除。

①子女教育

纳税人年满3岁的子女，接受学前教育和学历教育的相关支出，按照每个子女每月1 000元(每年12 000元)的标准定额扣除。

学前教育包括：年满3岁至小学入学前教育；学历教育包括：义务教育(小学、初中教育)、高中阶段教育(普通高中、中等职业、技工教育)、高等教育(大学专科、大学本科、硕士研究生、博士研究生教育)。

父母双方可以选择，由其中一方按扣除标准的100%扣除；也可以选择，由双方分别按扣除标准的50%扣除。具体扣除方式选择确定后，在一个纳税年度内不能变更。

纳税人子女在中国境外接受教育的，纳税人应当留存境外学校录取通知书、留学证等相关教育的证明资料备查。

②继续教育

纳税人在中国境内接受学历(学位)继续教育的支出，在学历(学位)教育期间，按照每月400元(每年4 800元)定额扣除。同一学历(学位)继续教育的扣除期限不能超过48个月(4年)。纳税人接受技能人员职业资格继续教育、专业技术人员职业资格继续教育支出，在取得相关证书的当年，按照3600元定额扣除。

个人接受本科及以下学历(学位)继续教育，符合税法规定扣除条件的，可以选择由其父母扣除，也可以选择由本人扣除。

纳税人接受技能人员职业资格继续教育、专业技术人员职业资格继续教育的，应当留存相关证书等资料备查。

③大病医疗

在一个纳税年度内，纳税人发生的与基本医疗保险相关的医药费用支出，扣除医保报销后，个人负担(指医保目录范围内的自付部分)累计超过15 000元的部分，由纳税人在办理年度汇算清缴时，在80 000元限额内据实扣除。

纳税人发生的医药费用支出，可以选择由本人或者其配偶扣除；未成年子女发生的医药费用支出，可以选择由其父母一方扣除。纳税人及其配偶、未成年子女发生的医药费用支出，应按前述规定分别计算扣除额。

纳税人应当留存医药服务收费及医保报销相关票据原件(或复印件)等资料备查。医疗保障部门应当向患者提供在医疗保障信息系统记录的本人年度医药费用信息查询服务。

④住房贷款利息。

纳税人本人或配偶，单独或共同使用商业银行住房贷款或住房公积金个人住房贷款，为本人或其配偶购买中国境内住房，发生的首套住房贷款利息支出，在实际发生住房贷款利息的年度，按照每月1 000元(每年12 000元)的标准定额扣除，扣除期限最长不超过240个月(20年)。

纳税人只能享受一套首套住房贷款利息扣除。这里所称首套住房贷款，是指购买住房享受首套住房贷款利率的住房贷款。经夫妻双方约定，可以选择由其中一方扣除。具体扣除方式在确定后，一个纳税年度内不得变更。

夫妻双方婚前分别购买住房发生的首套住房贷款，其婚前贷款利息支出，婚后可以选择其中一套购买的住房，由购买方按扣除标准的100%扣除，也可以由夫妻双方对各自购买的住房分别按扣除标准的50%扣除。具体扣除方式在一个纳税年度内不能变更。纳税人应当留存住房贷款合同、贷款还款支出凭证备查。

⑤住房租金

纳税人在主要工作城市没有自有住房，而发生的住房租金支出，可以按照以下标准定额扣除：直辖市、省会（首府）城市、计划单列市，以及国务院确定的其他城市，扣除标准为：每月1 500元（每年18 000元）。除上述所列城市外，市辖区户籍人口超过100万的城市，扣除标准为，每月1 100元（每年13 200元）；市辖区户籍人口不超过100万的城市，扣除标准为，每月800元（每年9 600元）；市辖区户籍人口，以国家统计局公布的数据为准。

这里所称主要工作城市，是指纳税人任职、受雇的直辖市、计划单列市、副省级城市、地级市（地区、州、盟）全部行政区域范围；纳税人无任职、受雇单位的，为受理其综合所得汇算清缴的税务机关所在城市。

夫妻双方主要工作城市相同的，只能由一方扣除住房租金支出，住房租金支出由签订租赁住房合同的承租人扣除。

纳税人及其配偶，在一个纳税年度内，不得同时分别享受住房贷款利息专项附加扣除和住房租金专项附加扣除。

纳税人应当留存住房租赁合同、协议等有关资料备查。

⑥赡养老人

纳税人赡养一位及以上被赡养人的赡养支出，统一按以下标准等额扣除：

纳税人为独生子女的，按照每月2 000元（每年24 000元）的标准定额扣除；纳税人为非独生子女的，由其与兄弟姐妹分配每月2 000元（每年24 000元）的扣除额度，每人分配的最高额度，不得超过每月1 000元（每年12 000元）。可以由共同赡养人均摊或者约定分摊，也可以由被赡养人指定分摊，约定分摊的或者指定分摊的必须签订书面分摊协议，指定分摊优于约定分摊。具体分摊方式和额度确定后，在一个纳税年度内不得变更。

这里所称被赡养老人是指年满60周岁的父母以及子女均已去世的年满60周岁的祖父母、外祖父母。

(3)依法确定的其他扣除，包括个人缴付的，符合国家规定的企业年金、职业年金、个人购买符合国家规定的商业健康保险、税收递延型商业养老保险的支出，以及国务院规定可以扣除的其他项目。

(4)专项扣除、专项附加扣除和依法确定的其他扣除。以居民个人一个纳税年度的应纳税所得额为限额，一个纳税年度扣除不完的，不结转以后年度扣除。

2.非居民个人的工资、薪金所得，是以每月收入额减除费用5 000元后的余额，为应纳税所得额；劳务报酬所得、稿酬所得、特许权使用费所得，是以每次收入额，为应纳税所得额。

3.经营所得，是以每一个纳税年度的收入总额减除成本、费用以及损失后的余额，为应纳税所得额。

(1)这里所称的成本、费用，是指生产、经营活动中发生的，各项直接支出和分配计入成本的间接费用，以及销售费用、管理费用、财务费用。

(2)这里所称的损失，是指生产、经营活动中发生的，固定资产和存货等生产、经营活动中的实物资产盘亏、毁损、报废等损失；以及转让财产损失；坏账损失；自然灾害损失等不可抗力因素造成的损失，以及其他损失。

取得经营所得的个人，没有综合所得的，计算其每一纳税年度的应纳税所得额时，应当减除费用60 000元、专项扣除、专项附加扣除,以及依法确定的其他扣除。专项附加扣除在办理汇算清缴时减除。

在个人税收进行递延型商业养老保险试点区域内,取得个体工商户生产、经营活动所得、对企事业单位的承包、承租经营所得的个体工商户业主、个人独资企业投资者、合伙企业(自然人)的合伙人和承包、承租经营者,其缴纳的税收递延型商业养老保险保费,准予在申报扣除当年计算应纳税所得额时,予以限额据实扣除。扣除限额按照不超过当年应税收入的6%和12 000元,孰低原则办法确定。

从事生产、经营活动,未提供完整、准确的纳税资料,不能正确计算应纳税所得额的,由主管税务机关核定应纳税所得额或者应纳税额。

个人独资企业的投资者,以全部生产、经营活动所得为应纳税所得额;合伙企业的投资者按照合伙企业的全部生产、经营活动所得和合伙协议约定的分配比例,确定应纳税所得额;合伙协议没有约定分配比例的,以全部生产、经营活动所得和合伙人数量平均计算每个投资者的应纳税所得额。

上述所称生产、经营活动所得,包括:企业分配给投资者个人的所得和企业当年留存的所得(利润)。

对个体工商户业主、个人独资企业和合伙企业(自然人)投资者的生产、经营活动所得,依法计算征收个人所得税时,个体工商户业主、个人独资企业和合伙企业是自然人投资者本人的,费用扣除标准统一确定为一个纳税年度60 000元(按月费用扣除标准为5 000元)。

对企事业单位的承包经营、承租经营所得,以每一个纳税年度的收入总额,减除必要费用后的余额,为应纳税所得额。每一个纳税年度的收入总额,是指纳税义务人按照承包经营、承租经营合同规定,分得的经营利润和工资、薪金性质的所得。这里所说的减除的必要费用,是指一个纳税年度按年减除60 000元。

4.对财产租赁所得,是以每次收入不超过4 000元的,减除费用800元;每次收入4 000元以上的减除(每次收入)20%的费用,其余额为应纳税所得额。

5.对财产转让所得,是以转让财产的收入额减除财产原值和合理费用后的余额,为应纳税所得额。这里财产原值分别是指:

(1)有价证券原值,为买入价以及买入时,按照规定缴纳的有关费用。

(2)建筑物原值,为建造费或者购进价格以及其他有关费用。

(3)土地使用权原值,为取得土地使用权所支付的金额、开发土地的费用以及其他有关费用。

(4)机器设备、车船原值,为购进价格、运输费、安装费以及其他有关费用。

(5)其他财产原值,参照以上方法确定。

上述财产原值,纳税义务人未提供完整、准确的财产原值凭证,不能正确计算财产原值的,由主管税务机关核定其财产原值。

这里所称的合理费用,是指卖出财产时按照规定支付的有关费用。

6.利息、股息、红利所得和偶然所得,是以每次收入额为应纳税所得额。

(三)应纳税所得的其他规定

1.劳务报酬所得、稿酬所得、特许权使用费所得,以收入减除20%的费用后的余额为收入额。稿酬所得的收入额再减按70%计算。个人兼有不同的劳务报酬所得的,应当分别减除费用,计算缴纳个人所得税。

2.个人将其所得,对教育、扶贫、济困等公益慈善事业进行捐赠,捐赠额未超过纳税人申报的应纳税所得额30%的部分,可以从其应纳税所得额中扣除;国务院规定对公益慈善事业捐赠实行全额税前扣除的,从其规定。

这里所称个人将其所得,对教育、扶贫、济困等公益慈善事业进行捐赠,是指个人将其所得通过中国境内的公益性社会组织、国家机关,向教育、扶贫、济困等公益慈善事业的捐赠。

这里所称应纳税所得额,是指计算扣除捐赠额之前的应纳税所得额。

3.个人所得的形式,包括现金、实物、有价证券和其他形式的经济利益。(1)所得为实物的,应当按照取得的凭证上所注明的价格计算应纳税所得额;无凭证的实物或者凭证上所注明的价格明显偏低的,参照市场价格核定应纳税所得额;(2)所得为有价证券的,根据票面价格和市场价格,核定应纳税所得额;(3)所得为其他形式的经济利益的,参照市场价格核定应纳税所得额。

4.居民个人从中国境外取得的所得,可以从其应纳税额中抵免已在境外缴纳的个人所得税税额,但抵免额不得超过该纳税人境外所得依照本法规定计算的应纳税额。

5.所得为人民币以外货币的,按照办理纳税申报或者扣缴申报的上一月最后一日,人民币汇率中间价,折合成人民币计算应纳税所得额。年度终了后办理汇算清缴的,对已经按月、按季或者按次预缴税款的人民币以外货币所得,不再重新折算;对应当补税款的所得部分,按照上一个纳税年度最后一日,人民币汇率中间价,折合成人民币计算应纳税所得额。

6.对个人从事技术转让、提供劳务等过程中所支付的中介费,如能提供有效、合法凭证的,允许从其所得中扣除。

【任务实施】

【任务3—1】

【正确答案】A

【答案解析】劳务报酬所得,稿酬所得,特许权使用费所得,利息、股息、红利所得,财产租赁所得和偶然所得,属于按次征收个人所得税情况。

【任务3—2】

【正确答案】B

【答案解析】选项A,通过商店、画廊等途径购买的字画,原值为购买该字画时实际支付的价款;选项C,拍卖祖传收藏的字画,原值为其收藏该字画时发生的费用;选项D,通过拍卖行拍得的字画,原值为拍得该字画实际支付的价款及缴纳的相关税费。

【任务3—3】

【正确答案】AD

【答案解析】选项B,专业技术人员职业资格继续教育,为取得相关证书的当年;选项C,赡养老人,为被赡养人年满60周岁的当月至赡养义务终止的年末。

【任务3—4】

【正确答案】ABCD

【答案解析】个人所得税专项附加扣除,是指个人所得税法规定的子女教育、继续教育、大病医疗、住房贷款利息或者住房租金、赡养老人等6项专项附加扣除。

【任务 3—5】

【正确答案】ABC

【答案解析】按税法规定，计算财产转让所得时，应将与其相关成本、费用和税费予以扣除。故本题选项中的 A、B、C 的内容符合税法的扣除规定。

【任务 3—6】

【正确答案】C

【答案解析】收入额 = 20 000 × (1 − 20%) × 70% = 11 200(元)

任务四 税收优惠

【任务引例】
大学毕业生张楠应聘到牡丹江市兴业商贸有限公司财务部,同事遇到了如下问题需要解决,请你帮助她。

【任务4-1】下列各项中,不予免征个人所得税的所得是( )。
A.2020年内在船航行时间累计满183天的远洋船员,其取得的工资薪金
B.个人转让自用达5年以上并且是唯一的家庭居住用房取得的所得
C.军人的转业费、复员费
D.外籍个人从外商投资企业取得的股息、红利所得

【任务4-2】下列各项所得,免征个人所得税的有( )。
A.个人的房屋租赁所得
B.个人根据遗嘱继承房产的所得
C.储蓄机构内从事代扣代缴工作的办税人员取得的扣缴利息税手续费所得
D.个人转让自用达5年以上并且是唯一的家庭居住用房取得的所得

【任务4-3】下列选项中,免征个人所得税的有( )。
A.个人办理代扣代缴税款手续,按规定取得的扣缴手续费
B.个人举报、协查各种违法、犯罪行为而获得的奖金
C.国债和国家发行的金融债券利息
D.因严重自然灾害造成重大损失的

【任务4-4】下列各项所得,可以免征个人所得税的有( )。
A.外籍人员的探亲费
B.军人的转业安置费
C.国有企业职工从依法破产的企业中取得的一次性安置费收入
D.个人兼职取得的收入

【任务4-5】个人取得的下列所得中,免予征收个人所得税的是( )。
A.企业职工李某领取原提存的住房公积金
B.王某在单位任职表现突出获得5万元总裁特别奖金
C.徐某因持有某上市公司股票取得该上市公司年度分红
D.退休教授张某受聘任另一高校兼职教授每月取得4 000元工资

【任务4-6】国内某大学教授取得的下列所得中,免于征收个人所得税的是( )。
A.因任某高校兼职教授取得的讲课酬金
B.按规定取得原提存的住房公积金
C.因拥有持有期不足1年的某上市公司股票取得的股息

D.被学校评为校级优秀教师获得的奖金

【任务准备】

《个人所得税法》及其实施条例以及财政部、国家税务总局的若干规定等,都对个人所得项目给予了减税、免税的优惠,主要有以下方面。

一、免征个人所得税的优惠

1.省级人民政府、国务院部委和中国人民解放军军以上单位,以及外国组织颁发(颁布)的科学、教育、技术、文化、卫生、体育、环境保护等方面的奖金(奖学金)。

对个人获得的下列奖项的奖金收入,视为省级人民政府、国务院部委和中国人民解放军军以上单位,以及外国组织颁发(颁布)的科学、教育、技术、文化、卫生、体育、环境保护等方面的奖金(奖学金),免征个人所得税:

(1)曾宪梓教育基金会教师奖。

(2)学生个人参与"长江小小科学家"活动和"明天小小科学家"活动获得的奖金。

(3)联合国开发计划署和中国青少年发展基金会颁发的"国际青少年消除贫困奖"。

(4)中国青年乡镇企业家协会"母亲河(波司登)奖"。

(5)陈嘉庚基金会颁发的"陈嘉庚科学奖"。

(6)中国科学院"刘东生青年科学家奖""刘东生地球科学奖学金"。

(7)中华全国总工会、科技部、人社部举办的,"全国职工职业技能大赛"获奖者取得的奖金收入。

(8)中华环境保护基金会"中华宝钢环境优秀奖"。

(9)国土资源部、李四光地质科学奖基金"李四光地质科学奖"。

(10)国土资源部、黄汲清青年地质科学技术奖基金管理委员会"黄汲清青年地质科学技术奖"。

2.国债和国家发行的金融债券利息。

国债利息,是指个人持有中华人民共和国财政部发行的债券,而取得的利息所得;2012年及以后年度发行的地方政府债券(省、自治区、直辖市和计划单列市政府为发行和偿还主体)利息所得;国家发行的金融债券利息,是指个人持有经国务院批准发行的金融债券,而取得的利息所得。

3.按照国家统一规定发给的补贴、津贴。

按照国家统一规定发给的补贴、津贴,是指按照国务院规定发给的政府特殊津贴、院士津贴,以及国务院规定免予缴纳个人所得税的其他补贴、津贴。

4.福利费、抚恤金、救济金。

福利费,是指根据国家有关规定,从企业、事业单位、国家机关、社会团体提留的福利费或者工会经费中支付给个人的生活补助费;抚恤金,是发给伤残人员或死者家属的费用。抚恤金是国家按照相关规定对特殊人员抚慰(抚慰包括精神抚慰和物质抚慰等)和经济补偿;救济金,是指各级人民政府民政部门支付给个人的生活困难补助费。

5.保险赔款。

6.军人的转业费、复员费。

对退役士兵按照《退役士兵安置条例》规定,取得的一次性退役金,以及地方政府发放的一次性经济补助,免征个人所得税。

7.按照国家统一规定,发给干部、职工的安家费、退职费、退休工资、离休工资、离休生活补助费。

8.依照我国有关法律规定,应予免税的各国驻华使馆、领事馆的外交代表、领事官员和其他人员的所得。

上述所得,是指依照《中华人民共和国外交特权与豁免条例》和《中华人民共和国领事特权与豁免条例》规定免税的所得。

9.中国政府参加的国际公约,以及签订的协议中规定免税的所得。

10.对乡、镇(含乡、镇)以上人民政府或经县(含县)以上人民政府主管部门批准成立的有机构、有章程的见义勇为基金;或者类似性质组织,奖励见义勇为者的奖金或奖品,经主管税务机关核准,免征个人所得税。

11.企业和个人按照省级以上人民政府规定的比例缴付的住房公积金、医疗保险金、基本养老保险金、失业保险金,允许在个人应纳税所得额中扣除,免征收个人所得税。超过规定的比例缴付的部分,并入个人当期的工资、薪金收入,计征个人所得税。

个人领取原提存的住房公积金、医疗保险金、基本养老保险金时,免予征收个人所得税。对按照国家或省级地方政府规定的比例缴付的住房公积金、医疗保险金、基本养老保险金和失业保险金存入银行个人账户,所取得的利息收入,免征个人所得税。

12.对个人取得的教育储蓄存款利息所得,以及国务院财政部门确定的其他专项储蓄存款,或者储蓄性专项基金存款的利息所得,免征个人所得税。自2008年10月9日起,对居民储蓄存款利息,暂免征收个人所得税。

13.储蓄机构内从事代扣代缴工作的办税人员,取得的扣缴利息税手续费所得,免征个人所得税。

14.生育妇女按照县级以上人民政府根据国家有关规定制定的生育保险办法,取得的生育津贴、生育医疗费或其他属于生育保险性质的津贴、补贴,免征个人所得税。

15.对工伤职工及其近亲属,按照《工伤保险条例》规定取得的工伤保险待遇,免征个人所得税。

工伤保险待遇,包括工伤职工按照该条例规定,取得的一次性伤残补助金、伤残津贴、一次性工伤医疗补助金、一次性伤残就业补助金、工伤医疗待遇住院伙食补助费、外地就医交通食宿费用、工伤康复费用、辅助器具费用、生活护理费等,以及职工因工死亡,其近亲属按照该条例规定,取得的丧葬补助金、供养亲属抚恤金和一次性工亡补助金等。

16.对个体工商户或个人,以及个人独资企业和合伙企业从事种植业、养殖业、饲养业和捕捞业(以下简称"四业"),取得的所得,暂不征收个人所得税。

17.个人举报、协查各种违法、犯罪行为而获得的奖金。

18.个人办理代扣代缴税款手续,按规定取得的扣缴手续费。

19.个人转让自用达5年以上,并且是唯一的家庭居住用房取得的所得。

20.对按《国务院关于高级专家离休退休若干问题的暂行规定》和《国务院办公厅关于杰出高级专家缓离休审批问题的通知》精神,达到离休、退休年龄,但确因工作需要,适当延长离休、退休年龄的高级专家,其在延长离休、退休期间的工资、薪金所得,视同退休工资、离休工资免征个人所得税。

这里的高级专家是指：

(1)享受国家发放的政府特殊津贴的专家、学者。

(2)中国科学院、中国工程院院士。

高级专家延长离休、退休期间取得的工资薪金所得，其免征个人所得税政策口径按具体标准执行：

21.外籍个人从外商投资企业取得的股息、红利所得。

22.凡符合下列条件之一的外籍专家，取得的工资、薪金所得可免征个人所得税：

(1)根据世界银行专项贷款协议，由世界银行直接派往我国工作的外国专家。

(2)联合国组织直接派往我国工作的专家。

(3)为联合国援助项目来华工作的专家。

(4)援助国派往我国专为该国无偿援助项目工作的专家，除工资、薪金外，其取得的生活津贴也免税。

(5)根据两国政府签订文化交流项目，来华工作二年以内的文教专家，其工资、薪金所得由该国负担的，可免予计算纳税。

此外，外国来华文教专家，在我国服务期间，由我方发工资、薪金，并对其住房、使用汽车、医疗实行免费的，可只就工资、薪金所得按照税法规定，征收个人所得税；对我方免费提供的住房、使用汽车、医疗，可免予计算纳税。

(6)根据我国大专院校国际交流项目，来华工作二年以内的文教专家，其工资、薪金所得由该国负担的，可免予计算纳税。

(7)通过民间科研协定，来华工作的专家，其工资、薪金所得由该国政府机构负担的，可免予计算纳税。

23.股权分置改革中，非流通股股东通过对价方式，向流通股股东支付的股份、现金等收入，暂免征收流通股股东应缴纳的个人所得税。

24.对被拆迁人，按照国家有关城镇房屋拆迁管理办法规定的标准，取得的拆迁补偿款(含因棚户区改造而取得的拆迁补偿款)，免征个人所得税。

25.对个人投资者从投保基金公司取得的行政和解金，暂免征收个人所得税。

26.对个人转让上市公司股票取得的所得，暂免征收个人所得税。

自 2008 年 10 月 9 日起，对证券市场个人投资者取得的证券交易结算资金利息所得，暂免征收个人所得税。即证券市场个人投资者的证券交易结算资金，在 2008 年 10 月 9 日后(含 10 月 9 日)孳生的利息所得，暂免征收个人所得税。

27.自 2015 年 9 月 8 日起，个人从公开发行和转让市场取得的上市公司股票，持股期限超过 1 年的，股息红利所得暂免征收个人所得税。个人从公开发行和转让市场取得的上市公司股票，持股期限在 1 个月以内(含 1 个月)的，其股息红利所得全额计入应纳税所得额；持股期限在 1 个月以上至 1 年(含 1 年)的，暂减按 50% 计入应纳税所得额；上述所得统一适用 20% 的税率计征个人所得税。

28.个人取得的下列中奖所得，暂免征收个人所得税：

(1)单张有奖发票奖金所得不超过 800 元(含 800 元)的，暂免征收个人所得税。单张有奖发票奖金所得超过 800 元的，应按照个人所得税法规定的"偶然所得"项目全额征收个人所得税。

(2)购买社会福利有奖募捐奖券、体育彩票一次中奖收入不超过10 000元的,暂免征收个人所得税,对一次中奖收入超过10 000元的,应按税法规定"偶然所得"项目全额征收个人所得税。

29.乡镇企业的职工和农民取得的青苗补偿费,属种植业的收益范围,同时,也属经济损失的补偿性收入,暂不征收个人所得税。

30.对由亚洲开发银行支付给我国公民或国民(包括为亚行执行任务的专家)的薪金和津贴,凡经亚洲开发银行确认,这些人员为亚洲开发银行雇员或执行项目专家的,其取得的符合我国税法规定的有关薪金、津贴等报酬,免征个人所得税。

31.自原油期货对外开放之日起,对境外个人投资者投资中国境内原油期货取得的所得,三年内暂免征收个人所得税。

32.自2018年1月1日至2020年12月31日,对易地扶贫搬迁贫困人口,按规定取得的住房建设补助资金、拆旧复垦奖励资金等与易地扶贫搬迁相关的货币化补偿和易地扶贫搬迁安置住房(以下简称安置住房),免征个人所得税。

33.对受北京冬奥组委邀请的,在北京2022年冬奥会、冬残奥会、测试赛期间临时来华,从事奥运相关工作的外籍顾问,以及裁判员等外籍技术官员,取得的由北京冬奥组委、测试赛赛事组委会,支付的劳务报酬免征个人所得税。

34.经国务院财政部门批准免税的所得。

二、减征个人所得税的优惠

有下列情形之一的,可以减征个人所得税,具体幅度和期限,由省、自治区、直辖市人民政府规定,并报同级人民代表大会常务委员会备案:

1.残疾、孤老人员和烈属的所得。
2.因严重自然灾害造成重大损失的。
3.国务院规定其他可以减税情形,报全国人民代表大会常务委员会备案。

【任务实施】
【任务4-1】
【正确答案】A
【答案解析】选项A,自2019年1月1日起至2023年12月31日,一个纳税年度内在船航行时间累计满183天的远洋船员,其取得的工资薪金收入减按50%计入应纳税所得额,依法缴纳个人所得税。

【任务4-2】
【正确答案】BCD
【答案解析】个人的房屋租赁所得没有免税规定。

【任务4-3】
【正确答案】ABC
【答案解析】选项D,是属于减免优惠,而不是直接的免征。

【任务4-4】
【正确答案】ABC
【答案解析】个人兼职取得的收入,按劳务报酬计税。

【任务 4-5】
【正确答案】A
【答案解析】选项 B、C、D 正常缴纳个人所得税。
【任务 4-6】
【正确答案】B
【答案解析】选项 A，按照劳务报酬所得缴纳个人所得税；选项 C，持股期超过 1 年免征个人所得税；选项 D，省级人民政府、国务院部委和中国人民解放军军以上单位，以及外国组织颁发的科学、教育、技术、文化、卫生、体育、环境保护等方面的奖金，免征个人所得税。

任务五 境外所得的税额扣除

【任务引例】

大学毕业生张楠应聘到牡丹江市兴业商贸有限公司财务部，同事遇到了如下问题需要解决，请你帮助她。

【任务5-1】来源于中国境外国家(地区)的综合所得抵免限额、经营所得抵免限额以及其他所得的抵免限额，如何计算及限额抵扣方法？

【任务准备】

在对纳税人的境外所得征税时，会存在其境外所得，已在来源国家或者地区缴税的实际情况。基于国家之间对同一所得应避免双重征税的原则，我国在对纳税人的境外所得行使税收管辖权时，对该所得在境外已纳税额，采取了分不同情况从应征税额中予以扣除的做法。

税法规定：居民个人从中国境外取得的所得，可以从其应纳税额中抵免已在境外缴纳的个人所得税税额，但抵免额不得超过该纳税人境外所得依照本法规定计算的应纳税额。

具体解释如下：

1.税法所说的已在境外缴纳的个人所得税税额，是指居民个人来源于中国境外的所得，依照该所得来源国家(地区)的法律，应当缴纳并且实际已经缴纳的所得税税额。

2.税法所说的纳税人境外所得依照规定计算的应纳税额，是指居民个人抵免已在境外缴纳的综合所得、经营所得以及其他所得的所得税税额的限额(以下简称抵免限额)。除国务院财政、税务主管部门另有规定外，来源于中国境外一个国家(地区)的综合所得抵免限额、经营所得抵免限额以及其他所得抵免限额之和，为来源于该国家(地区)所得的抵免限额。

居民个人在中国境外一个国家(地区)实际已经缴纳的个人所得税税额，低于依照前款规定计算出的来源于该国家(地区)所得的抵免限额的，应当在中国缴纳差额部分的税款；超过来源于该国家(地区)所得的抵免限额的，其超过部分不得在本纳税年度的应纳税额中抵免，但是可以在以后纳税年度来源于该国家(地区)所得的抵免限额的余额中补扣。补扣期限最长不得超过五年。

3.居民个人申请抵免已在境外缴纳的个人所得税税额，应当提供境外税务机关出具的税款所属年度的有关纳税凭证。

【任务实施】

【任务5-1】

1.抵免限额计算方法

(1)先分国分项计算：分别计算来源于中国境外一个国家(地区)的综合所得抵免限额、经营所得抵免限额以及其他所得抵免限额；

(2)同一个国家(地区)不同项目抵免限额之和，为来源于该国家(地区)所得的抵免限额。抵免限额的最终结果：分国(地区)不分项。

2.限额抵扣方法——多不退,少要补
(1)实际已纳税额与抵免限额,按较低者抵免。
(2)超过抵免限额部分,不得在该纳税年度的应纳税额中扣除,但可在以后纳税年度该国家或地区抵免限额的余额中补扣,补扣期最长不得超过5年。

任务六 应纳税额的计算

【任务引例】

大学毕业生张楠应聘到牡丹江市兴业商贸有限公司财务部,同事遇到了如下问题需要解决,请你帮助她。

【任务6-1】假定张楠是居民个人纳税人,该纳税人为独生子女,2019年交完社保和住房公积金后共取得税前工资收入200 000元,劳务报酬10 000元,稿酬10 000万元。该纳税人的父母健在且均已年满60周岁,无其他专项附加扣除项目和其他扣除。计算其当年应纳个人所得税税额。

【任务6-2】假定某外商投资企业中工作的德国专家是非居民纳税人,2019年5月取得由该企业发放的含税工资收入人民币10 000元,此外还从别处取得劳务报酬人民币5 000元。请计算当月其应纳个人所得税税额。

【任务6-3】假定某个体工商户,账证健全,2019年12月取得经营收入为420 000元,准许扣除的当月成本、费用(不含业主工资)及相关税金共计320 600元。1—11月累计应纳税所得额98 400元(未扣除业主费用减除标准),1—11月累计已预缴个人所得税10 400元。除经营所得外,业主本人没有其他收入。且不考虑专项扣除、专项附加扣除和符合税法规定的其他扣除,请计算该个体工商户就2019年度汇算清缴时,应申请的个人所得税补(退)税额。

【任务6-4】假定张楠于2019年1月将其自有的面积为150平方米的公寓,按市场价出租给张某居住。张楠每月取得租金收入4 000元,全年租金收入48 000元。计算张楠每月及全年租金收入应缴纳的个人所得税(不考虑其他税费)。

【任务6-5】张楠于2019年1月将其自有的面积为150平方米的公寓,按市场价出租给张某居住。张楠每月取得租金收入4 500元,全年租金收入54 000元。当年12月因下水道堵塞找人修理,发生修理费用1 000元,有维修部门的正式收据,计算张楠每月及全年租金收入应缴纳的个人所得税(不考虑其他税费)。

【任务6-6】某个人建房一幢,造价460 000元,支付其他费用60 000元。该个人建成后将房屋出售,售价700 000元,在售房过程中,按规定支付交易费等相关税费35 000元,其应纳个人所得税税额为多少?

【任务准备】

依照《个人所得税法》及其实施条例规定的适用税率和费用扣除标准,各项所得的应纳税额,应分别计算如下:

一、居民个人综合所得应纳税额的计算

1.居民个人综合所得包括:首先,工资、薪金所得全额计入收入额;而劳务报酬所得、特许权使用费所得的收入额,为实际取得劳务报酬、特许权使用费收入的80%;此外,稿酬所得的

收入额在扣除20%费用基础上,再减按70%计算,即稿酬所得的收入额为实际取得稿酬收入的56%(稿酬收入×80%×70%)。

其次,居民个人的综合所得,以每一个纳税年度的收入额减除费用60 000元,以及专项扣除、专项附加扣除和依法确定的其他扣除后的余额,为应纳税所得额。

2.居民个人综合所得应纳税额的计算公式为:

(1)应纳税额=∑(每一级数的全年应纳税所得额×对应级数的适用率)

由于居民个人的全年综合所得在计算应纳个人所得税时,适用的是超额累进税率,所以计算比较烦琐。

为了简化计算过程,运用速算扣除数计算法。速算扣除数是指在采用超额累进税率征税的情况下,根据超额累进税率表中划分的应纳税所得额级距和税率,先用全额累进方法计算出税额,再减去用超额累进方法计算的应征税额以后的差额。

当超额累进税率表中的级距和税率确定以后,各级速算扣除数也固定不变,成为计算应纳税额时的常数。

(2)运用速算扣除数,居民个人综合所得应纳税额的计算公式为:

应纳税额=全年应纳税所得额×适用税率-速算扣除数

全年应纳税所得额=(全年收入额-60 000元-专项扣除(社保、住房公积金费用)-享受的专项附加扣除-享受的其他扣除)×适用税率

含有速算扣除数的居民个人全年综合所得税率表(见表6-3)

表6-3　　　　　　　　　　　**综合所得个人所得税税率表**

级数	全年应纳税所得额	税率(%)	速算扣除数
1	不超过36 000元的	3	0
2	超过36 000元至144 000元的部分	10	2 520
3	超过144 000元至300 000元的部分	20	16 920
4	超过300 000元至420 000元的部分	25	31 920
5	超过420 000元至660 000元的部分	30	52 920
6	超过660 000元至960 000元的部分	35	82 920
7	超过960 000元的部分	45	181 920

假设张楠是居民个人纳税人,2019年全年扣除"四险一金"后,共取得含税工资收入150 000元,除住房款专项附加扣除外,该纳税人不享受其余专项附加扣除和税法规定的其他扣除。计算其当年应纳个人所得税。

(1)全年应纳税所得额=全年收入额-60 000元-专项扣除(社保、住房公积金费用)-享受的专项附加扣除-享受的其他扣除=150 000-60 000-12 000=78 000(元)

第一种计算方法:应纳税额=∑(每一级数的全年应纳税所得额×对应级数的适用率)
=36 000×3%+(78 000-36 000)×10%=5 280(元)

第二种计算方法:应纳税额=全年应纳税所得额×适用税率-速算扣除数=78 000×10%-2 520=5 280(元)

【任务实施】

【任务6-1】
【答案解析】
(1)全年应纳税所得额
=全年收入额-60 000元-专项扣除(社保、住房公积金费用)-享受的专项附加扣除-享受的其他扣除
=200 000+10 000×(1-20%)+10 000×(1-20%)×70%-60 000-24 000
=129 600(元)
(2)第一种计算方法:
应纳税额=∑(每一级数的全年应纳税所得额×对应级数的适用率)
=36 000×3%+(129 000-36 000)×10%=10 440(元)
第二种计算方法:
应纳税额=全年应纳税所得额×适用税率-速算扣除数
=129 600×10%-2 520=10 440(元)

二、非居民个人取得工资、薪金所得,劳务报酬所得,稿酬所得和特许权使用费所得,应纳税额的计算

非居民个人的工资、薪金所得,以每月收入额减除费用5 000元后的余额,为应纳税所得额;

非居民个人取得的劳务报酬所得、稿酬所得、特许权使用费所得,以收入减除20%的费用后的余额为收入额;稿酬所得的收入在减除20%的费用后,再减按70%计算应纳税所得额。

非居民个人从我国境内取得工资、薪金所得,劳务报酬所得,稿酬所得和特许权使用费所得时,适用的税率表为(见表6-4)。

表6-4

级数	应纳税所得额	税率(%)	速算扣除数
1	不超过3 000元的	3	0
2	超过3 000元至12 000元的部分	10	210
3	超过12 000元至25 000元的部分	20	1 410
4	超过25 000元至35 000元的部分	25	2 660
5	超过35 000元至55 000元的部分	30	4 410
6	超过55 000元至80 000元的部分	35	7 160
7	超过80 000元的部分	45	15 160

【任务实施】
【任务6-2】
【答案解析】
(1)该非居民个人当月工资、薪金所得应纳税额
=(10 000-5 000)×10%-210=290(元)

(2)该非居民个人当月劳务报酬所得应纳税额
＝5 000(1－20％)×10％－210＝190(元)
(3)该非居民个人当月应纳个人所得税税额
＝290＋190＝480(元)

三、经营所得应纳税额的计算

经营所得应纳税额的计算公式为：
应纳税额＝全年应纳税所得额×适用税率－速算扣除数
全年应纳税所得额＝全年收入总额－成本、费用以及损失
速算扣除数的经营所得适用税率表见表6－5。

表6－5　　　　　　　包含速算扣除数的经营所得适用税率表

级数	全年应纳税所得额	税率(％)	速算扣除数
1	不超过30 000元的	3	0
2	超过30 000元至90 000元的部分	10	1 500
3	超过90 000元至300 000元的部分	20	10 500
4	超过300 000元至500 000元的部分	30	40 500
5	超过500 000元的部分	35	65 500

(一)个体工商户应纳税额的计算

个体工商户应纳税所得额的计算，以权责发生制为原则。权责发生制是指，属于当期的收入和费用，不论款项是否收付，均作为当期的收入和费用；不属于当期的收入和费用，即使款项已经在当期收付，均不作为当期收入和费用。财政部、国家税务总局另有规定的除外。个体工商户应纳税所得额的计算基本规定如下：

1.计税基本规定。

(1)个体工商户的生产、经营活动所得，以每一个纳税年度的收入总额，减除成本、费用、税金、损失、其他支出以及允许弥补的以前年度亏损后的余额，为应纳税所得额。

(2)这里所称的收入总额是指，个体工商户从事生产、经营活动，以及与生产经营有关的活动(以下简称生产、经营活动)取得的货币形式和非货币形式的各项收入，为收入总额。具体包括：销售货物收入、提供劳务收入、转让财产收入、利息收入、租金收入、接受捐赠收入、其他收入。

这里所称的其他收入，具体包括：个体工商户资产溢余收入、确实无法偿付的应付款项、已作坏账损失处理(核销)后又收回的应收款项、逾期一年以上的未退包装物押金收入、债务重组收入、补贴收入、违约金收入、汇兑收益等。

(3)这里所称的成本，是指个体工商户，在生产、经营活动中，发生的销售成本、销货成本、业务支出以及其他耗费。

(4)这里所称的费用，是指个体工商户，在生产、经营活动中，发生的销售费用、管理费用和财务费用，已经计入成本的有关费用除外。

(5)这里所称的税金，是指个体工商户，在生产、经营活动中，发生的除个人所得税和允

许抵扣的增值税以外的,各项税金及其附加。

(6)这里所称的损失,是指个体工商户,在生产、经营活动中,发生的固定资产和存货的盘亏、毁损、报废损失,以及转让财产损失、坏账损失、自然灾害等不可抗力因素造成的损失,以及其他损失。

个体工商户发生的损失,减除责任人赔偿和保险赔款后的余额,参照财政部、国家税务总局有关企业资产损失税前扣除的规定扣除。如,自然灾害等不可抗力因素造成的损失是减除保险赔款净损益。

个体工商户已经作为损失处理的资产,在以后纳税年度,又全部收回或者部分收回时,应当计入收回当期的收入。如,已作坏账损失处理(核销)后又收回的应收款项。

(7)这里所称的其他支出,是指除成本、费用、税金、损失外,个体工商户在生产、经营活动中,发生的与生产经营活动有关的、合理的支出。

2.个体工商户确定应纳税所得额应注意事项:

(1)个体工商户发生的支出,应当区分收益性支出和资本性支出。收益性支出是指,在发生当期直接扣除;资本性支出是指,应当分期扣除或者计入有关资产成本,不得在发生当期直接扣除。前款所称支出,是指与取得收入直接相关的支出。除税收法律法规另有规定外,个体工商户实际发生的成本、费用、税金、损失和其他支出,不得重复扣除。

(2)个体工商户下列支出不得扣除:

缴纳的个人所得税税款;税收滞纳金;罚金、罚款和被没收财物的损失;不符合扣除规定的捐赠支出;赞助支出;用于个人和家庭的支出;与取得生产、经营活动收入无关的其他支出;国家税务总局规定不准扣除的支出。

(3)个体工商户生产、经营活动中,应当分别核算生产、经营活动费用和个人、家庭费用。对于生产、经营活动与个人、家庭生活混用,难以分清的费用,按照规定其中40%视为与生产、经营或有关费用,准予扣除。60%不准扣除。

(4)个体工商户纳税年度发生的亏损(这里所称的亏损,是指个体工商户,依照本办法规定计算的应纳税所得额小于0的数额)准予向以后纳税年度结转,用以后纳税年度的生产、经营活动所得予以弥补,但结转年限最长不得超过五年。

(5)个体工商户使用或者销售存货,按照规定计算的存货成本,准予在计算应纳税所得额时扣除。

(6)个体工商户转让资产,该项资产的净值,准予在计算应纳税所得额时扣除。

(7)个体工商户与企业联营而分得的利润,按利息、股息、红利所得项目征收个人所得税。

(8)个体工商户和从事生产、经营活动的个人,取得与生产、经营活动无关的各项应税所得,应按规定分别计算征收个人所得税。

3.个体工商户成本、费用等扣除项目及标准。

(1)个体工商户实际支付给从业人员的,合理的工资、薪金支出,准予税前扣除。个体工商户业主本人的费用扣除标准:确定为60 000元/年;个体工商户业主本人的工资、薪金支出不得税前扣除。

(2)个体工商户按照国务院有关主管部门或者省级人民政府规定的范围和标准,为其业主和从业人员缴纳的基本养老保险费、基本医疗保险费、失业保险费、生育保险费、工伤保险费和住房公积金,准予税前扣除。

个体工商户为从业人员缴纳的补充养老保险费、补充医疗保险费,分别在不超过从业人员工资总额5%标准内的部分,可以据实扣除;超过部分,不得税前扣除。

个体工商户业主本人缴纳的补充养老保险费、补充医疗保险费,以当地(地级市)上年度社会平均工资的3倍为计算基数,分别在不超过该计算基数5%标准内的部分据实扣除;超过部分,不得税前扣除。

(3)除个体工商户依照国家有关规定,为特殊工种从业人员支付的人身安全保险费和财政部、国家税务总局规定可以扣除的其他商业保险费外,个体工商户业主本人或者为从业人员支付的商业保险费,不得税前扣除。

(4)个体工商户在生产、经营活动中,发生的合理的、不需要资本化的借款费用,准予扣除。

(5)个体工商户在生产、经营活动中,发生的下列利息支出,准予税前扣除:

向金融企业借款的利息支出;向非金融企业和个人借款的利息支出,不超过按照金融企业同期、同类贷款利率计算的利息数额的部分,准予税前扣除;超过部分,不得税前扣除。

(6)个体工商户在货币交易中,以及纳税年度终了,按照期末即期人民币汇率中间价,折算为人民币时,产生的汇兑损失,除已经计入有关资产成本部分外,准予税前扣除。

(7)个体工商户向当地工会组织拨缴的工会经费;实际发生的职工福利费支出;职工教育经费支出;分别在工资薪金总额的2%、14%、2.5%的标准内的,可以据实扣除。

这里所称的工资薪金总额,是指允许在当期税前扣除的工资薪金支出数额。职工教育经费的实际发生数额超出规定比例的,当期不能扣除的数额,准予在以后纳税年度结转扣除。

个体工商户业主本人,向当地工会组织缴纳的工会经费、实际发生的职工福利费支出、职工教育经费支出,以当地(地级市)上年度社会平均工资的3倍为计算基数,按这条规定比例内据实扣除。

(8)个体工商户发生的与生产、经营活动有关的业务招待费,按照实际发生额的60%扣除,但最高不得超过当年销售(营业)收入的5‰。业主自申请营业执照之日起至开始生产、经营之日止(即开业前),所发生的业务招待费,按照实际发生额的60%计入个体工商户的开办费。

(9)个体工商户每一个纳税年度发生的,与其生产、经营活动直接相关的广告费和业务宣传费,不超过当年销售(营业)收入15%的部分,可以据实扣除;超过部分,准予在以后纳税年度结转扣除。

(10)个体工商户代其从业人员或者他人负担的税款,不得税前扣除。

(11)个体工商户按照规定缴纳的摊位费、行政性收费、协会会费等,按实际发生数额可以税前扣除。

(12)个体工商户根据生产、经营活动的需要,租入固定资产支付的租赁费,按照以下方法扣除:①以经营租赁方式,租入固定资产发生的租赁费支出,按照租赁期限均匀扣除;②以融资租赁方式,租入固定资产发生的租赁费支出,按照规定构成融资租入固定资产价值的部分,应当以提取折旧费用的方式,分期扣除。

(13)个体工商户参加财产保险,按照规定缴纳的保险费,准予税前扣除。

(14)个体工商户发生的合理的劳动保护支出,准予税前扣除。

(15)个体工商户自申请营业执照之日起,至开始生产、经营之日止(这里开始生产、经营之日是指个体工商户取得第一笔销售(营业)收入的日期),所发生符合本办法规定的费用,除为取得固定资产、无形资产的支出,以及应计入资产价值的汇兑损益、利息支出外,应作为开办费。个体工商户可以选择在开始生产、经营活动的当年一次性扣除;也可自生产、经营活动月份起,在不短于3年期限内摊销扣除。但一经选定,不得改变。

(16)个体工商户通过公益性社会团体(公益性社会团体的认定,按照财政部、国家税务总局、民政部有关规定执行),或者县级以上人民政府及其部门,用于《中华人民共和国公益事业捐赠法》规定的公益事业的捐赠,捐赠额不超过其应纳税所得额30%的部分,可以据实税前扣除。

财政部、国家税务总局规定,可以全额在税前扣除的捐赠支出项目,按有关规定执行。

个体工商户直接对受益人的捐赠不得扣除。

(17)赞助支出,是指个体工商户发生的、与生产、经营活动无关的各种非广告性质支出。

(18)个体工商户研究开发新产品、新技术、新工艺所发生的开发费用,以及研究开发新产品、新技术而购置单台价值在10万元以下的测试仪器和试验性装置的购置费,准予直接扣除;单台价值在10万元以上(含10万元)的测试仪器和试验性装置,按固定资产管理,不得在当期直接扣除。以提取折旧费用的方式,分期扣除。

【任务实施】

【任务6—3】

【答案解析】

(1)全年应纳税所得额
$=420\ 000-320\ 600+98\ 400-60\ 000=137\ 800(元)$

(2)全年应缴纳个人所得税
$=137\ 800\times 20\%-10\ 500=17\ 060(元)$

(3)该个体工商户2019年度应补缴个人所得税税额
$=17\ 060-10\ 400=6\ 660(元)$

(二)个人独资企业和合伙企业应纳税额的计算

对个人独资企业和合伙企业生产、经营活动所得,其个人所得税应纳税额的计算有以下两种方法:

第一种:查账征税。

1.自2019年1月1日起,个人独资企业和合伙企业投资者的生产、经营所得,依法计征个人所得税时,个人独资企业和合伙企业投资者本人的费用扣除标准,统一确定为60 000元/年(5 000元/月)。投资者本人的工资不得在税前扣除。

2.投资者及其家庭发生的生活费用,不允许在税前扣除。投资者及其家庭发生的生活费用与企业生产、经营费用混合在一起,并且难以划分的,全部视为投资者个人及其家庭发生的生活费用,不允许在税前扣除。

3.企业生产、经营活动和投资者及其家庭生活共用的固定资产,难以划分的,由主管税务机关,根据企业的生产经营类型、规模等具体情况核定,准予在税前扣除的折旧费用的数额或比例。

4.企业向其从业人员实际支付的,合理的工资、薪金支出,允许在税前据实扣除。

5.企业拨缴的工会经费、发生的职工福利费、职工教育经费支出,分别在工资、薪金总额2%、14%、2.5%的标准内据实扣除。

6.每一个纳税年度,发生的广告费和业务宣传费用,不超过当年销售(营业)收入15%的部分,可以据实扣除;超过部分,准予在以后纳税年度结转扣除。

7.每一个纳税年度发生的,与其生产、经营活动业务直接相关的业务招待费支出,按照发生额的60%扣除,但最高不得超过当年销售(营业)收入的5‰。

8.企业计提的各种准备金不得扣除。如,坏账准备。

9.投资者兴办两个或两个以上企业,并且企业性质全部是独资的,年度终了后,汇算清缴时,应纳税款的计算按以下方法进行:

汇总其投资兴办的所有企业的经营所得作为应纳税所得额,以此确定适用税率,计算出全年经营所得的应纳税额,再根据每个企业的经营所得占所有企业经营所得的比例分别计算出每个企业的应纳税额和应补缴税额。

投资者兴办两个或两个以上企业的,根据前述规定准予扣除的个人费用,由投资者选择在其中一个企业的生产、经营所得中扣除。

10.企业的年度亏损,允许用本企业下一年度的生产、经营所得弥补,下一年度所得不足弥补的,允许逐年延续弥补,但最长不得超过5年。

投资者兴办两个或两个以上企业的,企业的年度经营亏损不能跨企业弥补。

11.投资者来源于中国境外的生产、经营所得,已在境外缴纳所得税的,可以按照个人所得税法的有关规定,计算扣除已在境外缴纳的所得税。

第二种:核定征收。

核定征收,包括定额征收、核定应税所得率征收,以及其他合理的征收方式。

1.有下列情形之一的,主管税务机关应采取核定征收方式,征收个人所得税:

(1)企业依照国家有关规定,应当设置但未设置账簿的。

(2)企业虽设置账簿,但账目混乱或者成本资料、收入凭证、费用凭证残缺不全,难以查账征收的。

(3)纳税人发生纳税义务,未按照规定的期限办理纳税申报,经税务机关责令限期申报,逾期仍不申报的。

2.实行核定应税所得率征收方式的,应纳所得税额的计算公式如下:

应纳税额=应纳税所得额×适用税率

应纳税所得额=收入总额×应税所得率

或=成本费用支出/(1-应税所得率)×应税所得率

个人所得税核定征收应税所得率见表6-6。

表6-6 个人所得税核定征收应税所得率表

行业	应税所得率
工业、交通运输业、商业	5~20
建筑业、房地产开发业	7~20
饮食服务业	7~25
娱乐业	20~40
其他行业	10~30

企业经营多业的,无论其经营项目是否单独核算,均应根据其主营项目确定其适用的应

税所得率。

3.实行核定征税的投资者,不能享受个人所得税的优惠政策。

4.实行查账征税方式的个人独资企业和合伙企业,改为核定征税方式后,在查账征税方式下认定的年度经营亏损未补完的部分,不得再继续补。

5.个体工商户、个人独资企业和合伙企业因在纳税年度中间开业合并,注销及其他原因,导致该纳税年度的实际经营期不足1年的。对个体工商户业主,个人独资企业投资者与合伙企业自然人和合伙人的生产经营所得,计算个人所得税时,投资者本人的费用扣除标准,应按照其实际经营月份数,以每月5 000元的减除标准确定。

四、财产租赁所得应纳税额的计算

(一)应纳税所得额

财产租赁所得一般是以个人每次取得的收入,定额或定率减除规定费用后的余额,为应纳税所得额。每次收入不超过4 000元,定额减除费用800元;每次收入在4 000元以上,定率减除20%的费用。财产租赁所得以1个月内取得的收入为一次。

在确定财产租赁的应纳税所得额时,纳税人在出租财产过程中,租金收入缴纳的税金和教育费附加,可持完税(缴款)凭证,从其财产租赁收入中扣除;此外,还准予扣除的,能够提供有效、准确凭证,证明由纳税人负担的该出租财产实际开支的修缮费用。允许扣除的修缮费用,以每次800元为限。一次扣除不完的,准予在下一次继续扣除,直到扣完为止。

个人出租财产取得的财产租赁收入,在计算缴纳个人所得税时,应依次扣除以下费用:

1.财产租赁过程中,缴纳的税金和国家能源交通重点建设基金、国家预算调节基金、教育费附加。

2.由纳税人负担的,该出租财产实际开支的修缮费用。

3.税法规定的费用扣除标准。

应纳税所得额的计算公式为:

(1)每次(月)收入不超过4 000元的:

应纳税所得额=每次(月)收入额-准予扣除项目-修缮费用(800元为限)-800元

(2)每次(月)收入超过4 000元的:

应纳税所得额=[每次(月)收入额-准予扣除项目-修缮费用(800元为限)]×(1-20%)

(二)个人房屋转租应纳税额的计算

个人将承租房屋转租取得的租金收入,属于个人所得税应税所得,应按"财产租赁所得"项目计算缴纳个人所得税。

具体规定为:

(1)取得转租收入的个人向房屋出租方支付的租金,凭房屋租赁合同和合法支付凭据允许在计算个人所得税时,可以从该项转租收入中扣除。

(2)有关财产租赁所得个人所得税前扣除税费的扣除次序调整为:

财产租赁过程中缴纳的税费;向出租方支付的租金;由纳税人负担的租赁财产实际开支的

修缮费用;税法规定的费用扣除标准。

(三)应纳税额的计算方法

财产租赁所得适用20%的比例税率,但对个人按市场价格出租的居民住房取得的所得,自2001年1月1日起暂减按10%的税率,征收个人所得税。其应纳税额的计算公式为:

应纳税额=应纳税所得额×适用税率

【任务实施】

【任务6—4】

【答案解析】

财产租赁收入以每月内取得的收入为一次,按市场价出租给个人居住适用10%的税率,每次(月)收入不超过4 000元的:应纳税所得额=每次(月)收入额-准予扣除项目-修缮费用(800元为限)-800元(定额扣除标准)

因此,张楠每月及全年应纳税额为:

(1)每月应纳税额=应纳税所得额×适用税率=(4 000-800)×10%=320(元)

(2)全年应纳税额=每月应纳税额×月份数=320×12=3 840(元)

【任务6—5】

【答案解析】

财产租赁收入以每月内取得的收入为一次,按市场价出租给个人居住适用10%的税率,每次(月)收入超过4 000元的:应纳税所得额=[每次(月)收入额-准予扣除项目-修缮费用(800元为限)]×(1-20%)

因此,张楠每月及全年应纳税额为:

(1)1—11月份每月应纳税额=应纳税所得额×适用税率=4 500×(1-20%)×10%=360(元)

(2)12月份应纳税额=(4 500-800-800)×10%=290(元)

(3)全年应纳税额=360×11+290=4 250(元)

本题在计算个人所得税时未考虑其他税、费。如果对租金收入计征增值税、城市维护建设税、房产税和教育费附加等,还应将其从税前的收入中先扣除后,再计算应缴纳的个人所得税。

五、财产转让所得应纳税额的计算

(一)一般情况下,财产转让所得应纳税额的计算

应纳税额=应纳税所得额×适用税率

应纳税所得额=收入总额-财产原值-合理税费

(二)个人住房转让所得应纳税额的计算

应纳税所得额=住房转让收入-房屋原值-缴纳的税金及有关合理费用

应纳税额=应纳税所得额×适用税率

【任务实施】

【任务6-6】

【答案解析】

(1) 应纳税所得额＝财产转让收入－财产原值－合理费用

＝700 000－(460 000＋60 000)－35 000＝145 000(元)

(2) 应纳税额＝应纳税所得额×适用税率

＝145 000×20％＝29 000(元)

六、利息、股息、红利所得和偶然所得应纳税额的计算

利息、股息、红利所得和偶然所得应纳税额的计算公式为：

应纳税额＝应纳税所得额×适用税率

＝每次收入额×20％

任务七 应纳税额的特殊问题处理

【任务引例】

大学毕业生张楠应聘到牡丹江市兴业商贸有限公司财务部,同时遇到了如下问题需要解决,请你帮助她。

【任务7—1】假定中国居民个人张楠,2019年在我国境内1—12月份,每月的税后工资为3 800元,12月31日又一次性领取年终含税奖金60 000元,请计算张楠取得年终奖金应纳的个人所得税

【任务7—2】张楠为中国居民个人,2020年1月取得2019年不含税全年一次性奖金收入64 800元。请计算,张某取得的全年一次性奖金,应缴纳多少个人所得税?

【任务7—3】某企业雇员张楠为中国居民个人,2020年2月28日与企业解除劳动合同关系,张某在本企业工作年限8年,领取经济补偿金650 000元。假定当地上年度职工平均工资为50 000元,对于该笔经济补偿金,张楠应缴纳的个人所得税为多少元?

【任务准备】

一、关于全年一次性奖金的规定

全年一次性奖金,是指行政机关、企事业单位等,根据其全年经济效益和对雇员全年工作业绩的综合考核情况,向雇员发放的一次性奖金。一次性奖金也包括年终加薪、实行年薪制和绩效工资办法的单位根据考核情况兑现的年薪和绩效工资。

居民个人取得全年一次性奖金,在2021年12月31日前,可以选择不并入当年综合所得,按以下计税办法,由扣缴义务人发放时代扣代缴:

将居民个人取得的全年一次性奖金,除以12个月,按其商数依照按月换算后的综合所得税率表,确定适用税率和速算扣除数(见表6—7)。

表6—7 按月换算后的综合所得税率表

级数	全年应纳税所得额	税率(%)	速算扣除数
1	不超过3 000元的	3	0
2	超过3 000元至12 000元的部分	10	210
3	超过12 000元至25 000元的部分	20	1 410
4	超过25 000元至35 000元的部分	25	2 660
5	超过35 000元至55 000元的部分	30	4 410
6	超过55 000元至80 000元的部分	35	7 160
7	超过80 000元的部分	45	15 160

在一个纳税年度内,对每一个纳税人,该计税办法只允许采用一次。

实行年薪制和绩效工资的单位,居民个人取得年终兑现的年薪和绩效工资按上述方法执行。居民个人取得全年一次性奖金,也可以选择并入当年综合所得计算纳税。

居民个人取得除全年一次性奖金以外的其他各种名目的奖金,如半年奖、季度奖、加班奖、先进奖、考勤奖等,一律与当月工资、薪金收入合并,按税法规定缴纳个人所得税。

自2022年1月1日起,居民个人取得全年一次性奖金,应并入当年综合所得计算缴纳个人所得税。

【任务实施】

【任务7—1】

【答案解析】

(1)年终奖金适用的税率和速算扣除数为:

年终奖金按12个月平均分摊后,每月的奖金=60 000÷12=5 000(元),根据工资、薪金七级超额累进税率的规定,适用的税率和速算扣除数分别为10%;210元。

(2)年终奖金应缴纳个人所得税为:

应纳税额=年终奖金收入×适用的税率-速算扣除数

=60 000×10%-210=6 000-210=5 790(元)

二、雇主为雇员承担全年一次性奖金部分税款有关个人所得税的计算方法

1.雇主为雇员负担全年一次性奖金部分个人所得税款,属于雇员又额外增加了收入,应将雇主负担的这部分税款并入雇员的全年一次性奖金,换算为应纳税所得额后,按照规定方法计征个人所得税。

2.将不含税全年一次性奖金换算为应纳税所得额的计算方法。

(1)雇主为雇员定额负担税款的计算公式

应纳税所得额=雇员取得的全年一次性奖金+雇主替雇员定额负担的税款-当月工资薪金低于费用扣除标准的差额

(2)雇主为雇员按一定比例负担税款的计算公式

①查找不含税全年一次性奖金的适用税率和速算扣除数

未含雇主负担税款的全年一次性奖金收入÷12,根据其商数找出不含税级距对应的适用税率和速算扣除数

②计算含税全年一次性奖金

应纳税所得额=(未含雇主负担税款的全年一次性奖金收入-当月工资、薪金低于费用扣除标准的差额-不含税级距的速算扣除数×雇主负担比例)÷(1-不含税级距的适用税率×雇主负担比例)

3.对上述应纳税所得额,扣缴义务人应按照国税发(2005)9号文件规定的方法计算应扣缴税款。即:将应纳税所得额÷12,根据其商数找出对应的适用税率和速算扣除数,据以计算税款。计算公式为:

应纳税额=应纳税所得额×适用税率-速算扣除数

实际缴纳税额=应纳税额-雇主为雇员负担的税额

4.雇主为雇员负担的个人所得税款,应属于个人工资薪金的一部分。凡单独作为企业管理费列支的,在计算企业所得税时不得税前扣除。

【任务实施】

【任务7-2】

【答案解析】

(1)用不含税奖金除以12的商数,来确定适用税率和速算扣除数。

不含税奖金 64 800÷12＝5 400(元),按照不含税税率级次,适用税率和速算扣除数分别为10%和210元。

(2)含税的全年一次性奖金收入＝(64 800－210)÷(1－10%)＝71 766.67(元)

(3)每月的含税奖金＝71 766.67÷12＝5 980.56(元),适用税率和速算扣除数分别为10%和210元。

(4)应纳个人所得税＝71 766.67×10%－210＝6 966.67(元)

三、关于个人取得公务交通、通信补贴收入的征税问题

个人因公务用车和通信制度改革,而取得的公务用车、通信补贴收入,扣除一定标准的公务费用后,按照"工资、薪金所得"项目计征个人所得税,按月发放的,并入当月工资、薪金所得合并后计征个人所得税。不按月发的,分解到所属月份并与该月份工资、薪金所得合并后计征个人所得税。

公务费用扣除标准,由省级税务局,根据纳税人公务交通、通信费用实际发生情况调查测算后,报经省级人民政府批准后确定,并国家税务总局备案。

四、企事业单位将自建住房,以低于购置或建造成本价格销售给职工的,个人所得税的征税规定

1.根据住房制度改革政策的有关规定,国家机关、企事业单位及其他组织(以下简称单位)在住房制度改革期间,按照所在地县级以上人民政府规定的房改成本价格向职工出售公有住房,职工因支付的房改成本价格低于房屋建造成本价格或市场价格而取得的差价收益,免征个人所得税。

2.除上述符合规定的情形外,根据《中华人民共和国个人所得税法》及其实施条例的有关规定,单位按低于购置成本或建造成本价格出售住房给职工,职工因此而少支出的差价部分(差价部分是指职工实际支付的购房价款低于该房屋的购置成本或建造成本的差额),差价不并入当年综合所得,以差价收入除以12个月得到的数额,按照月度税率表确定适用税率和速算扣除数,单独计算纳税。计算公式为:

应纳税额＝职工实际支付的购房价款低于该房屋的购置成本或建造成本价格的差额×适用税率－速算扣除数

五、关于廉租住房的个人所得税规定

1.对个人按《廉租住房保障办法(建设部等9部委令第162号)》规定,取得的廉租住房货币补贴,免征个人所得税;但对于所在单位以廉租住房名义,发放的不符合规定的补贴,不得

免征个人所得税。

2.个人捐赠住房作为廉租住房的,捐赠额未超过其申报的应纳税所得额30%的部分,准予从其应纳税所得额中扣除。

六、房屋赠与个人所得税的计算

1.以下情形的房屋产权无偿赠与,对当事双方不征收个人所得税:

(1)房屋产权所有人,将房屋产权无偿赠与配偶、父母、子女、祖父母、外祖父母、孙子女、外孙子女、兄弟姐妹。

(2)房屋产权所有人,将房屋产权无偿赠与对其承担直接抚养或者赡养义务的抚养人或者赡养人。

(3)房屋产权所有人死亡,依法取得房屋产权的法定继承人、遗嘱继承人或者受遗赠人。

2.除上述情形以外,房屋产权所有人,将房屋产权无偿赠与他人的,受赠人因无偿受赠房屋取得的受赠所得,按照经国务院财政部门确定征税的"其他所得"项目缴纳个人所得税,税率为20%。

3.对受赠人无偿受赠房屋计征个人所得税时,其应纳税所得额为房地产赠与合同上标明的赠与房屋价值减除赠与过程中受赠人支付的相关税费后的余额。赠与合同标明的房屋价值明显低于市场价格或房地产赠与合同未标明赠与房屋价值的,税务机关可依据受赠房屋的市场评估价格或采取其他合理方式,确定受赠人的应纳税所得额。

4.受赠人转让受赠房屋的,以其转让受赠房屋的收入减除原捐赠人取得该房屋的实际购置成本以及赠与和转让过程中受赠人支付的相关税费后的余额,为受赠人的应纳税所得额,依法计征个人所得税。受赠人转让受赠房屋价格明显偏低且无正当理由的,税务机关可以依据该房屋的市场评估价格或其他合理方式确定的价格核定其转让收入。

七、对个人因解除劳动合同取得经济补偿金的征税方法

根据《财政部、国家税务总局,关于个人与用人单位解除劳动关系,取得的一次性补偿收入,征免个人所得税问题的通知》(财税〔2001〕157号)和《国家税务总局关于国有企业职工因解除劳动合同取得一次性补偿收入,征免个人所得税问题的通知》(国税发〔2000〕77号)精神,自2001年10月1日起,按以下规定处理:

1.企业依照国家有关法律规定宣告破产,企业职工从该破产企业,取得的一次性安置费收入,免征个人所得税。

2.个人因与用人单位解除劳动关系,而取得的一次性补偿收入(包括用人单位发放的经济补偿金、生活补助费和其他补助费用),其收入在当地上年职工平均工资3倍数额以内的部分,免征个人所得税;超过3倍数额的部分,不并入当年综合所得,单独适用综合所得税率计算纳税。个人在解除劳动合同后又再次任职、受雇的,已纳税的一次性补偿收入不再与再次任职、受雇的工资、薪金所得合并计算补缴个人所得税。

3.个人领取一次性补偿收入时,按照国家和地方政府规定的比例实际缴纳的住房公积金、医疗保险费、基本养老保险费、失业保险费,可以在计征其一次性补偿收入的个人所得税时,予以扣除。

【任务实施】

【任务7—3】
【答案解析】
超过上年平均工资三倍以上的部分=650 000-50 000×3=500 000(元);找到适用税率为30%,速算扣除数为52 920元。

应纳个人所得税=500 000×30%-52 920=97 080(元)。

八、关于企业减员增效和行政事业单位、社会团体在机构改革过程中,实行内部退养办法人员取得收入的征税问题

实行内部退养的个人,在其办理内部退养手续后至法定离退休年龄之间,从原任职单位取得的工资、薪金,不属于离退休工资,应按"工资、薪金所得"项目计征个人所得税。

个人在办理内部退养手续后,从原任职单位取得的一次性收入,应按办理内部退养手续后至法定离退休年龄之间的所属月份进行平均,并与领取当月的工资、薪金所得合并后减除当月费用扣除标准,以余额为基数确定适用税率,再将当月工资、薪金加上取得的一次性收入,减去费用扣除标准,按适用税率计征个人所得税。

个人在办理内部退养手续后至法定离退休年龄之间,重新就业取得的工资、薪金所得,应与其从原任职单位取得的同一月份的工资、薪金所得合并,并依法自行向主管税务机关申报缴纳个人所得税。

九、个人提前退休取得补贴收入征收个人所得税的规定

自2019年1月1日起,个人提前退休取得一次性补贴收入,征收个人所得税按以下规定执行:个人办理提前退休手续而取得的一次性补贴收入,应按照办理提前退休手续至法定离退休年龄之间,实际年度数平均分摊,确定适用税率和速算扣除数,单独适用综合所得税率表,计算纳税。计算公式:

应纳税额={[(一次性补贴收入÷办理提前退休手续至法定退休年龄的实际年度数)-费用扣除标准]×适用税率-速算和除数}×办理提前退休手续至法定退休年龄的实际年度数

十、企业年金、职业年金个人所得税的规定

企业年金,是指根据2017年12月18日,人社部和财政部联合颁布《企业年金办法》的规定,企业及其职工在依法参加基本养老保险的基础上,自愿建立的补充养老保险制度。

职业年金,是指根据《事业单位职业年金办法》(国办发〔2015〕18号)的规定,事业单位及其工作人员在依法参加基本养老保险的基础上,建立的补充养老保险制度。

企业年金和职业年金,个人所得税的计算征收按以下规定执行:

1.企业年金和职业年金缴费的个人所得税处理。

(1)企业和事业单位(以下统称单位)根据国家有关政策规定的办法和标准,为在本单位任职或者受雇的全体职工缴付的企业年金或职业年金(以下统称年金)单位缴费部分,在计入个人账户时,个人暂不缴纳个人所得税。

(2)个人根据国家有关政策规定缴付的年金,个人缴费部分,在不超过本人缴费工资计税基数的4%标准内的部分,暂可以从个人当期的应纳税所得额中扣除。

(3)超过上述第(1)项和第(2)项规定的标准付的年金单位缴费和个人缴费部分,应并入个人当期的工资、薪金所得,依法计征个人所得税。

(4)企业年金个人缴费工资计税基数,为本人上一年度月平均工资。月平均工资按国家统计局规定列入工资总额统计的项目计算。月平均工资超过职工工作地所在设区城市上一年度职工月平均工资300%以上的部分,不计入个人缴费工资计税基数。

(5)职业年金个人缴费工资计税基数为职工岗位工资和薪级工资之和。职工岗位工资和薪级工资之和,超过职工工作地所在设区城市上一年度职工月平均工资300%以上的部分,不计入个人缴费工资计税基数。

2.领取年金的个人所得税处理。

(1)个人达到国家规定的退休年龄,领取的企业年金、职业年金,符合《财政部、人力资源社会保障部、国家税务总局关于企业年金、职业年金个人所得税有关问题的通知》(财税〔2013〕103号)规定的,不并入综合所得,全额单独计算应纳税款。

(2)对单位和个人在本规定实施之前,开始缴付年金缴费,个人在本规定实施之后,领取年金的,允许其从领取的年金中减除在本规定实施之前缴付的年金单位缴费和个人缴费且已经缴纳个人所得税的部分,就其余额按照上述第(1)项的规定征税。

(3)个人因出境定居而一次性领取的年金个人账户资金,或个人死亡后,其指定的受益人或法定继承人一次性领取的年金个人账户余额,适用综合所得税率表,计算纳税。对个人除上述特殊原因外,一次性领取年金个人账户资金或余额的,适用月度税率表,计算纳税。

(4)个人领取年金时,其应纳税款由受托人代表委托人委托托管人代扣代缴。

3.建立年金计划的单位应于建立年金计划的次月15日内,向其所在地主管税务机关报送年金方案、人力资源和社会保障部门出具的方案备案函、计划确认函以及主管税务机关要求报送的其他相关资料。年金方案、受托人、托管人发生变化的,应于发生变化的次月15日内重新向其主管税务机关报送上述资料。

任务八 征收管理

【任务引例】

大学毕业生张楠应聘到牡丹江市兴业商贸有限公司财务部,同事遇到了如下问题需要解决,请你帮助她。

【任务8—1】张楠为居民个人,2019年每月取得工资收入10 000元,每月缴纳社保费用和住房公积1 500元,该居民个人全年均享受住房贷款利息专项附加扣除(1 000元),请计算该居民个人张楠的工资、薪金扣缴义务人,2019年每月代扣、代缴的税款金额。

【任务8—2】歌星张楠为居民个人,2019年6月一次取得表演收入50 000元,扣除20%的费用后,应纳税所得额为40 000元。请计算其应预扣、预缴个人所得税税额。

【任务8—3】张楠为居民个人,2019年8月取得一次稿酬收入20 000元,请计算其应预扣、预缴的个人所得税税额。

【任务准备】

个人所得税的纳税办法,我国通常实行的有:自行申报纳税和全员全额扣缴申报纳税两种。此外,税收征管法还对无法查账征收的纳税人规定了核定征收的方式。

一、自行申报纳税

自行申报纳税,是由纳税人自行在税法规定的纳税期限内,向税务机关申报取得的应税所得项目和数额,如实填写个人所得税纳税申报表,并按照税法规定计算缴纳应纳税额的一种方法。

(一)有下列情形之一的,纳税人应当依法办理纳税申报

1. 取得综合所得需要办理汇算清缴。
2. 取得应税所得没有扣缴义务人。
3. 取得应税所得,扣缴义务人未扣缴税款的。
4. 取得境外所得。
5. 因移居境外注销中国户籍的。
6. 非居民个人在中国境内从两处以上取得工资、薪金所得。
7. 国务院规定的其他情形。

(二)纳税申报方式

纳税人可以采用远程办税端、邮寄等方式申报,也可以直接到主管税务机关申报。

二、全员全额扣缴申报纳税

税法规定:扣缴义务人向个人支付应税款项时,应当依照个人所得税法规定预扣或者代

扣税款,按时缴库,并专项记载备查。

全员全额扣缴申报,是指扣缴义务人应当在代扣税款的次月十五日内,向主管税务机关报送其支付所得的所有个人的有关信息、支付所得数额、扣除事项和数额、扣缴税款的具体数额和总额,以及其他相关涉税信息资料。

根据《个人所得税法》及其实施条例、《税收征收管理法》及其实施细则的有关规定,国家税务总局制定下发了《个人所得税扣缴申报管理办法(试行)》(以下简称《管理办法》)。自2019年1月1日起执行的《管理办法》,对扣缴义务人和代扣预扣税款的范围、不同项目所得扣缴方法、扣缴义务人的义务及应承担的责任等内容做了明确规定。

(一)扣缴义务人和代扣、预扣税款的范围

1.扣缴义务人,是指向个人支付所得的单位或者个人。

这里所称的支付,包括现金支付、汇拨支付、转账支付和以有价证券、实物以及其他形式的支付。

2.实行个人所得税全员全额扣缴申报的应税所得包括:
(1)工资、薪金所得。
(2)劳务报酬所得。
(3)稿酬所得。
(4)特许权使用费所得。
(5)利息、股息、红利所得。
(6)财产租赁所得。
(7)财产转让所得。
(8)偶然所得。

扣缴义务人应当依法办理全员全额扣缴申报。

(二)不同项目所得扣缴方法

1.扣缴义务人向居民个人支付工资、薪金所得时,应当按照累计预扣法计算预扣税款,并按月办理扣缴申报。

累计预扣法,是指扣缴义务人在一个纳税年度内,预扣、预缴税款时,以纳税人在本单位截至当前月份工资、薪金所得累计收入减除累计免税收入、累计减除费用、累计专项扣除、累计专项附加扣除和累计依法确定的其他扣除后的余额,为累计预扣、预缴应纳税所得额,适用居民个人工资、薪金所得预扣预缴率表,计算累计应预扣预缴税额,再减除累计减免税额和累计已预扣、预缴税额其余额,为本期应预扣预缴税额。余额为负值时,暂不退税。纳税年度终了后余额仍为负值时,由纳税人通过办理综合所得年度汇算清缴,税款多退少补。具体计算公式如下:

(1)工资、薪金所得,预扣、预缴的应纳税所得额:

累计预扣预缴应纳税所得额=累计收入－累计免税收入－累计减除费用－累计专项扣除－累计专项附加扣除－累计依法确定的其他扣除

累计减除费用,按照5000元/月乘以纳税人当年截至本月在本单位的任职受雇月份数计算。

（2）本期应预扣、预缴税额：

本期应预扣、预缴税额＝（累计预扣、预缴应纳税所得额×预扣率－速算扣除数）－累计减免税额－累计已预扣、预缴税额

居民个人工资、薪金所得预扣缴率见表6－8。

表6－8　　　　　　居民个人工资、薪金所得预扣预缴率表

级数	累计预扣、预缴应纳税所得额	预扣率（％）	速算扣除数
1	不超过36 000元的	3	0
2	超过36 000元至144 000元的部分	10	2 520
3	超过144 000元至300 000元的部分	20	16 920
4	超过300 000元至420 000元的部分	25	31 920
5	超过420 000元至660 000元的部分	30	52 920
6	超过660 000元至960 000元的部分	35	85 920
7	超过960 000元的部分	45	181 920

居民个人年度预扣、预缴税额，与年度应纳税额不一致的，由居民个人于次年3月1日至6月30日向主管税务机关办理综合所得年度汇算清缴，税款多退少补。

【任务实施】

【任务8－1】

【答案解析】

(1)2019年1月预扣、预缴税额：

累计预扣预缴应纳税所得额

＝累计收入－累计免税收入－累计基本减除费用－累计专项扣除－累计专项附加扣除－累计依法确定的其他扣除

＝10 000－5 000－1 500－1 000＝2 500(元)

本期应预扣、预缴税额

＝2 500×3％－0＝75(元)

(2)2019年2月预扣、预缴税额：

累计预扣、预缴应纳税所得额

＝累计收入－累计免税收入－累计基本减除费用－累计专项扣除－累计专项附加扣除－累计依法确定的其他扣除

＝20 000－10 000－3 000－2 000＝5 000(元)

本期应预扣、预缴税额

＝(5 000×3％－0)－累计减免税额－累计已预扣、预缴税额

＝150－75＝75(元)

(3)2019年12月预扣、预缴税额：

累计预扣、预缴应纳税所得额

＝累计收入－累计免税收入－累计基本减除费用－累计专项扣除－累计专项附加扣除－累计依法确定的其他扣除

＝120 000－60 000－18 000－12 000＝30 000(元)

本期应预扣、预缴税额

=（30 000×3%－0）－累计减免税额－累计已预扣、预缴税额
=900－75×11=75（元）

2.扣缴义务人向居民个人支付劳务报酬所得、稿酬所得、特许权使用费所得时，应当按照以下方法，按次或者按月预扣、预缴税款：

(1)劳务报酬所得、稿酬所得、特许权使用费所得，以收入减除费用后的余额，为收入额；其中，稿酬所得的收入额再减按70%计算。

(2)减除费用：预扣、预缴税款时，劳务报酬所得、稿酬所得、特许权使用费所得，每次收入不超过4 000元的，减除费用按800元计算；每次收入4 000元以上的，减除费用按收入的20%计算。

(3)应纳税所得额：劳务报酬所得、稿酬所得、特许权使用费所得，以每次收入额为预扣、预缴应纳税所得额。计算应预扣、预缴税额，劳务报酬所得适用居民个人劳务报酬所得预扣预缴率表，稿酬所得、特许权使用费所得适用20%的比例预扣率。

居民个人劳务报酬所得的预扣率见表6-9。

表6-9 居民个人劳务报酬所得的预扣率（三级超额累进预扣率，不同于汇算清缴的税率）

级数	预扣预缴应纳税所得额	预扣率(%)	速算扣除数
1	不超过20 000元的	20	0
2	超过20 000元至50 000元的部分	30	2 000
3	超过50 000元的部分	40	7 000

注：居民个人办理年度综合所得汇算清缴时，应当依法计算劳务报酬所得、稿酬所得、特许权使用费所得的收入额，并入年度综合所得，计算应纳税款，税款多退少补。

(4)预扣、预缴税额计算公式：

劳务报酬所得应预扣、预缴税额=预扣、预缴应纳税所得额×预扣率－速算扣除数

稿酬所得、特许权使用费所得应预扣、预缴税额=预扣、预缴应纳税所得额×20%

【任务实施】

【任务8-2】

【答案解析】

应预扣、预缴税额=预扣、预缴应纳税所得额×(1－20%)×预扣率－速算扣除数
=50 000×(1－20%)×30%－2 000=10 000（元）

【任务8-3】

【答案解析】

应预扣、预缴税额=预扣、预缴应纳税所得额×预扣率×(1－30%)
=20 000×(1－20%)×20%×(1－30%)=2 240（元）

3.非居民个人取得工资、薪金所得，劳务报酬所得，稿酬所得和特许权使用费所得，有扣缴义务人的，由扣缴义务人按月或者按次代扣代缴税款，不办理汇算清缴。

非居民个人劳务报酬所得、特许权使用费所得应纳税所得额见表6-10，非居民个人稿酬所得应纳税所得额见表6-11。

扣缴义务人应当按照以下方法，按月或者按次代扣代缴税款：

(1)非居民个人的工资、薪金所得，以每月收入额减除费用5 000元后的余额，为应纳税所得额。

(2)劳务报酬所得、稿酬所得、特许权使用费所得,以每次收入额为应纳税所得额。

表6—10　　　　非居民个人劳务报酬所得、特许权使用费所得应纳税所得额

收入	费用	收入额(应纳税所得额)
每次收入≤4 000	800	收入-800
每次收入>4 000	20%	收入×(1-20%)

表6—11　　　　非居民个人稿酬所得应纳税所得额

收入	费用	收入额(应纳税所得额)
每次收入≤4 000	800	(收入-800)×70%
每次收入>4 000	20%	收入×(1-20%)×70%

4.扣缴义务人支付利息、股息、红利所得,财产租赁所得,财产转让所得或者偶然所得时,应当依法按次或者按月代扣代缴税款。

(三)扣缴义务人责任与义务

1.支付工资、薪金所得的扣缴义务人,应当于年度终了后两个月内,向纳税人提供其个人所得和已扣缴税款等信息。纳税人年度中间需要提供上述信息的,扣缴义务人应当提供。

纳税人取得除工资、薪金所得以外的其他所得,扣缴义务人应当在扣缴税款后,及时向纳税人提供其个人所得和已扣缴税款等信息。

2.扣缴义务人应当按照纳税人提供的信息计算税款、办理扣缴申报,不得擅自更改纳税人提供的信息。

3.扣缴义务人对纳税人提供的《个人所得税专项附加扣除信息表》,应当按照规定妥善保存备查。

4.扣缴义务人应当依法对纳税人报送的专项附加扣除等相关涉税信息和资料保密。

5.对扣缴义务人按照规定扣缴的税款,按年付给百分之二的手续费。扣缴义务人领取的扣缴手续费可用于提升办税能力、奖励办税人员。

6.扣缴义务人依法履行代扣代缴义务,纳税人不得拒绝。纳税人拒绝的,扣缴义务人应当及时报告税务机关。

7.扣缴义务人有未按照规定,向税务机关报送资料和信息、未按照纳税人提供信息、虚报虚扣专项附加扣除、应扣未扣税款、不缴或少缴已扣税款、借用或冒用他人身份等行为的,依照《中华人民共和国税收征收管理法》等相关法律、行政法规处理。

(四)代扣代缴期限

扣缴义务人每月或者每次预扣、代扣的税款,应当在次月15日内缴入国库,并向税务机关报送《个人所得税扣缴申报表》。扣缴义务人首次向纳税人支付所得时,应当按照纳税人提供的纳税人识别号等基础信息,填写个人所得税基础信息表(A表),并于次月扣缴申报时向税务机关报送。

扣缴义务人对纳税人向其报告的相关基础信息变化情况,应当于次月扣缴申报时向税务机关报送。

任务九 纳税实训

【任务引例】
大学毕业生张楠应聘到牡丹江市兴业商贸有限公司财务部,同事遇到了如下问题需要解决,请你帮助她。

【任务9-1】计算实操题,居民个人张楠及其配偶名下均无住房,在某省会城市工作,并租房居住,2018年9月开始攻读工商管理硕士。2019年张楠收入及部分支出如下:

(1)居民个人张楠每月从单位领取扣除社会保险费用及住房公积金后的收入为8 000元,截至11月累计已经预扣预缴个人所得税税款363元。
(2)取得2019年年终奖金48 000元,选择单独计税。
(3)利用业余时间出版一部摄影集,取得稿费收入20 000元。
(4)每月支付房租3 500元。
其他相关资料:以上专项附加均由张楠100%扣除。
附:综合所得个人所得税税率表(居民个人工资薪金所得预扣、预缴税率表)、按月换算后的综合所得税率表(略)。
要求:根据上述资料,按照下列序号回答问题,如有计算需计算出合计数。
(1)计算2019年12月张楠应预扣、预缴的个人所得税。
(2)计算张楠取得年终奖应纳的个人所得税。
(3)计算张楠取得稿酬应预扣、预缴的个人所得税。
(4)计算张楠取得2019年综合所得,应缴纳的个人所得税税额。
(5)计算张楠就2019年综合所得,向主管税务机关办理汇算清缴时,应补缴的税款或申请的应退税额。

附表1:住房租金专项附加扣除

住房位置	扣除标准
直辖市、省会(首府)城市、计划单列市以及国务院确定的其他城市	每月1 500元(18 000元/年)
承租的住房位于其他城市的,市辖区户籍人口超过100万的	每月1 100元(13 200元/年)
承租的住房位于其他城市的,市辖区户籍人口不超过100万(含)的	每月800元(9 600元/年)

附表2:继续教育专项附加扣除

中国境内学历(学位)继续教育的支出。	学历(学位)教育期间,按照每月400元(每年4 800)定额扣除;同一学历(学位)继续教育扣除期,不得超过48个月。
技能人员职业资格继续教育、专业技术人员职业资格继续教育支出。	在取得相关证书的年度,按照3 600元定额扣除,留存相关证书等资料备查。
本人接受本科及以下学历(学位)继续教育支出,可以选择由其父母扣除,也可以选择由本人扣除,但不得同时扣除。	

【任务实操】

【答案解析】

(1)预扣累计应纳税所得额=(8 000×12-5 000×12-1 500×12-400×12)=13 200(元)

应预扣预缴个人所得税=13 200×3%-363=33(元)

【提示】2018年9月开始攻读工商管理硕士,2019年的继续教育支出按12个月计算扣除。

(2)48 000÷12=4 000(元),税率为10%,速算扣除数为210元。

年终奖应纳个人所得税=48 000×10%-210=4 590(元)

(3)稿酬预扣、预缴个人所得税=20 000×(1-20%)×70%×20%=2 240(元)

(4)综合所得应纳税额=[8 000×12+20 000×(1-20%)×70%-5 000×12-1 500×12-400×12]×3%=732(元)

(5)张楠应申请的退税额=363+33+2 240-732=1 904(元)

个人所得税年度自行纳税申报表

税款所属期：　　年　月　日至　　年　月　日

纳税人姓名：

纳税人识别号：

项目	行次	金额
一、收入合计(1=2+3+4+5)	1	
(一)工资、薪金所得	2	
(二)劳务报酬所得	3	
(三)稿酬所得	4	
(四)特许权使用费所得	5	
二、费用合计	6	
三、免税收入合计	7	
四、减除费用	8	
五、专项扣除合计(9=10+11+12+13)	9	
(一)基本养老保险费	10	
(二)基本医疗保险费	11	
(三)失业保险费	12	
(四)住房公积金	13	
六、专项附加扣除合计(14=15+16+17+18+19+20)	14	
(一)子女教育	15	
(二)继续教育	16	
(三)大病医疗	17	

续表

项目	行次	金额
(四)住房贷款利息	18	
(五)住房租金	19	
(六)赡养老人	20	
七、其他扣除合计(21=22+23+24+25+26)	21	
(一)年金	22	
(二)商业健康保险	23	
(三)税延养老保险	24	
(四)允许扣除的税费	25	
(五)其他	26	
八、准予扣除的捐赠额	27	
九、应纳税所得额(28=1−6−7−8−9−14−21−27)	28	
十、税率%	29	
十一、速算扣除数	30	
十二、应纳税额(31=28×29−30)	31	
十三、减免税额	32	
十四、已缴税额	33	
十五、应补(退)税额(34=31−32−33)	34	
无住所个人附报信息		
在华停留天数	已在华停留年数	
谨声明:本表是根据国家税收法律法规及相关规定填报的,是真实的、可靠的、完整的。 纳税人签字: 年 月 日		
经办人签字: 经办人身份证号码: 代理机构签章: 代理机构统一社会信用代码:	受理人: 受理税务机关(章) 受理日期: 年 月 日	

《个人所得税年度自行纳税申报表》填表说明:

一、适用范围

本表适用于居民个人取得境内综合所得,按税法规定进行个人所得税汇算清缴。纳税人取得境外所得的,不适用本表。

二、报送期限

居民个人取得综合所得,需要办理汇算清缴的,应当在取得所得的次年3月1日至6月30日内,向主管税务机关办理汇算清缴,并报送本表。

三、本表各栏填写

(一)表头项目

1.税款所属期:填写纳税人取得所得应纳个人所得税款的所属期间。如2019年1月1日至2019年12月31日。

2.纳税人姓名:填写自然人纳税人姓名。

3.纳税人识别号:有中国公民身份号码的,填写中华人民共和国居民身份证上载明的"公民身份号码";没有中国公民身份号码的,填写税务机关赋予的纳税人识别号。

(二)表内各行

1.第1行"收入合计":填写纳税人本年度取得综合所得的收入合计金额。第1行=第2行+第3行+第4行+第5行。

2.第2行"工资、薪金所得":填写本年度应当并入综合所得计税的工资、薪金收入总额。

3.第6行"费用合计":纳税人取得劳务报酬所得、稿酬所得、特许权使用费所得时,填写减除20%费用的合计金额。

4.第7行"免税收入合计":填写本年度符合税法规定的免税收入合计金额。其中税法规定"稿酬所得的收入额减按70%计算",对减计的30%部分,填入本行。

5.第8行"减除费用":按税法规定的减除费用标准填写。

6.第9行"专项扣除合计":填写按规定本年度,可在税前扣除的基本养老保险费、基本医疗保险费、失业保险费、住房公积金的合计金额。第9行=第10行+第11行+第12行+第13行。

7.第14行"专项附加扣除合计":填写按规定本年度可在税前扣除的子女教育、继续教育、大病医疗、住房贷款利息或住房租金、赡养老人等专项附加扣除费用的合计金额。第14行=第15行+第16行+第17行+第18行+第19行+第20行。

8.第21行"其他扣除合计":填写按规定本年度可在税前扣除的年金、商业健康保险、税延养老保险、允许扣除的税费等其他扣除项目的合计金额。第21行=第22行+第23行+第24行+第25行+第26行。

9.第27行"准予扣除的捐赠额":填写按规定本年度准予在税前扣除的捐赠额的合计金额。

10.第28行"应纳税所得额":根据相应行次计算填报。第28行=第1行-第6行-第7行-第8行-第9行-第14行-第21行-第27行。

11.第29—30行"税率、速算扣除数":填写按规定适用的税率和速算扣除数。

12.第31行"应纳税额":按照相关行次计算填报。第31行=第28行×第29行-第30行。

13.第32行"减免税额":填写符合税法规定的可以减免的税额,并附报《个人所得税减免税事项报告表》。

14.第33行"已缴税额":填写本年度内纳税人在中国境内已经缴纳或者被扣缴税款的合计金额。

15.第34行"应补/退税额":根据相关行次计算填报。第34行=第31行-第32行-第33行。

(三)无住所个人附报信息:本栏由无住所个人填写,不是,则不填

1.在华停留天数:填写一个纳税年度内,无住所居民个人在中国境内停留的天数。

2.已在华停留年数:填写无住所个人已在华连续停留的年份数。

四、其他事项说明

以纸质方式报送本表的,应当一式两份,纳税人、税务机关各留存一份件。

个人所得税经营所得纳税申报表(A表)

税款所属期:　　年　月　日至　　年　月　日

纳税人姓名:

纳税人识别号:□□□□□□□□□□□□□□□□□□

被投资单位信息	名称		纳税人识别号 (统一社会信用代码)	
征收方式	1.查账征收(据实预缴)　　2.查账征收(按上年应纳税所得额预缴) 3.核定应税所得率征收　　4.核定应纳税所得额征收 5.税务机关认可的其他方式_____			

项目	行次	金额/比例
一、收入总额	1	
二、成本费用	2	
三、利润总额(3=1-2)	3	
四、弥补以前年度亏损	4	
五、应税所得率%	5	
六、合伙企业个人合伙人分配比例	6	
七、允许扣除的个人费用及其他扣除(7=8+9+14)	7	
(一)投资者减除费用	8	
(二)专项扣除	9	
1.基本养老保险费	10	
2.基本医疗保险费	11	
3.失业保险费	12	
4.住房公积金	13	
(三)依法确定的其他扣除	14	
1.	15	
2.	16	
3.	17	
八、应纳税所得额	18	
九、税率%	19	
十、速算扣除数	20	
十一、应纳税额(21=18×19-20)	21	

续表

项目	行次	金额/比例
十二、减免税额(附报《个人所得税减免税事项报告表》)	22	
十三、已缴税额	23	
十四、应补/退税额(24＝21－22－23)	24	

谨声明:本表是根据国家税收法律法规及相关规定填报的,是真实的、可靠的、完整的。 纳税人签字： 年 月 日	
经办人签字： 经办人身份证号码： 代理机构签章： 代理机构统一社会信用代码：	受理人： 受理税务机关(章)： 受理日期： 年 月 日

《个人所得税经营所得纳税申报表(A表)》填表说明：

一、适用范围

本表适用于查账征收和核定征收的个体工商户业主、个人独资企业投资人、合伙企业个人合伙人、承包承租经营者个人以及其他从事生产、经营活动的个人,在中国境内取得经营所得,办理个人所得税预缴纳税申报时,向税务机关报送。

合伙企业有两个或者两个以上个人合伙人的,应分别填报本表。

二、报送期限

纳税人取得经营所得,应当在月度或者季度终了后15日内,向税务机关办理预缴纳税申报。

三、本表各栏填写(略)

项目七 资源税和环境保护税

【知识目标】
1. 掌握资源税、环境保护税的基本法律内容；
2. 掌握资源税、环境保护税的税额计算方法。

【能力目标】
1. 能够根据相关税法规定计算资源税、环境保护税的应纳税额；
2. 能够准确填制资源税纳税申报表，进行纳税申报。

【素质目标】
1. 严格执行资源税、环境保护税的相关法律规定，培养细致、踏实的工作作风；
2. 计算和缴纳资源税、环境保护税时要具有安全意识和法律意识；
3. 做事细心负责，吃苦耐劳，善于沟通；
4. 具有良好的学习能力、独立工作能力和财务分析能力。

工作情境

如果您是一名初涉职场的大学毕业生，应聘的工作岗位是税务专员岗位，负责开展本企业的涉税事项和工作，那么必须按税收政策规定正确计算、申报、缴纳、管理各税种工作。

资源税是环境保护税的组成部分，环境税的核心税种是排污税。

资源税是对在我国境内从事应税矿产品开采和生产盐的单位和个人课征的一种税，属于对自然资源占用课税的范畴。

按照税法相关规定，资源税按月或者按季申报缴纳的，应当自月度或者季度终了之日起15日内缴纳税款，不能按固定期限计算缴纳的，可以按次申报缴纳；纳税地点为开采地或者生产地税务机关申报缴纳。

环境保护税是对在我国领域以及管辖的其他海域直接向环境排放应税污染物的企事业单位和其他生产经营者征收的一种税，其立法目的是保护和改善环境，减少污染物排放，推进生态文明建设。

环境保护税纳税时间为纳税人排放应税污染物的当日，环境保护税按月计算，按季申报缴纳。不能按固定期限计算缴纳的，可以按次申报缴纳。纳税地点为污染物排放地的税务机关申报缴纳。

任务一 资源税

【任务引例】

【任务1-1】 下列企业属于资源税纳税人的是( )。

A.出口铁矿的外贸企业

B.开采石灰岩的合资企业

C.外购原煤销售的商贸企业

D.进口有色金属矿原矿的进口公司

【任务1-2】 下列各项中,属于资源税纳税义务人的有( )。

A.进口玉石的外贸企业

B.在境外开采有色金属矿产品的中资企业

C.生产盐的外商投资企业

D.开采海洋油气田的中外合作石油企业

【任务1-3】 资源税《税目税率表》中规定可以选择实行从价计征或者从量计征的,具体计征方式由省、自治区、直辖市人民政府提出,报同级人民代表大会常务委员会决定,并报( )备案。

A.全国人民代表大会常务委员会和国务院

B.国家税务总局

C.财政部

D.财政部和国家税务总局

【任务1-4】 根据资源税规定,原油、天然气资源税实行( )。

A.从量征收　　　B.从价征收　　　C.复合征收　　　D.选择征收

【任务1-5】 纳税人在采用外币结算销售额计算资源税时,应在事先确定采用何种折合率计算方法,确定后( )内不得变更。

A.1年　　　　　B.2年　　　　　C.3年　　　　　D.5年

【任务1-6】 下列关于资源税的计税依据,说法不正确的是( )。

A.资源税计税依据包括向购买方收取的优质费

B.向购买方收取的违约金不作为资源税的计税依据

C.实行从量征收资源税的应该以销售数量为计税依据

D.纳税人开采应税矿产品由其关联单位对外销售的,按其关联单位的销售额征收资源税

【任务1-7】 某油田2019年3月销售原油2000吨,开具增值税专用发票取得销售额10 000万元,增值税税额1 700万元,按《资源税税目税率幅度表》的规定,其适用的税率为8%。请计算该油田3月应缴纳的资源税。

【任务1-8】 某石化企业为增值税一般纳税人,2019年5月发生以下业务:

(1)从国外某石油公司进口原油50 000吨,支付不含税价款折合人民币9 000万元,其中包装费及保险费折合人民币10万元。

(2)开采原油10 000吨,并将开采的原油对外销售6 000吨,取得含税销售额2 340万元,同时向购买方收取延期付款利息2.34万元,包装费1.17万元,另外支付运输费用7.02万元。

(3)用开采的原油2 000吨加工生产汽油1 300吨。

原油的资源税税率为10%。

要求:计算该石化公司当月应纳资源税。

【任务1-9】某砂石开采企业2019年3月销售砂石3 000立方米,资源税税率为2元/立方米。请计算该企业3月应纳资源税税额。

【任务1-10】下列关于资源税纳税地点的表述中,不正确的是( )。
A.收购未税矿产品的个体户,其纳税地点为收购地
B.资源税纳税义务人的纳税地点为应税产品的销售地
C.资源税纳税义务人的纳税地点可以为应税产品的开采地
D.资源税纳税义务人的纳税地点可以为应税产品的生产地

【任务1-11】位于北京市的某水资源开采企业为增值税一般纳税人,该企业拥有先进的污水处理技术,2019年4月取用污水处理再生水,实际取用水量为5 000立方米,再生水量为3 000立方米。当地水资源税适用税额标准为每立方米1.6元。该企业取用污水处理再生水应缴纳资源税( )元。
A.8 000   B.4 800   C.3 200   D.0

【任务1-12】下列关于水资源税征收管理的表述,错误的是( )。
A.除农业生产取用水外,水资源税按季或者按月征收,由主管税务机关根据实际情况确定
B.水资源税的纳税义务发生时间为纳税人取用水资源的当日
C.对超过规定限额的农业生产取用水,水资源税可按年征收
D.在试点省份内取用水,其纳税地点需要调整的,由省级人民政府决定

【任务准备】

一、资源税概念

资源税法是指国家制定的用以调整资源税征收与缴纳相关权利及义务关系的法律规范。

资源税是对在我国境内从事应税矿产品开采和生产盐的单位和个人课征的一种税,属于对自然资源占用课税的范畴。为了贯彻习近平生态文明思想、落实税收法定原则,2019年8月26日第十三届全国人民代表大会常务委员会第十二次会议通过《中华人民共和国资源税法》(以下简称《资源税法》),并于2020年9月1日起施行。

征收资源税的主要作用如下:
(一)促进企业之间开展平等竞争。
(二)促进对自然资源的合理开发利用。
(三)为国家筹集财政资金。

二、纳税义务人

资源税的纳税义务人是指在中华人民共和国领域及管辖的其他海域开发应税资源的单位和个人。应税资源的具体范围，由《资源税法》所附《资源税税目税率表》确定。

单位是指国有企业、集体企业、私营企业、股份制企业、其他企业和行政单位、事业单位、军事单位、社会团体及其他单位；个人是指个体经营者和其他个人；其他单位和其他个人包括外商投资企业、外国企业及外籍人员。

资源税规定仅对在中国境内开采或生产应税产品的单位和个人征收，因此，进口的矿产品和盐不征收资源税。由于对进口应税产品不征收资源税，相应的，对出口应税产品也不免征或退还已纳资源税。

单位和个人以应税产品投资、分配、抵债、赠与、以物易物等，视同销售，应按规定计算缴纳资源税。

开采海洋或陆上油气资源的中外合作油气田，在2011年11月1日前已签订的合同继续缴纳矿区使用费，不缴纳资源税；合同期满后，依法缴纳资源税。

【任务实施】

【任务1—1】

【正确答案】B

【答案解析】在中华人民共和国领域和中华人民共和国管辖的其他海域开发应税资源的单位和个人，为资源税的纳税人。选项A、D，资源税进口不征，出口不退；选项C，开采销售征资源税，外购销售不征资源税。

【任务1—2】

【正确答案】CD

【答案解析】在中华人民共和国领域和中华人民共和国管辖的其他海域开发应税资源的单位和个人，为资源税的纳税人。境外开采矿产品不缴纳资源税。

三、税目与税率

(一)税目

资源税税目包括5大类，在5个税目下面又设有若干个子目。《资源税法》所列的税目有164个，涵盖了所有已经发现的矿种和盐。

1.能源矿产。

(1)原油，是指开采的天然原油，不包括人造石油。

(2)天然气、页岩气、天然气水合物。

(3)煤炭，包括原煤和以未税原煤加工的洗选煤。

(4)煤成(层)气。

(5)铀、钍。

(6)油页岩、油砂、天然沥青、石煤。

(7)地热。

2.金属矿产。

(1)黑色金属。包括铁、锰、铬、钒、钛。
(2)有色金属。包括铜、铅、锌等。
3.非金属矿产
(1)矿物类。包括高岭土、石灰岩等。
(2)岩石类。包括大理岩、花岗岩等。
(3)宝玉石类。包括宝石、玉石等。
4.水气矿产。
(1)二氧化碳、硫化氢气、氦气、氡气。
(2)矿泉水。
5.盐。
(1)钠盐、钾盐、镁盐、锂盐。
(2)天然卤水。
(3)海盐。

(二)税率

资源税按照《税目税率表》实行从价计征或者从量计征,分别以应税产品的销售额乘以纳税人具体适用的比例税率或者以应税产品的销售数量乘以纳税人具体适用的定额税率计算,实施"级差调节"的原则。级差调节是指运用资源税对因资源贮存状况、开采条件、资源优劣、地理位置等客观存在的差别而产生的资源级差收入,通过实施差别税率或差别税额进行调节。

以下是资源税税目税率表,征税对象是原矿或者选矿。

1.能源矿产。
(1)原油。税率为6%。
(2)天然气、页岩气、天然气水合物。税率为6%。
(3)煤。税率为原矿或者选矿销售额的2%~10%。
(4)煤成(层)气。税率为1%~2%。
(5)铀、钍。税率为4%。
(6)油页岩、油砂、天然沥青、石煤。税率为1%~4%。
(7)地热。税率为1%~20%或者每立方米1~30元。

2.金属矿产。
(1)黑色金属。税率为1%~9%。
(2)有色金属。税率为2%~20%。

3.非金属矿产。
矿物类。税率为1%~12%或者每吨(或者每立方米)0.1~10元。
岩石类。税率为1%~10%或者每吨(或者每立方米)0.1~5元。
宝玉石类。税率为4%~20%。

4.水气矿产。
(1)二氧化碳、硫化氢气、氦气、氡气。税率为2%~5%。
(2)矿泉水。税率为1%~20%或者每立方米1~30元。

5.盐。

(1)钠盐、钾盐、镁盐、锂盐。税率为3%~15%。

(2)天然卤水。税率为3%~15%或者每吨(或者每立方米)1~10元。

(3)海盐。税率为2%~5%。

《税目税率表》中规定征税对象为原矿或选矿的,应当分别确定具体适用税率。

纳税人开采或者生产不同税目应税产品的,应当分别核算不同税目应税产品的销售额或者销售数量;未分别核算或者不能准确提供不同税目应税产品的销售额或者销售数量的,从高适用税率。

【任务实施】

【任务1—3】

【正确答案】A

【答案解析】《税目税率表》中规定可以选择实行从价计征或者从量计征的,具体计征方式由省、自治区、直辖市人民政府提出,报同级人民代表大会常务委员会决定,并报全国人民代表大会常务委员会和国务院备案。

【任务1—4】

【正确答案】B

【答案解析】根据资源税规定,原油、天然气资源税实行从价计征。

四、计税依据

资源税的计税依据为应税产品的销售额或销售量,各税目的征税对象包括原矿、精矿等,根据《资源税税目税率表》的规定,地热、砂石、矿泉水和天然卤水可采用从价计征或从量计征的方式,其他应税产品统一适用从价定率征收的方式。

原矿和精矿的销售额或者销售量应当分别核算,未分别核算的,从高确定计税销售或者销售数量。

(一)从价定率征收的计税依据

1.销售额的基本规定。

从价定率征收的计税依据为计税销售额。计税销售额是指纳税人销售应税产品向购买方收取的全部价款和价外费用,不包括增值税销项税额。

其中,价外费用,包括价外向购买方收取的手续费、补贴、基金、集资费、返还利润、奖励费、违约金、滞纳金、延期付款利息、赔偿金、代收款项、代垫款项、包装物租金、储备费、优质费以及其他各种性质的价外收费。

纳税人以人民币以外的货币结算销售额的,应当折合成人民币计算。

2.原矿销售额与精矿销售额的换算或折算。

为公平原矿与精矿之间的税负,对同一种应税产品,征税对象为精矿的,纳税人销售原矿时,应将原矿销售额换算为精矿销售额缴纳资源税;征税对象为原矿的,纳税人销售自采原矿加工的精矿,应将精矿销售额折算为原矿销售额缴纳资源税。换算比或折算率原则上应通过原矿售价、精矿售价和选矿比计算,也可通过原矿销售额、加工环节平均成本和利润计算。

金矿以标准金锭为征税对象,纳税人销售金原矿、金精矿的,应比照上述规定将其销售额换算为金锭销售额缴纳资源税。

3.特殊情形下销售额的确定。

(1)纳税人开采应税矿产品由其关联单位对外销售的,按其关联单位的销售额征收资源税。

(2)纳税人既有对外销售应税产品,又有将应税产品用于除连续生产应税产品以外的其他方面的(包括用于非生产项目和生产非应税产品),则自用的这部分应税产品按纳税人对外销售应税产品的平均价格计算销售额征收资源税。

(3)纳税人将其开采的应税产品直接出口的,按其离岸价格(不含增值税)计算销售额征收资源税。

(4)纳税人有视同销售应税产品行为而无销售价格的,或者申报的应税产品销售价格明显偏低且无正当理由的,税务机关应按下列顺序确定其应税产品计税价格:

①按纳税人最近时期同类产品的平均销售价格确定。

②按其他纳税人最近时期同类产品的平均销售价格确定。

③按应税产品组成计税价格确定。

组成计税价格＝成本×(1＋成本利润率)÷(1－资源税税率)

公式中的成本是指应税产品的实际生产成本。公式中的成本利润率由省、自治区、直辖市税务机关确定。

④按后续加工非应税产品销售价格,减去后续加工环节的成本利润后确定。

⑤按其他合理方法确定。

(5)纳税人用已纳资源税的应税产品进一步加工应税产品销售的,不再缴纳资源税。

纳税人以自采未税产品和外购已税产品混合销售或者混合加工为应税产品销售的,在计算应税产品计税销售额时,准予扣减已单独核算的已税产品购进金额;未单独核算的一并计算缴纳资源税。已税产品购进金额当期不足扣减的可结转下期扣减。

(6)纳税人与其关联企业之间的业务往来,应当按照独立企业之间的业务往来收取或者支付价款、费用。

【任务实施】

【任务1—5】

【正确答案】A

【答案解析】纳税人应在事先确定采用何种折合率计算方法,确定后1年内不得变更。

【任务1—6】

【正确答案】B

【答案解析】选项B,向购买方收取的违约金作为资源税的计税依据。

(二)从量定额征收的计税依据

实行从量定额征收的以销售数量为计税依据。销售数量的具体规定为:

1.销售数量,包括纳税人开采或者生产应税产品的实际销售数量和视同销售的自用数量。

2.纳税人不能准确提供应税产品销售数量的,以应税产品的产量或者主管税务机关确定的折算比换算成的数量为计征资源税的销售数量。

3.纳税人以自产的液体盐加工固体盐，按固体盐税额征税，以加工的固体盐数量为课税数量。纳税人以外购的液体盐加工固体盐，其加工固体盐所耗用液体盐的已纳税额准予抵扣。

(三) 视同销售的情形

计税销售额或者销售数量，包括应税产品实际销售和视同销售两部分。应当征收资源税的视同销售的自产自用产品，包括用于非生产项目和生产非应税产品两类。视同销售具体包括以下情形：

1.纳税人以自采原矿直接加工为非应税产品的，视同原矿销售；
2.纳税人以自采原矿洗选(加工)后的精矿连续生产非应税产品的，视同精矿销售；
3.以应税产品投资、分配、抵债、赠与、以物易物等，视同应税产品销售。

五、应纳税额的计算

资源税的应纳税额，按照从价定率或者从量定额的办法，分别以应税产品的销售额乘以纳税人具体适用的比例税率或者以应税产品的销售数量乘以纳税人具体适用的定额税率计算。

(一) 从价定率方式应纳税额的计算

实行从价定率方式征收资源税的，根据应税产品的销售额和规定的适用税率计算应纳税额，具体计算公式为：

应纳税额＝销售额×适用税率

【任务实施】

【任务1-7】销售原油应纳税额＝10 000×8％＝800(万元)

【任务1-8】

(1)由于资源税仅对在中国境内开采或生产应税产品的单位和个人征收，因此业务(1)中该石化公司进口原油无须缴纳资源税。

(2)业务(2)应缴纳的资源税
＝(2340＋2.34＋1.17)÷(1＋13％)×10％＝207.39(万元)

(3)业务(3)应缴纳的资源税＝2 340÷6 000×2 000÷(1＋13％)×10％＝69.03(万元)

(4)该石化公司当月应纳资源税＝207.39＋69.03＝276.42(万元)

(二) 从量定额方式应纳税额的计算

实行从量定额征收资源税的，根据应税产品的课税数量和规定的单位税额计算应纳税额，具体计算公式为：

应纳税额＝课税数量×单位税额
代扣代缴应纳税额＝收购未税矿产品的数量×适用的单位税额

【任务实施】

【任务1-9】销售砂石应纳税额＝课税数量×单位税额＝3 000×2＝6 000(元)

(三)煤炭资源税计算方法

为规范煤炭资源税从价计征管理,国家税务总局制定了《煤炭资源税征收管理办法(试行)》,自2015年8月1日起施行。

1.基本计征方式。

应税煤炭包括原煤和以未税原煤加工的洗选煤。煤炭资源税实行从价定率计征,应纳税额的计算公式如下:

应纳税额=应税煤炭销售额×适用税率

2.应税销售额的确定

(1)纳税人开采原煤直接对外销售的,以原煤销售额作为应税煤炭销售额计算缴纳资源税。计算公式为:

原煤应纳税额=原煤销售额×适用税率

原煤销售额是指纳税人销售原煤向购买方收取的全部价款和价外费用,不包括收取的增值税销项税额以及从坑口到车站、码头或购买方指定地点的运输费用。

(2)纳税人将其开采的原煤加工为洗选煤销售的,以洗选煤销售额乘以折算率作为应税煤炭销售额计算缴纳资源税。计算公式为:

洗选煤应纳税额=洗选煤销售额×折算率×适用税率

洗选煤销售额是指纳税人销售洗选煤向购买方收取的全部价款和价外费用,包括洗选副产品的销售额,不包括收取的增值税销项税额以及从洗选煤厂到车站、码头或购买方指定地点的运输费用。

在计算煤炭销售额时,原煤及洗选煤销售额中包含的运输费用、建设基金以及随运销产生的装卸、仓储、港杂等费用应与煤价分别核算,凡取得相应凭据的,允许在计算煤炭计税销售额时予以扣减。扣减的凭据包括有关发票或者经主管税务机关审核的其他凭据。运输费用明显高于当地市场价格导致应税煤炭产品价格偏低,且无正当理由的,主管税务机关有权合理调整计税价格。

纳税人同时销售(包括视同销售)应税原煤和洗选煤的,应当分别核算原煤和洗选煤的销售额;未分别核算或者不能准确提供原煤和洗选煤销售额的,一并视同销售原煤计算缴纳资源税。

纳税人同时以自采未税原煤和外购已税原煤加工洗选煤的,应当分别核算;未分别核算的,按洗选煤销售额缴纳资源税。

3.洗选煤折算率计算方法。

折算率可通过洗选煤销售额扣除洗选环节成本、利润计算,也可通过洗选煤市场价格与其所用同类原煤市场价格的差额及综合回收率计算。折算率由省、自治区、直辖市财税部门或其授权地市级财税部门确定。

洗选煤折算率一经确定,原则上在一个纳税年度内保持相对稳定,但在煤炭市场行情、洗选成本等发生较大变化时可进行调整。

洗选煤折算率计算公式如下:

公式一:

洗选煤折算率=(洗选煤平均销售额-洗选环节平均成本-洗选环节平均利润)÷洗选煤平均销售额×100%

洗选煤平均销售额、洗选环节平均成本、洗选环节平均利润可按照上年当地行业平均水平测算确定。

公式二：

洗选煤折算率＝原煤平均销售额÷（洗选煤平均销售额×综合回收率）×100％

原煤平均销售额、洗选煤平均销售额可按照上年当地行业平均水平测算确定。

综合回收率＝洗选煤数量÷入洗前原煤数量×100％

4.视同销售。

纳税人将其开采的原煤，自用于连续生产洗选煤的，在原煤移送使用环节不缴纳资源税；自用于其他方面的，视同销售原煤。

纳税人将其开采的原煤加工为洗选煤自用的，视同销售洗选煤。

5.特殊情形下销售额的确定。

(1)纳税人申报的原煤或洗选煤销售价格明显偏低且无正当理由的，或者有视同销售应税煤炭行为而无销售价格的，主管税务机关应按下列顺序确定计税价格：

①按纳税人最近时期同类原煤或洗选煤的平均销售价格确定。

②按其他纳税人最近时期同类原煤或洗选煤的平均销售价格确定。

③按组成计税价格确定。

组成计税价格＝成本×（1＋成本利润率）÷（1－资源税税率）

④按其他合理方法确定。

(2)纳税人与其关联企业之间的业务往来，应当按照独立企业之间的业务往来收取或支付价款、费用；不按照独立企业之间的业务往来收取或支付价款、费用而减少其应纳税收入的，税务机关有权按照《中华人民共和国税收征收管理法》及其实施细则的有关规定进行合理调整。

(3)纳税人以自采原煤或加工的洗选煤连续生产焦炭、煤气、煤化工、电力等产品，自产自用且无法确定应税煤炭移送使用量的，可采取最终产成品的煤耗指标确定用煤量，即：煤电一体化企业可按照每千瓦时综合供电煤耗指标进行确定；煤化工一体化企业可按照煤化工产成品的原煤耗用率指标进行确定；其他煤炭连续生产企业可采取其产成品煤耗指标进行确定，或者参照其他合理方法进行确定。

6.销售额的扣减。

(1)纳税人将自采原煤与外购原煤（包括煤矸石）进行混合后销售的，应当准确核算外购原煤的数量、单价及运费，在确认计税依据时可以扣减外购相应原煤的购进金额。

计税依据＝当期混合原煤销售额－当期用于混售的外购原煤的购进金额

外购原煤的购进金额＝外购原煤的购进数量×单价

(2)纳税人将自采原煤连续加工的洗选煤与外购洗选煤进行混合后销售的，比照上述有关规定计算缴纳资源税。

纳税人以自采原煤和外购原煤混合加工洗选煤的，应当准确核算外购原煤的数量、单价及运费，在确认计税依据时可以扣减外购相应原煤的购进金额。

计税依据＝当期洗选煤销售额×折算率－当期用于混洗混售的外购原煤的购进金额

外购原煤的购进金额＝外购原煤的购进数量×单价

纳税人扣减当期外购原煤或者洗选煤购进额的，应当以增值税专用发票、普通发票或者海关报关单作为扣减凭证。

7.征收管理

(1)纳税环节。

纳税人销售应税煤炭的,在销售环节缴纳资源税。纳税人以自采原煤直接或者经洗选加工后连续生产焦炭、煤气、煤化工、电力及其他煤炭深加工产品的,视同销售,在原煤或者洗选煤移送环节缴纳资源税。

(2)纳税地点。

纳税人煤炭开采地与洗选、核算地不在同一行政区域(县级以上)的,煤炭资源税在煤炭开采地缴纳。纳税人在本省、自治区、直辖市范围开采应税煤炭,其纳税地点要调整的,由省、自治区、直辖市税务机关决定。

五、减税、免税项目

(一)免征资源税有下列情形之一的,免征资源税

1.开采原油以及油田范围内运输原油过程中用于加热的原油、天然气;
2.煤炭开采企业因安全生产需要抽采的煤成(层)气。

(二)减征资源税

有下列情形之一的,减征资源税:

1.从低丰度油气田开采的原油、天然气减征20%资源税。

陆上低丰度油田是指每平方公里原油可采储量丰度低于25万立方米的油田;陆上低丰度气田是指每平方公里天然气可采储量丰度低于2.5亿立方米的气田。

海上低丰度油田是指每平方公里原油可开采储量丰度低于60万立方米的油田;海上低丰度气田是指每平方公里天然气可开采储量丰度低于6亿立方米的气田。

2.高含硫天然气、三次采油和从深水油气田开采的原油、天然气,减征30%资源税。

高含硫天然气是指硫化氢含量在每立方米30克以上的天然气。

三次采油是指二次采油后继续以聚合物驱、复合驱、泡沫驱、二氧化碳驱、气水交替驱、微生物驱等方式进行采油。

深水油气田是指水深超过300米的油气田。

3.稠油、高凝油减征40%资源税。

稠油是指地层原油黏度大于或等于50毫帕/秒或原油密度大于或等于0.92克/立方厘米的原油。

高凝油是指凝固点高于40℃的原油。

4.从衰竭期矿山开采的矿产品,减征30%资源税。

衰竭期矿山是指设计开采年限超过15年,且剩余可采储量下降到原设计可采储量的20%以下或者剩余开采限不超过5年的矿山,衰竭期矿山以开采企业下属的单个矿山为单位确定。

(三)可由省、自治区、直辖市人民政府决定的减税或者免税

有下列情形之一的,省、自治区、直辖市人民政府可以决定减税或者免税:

1.纳税人开采或者生产应税产品过程中,因意外事故或者自然灾害等原因遭受重大损

失的;

2.纳税人开采共伴生矿、低品位矿、尾矿。

上述两项的免征或者减征的具体办法,由省、自治区、直辖市人民政府提出,报同级人民代表大会常务委员会决定,并报全国人民代表大会常务委员会和国务院备案。

(四)其他减税、免税

为促进页岩气开发利用,有效增加天然气供给,经国务院同意,自2018年4月1日至2021年3月31日,对页岩气资源税(按6%的规定税率)减征30%。

纳税人的免征、减征项目,应当单独核算销售额或者销售数量;未单独核算或者不能准确提供销售额和销售数量的,不予免税或者减税。

六、征收管理

(一)纳税义务发生时间

1.纳税人销售应税产品,其纳税义务发生时间为:

(1)纳税人采取分期收款结算方式的,其纳税义务发生时间,为销售合同规定的收款日期的当天。

(2)纳税人采取预收货款结算方式的,其纳税义务发生时间,为发出应税产品的当天。

(3)纳税人采取除分期收款和预收货款以外其他结算方式的,其纳税义务发生时间,为收讫销售款或者取得索取销售款凭据的当天。

2.纳税人自产自用应税产品的纳税义务发生时间,为移送使用应税产品的当天。

3.扣缴义务人代扣代缴税款的纳税义务发生时间,为支付首笔货款或首次开具支付货款凭据的当天。

(二)纳税期限

资源税按月或者按季申报缴纳;不能按固定期限计算缴纳的,可以按次申报缴纳。

纳税人按月或者按季申报缴纳的,应当自月度或者季度终了之日起15日内,向税务机关办理纳税申报并缴纳税款。

(三)纳税环节和纳税地点

1.纳税环节。

(1)资源税在应税产品的销售或自用环节计算缴纳。纳税人以自采原矿加工精矿产品的,在原矿移送使用时不缴纳资源税,在精矿销售或自用时缴纳资源税。

(2)纳税人以自采原矿直接加工为非应税产品或者以自采原矿加工的精矿连续生产非应税产品的,在原矿或者精矿移送环节计算缴纳资源税。

(3)以应税产品投资、分配、抵债、赠与、以物易物等,在应税产品所有权转移时计算缴纳资源税。

(4)纳税人以自采原矿加工金锭的,在金锭销售或自用时缴纳资源税。纳税人销售自采原矿或者自采原矿加工的金精矿、粗金,在原矿或者金精矿、粗金销售时缴纳资源税,在移送使用时不缴纳资源税。

2.纳税地点。

纳税人应当向应税产品开采地或者生产地税务机关申报缴纳资源税。

(四)征收机关

资源税由税务机关按照《资源税法》和《中华人民共和国税收征收管理法》的规定征收管理。税务机关与自然资源等相关部门应当建立工作配合机制,加强资源税征收管理。

【任务实施】

【任务1—10】

【正确答案】B

【答案解析】纳税人应当向应税产品开采地或者生产地税务机关申报缴纳资源税。

(五)纳税申报

《资源税纳税申报表(一)》和《资源税纳税申报表(二)》(见下表)。

资源税纳税申报表(一)
(按从价定率办法计算应纳税额的纳税人适用)

税款所属期限:自　　年　月　日至　　年　月　日

填表日期:　年　月　日

纳税人识别号:□□□□□□□□□□□□□□□　　　　金额单位:元至角分

栏次	征收品目	征收子目	销售量	销售额	折算率	适用税率或实际征收率	本期应纳税额	减征比例	本期减免税额	减免性质代码	本期已缴税额	本期应补(退)税额
1	2	3	4	5	6	7	8	9=7×8	10	11	12=7−9−11	
合计												

以下由纳税人填写:

纳税人声明:	此纳税申报表是根据《中华人民共和国资源税暂行条例》及其《实施细则》的规定填报的,是真实的、可靠的、完整的。		
纳税人签章		代理人签章	代理人身份证号

以下由税务机关填写

受理人		受理日期	年　月　日	受理税务机关(签章)

本表一式两份,一份纳税人留存,一份税务机关留存。

资源税纳税申报表(二)
(按从量定额办法计算应纳税额的纳税人适用)

税款所属期限:自　　年　月　日至　　年　月　日

填表日期:　　年　月　日

纳税人识别号:□□□□□□□□□□□□□□□　　　　金额单位:元至角分

栏次	征收品目	征收子目	计税单位	销售量	单位税额	本期应纳税额	本期减免销量	本期减免税额	减免性质代码	本期已缴税额	本期应补(退)税额
	1	2	3	4	5	6=4×5	7	8	9	10	11=6-8-10
合计											

以下由纳税人填写:

纳税人声明:	此纳税申报表是根据《中华人民共和国资源税暂行条例》及其《实施细则》的规定填报的,是真实的、可靠的、完整的。		
纳税人签章		代理人签章	代理人身份证号

以下由税务机关填写

受理人		受理日期	年　月　日	受理税务机关(签章)	

本表一式两份,一份纳税人留存,一份税务机关留存。

七、水资源税改革试点实施办法

为全面贯彻落实党的十九大精神,推进资源全面节约和循环利用,推动形成绿色发展方式和生活方式,根据财政部、税务总局、水利部2017年11月28日发布《扩大水资源税改革试点实施办法》(以下简称《试点实施办法》),自2017年12月1日起,北京、天津、山西、内蒙古、河南、山东、四川、陕西、宁夏9个省区市纳入水资源税改革试点,由征收水资源费改为征收水资源税。

(一)纳税义务人

除规定情形外,水资源税的纳税人为直接取用地表水、地下水的单位和个人,包括直接从江、河、湖泊(含水库)和地下取用水资源的单位和个人。

下列情形,不缴纳水资源税:

1.农村集体经济组织及其成员从本集体经济组织的水塘、水库中取用水的。

2.家庭生活和零星散养、圈养畜禽饮用等少量取用水的。

3.水利工程管理单位为配置或者调度水资源取水的。
4.为保障矿井等地下工程施工安全和生产安全必须进行临时应急取用(排)水的。
5.为消除对公共安全或者公共利益的危害临时应急取水的。
6.为农业抗旱和维护生态与环境必须临时应急取水的。

(二)税率

除中央直属和跨省(区、市)水力发电取用水外,由试点省份省级人民政府统筹考虑本地区水资源状况、经济社会发展水平和水资源节约保护要求,在《试点实施办法》所附《试点省份水资源税最低平均税额表》(见下表)规定的最低平均税额基础上分类确定具体适用税额。

试点省份水资源税最低平均税额表　　单位:元/立方米

省(区、市)	地表水最低平均税额	地下水最低平均税额
北京	1.6	4
天津	0.8	4
山西	0.5	2
内蒙古	0.5	2
山东	0.4	1.5
河南	0.4	1.5
四川	0.1	0.2
陕西	0.3	0.7
宁夏	0.3	0.7

为发挥水资源税调控作用,按不同取用水性质实行差别税额,地下水税额要高于地表水,超采区地下水税额要高于非超采区,严重超采地区的地下水税额要大幅高于非超采地区。对超计划或超定额用水加征1～3倍,对特种行业从高征税,对超过规定限额的农业生产取用水、农村生活集中式饮水工程取用水从低征税。具体适用税额,授权省级人民政府统筹考虑本地区水资源状况、经济社会发展水平和水资源节约保护的要求确定。

(三)应纳税额的计算

水资源税实行从量计征。对一般取用水按照实际取用水量征税,对采矿和工程建设疏干排水按照排水量征税;对水力发电和火力发电贯流式(不含循环式)冷却取用水按照实际发电量征税。计算公式如下:

一般取用水应纳税额=实际取用水量×适用税额

疏干排水应纳税额=实际取用水量×适用税额

疏干排水的实际取用水量按照排水量确定。疏干排水是指在采矿和工程建设过程中破坏地下水层、发生地下涌水的活动。

水力发电和火力发电贯流式(不含循环式)冷却取用水应纳税额=实际发电量×适用税额

火力发电贯流式冷却取用水,是指火力发电企业从江河、湖泊(含水库)等水源取水,并对机组冷却后将水直接排入水源的取用水方式。火力发电循环式冷却取用水,是指火力发企业从江河、湖泊(含水库)、地下等水源取水并引入自建冷却水塔，对机组冷却后返回冷却水塔循环利用的取用水方式。

(四)税收减免

下列情形，予以免征或者减征水资源税：
1. 规定限额内的农业生产取用水，免征水资源税。
2. 取用污水处理再生水，免征水资源税。
3. 除接入城镇公共供水管网以外，军队、武警部队通过其他方式取用水的，免征水资源税。
4. 抽水蓄能发电取用水，免征水资源税。
5. 采油排水经分离净化后在封闭管道回注的，免征水资源税。
6. 财政部、税务总局规定的其他免征或者减征水资源税的情形。

【任务实施】

【任务1-11】

【正确答案】D

【答案解析】取用污水处理再生水，免征水资源税。应缴纳资源税＝0

【任务1-12】

【正确答案】D

【答案解析】在试点省份内取用水，其纳税地点需要调整的，由省级财政、税务部门决定。

(五)征收管理

为加强税收征管、提高征管效率，《试点实施办法》确定了"税务征管、水利核量、自主申报、信息共享"的征管模式，即税务机关依法征收管理；水行政主管部门负责核定取用水量；纳税人依法办理纳税申报；税务机关与水行政主管部门建立涉税信息共享平台和工作配合机制，定期交换征税和取用水信息资料。

水资源税的纳税义务发生时间为纳税人取用水资源的当日。除农业生产取用水外，水资源税按季或者按月征收，由主管税务机关根据实际情况确定。对超过规定限额的农业生产取用水水资源税可按年征收。不能按固定期限计算纳税的，可以按次申报纳税。纳税人应当自纳税期满或者纳税义务发生之日起15日内申报纳税。

水资源税由生产经营所在地的主管税务机关征收管理，跨省(区、市)调度的水资源，由调入区域所在地的税务机关征收水资源税。在试点省份内取用水，其纳税地点需要调整的，由省级财政、税务部门决定。

《资源税法》第十四条授权国务院试点征收水资源税，规定如下：国务院根据国民经济和社会发展的需要，依照资源税法的原则，对取用地表水或者地下水的单位和个人试点征收水资源税。征收水资源税的，停止征收水资源费；水资源税试点实施办法由国务院规定，报全国人民代表大会常务委员会备案；国务院自《资源税法》施行之日起五年内，就征收水资源税试点情况向全国人民代表大会常务委员会报告，并及时提出修改法律的意见。

项目七 资源税和环境保护税

任务二 环境保护税

【任务引例】

【任务2—1】下列各项中,不属于环境保护税征税范围的是( )。
A.大气污染物　　　　B.噪声
C.水污染物　　　　　D.依法对畜禽养殖废弃物进行综合利用和无害化处理

【任务2—2】下列关于应税污染物计税依据的说法,正确的有( )。
A.应税大气污染物按照污染物排放量折合的污染当量数确定
B.应税水污染物的污染当量数,以该污染物的排放量乘以该污染物的污染当量值计算
C.应税固体废物按照固体废物的排放量确定
D.固体废物的排放量为当期应税固体废物的产生量减去当期应税固体废物的贮存量、处置量、综合利用量的余额

【任务2—3】某企业2018年3月向大气直接排放二氧化硫、氟化物各100千克,一氧化碳200千克、氯化氢80千克,假设当地大气污染物每污染当量税额1.2元,该企业只有一个排放口。计算其应纳税额。

【任务2—4】甲化工厂是环境保护税纳税人,该厂仅有1个污水排放口且直接向河流排放污水,已安装使用符合国家规定和监测规范的污染物自动监测设备。检测数据显示,该排放口2018年2月共排放污水6万吨(折合6万立方米),应税污染物为六价铬,浓度为六价铬0.5mg/L。请计算该化工厂2月应缴纳的环境保护税(该厂所在省的水污染物税率为2.8元/污染当量,六价铬的污染当量值为0.02)。

【任务2—5】某养殖场2018年2月养牛存栏量为500头,污染当量值为0.1头,假设当地水污染物适用税额为每污染当量2.8元,计算当月应纳环境保护税税额。

【任务2—6】某餐饮公司,通过安装水流量计测得2018年2月排放污水量为60吨,污染当量值为0.5吨。假设当地水污染物适用税额为每污染当量2.8元,计算当月应纳环境保护税税额。

【任务2—7】某县医院,床位56张,每月按时消毒,无法计量月污水排放量,污染当量值为0.14张,假设当地水污染物适用税额为每污染当量2.8元,计算当月应纳环境保护税税额。

【任务2—8】假设某企业2018年3月产生尾矿1000吨,其中综合利用的尾矿300吨(符合国家相关规定),在符合国家和地方环境保护标准的设施贮存300吨。请计算该企业当月尾矿应缴纳的环境保护税。

【任务2—9】假设某工业企业只有一个生产场所,只在昼间生产,边界处声环境功能区类型为1类,生产时产生噪声为60分贝,《工业企业厂界环境噪声排放标准》规定1类功能区昼间的噪声排放限值为55分贝,当月超标天数为18天。请计算该企业当月噪声污染应缴纳的环境保护税。

【任务准备】

一、环境保护税法概念

环境保护税法是指国家制定的调整环境保护税征收与缴纳相关权利及义务关系的法律规范。《环境保护税法》自 2018 年 1 月 1 日起正式实施。

环境保护税是对在我国领域以及管辖的其他海域直接向环境排放应税污染物的企事业单位和其他生产经营者征收的一种税,其立法目的是保护和改善环境,减少污染物排放,推进生态文明建设。环境保护税是我国首个明确以环境保护为目标的独立型环境税税种,有利于解决排污费制度存在的执法刚性不足等问题,有利于增强纳税人环保意识和强化企业治污减排责任。

直接向环境排放应税污染物的企业事业单位和其他生产经营者,除依照《环境保护税法》规定缴纳环境保护税外,应当对所造成的损害依法承担责任。

二、环境保护税的特点

作为落实生态文明建设的重要税制改革举措而推出的环境保护税,具有以下基本特点:
(一)属于调节型税种。
(二)其渊源是排污收费制度。
(三)属于综合型环境税。
(四)属于直接排放税。
(五)对大气污染物、水污染物规定了幅度定额税率。
(六)采用税务、环保部门紧密配合的征收方式。
(七)收入纳入一般预算收入,全部划归地方。

三、环境保护税纳税义务人

环境保护税的纳税义务人是在中华人民共和国领域和中华人民共和国管辖的其他海域直接向环境排放应税污染物的企业事业单位和其他生产经营者。

应税污染物,是指《环境保护税法》所附《环境保护税税目税额表》《应税污染物和当量值表》所规定的大气污染物、水污染物、固体废物和噪声。

【任务实施】
【任务 2—1】
【正确答案】D
【答案解析】依法对畜禽养殖废弃物进行综合利用和无害化处理的,不属于直接向环境排放污染物,不缴纳相应污染物的环境保护税。

四、税目与税率

(一)税目

环境保护税税目包括大气污染物、水污染物、固体废物和噪声四大类。
1.大气污染物。
大气污染物包括二氧化硫、氮氧化物、一氧化碳、氯气、氯化氢等共计 44 项。
环保税的征税范围不包括温室气体二氧化碳。

2.水污染物。

水污染物分为两类:第一类水污染物包括总汞、总镉、总铬等,第二类水污染物包括悬浮物、生化需氧量、化学需氧量、总有机碳等。应税水污染物共计61项。

3.固体废物。

固体废物包括煤矸石、尾矿、危险废物、冶炼渣、粉煤灰、炉渣、其他固体废物(含半固态、液态废物)。

4.噪声。

应税噪声污染目前只包括工业噪声。

(二)税率

环境保护税采用定额税率,其中,对应税大气污染物和水污染物规定了幅度定额税率,具体适用税额的确定和调整由省、自治区、直辖市人民政府统筹考虑本地区环境承载能力、污染物排放现状和经济社会生态发展目标要求,在规定的税额幅度内提出,报同级人民代表大会常务委员会决定,并报全国人民代表大会常务委员会和国务院备案。

环境保护税税目税额表

税目		计税单位	税额	备注
大气污染物		每污染当量	1.2元至12元	
水污染物		每污染当量	1.4元至14元	
固体废物	煤矸石	每吨	5元	
	尾矿	每吨	15元	
	危险废物	每吨	1000元	
	冶炼渣、粉煤灰、炉渣、其他固体废物(含半固态、液态废物)	每吨	25元	
噪声	工业噪声	超标1~3分贝	每月350元	1.一个单位边界上有多处噪声超标,根据最高一处超标声级计算应纳税额;当沿边界长度超过100米有两处以上噪声超标,按照两个单位计算应纳税额。 2.一个单位有不同地点作业场所的,应当分别计算应纳税额,合并计征。 3.昼、夜均超标的环境噪声,昼、夜分别计算应纳税额,累计计征。 4.声源一个月内超标不足15天的,减半计算应纳税额。 5.夜间频繁突发和夜间偶然突发厂界超标噪声,按等效声级和峰值噪声两种指标中超标分贝值高的一项计算应纳税额。
		超标4~6分贝	每月700元	
		超标7~9分贝	每月1400元	
		超标10~12分贝	每月2800元	
		超标13~15分贝	每月5600元	
		超标16分贝	每月11200元	

五、计税依据

(一)计税依据确定的基本方法

应税污染物的计税依据,按照下列方法确定:应税大气污染物按照污染物排放量折合的污染当量数确定;应税水污染物按照污染物排放量折合的污染当量数确定;应税固体废物按照固体废物的排放量确定;应税噪声按照超过国家规定标准的分贝数确定。

1.应税大气污染物、水污染物按照污染物排放量折合的污染当量数确定计税依据。计算公式为:

应税大气污染物、水污染物的污染当量数＝该污染物的排放量÷该污染物的污染当量值

2.应税固体废物按照固体废物的排放量确定计税依据。计算公式为:

固体废物的排放量＝当期固体废物的产生量－当期固体废物的综合利用量－当期固体废物的贮存量－当期固体废物的处置量

3.应税噪声按照超过国家规定标准的分贝数确定计税依据。

工业噪声按超过国家规定标准的分贝数确定每月税额,超过国家规定标准的分贝数是指实际产生的工业噪声与国家规定的工业噪声排放标准限值之间的差值。

(二)应税大气污染物、水污染物、固体废物的排放量和噪声分贝数的确定方法

应税大气污染物、水污染物、固体废物的排放量和噪声的分贝数,按照下列方法和顺序计算:

1.纳税人安装使用符合国家规定和监测规范的污染物自动监测设备的,按照污染物自动监测数据计算。

2.纳税人未安装使用污染物自动监测设备的,按照监测机构出具的符合国家有关规定和监测规范的监测数据计算。

3.因排放污染物种类多等原因不具备监测条件的,按照国务院环境保护主管部门规定的排污系数、物料衡算方法计算。

4.不能按照上述第一项至第三项规定的方法计算的,按照省、自治区、直辖市人民政府环境保护主管部门规定的抽样测算的方法核定计算。

【任务实施】

【任务2—2】

【正确答案】ACD

【答案解析】应税大气污染物、水污染物的污染当量数,以该污染物的排放量除以该污染物的污染当量值计算。

六、应纳税额的计算

(一)大气污染物应纳税额的计算

应税大气污染物应纳税额为污染当量数乘以具体适用税额。

计算公式为:

大气污染物的应纳税额＝污染当量数×适用税额

【任务实施】

【任务2－3】其应纳税额计算如下：

第一步：计算各污染物的污染当量数。

污染当量数＝该污染物的排放量÷该污染物的污染当量值

据此计算各污染物的污染当量数为：

二氧化硫污染当量数＝100/0.95＝105.26

氟化物污染当量数＝100/0.87＝114.94

一氧化碳污染当量数＝200/16.7＝11.98

氯化氢污染当量数＝80/10.75＝7.44

第二步：按污染当量数排序。

氟化物污染当量数(114.94)＞二氧化硫污染当量数(105.26)＞一氧化碳污染当量数(11.98)＞氯化氢污染当量数(7.44)

该企业只有一个排放口，排序选取计税前三项污染物为：氟化物、二氧化硫、一氧化碳。

第三步：计算应纳税额。

应纳税额＝(114.94＋105.26＋11.98)×1.2＝－278.62(元)

(二)水污染物应纳税额的计算

应税水污染物的应纳税额为污染当量数乘以具体适用税额。

1.适用监测数据法的水污染物应纳税额的计算。

计算公式为：

水污染物的应纳税额＝污染当量数×适用税额

【任务实施】

【任务2－4】计算过程如下：

(1)计算污染当量数：

六价铬污染当量数＝排放总量×浓度值÷当量值

＝60 000 000×0.5÷1 000 000÷0.02＝1 500

(2)应纳税额＝1 500×2.8＝4 200(元)

2.适用抽样测算法的水污染物应纳税额的计算。

适用抽样测算法的情形，纳税人按照环境保护税法所附《禽畜养殖业、小型企业和第三产业水污染物当量值》表所规定的当量值计算污染当量数。

(1)规模化禽畜养殖业排放的水污染物应纳税额。

禽畜养殖业的水污染物应纳税额为污染当量数乘以具体适用税额。其污染当量数以禽畜养殖数量除以污染当量值计算。

【任务实施】

【任务2－5】计算如下：

水污染物当量数＝500÷0.1＝5 000

应纳税额＝5 000×2.8＝14 000(元)

(2)小型企业和第三产业排放的水污染物应纳税额。
计算公式为：
应纳税额=污水排放量(吨)÷污染当量值(吨)×适用税额

【任务实施】

【任务 2—6】当月应纳环境保护税税额计算如下：
水污染物当量数=60÷0.5=120
应纳税额=120×2.8=336(元)

(3)医院排放的水污染物应纳税额。
计算公式为：
应纳税额=医院床位数÷污染当量值×适用税额
应纳税额=污水排放量÷污染当量值×适用税额

【任务实施】

【任务 2—7】当月应纳环境保护税税额计算如下：
水污染物当量数=56÷0.14=400
应纳税额=400×2.8=1 120(元)

(三)固体废物应纳税额的计算

计算公式为：
固体废物的应纳税额=(当期固体废物的产生量-当期固体废物的综合利用量-当期固体废物的贮存量-当期固体废物的处置量)×适用税额

【任务实施】

【任务 2—8】环境保护税应纳税额=(1 000-300-300)×15=6 000(元)

(四)噪声应纳税额的计算

应税噪声的应纳税额为超过国家规定标准的分贝数对应的具体适用税额。

【任务实施】

【任务 2—9】超标分贝数：60-55=5(分贝)
根据《环境保护税税目税额表》，可得出该企业当月噪声污染应缴纳环境保护税 700 元。

七、税收减免

(一)暂免征税项目

下列情形，暂予免征环境保护税：
1.农业生产(不包括规模化养殖)排放应税污染物的。
2.机动车、铁路机车、非道路移动机械、船舶和航空器等流动污染源排放应税污染物的。
3.依法设立的城乡污水集中处理、生活垃圾集中处理场所排放相应应税污染物，不超过国家和地方规定的排放标准的。
4.纳税人综合利用的固体废物，符合国家和地方环境保护标准的。
5.国务院批准免税的其他情形。

(二)减征税额项目

1. 纳税人排放应税大气污染物或者水污染物的浓度值低于国家和地方规定的污染物排放标准百分之三十的,减按百分之七十五征收环境保护税。
2. 纳税人排放应税大气污染物或者水污染物的浓度值低于国家和地方规定的污染物排放标准百分之五十的,减按百分之五十征收环境保护税。

八、征收管理

(一)征管方式

环境保护税采用"企业申报、税务征收、环保协同、信息共享"的征管方式。

(二)数据传递和比对

环境保护主管部门应当将排污单位的排污许可、污染物排放数据、环境违法和受行政处罚情况等环境保护相关信息,定期交送税务机关。

税务机关应当将纳税人的纳税申报、税款入库、减免税额、欠缴税款以及风险疑点等环境保护税涉税信息,定期交送环境保护主管部门。

税务机关应当将纳税人的纳税申报数据资料与环境保护主管部门交送的相关数据资料进行比对。纳税人申报的污染物排放数据与环境保护主管部门交送的相关数据不一致的,按照环境保护主管部门交送的数据确定应税污染物的计税依据。

(三)复核

税务机关发现纳税人的纳税申报数据资料异常或者纳税人未按照规定期限办理纳税申报的,可以提请环境保护主管部门进行复核,环境保护主管部门应当自收到税务机关的数据资料之日起十五日内向税务机关出具复核意见。税务机关应当按照环境保护主管部门复核的数据资料调整纳税人的应纳税额。

纳税人的纳税申报数据资料异常,包括但不限于下列情形:
1. 纳税人当期申报的应税污染物排放量与上一年同期相比明显偏低,且无正当理由。
2. 纳税人单位产品污染物排放量与同类型纳税人相比明显偏低,且无正当理由。

(四)纳税时间

环境保护税纳税义务发生时间为纳税人排放应税污染物的当日。环境保护税按月计算,按季申报缴纳。不能按固定期限计算缴纳的,可以按次申报缴纳。

纳税人按季申报缴纳的,应当自季度终了之日起十五日内,向税务机关办理纳税申报并缴纳税款。纳税人按次申报缴纳的,应当自纳税义务发生之日起十五日内,向税务机关办理纳税申报并缴纳税款。纳税人申报缴纳时,应当向税务机关报送所排放应税污染物的种类、数量,大气污染物、水污染物的浓度值,以及税务机关根据实际需要要求纳税人报送的其他纳税资料。

(五)纳税地点

纳税人应当向应税污染物排放地的税务机关申报缴纳环境保护税。应税污染物排放地是指应税大气污染物、水污染物排放口所在地;应税固体废物产生地;应税噪声产生地。

纳税人跨区域排放应税污染物,税务机关对税收征收管辖有争议的,由争议各方按照有利于征收管理的原则协商解决。

纳税人从事海洋工程向中华人民共和国管辖海域排放应税大气污染物、水污染物或者固体废物,申报缴纳环境保护税的具体办法,由国务院税务主管部门会同国务院海洋主管部门规定。

【任务实操】

完成【任务1—8】资源税纳税申报表的填制。

项目八 房产税、契税、土地增值税

【知识目标】
1. 了解房产税、契税、土地增值税的基本知识;
2. 掌握房产税、契税、土地增值税应纳税额的计算方法。

【能力目标】
1. 能根据相关规定计算房产税、契税、土地增值税应纳税额。
2. 能熟练填制房产税、土地增值税纳税申报表,正确进行纳税申报。

【素质目标】
1. 严格执行房产税、契税、土地增值税的相关法律规定,培养细致、踏实的工作作风;
2. 计算和缴纳房产税、契税、土地增值税时要具有安全意识和法律意识;
3. 对待工作要认真负责,热爱税务工作,有良好的职业道德;
4. 具备较好的学习能力和较强的沟通能力。

工作情境

如果您是一名初涉职场的大学毕业生,应聘的工作岗位是税务专员岗位,负责开展本企业的涉税事项和工作,那么必须按税收政策规定正确计算、申报、缴纳、管理各税种工作。

房产税、契税、土地增值税有一个共同的特点,就是房产。

房产税是以房屋为征税对象,按照房屋的计税余值或租金收入,向产权所有人征收的一种财产税。按照税法相关规定,房产税实行按年计算、分期缴纳的征收方法,具体纳税期限由省、自治区、直辖市人民政府确定。房产税在房产土地所在地缴纳。房产不在同一地方的纳税人,应按房产的坐落地点分别向房产所在地的税务机关纳税。纳税人应按有关规定及时办理纳税申报,并如实填写相关申报表。

契税的纳税义务人是境内转移土地、房屋权属,承受的单位和个人。契税的纳税义务发生时间是纳税人签订土地、房屋权属转移合同的当天,或者纳税人取得其他具有土地、房屋权属转移合同性质凭证的当天。契税在土地、房屋所在地的征收机关缴纳。

土地增值税是对有偿转让国有土地使用权及地上建筑物和其他附着物产权,取得增值收入的单位和个人征收的一种税。土地增值税的纳税人应向房地产所在地主管税务机关办理纳税申报,并在税务机关核定的期限内缴纳土地增值税。

任务一 房产税

【任务引例】

【任务1-1】 下列各项符合房产税纳税义务人规定的是( )。
A.房屋出租的由承租人纳税
B.房屋产权出典的由出典人缴纳房产税
C.房屋产权未确定的暂不缴纳房产税
D.无租使用房产管理部门的房产由使用人代为缴纳房产税

【任务1-2】 关于房产税纳税人的下列表述中,不符合法律制度规定的是( )。
A.甲企业无租使用他人房产,由出租人缴纳
B.房屋产权所有人不在房产所在地的,房产代管人为纳税人
C.刘某将个人拥有产权的房屋出典给李某,则李某为该房屋房产税的纳税人
D.房屋产权未确定的,房产代管人为纳税人

【任务1-3】 下列关于房产税计税依据的说法不正确的是( )。
A.房产原值是指纳税人在账簿"固定资产"和"在建工程"科目中记载的房屋原价
B.纳税人对原有房屋进行改建、扩建的,要相应增加房屋的原值
C.对于融资租赁房屋的情况,在计征房产税时应以房产余值计算征收
D.房屋出典的,由承典人按房产余值计算缴纳房产税

【任务1-4】 甲企业以房产投资联营,投资者参与利润分红,共担风险,被投资方以( )为房产税的计税依据。
A.房产余值　　B.房产市值　　C.房产原值　　D.房产净值

【任务1-5】 下列关于房产税的陈述,正确的有( )。
A.对投资联营的房产,应由被投资企业房产余值作为计税依据计征房产税
B.对出租的房产,租赁双方签订的租赁合同约定有免收租金期限的,免收租金期间由产权所有人按照房产余值缴纳房产税
C.对于更换房屋附属设施和配套设施的,在将其价值计入房产原值时,可扣减原来相应设施的价值
D.凡以房屋为载体,不可随意移动的附属设备和配套设施,应计入房产原值,计征房产税

【任务1-6】 下列项目中,应以房产租金作为计税依据征收房产税的有( )。
A.以融资租赁方式租入的房屋
B.以经营租赁方式租出的房屋
C.居民住宅区内业主自营的共有经营性房屋
D.以收取固定收入、不承担联营风险方式投资的房屋

【任务1—7】某企业2017年1月将新建办公楼底楼全部出租给某餐饮公司,租期五年,每年不含税租金200万元,当年1月一次性收取两年的租金400万元,以后年度的租金按规定提前一年收取,当年应缴纳的房产税为( )万元。

A.22　　　　B.10　　　　C.20　　　　D.24

【任务1—8】2019年,某大型企业,其生产用房原值为8000万元,还建有一座房产原值为250万元的内部医院和一所房产原值为150万元的幼儿园,均出租给某公司,共取得收入20万元,另有一栋房产,在2011年底已经被有关部门认定为危险房屋,2019年4月1日起停止使用,房产原值30万元。当地规定允许减除房产原值的25%。该企业拥有的四座房产应纳房产税合计数是多少?

【任务1—9】下列房产中免征房产税的是( )。

A.自收自支事业单位向职工出租的单位自有住房
B.信托投资公司经营用房
C.个人所有营业用的房产
D.军队营业用的房产

【任务1—10】下列项目中,应征收房产税的是( )。

A.高校的学生公寓
B.个人拥有的营业用房
C.公园里的办公用房
D.经营公租房的租金收入(单独核算)

【任务准备】

一、房产税概述

房产税法是指国家制定的调整房产税征收与缴纳之间权利及义务关系的法律规范。现行房产税法的基本规范,是1986年9月15日国务院颁布的《中华人民共和国房产税暂行条例》。

征收房产税有利于地方政府筹集财政收入,也有利于加强房产管理。

房产税是以房屋为征税对象,按照房屋的计税余值或租金收入,向产权所有人征收的一种财产税。

二、纳税义务人与征税范围

(一)纳税义务人

房产税以在征税范围内的房屋产权所有人为纳税人。其中:

1.产权属国家所有的,由经营管理单位纳税;产权属集体和个人所有的,由集体单位和个人纳税。

所称单位,包括国有企业、集体企业、私营企业、股份制企业、外商投资企业、外国企业以及其他企业和事业单位、社会团体、国家机关、军队以及其他单位;所称个人,包括个体工商户以及其他个人。

2.产权出典的,由承典人纳税。所谓产权出典,是指产权所有人将房屋、生产资料等的产权,在一定期限内典当给他人使用,而取得资金的一种融资业务。

3.产权所有人、承典人不在房屋所在地的,或者产权未确定及租典纠纷未解决的,由房产代管人或者使用人纳税。

所谓租典纠纷,是指产权所有人在房产出典和租赁关系上,与承典人、租赁人发生各种争议,特别是权利和义务的争议悬而未决的。此外还有一些产权归属不清的问题也都属于租典纠纷。对租典纠纷尚未解决的房产,规定由代管人或使用人为纳税人,主要目的在于加强征收管理,保证房产税及时入库。

4.无租使用其他房产的问题。纳税单位和个人无租使用房产管理部门、免税单位及纳税单位的房产,应由使用人代为缴纳房产税。

【任务实施】

【任务1-1】

【正确答案】D

【答案解析】选项A,房屋出租的,由出租人纳税;选项B,产权出典的由承典人缴纳房产税;选项C,房屋产权未确定的由代管人或使用人纳税。

【任务1-2】

【正确答案】A

【答案解析】纳税单位和个人无租使用房产管理部门、免税单位及纳税单位的房产,由使用人代为缴纳房产税。

(二)征税范围

房产税以房产为征税对象。所谓房产,是指有屋面和围护结构(有墙或两边有柱),能够遮风避雨,可供人们在其中生产、学习、工作、娱乐、居住或储藏物资的场所。房地产开发企业建造的商品房,在出售前,不征收房产税;但对出售前房地产开发企业已使用或出租、出借的商品房应按规定征收房产税。

房产税的征税范围为城市、县城、建制镇和工矿区。具体规定如下:

1.城市是指国务院批准设立的市。

2.县城是指县人民政府所在地的地区。

3.建制镇是指经省、自治区、直辖市人民政府批准设立的建制镇。

4.工矿区是指工商业比较发达、人口比较集中、符合国务院规定的建制镇标准但尚未设立建制镇的大中型工矿企业所在地。开征房产税的工矿区须经省、自治区、直辖市人民政府批准。

房产税的征税范围不包括农村,这主要是为了减轻农民的负担。因为农村的房屋,除农副业生产用房外,大部分是农民居住用房。对农村房屋不纳入房产税征税范围,有利于农业发展,繁荣农村经济,促进社会稳定。

三、税率、计税依据和应纳税额的计算

(一)税率

我国现行房产税采用的是比例税率。因为房产税的计税依据分为从价计征和从租计征两种形式,所以房产税的税率也有两种:一种是按房产原值一次减除10%~30%后的余值计征

的，税率为1.2%；另一种是按房产出租的租金收入计征的，税率为12%。自2008年3月1日起，对个人出租住房，不区分用途，按4%的税率征收房产税。

(二)计税依据

房产税的计税依据是房产的计税价值或房产的租金收入。按照房产计税价值征税的，称为从价计征；按照房产租金收入计征的，称为从租计征。

1.从价计征。

《房产税暂行条例》规定，房产税依照房产原值一次减除10%～30%后的余值计算缴纳。各地扣除比例由当地省、自治区、直辖市人民政府确定。

(1)房产原值是指纳税人按照会计制度规定，在会计核算账簿"固定资产"科目中记载的房屋原价。因此，凡按会计制度规定在账簿中记载有房屋原价的，应以房屋原价按规定减除一定比例后作为房产余值计征房产税；没有记载房屋原价的，按照上述原则，并参照同类房屋确定房产原值，按规定计征房产税。

值得注意的是：自2009年1月1日起，对依照房产原值计税的房产，不论是否记载在会计账簿固定资产科目中，均应按照房屋原价计算缴纳房产税。房屋原价应根据国家有关会计制度规定进行核算。对纳税人未按国家会计制度规定核算并记载的，应按规定予以调整或重新评估。

自2010年12月21日起，对按照房产原值计税的房产，无论会计上如何核算，房产原值均应包含地价，包括为取得土地使用权支付的价款、开发土地发生的成本费用等。宗地容积率低于0.5的，按房产建筑面积的2倍计算土地面积并据此确定计入房产原值的地价。

(2)房产原值应包括与房屋不可分割的各种附属设备或一般不单独计算价值的配套设施。主要有：暖气、卫生、通风、照明、煤气等设备；各种管线，如蒸汽、压缩空气、石油、给水排水等管道及电力、电信、电缆导线；电梯、升降机、过道、晒台等。属于房屋附属设备的水管、下水道、暖气管、煤气管等应从最近的探视井或三通管起，计算原值；电灯网、照明线从进线盒连接管起，计算原值。

自2006年1月1日起，为了维持和增加房屋的使用功能或使房屋满足设计要求，凡以房屋为载体，不可随意移动的附属设备和配套设施，如给排水、采暖、消防、中央空调、电气及智能化楼宇设备等，无论在会计核算中是否单独记账与核算，都应计入房产原值，计征房产税。对于更换房屋附属设备和配套设施的，在将其价值计入房产原值时，可扣减原来相应设备和设施的价值；对附属设备和配套设施中易损坏、需要经常更换的零配件，更新后不再计入房产原值。

(3)纳税人对原有房屋进行改建、扩建的，要增加房屋的原值。房产余值是房产的原值减除规定比例后的剩余价值。此外，还应注意以下两个问题：

①对投资联营的房产，在计征房产税时应区别对待。对于以房产投资联营，投资者参与投资利润分红，共担风险的，按房产余值作为计税依据计征房产税；对以房产投资，收取固定收入，不承担联营风险的，实际是以联营名义取得房产租金，应根据《房产税暂行条例》的有关规定由出租方按租金收入计缴房产税。

②对融资租赁房屋的情况，由于租赁费包括购进房屋的价款、手续费、借款利息等，与一般房屋出租的"租金"内涵不同，且租赁期满后，当承租方偿还最后一笔租赁费时，房屋产权

要转移到承租方。这实际是一种变相的分期付款购买固定资产的形式,所以在计征房产税时应以房产余值计算征收。根据财税〔2009〕128号文件的规定,融资租赁的房产,由承租人自融资租赁合同约定开始日的次月起依照房产余值缴纳房产税。合同未约定开始日的,由承租人自合同签订的次月起依照房产余值缴纳房产税。

(4)居民住宅区内业主共有的经营性房产缴纳房产税。从2007年1月1日起,对居民住宅区内业主共有的经营性房产,由实际经营(包括自营和出租)的代管人或使用人缴纳房产税。其中自营的,依照房产原值减除10%～30%后的余值计征,没有房产原值或不能将业主共有房产与其他房产的原值准确划分开的,由房产所在地地方税务机关参照同类房产核定房产原值;出租的,依照租金收入计征。

(5)凡在房产税征收范围内的具备房屋功能的地下建筑,包括与地上房屋相连的地下建筑以及完全建在地面以下的建筑、地下人防设施等,均应当依照有关规定征收房产税。上述具备房屋功能的地下建筑是指有屋面和维护结构,能够遮风避雨,可供人们在其中生产、经营、工作、学习、娱乐、居住或储藏物资的场所。自用的地下建筑,按以下方式计税:

①工业用途房产,以房屋原价的50%～60%作为应税房产原值。

应纳房产税的税额＝应税房产原值×[1－(10%～30%)]×1.2%

②商业和其他用途房产,以房屋原价的70%～80%作为应税房产原值。

应纳房产税的税额＝应税房产原值×[1－(10%－30%)]×1.2%

房屋原价折算为应税房产原值的具体比例,由各省、自治区、直辖市和计划单列市财政和地方税务部门在上述幅度内自行确定。

③对于与地上房屋相连的地下建筑,如房屋的地下室、地下停车场、商场的地下部分等,应将地下部分与地上房屋视为一个整体,按照地上房屋建筑的有关规定计算征收房产税。

2.从租计征。

房产出租的,以房产租金收入为房产税的计税依据。

所谓房产的租金收入,是房屋产权所有人出租房产使用权所得的报酬,包括货币收入和实物收入。

如果是以劳务或者其他形式为报酬抵付房租收入的,应根据当地同类房产的租金水平,确定一个标准租金额从租计征。

对出租房产,租赁双方签订的租赁合同约定有免收租金期限的,免收租金期间由产权所有人按照房产原值缴纳房产税。

出租的地下建筑,按照出租地上房屋建筑的有关规定计算征收房产税。

【任务实施】

【任务1—3】

【正确答案】A

【答案解析】房产原值是指纳税人按照会计制度规定,在账簿"固定资产"科目中记载的房屋原价。

【任务1—4】

【正确答案】A

【答案解析】以房产投资联营,共担风险,由被投资方按照房产余值缴纳房产税。

【任务1—5】

【正确答案】BCD

【答案解析】选项A,对投资联营的房产,投资者参与投资利润分红,共担风险的,按照房产余值计征房产税;对以房产投资,只收取固定收入,不承担风险的,由出租方按租金收入缴纳房产税。

【任务1—6】

【正确答案】BD

【答案解析】选项A、C依照房产余值缴纳房产税。

(三)应纳税额的计算

房产税的计税依据有两种,与之相适应的应纳税额计算也分为两种:一是从价计征的计算,二是从租计征的计算。

1.从价计征的计算。

从价计征是按房产的原值减除一定比例后的余值计征,其计算公式为:

应纳税额=应税房产原值×(1-扣除比例)×1.2%

如前所述,房产原值是"固定资产"科目中记载的房屋原价;减除一定比例是省、自治区、直辖市人民政府规定的10%~30%的减除比例;计征的适用税率为1.2%。

2.从租计征的计算。

从租计征是按房产的租金收入计征,其计算公式为:

应纳税额=租金收入×12%(或4%)

【任务实施】

【任务1—7】

【正确答案】D

【答案解析】房产税按年计算缴纳房产税,应纳房产税=200×12%=24(万元)。

【任务1—8】

【答案解析】

(1)企业生产用房属于房屋自用用途,适用税率1.2%,应缴纳的房产税额=8000×(1-25%)×1.2%=72(万元)。

(2)内部医院和幼儿园房产属于内部自用房产,在财政部规定的免征房产税范围内,不用缴纳房产税。

(3)出租给某公司的房产属于房产出租用途,适用税率12%,应缴纳的房产税额=20×12%=2.4(万元)

(4)停止使用的危房,在停止使用后,可免征房产税。应缴纳房产税=30×(1-25%)×1.2%/12×3=675(元)

四、税收优惠

房产税的税收优惠是根据国家政策需要和纳税人的负担能力制定的。由于房产税属地方税,因此给予地方一定的减免权限,有利于地方因地制宜地处理问题。

目前,房产税的税收优惠政策主要有:

(一)国家机关、人民团体、军队自用的房产免征房产税。但上述免税单位的出租房产以及非自身业务使用的生产、营业用房,不属于免税范围。

上述"人民团体",是指经国务院授权的政府部门批准设立或登记备案并由国家拨付行政事业费的各种社会团体。

上述"自用的房产",是指这些单位本身的办公用房和公务用房。

(二)由国家财政部门拨付事业经费的单位,如学校、医疗卫生单位、托儿所、幼儿园、敬老院、文化、体育、艺术这些实行全额或差额预算管理的事业单位所有的,本身业务范围内使用的房产免征房产税。

(三)宗教寺庙、公园、名胜古迹自用的房产免征房产税。

宗教寺庙自用的房产,是指举行宗教仪式等的房屋和宗教人员使用的生活用房。

公园、名胜古迹自用的房产,是指供公共参观游览的房屋及其管理单位的办公用房。

宗教寺庙、公园、名胜古迹中附设的营业单位,如影剧院、饮食部、茶社、照相馆等所使用的房产及出租的房产,不属于免税范围,应照章纳税。

(四)个人所有非营业用的房产免征房产税。

个人所有的非营业用房,主要是指居民住房,不论面积多少,一律免征房产税。

对个人拥有的营业用房或者出租的房产,不属于免税房产,应照章纳税。

(五)经财政部批准免税的其他房产,主要有:

1.对非营利性医疗机构、疾病控制机构和妇幼保健机构等卫生机构自用的房产,免征房产税。

2.从2001年1月1日起,对按政府规定价格出租的公有住房和廉租住房,包括企业和自收自支事业单位向职工出租的单位自有住房,房管部门向居民出租的公有住房,落实私房政策中带户发还产权并以政府规定租金标准向居民出租的私有住房等,暂免征收房产税。

3.经营公租房的租金收入,免征房产税。公共租赁住房经营管理单位应单独核算公共租赁住房租金收入,未单独核算的,不得享受免征房产税优惠政策。

(六)自2018年10月1日至2020年12月31日,对按照去产能和调结构政策要求停产停业、关闭的企业,自停产停业次月起,免征房产税、城镇土地使用税。企业享受免税政策的期限累计不得超过两年。按照去产能和调结构政策要求停产停业、关闭的中央企业名单由国务院国有资产监督管理部门认定发布,其他企业名单由省、自治区、直辖市人民政府确定的去产能、调结构主管部门认定发布。认定部门应当及时将认定发布的企业名单(含停产停业、关闭时间)抄送同级财政和税务部门。各级认定部门应当每年核查名单内企业情况,将恢复生产经营、终止关闭注销程序的企业名单及时通知财政和税务部门。企业享受规定的免税政策,应按规定进行减免税申报,并将房产土地权属资料、房产原值资料等留存备查。

(七)自2019年1月1日至2021年12月31日,对国家级、省级科技企业孵化器、大学科技园和国家备案众创空间自用以及无偿或通过出租等方式提供给在孵对象使用的房产免征房产税。本条所称孵化服务是指为在孵对象提供的经纪代理、经营租赁、研发和技术、信息技术、鉴证咨询服务。国家级、省级科技企业孵化器、大学科技园和国家备案众创空间应当单独核算孵化服务收入。本条所称在孵对象是指符合前款认定和管理办法规定的孵化企业、创业团队和个人。国家级、省级科技企业孵化器、大学科技园和国家备案众创空间应按规定申报享受免税政策,并将房产土地权属资料、房产原值资料、房产土地租赁合同、孵化协议等留存备查,税务部门依法加强后续管理。2018年12月31日以前认定的国家级科技企业孵化器、大学科技园,自 2019 年 1 月 1 日起享受规定的税收优惠政策。2019 年 1 月 1 日以后认定的国家级、省级科技企业孵化器、大学科技园和国家备案众创空间,自认定之日次月起享受规定的税收优惠政策。2019 年 1 月 1 日以后被取消资格的,自取消资格之日次月起停止享受规定的税收优惠政策。

(八)自 2019 年 1 月 1 日至 2021 年 12 月 31 日,对高校学生公寓免征房产税。高校学生公寓,是指为高校学生提供住宿服务,按照国家规定的收费标准收取住宿费的学生公寓。

企业享受本条规定的免税政策,应按规定进行免税申报,并将不动产权属证明、载有房产原值的相关材料、房产用途证明、租赁合同等资料留存备查。

(九)自 2019 年 1 月 1 日至 2021 年 12 月 31 日,对农产品批发市场、农贸市场(包括自有和承租,下同)专门用于经营农产品的房产、土地,暂免征收房产税。对同时经营其他产品的农产品批发市场和农贸市场使用的房产、土地,按其他产品与农产品交易场地面积的比例确定征免房产税。

1.农产品批发市场和农贸市场,是指经工商登记注册,供买卖双方进行农产品及其初加工品现货批发或零售交易的场所。农产品包括粮油、肉禽蛋、蔬菜、干鲜果品、水产品、调味品、棉麻、活畜、可食用的林产品以及由省、自治区、直辖市财税部门确定的其他可食用的农产品。

2.享受上述税收优惠的房产、土地,是指农产品批发市场、农贸市场直接为农产品交易提供服务的房产、土地。农产品批发市场、农贸市场的行政办公区、生活区,以及商业餐饮娱乐等非直接为农产品交易提供服务的房产、土地,不属于规定的优惠范围,应按规定征收房产税。

3.企业享受规定的免税政策,应按规定进行免税申报,并将不动产权属证明、载有房产原值的相关材料、租赁协议、房产土地用途证明等资料留存备查。

(十)自 2019 年 1 月 1 日至 2020 年 12 月 31 日,对向居民供热收取采暖费的供热企业,为居民供热所使用的厂房及土地免征房产税;对供热企业其他厂房及土地,应当按照规定征收房产税。

1.对专业供热企业,按其向居民供热取得的采暖费收入占全部采暖费收入的比例,计算免征的房产税。

2.对兼营供热企业,视其供热所使用的厂房及土地与其他生产经营活动所使用的厂房及土地是否可以区分,按照不同方法计算免征的房产税。可以区分的,对其供热所使用厂房及土地,按向居民供热取得的采暖费收入占全部采暖费收入的比例,计算免征的房产税。难以区分的,对其全部厂房及土地,按向居民供热取得的采暖费收入占其营业收入的比例,计算免征的房产税。

3.对自供热单位,按向居民供热建筑面积占总供热建筑面积的比例,计算免征供热所使用的厂房及土地的房产税。

【任务实施】
【任务 1—9】
【正确答案】A
【答案解析】选项 B、C、D 都是需要缴纳房产税的。
【任务 1—10】
【正确答案】B

【答案解析】选项 A、C、D，均免征房产税。

五、征收管理

(一)纳税义务发生时间

1.纳税人将原有房产用于生产经营，从生产经营之月起缴纳房产税。
2.纳税人自行新建房屋用于生产经营，从建成之次月起缴纳房产税。
3.纳税人委托施工企业建设的房屋，从办理验收手续之次月起缴纳房产税。
4.纳税人购置新建商品房，自房屋交付使用之次月起缴纳房产税。
5.纳税人购置存量房，自办理房屋权属转移、变更登记手续，房地产权属登记机关签发房屋权属证书之次月起，缴纳房产税。
6.纳税人出租、出借房产，自交付出租、出借房产之次月起，缴纳房产税。
7.房地产开发企业自用、出租、出借本企业建造的商品房，自房屋使用或交付之次月起，缴纳房产税。
8.纳税人因房产的实物或权利状态发生变化而依法终止房产税纳税义务的，其应纳税款的计算应截止到房产的实物或权利状态发生变化的当月末。

(二)纳税期限

房产税实行按年计算、分期缴纳的征收方法，具体纳税期限由省、自治区、直辖市人民政府确定。

(三)纳税地点

房产税在房产所在地缴纳。房产不在同一地方的纳税人，应按房产的坐落地点分别向房产所在地的税务机关纳税。

(四)纳税申报

房产税的纳税人应按照条例的有关规定，及时办理纳税申报，并如实填写《房产税纳税申报表》(见下表)。

房产税纳税申报表

税款所属期间：自　　年　月　日至　　年　月　日

纳税人识别号：☐☐☐☐☐☐☐☐☐☐☐☐☐☐☐☐☐☐

纳税人名称　　　　　　　　　　　　　　　　金额单位：人民币元（列至角分）

房产税					
本期是否适用增值税小规模纳税人减征政策（减免性质代码08049901）	☐是 ☐否	本期适用增值税小规模纳税人减征政策起始时间	年　月	减征比例（%）	
		本期适用增值税小规模纳税人减征政策终止时间	年　月		

（一）从价计征房产税

序号	房产编号	房产原值	其中：出租房产原值	计税比例	税率	所属期起	所属期止	本期应纳税额	本期减免税额	本期增值税小规模纳税人减征额	本期已缴税额	本期应补（退）税额
1	*											
2	*											
3	*											
合计	*	*	*	*	*	*						

（二）从租计征房产税

序号	本期申报租金收入	税率	本期应纳税额	本期减免税额	本期增值税小规模纳税人减征额	本期已缴税额	本期应补（退）税额
1							
2							
3							
合计	*	*					

声明：此表是根据国家税收法律法规及相关规定填写的，本人（单位）对填报内容（及附带资料）的真实性、可靠性、完整性负责。

纳税人（签章）：　　　　　　　　　　　　　　　　　　　　　　　　　年　月　日

经办人：	受理人：
经办人身份证号：	受理税务机关（章）：
代理机构签章：	
代理机构统一社会信用代码：	受理日期：　年　月　日

本表一式两份，一份纳税人留存，一份税务机关留存。

任务二 契税

【任务引例】

【任务2-1】下列各项中,应缴纳契税的是( )。
A.销售房屋的企业
B.企业受让土地使用权
C.企业将厂房抵押给银行
D.个人承租居民住宅

【任务2-2】根据契税法律制度的规定,下列各项中,不属于契税纳税人的有( )。
A.购买房屋的个人
B.离婚房产分割
C.出售房屋的个人
D.企业承受国家出让的土地使用权

【任务2-3】居民李某2017年购置了一套价值130万元的新住房,同时对原有的两套住房处理如下:一套出售给居民刘某,成交价格80万元;另一套市场价格80万元的住房与居民杨某进行等价交换。假定当地省政府规定的契税税率为4%,则居民2017年共应缴纳的契税是( )万元。
A.8.4　　　　　B.4.2　　　　　C.8.2　　　　　D.3.2

【任务2-4】A有一栋房屋,价值240万元;B同样有一房屋,价值300万元,现由于工作需要,A、B将房屋进行交换,交换价格以房屋价值为准。下列对契税的表述正确的是( )。
A.免税　　　B.由A缴纳　　　C.由B缴纳　　　D.由AB双方各缴纳一半

【任务2-5】某学校将一栋闲置不用的房屋转让给A公司,当年学校以无偿划拨方式取得土地使用权。按规定下列说法正确的是( )。
A.仅受让公司缴纳契税
B.学校和公司均不负担契税
C.学校在转让时不缴纳契税
D.学校补缴土地使用权的契税,公司缴纳房屋买卖的契税

【任务2-6】居民甲有四套住房,第一套价值80万元的房产自用,将第二套价值120万元的别墅抵偿了乙100万元的债务;将第三套价值100万元的房产与丙的房产交换,并收到丙支付的差价款20万元;将第四套市场价值50万元的公寓房折成股份投入本人独资经营的企业。当地确定的契税税率为3%,下列说法正确的有( )。
A.甲不缴纳契税,乙纳契税30 000元,丙纳契税6 000元
B.甲缴纳契税6 000元,乙纳契税36 000元,丙不缴纳契税

C.甲、丙交换房产,应该由丙缴纳契税
D.甲将房产投资到本人经营的个人独资企业,应纳契税

【任务2-7】关于契税,下面说法不正确的是(　　)。
A.城镇职工按规定第一次购买公有住房,免征契税
B.承受国有土地使用权,减免土地出让金相应减免契税
C.买房拆料或翻建新房,应照章征收契税
D.对已缴纳契税的购房单位和个人,在未办理房屋权属变更登记前退房的,退还已纳契税

【任务2-8】下列情形中应征收契税的是(　　)。
A.城镇职工按规定第一次购买普通住房
B.以自有房产作股投入本人经营的独资企业
C.公租房经营单位购买住房作为公租房的,免征契税
D.在股权转让中,单位、个人承受公司股权,公司土地、房屋权属不发生转移,不征收契税

【任务准备】
契税法是指国家制定的用以调整契税征收与缴纳权利及义务关系的法律规范。现行契税法的基本规范,是1997年7月7日国务院发布并于同年10月1日开始施行的《中华人民共和国契税暂行条例》(以下简称《契税暂行条例》)。

契税是以在中华人民共和国境内转移土地、房屋权属为征税对象,向产权承受人征收的一种财产税。征收契税有利于增加地方财政收入,有利于保护合法产权,避免产权纠纷。

一、纳税义务人和征税范围

(一)纳税义务人

契税的纳税义务人是境内转移土地、房屋权属,承受的单位和个人。境内是指中华人民共和国实际税收行政管辖范围内。土地、房屋权属是指土地使用权和房屋所有权。

单位是指企业单位、事业单位、国家机关、军事单位和社会团体以及其他组织。个人是指个体经营者及其他个人,包括中国公民和外籍人员。

【任务实施】
【任务2-1】
【正确答案】B
【答案解析】契税的纳税义务人是境内转移土地、房屋权属,承受的单位和个人。选项A,承受方缴纳契税,所以对于销售方而言不缴纳契税。选项C、D,房屋产权没有发生转移,不缴纳契税。

【任务2-2】
【正确答案】BC
【答案解析】在我国境内"承受"土地、房屋权属转移的单位和个人,为契税的纳税人。离婚房产分割不需要缴纳契税,因为原来财产是双方共有的,离婚后只是按协议或判决进行分配,所有权由双方共有变成分别所有,不视为转让所有权,不征收契税。

(二)征税范围

契税是以在中华人民共和国境内转移土地、房屋权属为征税对象,向产权承受人征收的一种财产税。具体征税范围包括以下五项内容:

1.国有土地使用权出让。

国有土地使用权出让是指土地使用者向国家交付土地使用权出让费用,国家将国有土地使用权在一定年限内让与土地使用者的行为。

国有土地使用权出让,受让者应向国家缴纳出让金,以出让金为依据计算缴纳契税。不得因减免土地出让金而减免契税。

2.土地使用权的转让。

土地使用权的转让是指土地使用者以出售、赠与、交换或者其他方式将土地使用权转移给其他单位和个人的行为。土地使用权的转让不包括农村集体土地承包经营权的转移。

3.房屋买卖。

房屋买卖即以货币为媒介,出卖者向购买者过渡房产所有权的交易行为。以下几种特殊情况,视同买卖房屋:

(1)以房产抵债或实物交换房屋。经当地政府和有关部门批准,以房抵债和实物交换房屋,均视同房屋买卖,应由产权承受人,按房屋现值缴纳契税。

例如,甲某因无力偿还乙某债务,而以自有的房产折价抵偿债务。经双方同意,有关部门批准,乙某取得甲某的房屋产权,在办理产权过户手续时,按房产折价款缴纳契税。如以实物(金银首饰等等价物品)交换房屋,应视同以货币购买房屋。

对已缴纳契税的购房单位和个人,在未办理房屋权属变更登记前退房的,退还已纳契税;在办理房屋权属变更登记后退房的,不予退还已纳契税。

(2)以房产作投资、入股。这种交易业务属房屋产权转移,应根据国家房地产管理的有关规定,办理房屋产权交易和产权变更登记手续,视同房屋买卖,由产权承受方按契税税率计算缴纳契税。

例如,甲企业以自有房产投资于乙企业取得相应的股权。其房屋产权变为乙企业所有,故产权所有人发生变化。因此,乙企业在办理产权登记手续后,按甲企业入股房产现值(国有企事业房产须经国有资产管理部门评估核价)缴纳契税。如丙企业以股份方式购买乙企业房屋产权,丙企业在办理产权登记后,按取得房产买价缴纳契税。

以自有房产作股投入本人独资经营的企业,免纳契税。因为以自有的房地产投入本人独资经营的企业,产权所有人和使用权使用人未发生变化,不需办理房产变更手续,也不办理契税手续。

(3)买房拆料或翻建新房,应照章征收契税。例如,甲某购买乙某房产,不论其目的是取得该房产的建筑材料或是翻建新房,实际构成房屋买卖。甲某应首先办理房屋产权变更手续,并按买价缴纳契税。

4.房屋赠与。

房屋的赠与是指房屋产权所有人将房屋无偿转让给他人所有。其中,将自己的房屋转交给他人的法人和自然人,称作房屋赠与人,接受他人房屋的法人和自然人,称为受赠人。房屋赠与的前提必须是产权无纠纷,赠与人和受赠人双方自愿。

由于房屋是不动产，价值较大，故法律要求赠与房屋应有书面合同（契约），并到房地产管理机关或农村基层政权机关办理登记过户手续，才能生效。如果房屋赠与行为涉及涉外关系，还需公证处证明和外事部门认证，才能有效，房屋的受赠人要按规定缴纳契税。

5.房屋交换。

房屋交换是指房屋所有者之间互相交换房屋的行为。

随着经济形势的发展，有些特殊方式转移土地、房屋权属的，也将视同土地使用权转让、房屋买卖或者房屋赠与。

(1)是以土地、房屋权属作价投资、入股；
(2)是以土地、房屋权属抵债；
(3)是以获奖方式承受土地、房屋权属；
(4)是以预购方式或者预付集资建房款方式承受土地、房屋权属。

二、税率、计税依据和应纳税额的计算

(一)税率

契税实行3‰～5‰的幅度税率。实行幅度税率是考虑到我国经济发展的不平衡，各地经济差别较大的实际情况。因此，各省、自治区、直辖市人民政府可以在3‰～5‰的幅度税率规定范围内，按照本地区的实际情况决定。

(二)计税依据

契税的计税依据为不动产的价格。由于土地、房屋权属转移方式不同，定价方法不同，因而具体计税依据视不同情况而决定。

1.国有土地使用权出让、土地使用权出售、房屋买卖，以成交价格为计税依据。成交价格是指土地、房屋权属转移合同确定的价格，包括承受者应交付的货币、实物、无形资产或者其他经济利益。

2.土地使用权赠与、房屋赠与，由征收机关参照土地使用权出售、房屋买卖的市场价格核定。

3.土地使用权交换、房屋交换，为所交换的土地使用权、房屋的价格差额。也就是说，交换价格相等时，免征契税；交换价格不等时，由多交付的货币、实物、无形资产或者其他经济利益的一方缴纳契税。

4.以划拨方式取得土地使用权，经批准转让房地产时，由房地产转让者补交契税。计税依据为补交的土地使用权出让费用或者土地收益。

为了避免偷、逃税款，税法规定，成交价格明显低于市场价格并且无正当理由的，或者所交换土地使用权、房屋价格的差额明显不合理并且无正当理由的，征收机关可以参照市场价格核定计税依据。

对承受国有土地使用权应支付土地出让金。

5.房屋附属设施征收契税的依据

(1)不涉及土地使用权和房屋所有权转移变动的，不征收契税。
(2)采取分期付款方式购买房屋附属设施土地使用权、房屋所有权的，应按合同规定的总

价款计征契税。

(3) 承受的房屋附属设施权属如为单独计价的,按照当地确定的适用税率征收契税;如与房屋统一计价的,适用与房屋相同的契税税率。

6. 个人无偿赠与不动产行为(法定继承人除外),应对受赠人全额征收契税。在缴纳契税时,纳税人须提交经税务机关审核并签字盖章的《个人无偿赠与不动产登记表》,税务机关(或其他征收机关)应在纳税人的契税完税凭证上加盖"个人无偿赠与"印章,在《个人无偿赠与不动产登记表》中签字并将该表格留存。

(三)应纳税额的计算

契税采用比例税率。当计税依据确定以后,应纳税额的计算比较简单。应纳税额的计算公式为:

应纳税额=计税依据×税率

【任务实施】

【任务2-3】

【正确答案】A

【答案解析】契税以承受方为纳税人,居民之间等价交换房屋的免征契税,李某应缴纳契税=130×4‰=5.2(万元)。刘某应缴纳契税=80×4‰=3.2(万元),共缴纳契税=3.2+5.2=8.4(万元)。

【任务2-4】

【正确答案】B

【答案解析】以房屋进行交换时,交换价格相等的,免征契税;交换价格不等时,由多交付货币的一方缴纳契税,所以由A缴纳契税。

【任务2-5】

【正确答案】D

【答案解析】以无偿划拨方式取得土地使用权又转让的,由转让者按补缴的土地出让费或土地收益补缴契税。

【任务2-6】

【正确答案】AC

【答案解析】甲自用住房不缴纳契税;甲将别墅抵债,是住房的出售方,不缴纳契税,而应该由承受方乙缴纳契税 1 000 000×3‰=30 000(元);与丙换房,应该由支付差价的丙根据支付的差价缴纳契税 200 000×3‰=6 000(元);将公寓房折成股份投入本人独资经营的企业并未涉及房屋产权变化,也不用缴纳契税。

三、税收优惠

(一)契税优惠的一般规定

1. 国家机关、事业单位、社会团体、军事单位承受土地、房屋用于办公、教学、医疗、科研和军事设施的,免征契税。

2. 城镇职工按规定第一次购买公有住房,免征契税。

此外，财政部、国家税务总局规定：自 2000 年 11 月 29 日起，对各类公有制单位为解决职工住房而采取集资建房方式建成的普通住房，或由单位购买的普通商品住房，经当地县以上人民政府房改部门批准、按照国家房改政策出售给本单位职工的，如属职工首次购买住房，均可免征契税。

3.因不可抗力灭失住房而重新购买住房的，酌情减免。不可抗力是指自然灾害、战争等不能预见、不可避免并不能克服的客观情况。

4.土地、房屋被县级以上人民政府征用、占用后，重新承受土地、房屋权属的，由省级人民政府确定是否减免。

5.承受荒山、荒沟、荒丘、荒滩土地使用权，并用于农、林、牧、渔业生产的，免征契税。

6.经外交部确认，依照我国有关法律规定以及我国缔结或参加的双边和多边条约或协定，应当予以免税的外国驻华使馆、领事馆、联合国驻华机构及其外交代表、领事官员和其他外交人员承受土地、房屋权属，免征契税。

7.公租房经营单位购买住房作为公租房的，免征契税。

8.对个人购买家庭唯一住房（家庭成员范围包括购房人、配偶以及未成年子女，下同），面积为 90 平方米及以下的，减按 1% 的税率征收契税；面积为 90 平方米以上的，减按 1.5% 的税率征收契税。

9.对个人购买家庭第二套改善性住房，面积为 90 平方米及以下的，减按 1% 的税率征收契税；面积为 90 平方米以上的，减按 2% 的税率征收契税。

家庭第二套改善性住房是指已拥有一套住房的家庭购买的家庭第二套住房。

10.纳税人申请享受税收优惠的，根据纳税人的申请或授权，由购房所在地的房地产主管部门出具纳税人家庭住房情况书面查询结果，并将查询结果和相关住房信息及时传递给税务机关。暂不具备查询条件而不能提供家庭住房查询结果的，纳税人应向税务机关提交家庭住房实有套数书面诚信保证，诚信保证不实的，属于虚假纳税申报，按照《中华人民共和国税收征收管理法》的有关规定处理，并将不诚信记录纳入个人征信系统。

(二)契税优惠的特殊规定

自 2018 年 1 月 1 日起至 2020 年 12 月 31 日，企业、事业单位改制重组过程中涉及的契税按以下规定执行。该规定出台前，企业、事业单位改制重组过程中涉及的契税尚未处理的，可按以下规定执行。

1.企业改制。企业按照《中华人民共和国公司法》有关规定整体改制，包括非公司制企业改制为有限责任公司或股份有限公司，有限责任公司变更为股份有限公司，股份有限公司变更为有限责任公司，原企业投资主体存续并在改制（变更）后的公司中所持股权（股份）比例超过 75%，且改制（变更）后公司承继原企业权利、义务的，对改制（变更）后公司承受原企业土地、房屋权属，免征契税。

2.事业单位改制。事业单位按照国家有关规定改制为企业，原投资主体存续并在改制后企业中出资（股权、股份）比例超过 50% 的，对改制后企业承受原事业单位土地、房屋权属，免征契税。

3.公司合并。两个或两个以上的公司，依照法律规定、合同约定，合并为一个公司，且原投资主体存续的，对合并后公司承受原合并各方土地、房屋权属，免征契税。

4.公司分立。公司依照法律规定、合同约定分立为两个或两个以上与原公司投资主体相同的公司,对分立后公司承受原公司土地、房屋权属,免征契税。

5.企业破产。企业依照有关法律法规规定实施破产,债权人(包括破产企业职工)承受破产企业抵偿债务的土地、房屋权属,免征契税;对非债权人承受破产企业土地、房屋权属,凡按照《中华人民共和国劳动法》等国家有关法律法规政策妥善安置原企业全部职工规定,与原企业全部职工签订服务年限不少于三年的劳动用工合同的,对其承受所购企业土地、房屋权属,免征契税;与原企业超过30%的职工签订服务年限不少于三年的劳动用工合同的,减半征收契税。

6.资产划转。对承受县级以上人民政府或国有资产管理部门按规定进行行政性调整、划转国有土地、房屋权属的单位,免征契税。同一投资主体内部所属企业之间土地、房屋权属的划转,包括母公司与其全资子公司之间,同一公司所属全资子公司之间,同一自然人与其设立的个人独资企业、一人有限公司之间土地、房屋权属的划转,免征契税。母公司以土地、房屋权属向其全资子公司增资,视同划转,免征契税。

7.债权转股权。经国务院批准实施债权转股权的企业,对债权转股权后新设立的公司承受原企业的土地、房屋权属,免征契税。

8.划拨用地出让或作价出资。以出让方式或国家作价出资(入股)方式承受原改制重组企业、事业单位划拨用地的,不属上述规定的免税范围,对承受方应按规定征收契税。

9.公司股权(股份)转让。在股权(股份)转让中,单位、个人承受公司股权(股份),公司土地、房屋权属不发生转移,不征收契税。

【任务实施】

【任务2—7】

【正确答案】B

【答案解析】对承受国有土地使用权所应支付的土地出让金,要计征契税。不得因减免土地出让金而减免契税。

【任务2—8】

【正确答案】A

【答案解析】选项B、C、D都属于免征契税的情形。选项A,城镇职工按规定第一次购买公有住房,免征契税。

四、征收管理

(一)纳税义务发生时间

契税的纳税义务发生时间是纳税人签订土地、房屋权属转移合同的当天,或者纳税人取得其他具有土地、房屋权属转移合同性质凭证的当天。

(二)纳税期限

纳税人应当自纳税义务发生之日起10日内,向土地、房屋所在地的契税征收机关办理纳税申报,并在契税征收机关核定的期限内缴纳税款。

(三)纳税地点

契税在土地、房屋所在地的征收机关缴纳。

(四)契税申报

1.根据人民法院、仲裁委员会的生效法律文书发生土地、房屋权属转移,纳税人不能取得销售不动产发票的,可持人民法院执行裁定书原件及相关材料办理契税纳税申报,税务机关应予受理。

2.购买新建商品房的纳税人在办理契税纳税申报时,由于销售新建商品房的房地产开发企业已办理注销税务登记或者被税务机关列为非正常户等原因,致使纳税人不能取得销售不动产发票的,税务机关在核实有关情况后应予受理。

(五)征收管理

纳税人办理纳税事宜后,征收机关应向纳税人开具契税完税凭证。纳税人持契税完税凭证和其他规定的文件材料,依法向土地管理部门、房产管理部门办理有关土地、房屋的权属变更登记手续。土地管理部门和房产管理部门应向契税征收机关提供有关资料,并协助契税征收机关依法征收契税。

另外,对已缴纳契税的购房单位和个人,在未办理房屋权属变更登记前退房的,追还已纳契税;在办理房屋权属变更登记之后退还的,不予退还已纳契税。

任务三 土地增值税

【任务引例】

【任务3—1】下列房地产转让行为中应征收土地增值税的是（　　）。

A.企业分设为两个或两个以上与原企业投资主体相同的企业，对原企业将国有土地、房屋权属转移、变更到分立后的企业

B.出租土地使用权

C.用于贷款抵押期间的房地产

D.单位之间相互交换的房地产

【任务3—2】以下不属于土地增值税征税范围的有（　　）。

A.国家出让土地使用权取得的收入

B.国有企业房地产的重新评估升值

C.房地产的抵押

D.将房地产赠与直系亲属

【任务3—3】关于计算土地增值税时的扣除项目，下列说法中错误的是（　　）。

A.土地增值税清算时，已经计入房地产开发成本的利息支出，应调整至财务费用中计算扣除

B.利息的上浮幅度按国家的有关规定执行，超过上浮幅度的部分不允许扣除

C.超过贷款期限的利息部分和加罚的利息允许扣除

D.财务费用中的利息支出，凡能够按转让房地产项目计算分摊并提供金融机构证明的，允许据实扣除，但最高不能超过按商业银行同类同期贷款利率计算的金额

【任务3—4】某单位转让一幢2008年购买的厂房，当时的购买价为700万元。经房地产评估机构评定，该楼的重置成本为2 000万元，成新度折扣率为七成。在计算土地增值税时，该楼的评估价格为（　　）万元。

A.1 000　　　　B.1 200　　　　C.1 350　　　　D.1 400

【任务3—5】根据土地增值税有关规定，纳税人提供扣除项目金额不实的，在计算土地增值额时，应按照（　　）。

A.税务部门估定的价格扣除

B.税务部门与房地产主管部门协商的价格扣除

C.由评估机构按照房屋重置成本价乘以成新度折扣率计算的房屋成本价和取得土地使用权时的基准地价进行评估

D.房地产原值减除30%后的余值扣除

【任务3—6】某市房地产开发公司为一般纳税人，2019年7月转让2018年自建的写字楼，取得含增值税收入1 000万元。土地增值税计算中为取得土地使用权所支付的金额为50

万元,房地产开发成本为 200 万元,房地产开发费用为 40 万元(经税务机关批准可全额扣除),与转让房地产有关的税金为 9.41 万元(不含增值税和印花税),开发公司选择一般计税方法。该公司应缴纳的土地增值税为( )万元。

  A.233.66   B.229.70   C.300   D.360

【任务 3—7】某房地产开发公司转让新建一幢写字楼取得不含增值税收入 1 000 万元。已知该公司为取得土地使用权所支付的金额为 50 万元,房地产开发成本为 200 万元,房地产开发费用为 40 万元(经税务机关批准可全额扣除),与转让房地产有关的税金为 60 万元(不含增值税和印花税)。该公司应缴纳的土地增值税为( )万元。

  A.180   B.240   C.300   D.360

【任务 3—8】下列项目中,属于土地增值税免税范围的有( )。

A.因城市规划,由纳税人自行转让原房产
B.因国家建设需要而自行转让的房地产
C.企业转让旧房作为公共租赁住房房源,且增值额未超过扣除项目金额 20%
D.税务机关转让自用的房产

【任务准备】

  土地增值税法是指国家制定的用以调整土地增值税征收与缴纳之间权利及义务关系的法律规范。现行土地增值税的基本规范,是 1993 年 12 月 13 日国务院颁布的《中华人民共和国土地增值税暂行条例》(以下简称《土地增值税暂行条例》)。

  土地增值税是对有偿转让国有土地使用权及地上建筑物和其他附着物产权,取得增值收入的单位和个人征收的一种税。征收土地增值税增强了政府对房地产开发和交易市场的调控,有利于抑制炒买炒卖土地获取暴利的行为,也增加了国家财政收入。

一、纳税义务人和征税范围

(一)纳税义务人

  土地增值税的纳税义务人为转让国有土地使用权、地上的建筑及其附着物(以下简称转让房地产)并取得收入的单位和个人。单位包括各类企业、事业单位、国家机关和社会团体及其他组织。个人包括个体经营者。

  土地增值税主要有以下四个特点:

1.不论法人与自然人。即不论是企业、事业单位、国家机关、社会团体及其他组织,还是个人,只要有偿转让房地产,都是土地增值税的纳税人。

2.不论经济性质。即不论是全民所有制企业、集体企业、私营企业、个体经营者,还是联营企业、合资企业、合作企业、外商独资企业等,只要有偿转让房地产,都是土地增值税的纳税人。

3.不论内资与外资企业、中国公民与外籍个人。

4.不论行业与部门。即不论是工业、农业、商业、学校、医院、机关等,只要有偿转让房地产,都是土地增值税的纳税人。

(二)征税范围

土地增值税是对转让国有土地使用权及其地上建筑物和附着物征收。

1.基本征税范围。

土地增值税是对转让国有土地使用权及其地上建筑物和附着物的行为征税,不包括国有土地使用权出让所取得的收入。

土地增值税的征税范围不包括未转让土地使用权、房产产权的行为,是否发生转让行为主要以房地产权属(指土地使用权和房产产权)的变更为标准。凡土地使用权、房产产权未转让的(如房地产的出租),不征收土地增值税。

土地增值税的基本范围包括:

(1)转让国有土地使用权。

(2)地上的建筑物及其附着物连同国有土地使用权一并转让。

(3)存量房地产的买卖。

2.特殊征税范围。

(1)房地产的继承。

房地产的继承并没有因为权属变更而取得任何收入,因此这种房地产的继承不属于土地增值税的征税范围。

(2)房地产的赠与。

房地产的赠与没有因为权属的转让而取得任何收入,因此不属于土地增值税的征税范围。

(3)房地产的出租。

房地产的出租没有发生房产产权、土地使用权的转让,因此不属于土地增值税的征税范围。

(4)房地产的抵押。

对房地产的抵押,在抵押期间不征收土地增值税。待抵押期满后,视该房地产是否转移占有而确定是否征收土地增值税。对于以房地产抵债而发生房地产权属转让的,应列入土地增值税的征税范围。

(5)房地产的交换。

这种行为既发生了房产产权、土地使用权的转移,交换双方又取得了实物形态的收入,按《土地增值税暂行条例》规定,它属于土地增值税的征税范围。但对个人之间互换自有居住用房地产的,经当地税务机关核实,可以免征土地增值税。

(6)合作建房。

对于一方出地,一方出资金,双方合作建房,建成后按比例分房自用的,暂免征收土地增值税;建成后转让的,应征收土地增值税。

(7)房地产的代建房行为。

这种情况是指房地产开发公司代客户进行房地产的开发,开发完成后向客户收取代建收入的行为。对于房地产开发公司而言,虽然取得了收入,但没有发生房地产权属的转移,其收入属于劳务收入性质,故不属于土地增值税的征税范围。

(8)房地产的重新评估。

房地产的重新评估,没有发生房地产权属的转移,房产产权、土地使用权人也未取得收入,所以不属于土地增值税的征税范围。

3.企业改制重组土地增值税政策。

(1)对改建前的企业将国有土地、房屋权属转移、变更到改建后的企业,暂不征土地增值税。

(2)按照法律规定或者合同约定,两个或两个以上企业合并为一个企业,且原企业投资主体存续的,对原企业将国有土地、房屋权属转移、变更到合并后的企业,暂不征土地增值税。

(3)按照法律规定或者合同约定,企业分设为两个或两个以上与原企业投资主体相同的企业,对原企业将国有土地、房屋权属转移、变更到分立后的企业,暂不征土地增值税。

(4)单位、个人在改制重组时以国有土地、房屋进行投资,对其将国有土地、房屋权属转移、变更到被投资的企业,暂不征土地增值税。

上述(1)~(4)项有关改制重组土地增值税政策不适用于房地产开发企业。

(5)企业改制重组后再转让国有土地使用权并申报缴纳土地增值税时,应以改制前取得该宗国有土地使用权所支付的地价款和按国家统一规定缴纳的有关费用,作为该企业"取得土地使用权所支付的金额"扣除。

【任务实施】

【任务3-1】

【正确答案】D

【答案解析】选项A属于暂不征收土地增值税,选项B、C均未发生房地产的权属变更,不是土地增值税的征收范围。

【任务3-2】

【正确答案】ABCD

【答案解析】以上选项全都不是土地增值税的征税范围。

二、税率

土地增值税实行四级超率累进税率:

(一)增值额未超过扣除项目金额50%的部分,税率为30%。

(二)增值额超过扣除项目金额50%、未超过扣除项目金额100%的部分,税率为40%。

(三)增值额超过扣除项目金额100%、未超过扣除项目金额200%的部分,税率为50%。

(四)增值额超过扣除项目金额200%的部分,税率为60%。

上述所列四级超率累进税率,每级"增值额未超过扣除项目金额"的比例,均包括本比例数。超率累进税率见下表。

土地增值税四级超率累进税率表　　　　　　　　单位:%

级数	增值额与扣除项目金额的比率	税率	速算扣除系数
1	不超过50%的部分	30	0
2	超过50%~100%的部分	40	5
3	超过100%~200%的部分	50	15
4	超过200%的部分	60	35

三、应税收入与扣除项目

(一)应税收入

根据《土地增值税暂行条例》及其《实施细则》的规定,纳税人转让房地产取得的应税收入,应包括转让房地产的全部价款及有关的经济收益。从收入的形式来看,包括:

1. 货币收入。
2. 实物收入。
3. 其他收入。其他收入是指纳税人转让房地产而取得的无形资产收入或具有财产价值的权利,如专利权、商标权、著作权、专有技术使用权、土地使用权、商誉权等。这种类型的收入比较少见,其价值需要进行专门的评估。

(二)扣除项目

计算土地增值税应纳税额,并不是直接对转让房地产所取得的收入征税,而是要对收入额减除国家规定的各项扣除项目金额后的余额计算征税(这个余额就是纳税人在转让房地产中获取的增值额)。因此,要计算增值额,首先必须确定扣除项目。税法准予纳税人从转让收入额中减除的扣除项目包括如下几项:

1. 取得土地使用权所支付的金额。

取得土地使用权所支付的金额包括两方面的内容:

(1)纳税人为取得土地使用权所支付的地价款。

(2)纳税人在取得土地使用权时按国家统一规定缴纳的有关费用。

2. 房地产开发成本。

(1)土地征用及拆迁补偿费。包括土地征用费、耕地占用税、劳动力安置费及有关地上、地下附着物拆迁补偿的净支出、安置动迁用房支出等。

(2)前期工程费。包括规划、设计、项目可行性研究和水文、地质、勘察、测绘、"三通一平"等支出。

(3)建筑安装工程费。指以出包方式支付给承包单位的建筑安装工程费,以自营方式发生的建筑安装工程费。

(4)基础设施费。包括开发小区内道路、供水、供电、供气、排污、排洪、通信、照明、环卫、绿化等工程发生的支出。

(5)公共配套设施费。包括不能有偿转让的开发小区内公共配套设施发生的支出。

(6)开发间接费用。指直接组织、管理开发项目发生的费用,包括工资、职工福利费、折旧费、修理费、办公费、水电费、劳动保护费、周转房摊销等。

3. 房地产开发费用。

房地产开发费用是指与房地产开发项目有关的销售费用、管理费用和财务费用。

《实施细则》规定,财务费用中的利息支出,按下述规定扣除:

(1)纳税人能够按转让房地产项目计算分摊利息支出,并能提供金融机构的贷款证明的,其允许扣除的房地产开发费用为:利息+(取得土地使用权所支付的金额+房地产开发成本)×5%以内(注:利息最高不能超过按商业银行同类同期贷款利率计算的金额)。

(2)纳税人不能按转让房地产项目计算分摊利息支出或不能提供金融机构贷款证明的,其允许扣除的房地产开发费用为:(取得土地使用权所支付的金额+房地产开发成本)×10%以内。

全部使用自有资金,没有利息支出的,按照以上方法扣除。上述具体适用的比例按省级人民政府此前规定的比例执行。

(3)房地产开发企业既向金融机构借款,又有其他借款的,其房地产开发费用计算扣除时不能同时适用上述(1)(2)项所述两种办法。

(4)土地增值税清算时,已经计入房地产开发成本的利息支出,应调整至财务费用中计算扣除。

此外,财政部、国家税务总局还对扣除项目金额中利息支出的计算问题做了两点规定:

(1)是利息的上浮幅度按国家的有关规定执行,超过上浮幅度的部分不允许扣除;

(2)是对于超过贷款期限的利息部分和加罚的利息不允许扣除。

4.与转让房地产有关的税金。

与转让房地产有关的税金是指在转让房地产时缴纳的城市维护建设税、印花税。因转让房地产缴纳的教育费附加,也可视同税金予以扣除。

需要明确的是,房地产开发企业按照《施工、房地产开发企业财务制度》有关规定,其在转让时缴纳的印花税因列入管理费用中,故在此不允许单独再扣除。其他纳税人缴纳的印花税(按产权转移书据所载金额的0.5‰贴花)允许在此扣除。

5.其他扣除项目。

对从事房地产开发的纳税人可按《实施细则》第七条(一)(二)项规定(取得土地使用权所支付的金额和房地产开发成本)计算的金额之和,加计20%的扣除。在此,应特别指出的是:此条优惠只适用于从事房地产开发的纳税人,除此之外的其他纳税人不适用。这样的规定,目的是抑制炒买炒卖房地产的投机行为,保护正常开发投资者的积极性。

6.旧房及建筑物的评估价格。

纳税人转让旧房的,应按房屋及建筑物的评估价格、取得土地使用权所支付的地价款或出让金、按国家统一规定缴纳的有关费用和转让环节缴纳的税金作为扣除项目金额计征土地增值税。对取得土地使用权时未支付地价款或不能提供已支付的地价款凭据的,在计征土地增值税时不允许扣除。

旧房及建筑物的评估价格是指在转让已使用的房屋及建筑物时,由政府批准设立的房地产评估机构评定的重置成本价乘以成新度折扣率后的价格。

对纳税人购房时缴纳的契税,凡能提供契税完税凭证的,准予作为"与转让房地产有关的税金"予以扣除,但不作为加计5%的基数。

【任务实施】

【任务3-3】

【正确答案】C

【答案解析】超过贷款期限的利息部分和加罚的利息不允许扣除。

【任务3-4】

【正确答案】D

【答案解析】重置成本与成新度的乘积为评估价格。

评估价格＝2 000×70％＝1 400(万元)

四、应纳税额的计算

(一)增值额的确定

土地增值税纳税人转让房地产所取得的收入减除规定的扣除项目金额后的余额,为增值额。纳税人有下列情形之一的,按照房地产评估价格计算征收。

1.隐瞒、虚报房地产成交价格。

2.提供扣除项目金额不实。

【任务实施】

【任务3—5】

【正确答案】C

【答案解析】对于纳税人提供扣除项目金额不实的行为,应由评估机构按照房屋重置成本价乘以成新度折扣率计算的房屋成本价和取得土地使用权时的基准地价进行评估。

3.转让房地产的成交价格低于房地产评估价格,又无正当理由。

(二)应纳税额的计算方法

土地增值税按照纳税人转让房地产所取得的增值额和规定的税率计算征收。土地增值税的计算公式是:

应纳税额＝∑(每级距的土地增值额×适用税率)

但在实际工作中,分步计算比较烦琐,一般可以采用速算扣除法计算。即:计算土地增值税税额,可按增值额乘以适用的税率减去扣除项目金额乘以速算扣除系数的简便方法计算,具体方法如下:

1.增值额未超过扣除项目金额50％时,计算公式为:

土地增值税税额＝增值额×30％

2.增值额超过扣除项目金额50％,未超过100％时,计算公式为:

土地增值税税额＝增值额×40％－扣除项目金额×5％

3.增值额超过扣除项目金额100％,未超过200％时,计算公式为:

土地增值税税额＝增值额×50％－扣除项目金额×15％

4.增值额超过扣除项目金额200％时,计算公式为:

土地增值税税额＝增值额×60％－扣除项目金额×35％

【任务实施】

【任务3—6】

【正确答案】A

【答案解析】扣除项目金额＝50＋200＋40＋9.41＋(50＋200)×20％＝349.41(万元)

不含增值税收入＝1 000－(1 000－50)÷(1＋9％)×9％＝921.56(万元)

土地增值额＝921.56－349.41＝572.15(万元)

增值额与扣除项目金额的比率＝572.15÷349.41×100％＝163.75％

应纳土地增值税＝572.15×50％－349.41×15％＝233.66(万元)

【任务3-7】
【正确答案】B
【答案解析】扣除项目金额＝50＋200＋40＋60＋(50＋200)×20％＝400(万元)，土地增值额＝1 000－400＝600(万元)，增值额与扣除项目之比＝600÷400×100％＝150％，应纳土地增值税＝600×50％－400×15％＝240(万元)。

五、土地增值税税收优惠

(一)建造普通标准住宅的税收优惠

纳税人建造普通标准住宅出售，增值额未超过扣除项目金额20％的，免征土地增值税。这里所说的"普通标准住宅"，是指按所在地一般民用住宅标准建造的居住用住宅。高级公寓、别墅、度假村等不属于普通标准住宅。2005年6月1日起，普通标准住宅应同时满足：住宅小区建筑容积率在1.0以上；单套建筑面积在120平方米以下；实际成交价格低于同级别土地上住房平均交易价格1.2倍以下。各省、自治区、直辖市要根据实际情况，制定本地区享受优惠政策普通住房的具体标准。允许单套建筑面积和价格标准适当浮动，但向上浮动的比例不得超过上述标准的20％。纳税人建造普通标准住宅出售增值额未超过扣除项目金额20％的，免征土地增值税；增值额超过扣除项目金额20％的应就其全部增值额按规定计税。

对于纳税人既建造普通标准住宅，又建造其他房地产开发的，应分别核算增值额。不分别核算增值额或不能准确核算增值额的，其建造的普通标准住宅不能适用这一免税规定。

对企事业单位、社会团体以及其他组织转让旧房作为公租房房源，且增值额未超过扣除项目金额20％的，免征土地增值税。

(二)国家征用收回的房地产的税收优惠

因国家建设需要依法征用、收回的房地产，免征土地增值税。

(三)因城市规划、国家建设需要而搬迁由纳税人自行转让原房地产的税收优惠

因城市实施规划、国家建设的需要而搬迁，由纳税人自行转让原房地产的，免征土地增值税。

(四)对企事业单位、社会团体以及其他组织转让旧房作为公共租赁住房房源的税收优惠

对企事业单位、社会团体以及其他组织转让旧房作为公共租赁住房房源的且增值额未超过扣除项目金额20％的，免征土地增值税。

【任务实施】
【任务3-8】
【正确答案】ABC
【答案解析】税务机关转让自用的房产，是房产的转让行为，缴纳土地增值税。

六、征收管理

由于房地产开发与转让周期较长,造成土地增值税征管难度大,应加强土地增值税的预征管理办法,预征率的确定要科学、合理。对已经实行预征办法的地区,可根据不同类型房地产的实际情况,确定适当的预征率。除保障性住房外,东部地区省份预征率不得低于2%,中部和东北地区省份不得低于1.5%,西部地区省份不得低于1%。

(一)纳税地点

土地增值税的纳税人应向房地产所在地主管税务机关办理纳税申报,并在税务机关核定的期限内缴纳土地增值税。"房地产所在地",是指房地产的坐落地。纳税人转让的房地产坐落在两个或两个以上地区的,应按房地产所在地分别申报纳税。

(二)纳税申报

土地增值税的纳税人应在转让房地产合同签订后的7日内,到房地产所在地主管税务机关办理纳税申报,并向税务机关提交房屋及建筑物产权、土地使用权证书,土地转让、房产买卖合同,房地产评估报告及其他与转让房地产有关的资料。

纳税人因经常发生房地产转让而难以在每次转让后申报的,经税务机关审核同意后,可以定期进行纳税申报,具体期限由税务机关根据相关规定确定。

(三)纳税申报表

土地增值税纳税申报表(一)
(从事房地产开发的纳税人适用)

纳税人识别号:☐☐☐☐☐☐☐☐☐☐☐☐☐☐☐ 金额单位:元(列至角分)

纳税人名称		税款所属时期	
项目		行次	金额
一、转让房地产收入总额 1=2+3		1	
其中	货币收入	2	
	实物收入及其他收入	3	
二、扣除项目金额合计 4=5+6+13+16+20		4	
1.取得土地使用权所支付的金额		5	
2.房地产开发成本 6=7+8+9+10+11+12		6	

续表

项目		行次	金额
其中	土地征用及拆迁补偿费	7	
	前期工程费	8	
	建筑安装工程费	9	
	基础设施费	10	
	公共配套设施费	11	
	开发间接费用	12	
3.房地产开发费用 13＝14＋15		13	
其中	利息支出	14	
	其他房地产开发费用	15	
4.与转让房地产有关的税金等 16＝17＋18＋19		16	
其中	增值税	17	
	城市维护建设税	18	
	教育费附加	19	
5.财政部规定的其他扣除项目		20	
三、增值额 21＝1－4		21	
四、增值额与扣除项目金额之比(％)22＝21÷4		22	
五、适用税率(％)		23	
六、速算扣除系数(％)		24	
七、应缴土地增值税税额 25＝21×23－4×24		25	
八、已缴土地增值税税额		26	
九、应补(退)土地增值税税额 27＝25－26		27	

如纳税人填报,由纳税人填写以下各栏		如委托代理人填报,由代理人填写以下各栏		备注
会计主管 (签章)	纳税人 (公章)	代理人名称	代理人(公章)	
		代理人地址		
		经办人姓名	电话	

以下由税务机关填写			
收到申报表日期		接收人	

土地增值税纳税申报表(二)

(非从事房地产开发的纳税人适用)

填表日期： 年 月 日

纳税人识别号：□□□□□□□□□□□□□□□ 金额单位:元(列至角分)

纳税人名称			税款所属时期	
项目			行次	金额
一、转让房地产收入总额 1=2+3			1	
其中	货币收入		2	
	实物收入及其他收入		3	
二、扣除项目金额合计 4=5+6+9			4	
1.取得土地使用权所支付的金额			5	
2.旧房及建筑物的评估价格 6=7×8			6	
其中	旧房及建筑物的重置成本价		7	
	成新度折扣率		8	
3.与转让房地产有关的税金等 9=10+11+12+13			9	
其中	增值税		10	
	城市维护建设税		11	
	印花税		12	
	教育费附加		13	
三、增值额 14=1-4			14	
四、增值额与扣除项目金额之比(%)15=14÷4			15	
五、适用税率(%)			16	
六、速算扣除系数(%)			17	
七、应缴土地增值税税额 18=14×16-4×17			18	
如纳税人填报,由纳税人填写以下各栏		如委托代理人填报,由代理人填写以下各栏		备注
会计主管 (签章)	纳税人 (公章)	代理人名称	代理人(公章)	
		代理人地址		
		经办人姓名	电话	
以下由税务机关填写				
收到申报表日期		接收人		

【任务实操】

1.完成【任务1-8】房产税纳税申报表的填制；

2.完成【任务3-6】土地增值税纳税申报表的填制。

项目九
城镇土地使用税和耕地占用税

【知识目标】
1. 了解土地使用税、耕地占用税的基本知识；
2. 掌握土地使用税、耕地占用税应纳税额的计算方法。

【能力目标】
1. 能根据相关税法规定计算土地使用税、耕地占用税应纳税额；
2. 能熟练准确填制土地使用税纳税申报表，正确进行纳税申报。

【素质目标】
1. 严格执行土地使用税、耕地占用税的相关法律规定，培养细致、踏实的工作作风；
2. 计算和缴纳土地使用税、耕地占用税时要具有安全意识和法律意识；
3. 熟悉国家、地方各项税务政策、法规，有一定的计算能力、统计能力；
4. 要求工作细致，责任感强，具有良好的沟通能力、团队精神。

工作情境

如果您是一名初涉职场的大学毕业生，应聘的工作岗位是税务专员岗位，负责开展本企业的涉税事项和工作，那么就必须按税收政策规定正确计算、申报、缴纳、管理各税种工作。

土地使用税、耕地占用税也是其中的两项纳税内容，二者有一个共同的特点，就是都涉及"土地"。

城镇土地使用税是以国有土地或集体土地为征税对象，对拥有土地使用权的单位和个人征收的一种税。

城镇土地使用税实行按年计算、分期缴纳的征收方法，具体纳税期限由省、自治区、直辖市人民政府确定。

耕地占用税是对占用耕地建房或从事其他非农业建设的单位和个人，就其实际占用的耕地面积征收的一种税，它属于对特定土地资源占用课税。

耕地占用税纳税时间为纳税人收到自然资源主管部门办理占用耕地手续的书面通知的当日。纳税人应当自纳税义务发生之日起三十日内申报缴纳耕地占用税。

任务一 城镇土地使用税

【任务引例】

【任务1-1】甲企业拥有一土地使用权,其中的40%自用,另60%出租给乙企业生产经营使用,则(　　)。

A.应当由甲缴纳全部的土地使用税

B.应当由乙缴纳全部的土地使用税

C.按比例计算缴纳土地使用税

D.按双方协商比例缴纳土地使用税

【任务1-2】下列关于城镇土地使用税的纳税义务人,说法正确的是(　　)。

A.拥有土地使用权的单位和个人

B.土地使用权未确定或权属纠纷未解决的,不用缴纳土地使用税

C.土地使用权共有的,选择其中一方是纳税人

D.纳税单位无偿使用免税单位的土地,纳税单位免征土地使用税

【任务1-3】某企业在市区拥有一块地,尚未由有关部门组织测量面积,但持有政府部门核发的土地使用证书。下列关于该企业履行城镇土地使用税纳税义务的表述中,正确的是(　　)。

A.暂缓履行纳税义务

B.自行测量土地面积并履行纳税义务

C.以证书确认的土地面积作为计税依据履行纳税义务

D.待将来有关部门测定完土地面积后再履行纳税义务

【任务1-4】下列关于城镇土地使用税的陈述,不正确的是(　　)。

A.土地使用税以纳税人实际占用的土地面积为计税依据,依照规定税额计算征收

B.企业办的学校、医院、托儿所、幼儿园自用的土地,暂免征收土地使用税

C.对单独的地下建筑用地,应暂按应征税款的50%征收城镇土地使用税

D.土地使用权共有的,由双方协商,确定一方计算缴纳土地使用税

【任务1-5】某盐场2016年占地300 000平方米,其中办公楼占地20 000平方米,盐场内部绿化占地50 000平方米,盐厂附属医院占地10 000平方米,盐滩占地120 000平方米,盐场附属盐矿的矿井用地100 000平方米。盐场所在地城镇土地使用税单位税额每平方米1元。该盐场2016年应缴纳的城镇土地使用税为(　　)元。

A.300 000　　　　B.70 000　　　　C.170 000　　　　D.190 000

【任务1-6】某公司与军队共同拥有某幢建筑物的土地使用权。该建筑物占地面积为3 000平方米,建筑面积为20 000平方米,公司与军队的占用比例为4∶1,公司所在市城镇土地使用税年税额为每平方米5元。该公司全年应纳城镇土地使用税为(　　)元。

A.0   B.3 000   C.12 000   D.20 000

【任务1-7】甲企业位于某经济落后地区,2018年12月取得一宗土地的使用权(未取得土地使用证书),2019年1月已按1 500平方米申报缴纳城镇土地使用税。2019年4月该企业取得了政府部门核发的土地使用证书,上面注明的土地面积为2 000平方米。已知该地区适用每平方米0.9~18元的固定税额,当地政府规定的固定税额为每平方米0.9元,并另按照国家规定的最高比例降低税额标准。则该企业2019年应该补缴的城镇土地使用税为(　　)。

A.0元   B.315元   C.945元   D.1 260元

【任务1-8】下列关于城镇土地使用税说法正确的是(　　)。

A.公园的咖啡厅占地,免征城镇土地使用税
B.开山填海整治的土地,从使用月份起免缴土地使用税3~5年
C.厂区内部绿化用地不需要缴纳城镇土地使用税
D.直接用于农、林、牧、渔业的生产用地,免缴土地使用税

【任务1-9】甲企业生产经营用地分布于某市的三个地域,第一块土地的土地使用权属于某免税单位,面积6 000平方米;第二块土地的土地使用权属于甲企业,面积30 000平方米,其中企业办学校5 000平方米,医院3 000平方米;第三块土地的土地使用权属于甲企业与乙企业共同拥有,面积10 000平方米,实际使用面积各50%。假定甲企业所在地城镇土地使用税单位税额每平方米8元,则甲企业全年应缴纳的城镇土地使用税为(　　)元。

A.216 000   B.224 000   C.264 000   D.328 000

【任务1-10】城镇土地使用税实行的征收方法是(　　)。

A.按季计算、分期缴纳
B.按月计算、一次性缴纳
C.按年计算、分期缴纳
D.按年计算、一次性缴纳

【任务准备】

城镇土地使用税法是指国家制定的调整城镇土地使用税征收与缴纳权利及义务关系的法律规范。现行城镇土地使用税法的基本规范,是2006年12月31日国务院修改并颁布的《中华人民共和国城镇土地使用税暂行条例》,2013年12月4日国务院第32次常务会议作了部分修改(2013年12月7日起实施)。

城镇土地使用税是以国有土地为征税对象,对拥有土地使用权的单位和个人征收的一种税。征收城镇土地使用税有利于促进土地的合理使用,调节土地级差收入,也有利于筹集地方财政资金。

一、纳税义务人与征税范围

(一)纳税义务人

城镇土地使用税是以国有土地或集体土地为征税对象,对拥有土地使用权的单位和个人征收的一种税。

在城市、县城、建制镇、工矿区范围内使用土地的单位和个人,为城镇土地使用税的纳税人。

上述所称单位,包括国有企业、集体企业、私营企业、股份制企业、外商投资企业、外国企业以及其他企业和事业单位、社会团体、国家机关、军队以及其他单位;所称个人,包括个体工商户以及其他个人。

城镇土地使用税的纳税人通常包括以下几类:

1.拥有土地使用权的单位和个人。

2.拥有土地使用权的单位和个人不在土地所在地的,其土地的实际使用人和代管人为纳税人。

3.土地使用权未确定或权属纠纷未解决的,其实际使用人为纳税人。

4.土地使用权共有的,共有各方都是纳税人,由共有各方分别纳税。

5.在城镇土地使用税征税范围内,承租集体所有建设用地的,由直接从集体经济组织承租土地的单位和个人,缴纳城镇土地使用税。

几个人或几个单位共同拥有一块土地的使用权,这块土地的城镇土地使用税的纳税人应是对这块土地拥有使用权的每一个人或每一个单位。他们应以其实际使用的土地面积占总面积的比例,分别计算缴纳土地使用税。

(二)征税范围

城镇土地使用税的征税范围,包括在城市、县城、建制镇和工矿区内的国家所有和集体所有的土地。

上述城镇土地使用税的征税范围中,城市的土地包括市区和郊区的土地,县城的土地是指县人民政府所在地的城镇的土地,建制镇的土地是指镇人民政府所在地的土地。

建立在城市、县城、建制镇和工矿区以外的工矿企业不需要缴纳城镇土地使用税。

【任务实施】

【任务1-1】

【正确答案】A

【答案解析】拥有土地使用权的单位和个人为城镇土地使用税的纳税人;土地使用权共有的,由共有各方分别纳税,即几个人或几个单位共同拥有一块土地使用权的,各方应以其实际使用的土地面积占整个土地总面积的比例,分别计算缴纳土地使用税。本题中甲拥有土地使用权,所以应当由甲缴纳全部的土地使用税。

【任务1-2】

【正确答案】A

【答案解析】选项B,土地使用权未确定或权属纠纷未解决的,其实际使用人为纳税人;选项C,土地使用权共有的,共有各方都是纳税人,由共有各方分别纳税;选项D,纳税单位无偿使用免税单位的土地,由纳税单位照章纳税。

【任务1-3】

【正确答案】C

【答案解析】尚未组织测量,但纳税人持有政府部门核发的土地使用证书的,以证书确认的土地面积为准。

二、税率、计税依据和应纳税额的计算

(一)税率

城镇土地使用税采用定额税率,即采用有幅度的差别税额,按大、中、小城市和县城、建制镇、工矿区分别规定每平方米城镇土地使用税年应纳税额。具体标准如下:

城镇土地使用税税率

级别	人口(人)	每平方米税额(元)
大城市	50万以上	1.5～30
中等城市	20万～50万	1.2～24
小城市	20万以下	0.9～18
县城、建制镇、工矿区		0.6～12

各省、自治区、直辖市人民政府可根据市政建设情况和经济繁荣程度在规定税额幅度内,确定所辖地区的适用税额幅度。经济落后地区,城镇土地使用税的适用税额标准可适当降低,但降低额不得超过上述规定最低税额的30%。经济发达地区的适用税额标准可以适当提高,但须报财政部批准。

(二)计税依据

城镇土地使用税以纳税人实际占用的土地面积为计税依据,土地面积计量标准为每平方米。即税务机关根据纳税人实际占用的土地面积,按照规定的税额计算应纳税额,向纳税人征收城镇土地使用税。

纳税人实际占用的土地面积按下列办法确定:

1. 由省、自治区、直辖市人民政府确定的单位组织测定土地面积的,以测定的面积为准。
2. 尚未组织测量,但纳税人持有政府部门核发的土地使用证书的,以证书确认的土地面积为准。
3. 尚未核发土地使用证书的,应由纳税人申报土地面积据以纳税,待核发土地使用证以后再作调整。
4. 对在城镇土地使用税征税范围内单独建造的地下建筑用地,按规定征收城镇土地使用税。其中,已取得地下土地使用权证的,按土地使用权证确认的土地面积计算应征税款;未取得地下土地使用权证或地下土地使用权证上未标明土地面积的,按地下建筑垂直投影面积计算应征税款。

对上述地下建筑用地暂按应征税款的50%征收城镇土地使用税。

(三)应纳税额的计算方法

城镇土地使用税的应纳税额可以通过纳税人实际占用的土地面积乘以该土地所在地段的适用税额求得。其计算公式为:

全年应纳税额＝实际占用应税土地面积(平方米)×适用税额

【任务实施】

【任务1—4】

【正确答案】D

【答案解析】土地使用权共有的各方,应按其实际使用的土地面积占总面积的比例,分别计算缴纳土地使用税。

【任务1—5】

【正确答案】B

【答案解析】企业内部的医院以及盐场的盐滩、盐矿的矿井用地免征城镇土地使用税,因此,应缴纳的城镇土地使用税=(20 000+50 000)×1=70 000(元)。

【任务1—6】

【正确答案】C

【答案解析】纳税单位与免税单位共同拥有土地使用权的多层建筑,对纳税单位按照其占用的建筑面积占建筑总面积的比例计征城镇土地使用税,该公司全年应纳城镇土地使用税=3 000×4÷(4+1)×5=12 000(元)。

【任务1—7】

【正确答案】B

【答案解析】补税=(2 000-1 500)×0.9×(1-30%)=315(元)

三、税收优惠

(一)法定免缴城镇土地使用税的优惠

1.国家机关、人民团体、军队自用的土地。

这部分土地是指这些单位本身的办公用地和公务用地。如国家机关、人民团体的办公楼用地,军队的训练场用地等。

2.由国家财政部门拨付事业经费的单位自用的土地。

这部分土地是指这些单位本身的业务用地。如学校的教学楼、操场、食堂等占用的土地。

3.宗教寺庙、公园、名胜古迹自用的土地。

宗教寺庙自用的土地,是指举行宗教仪式等的用地和寺庙内的宗教人员生活用地。

公园、名胜古迹自用的土地,是指供公共参观游览的用地及其管理单位的办公用地。

以上单位的生产、经营用地和其他用地,不属于免税范围,应按规定缴纳城镇土地使用税,如公园、名胜古迹中附设的营业单位如影剧院、饮食部、茶社、照相馆等使用的土地。

4.市政街道、广场、绿化地带等公共用地。

5.直接用于农、林、牧、渔业的生产用地。

这部分土地是指直接从事于种植养殖、饲养的专业用地,不包括农副产品加工场地和生活办公用地。

6.经批准开山填海整治的土地和改造的废弃土地,从使用的月份起免缴城镇土地使用税5~10年。

具体免税期限由各省、自治区、直辖市地方税务局在《城镇土地使用税暂行条例》规定的期限内自行确定。

7.对非营利性医疗机构、疾病控制机构和妇幼保健机构等卫生机构自用的土地,免征城镇土地使用税。

8.企业办的学校、医院、托儿所、幼儿园,其用地能与企业其他用地明确区分的,免征城镇土地使用税。

9.免税单位无偿使用纳税单位的土地(如公安、海关等单位使用铁路、民航等单位的土地),免征城镇土地使用税。纳税单位无偿使用免税单位的土地,纳税单位应照章缴纳城镇土地使用税。纳税单位与免税单位共同使用、共有使用权土地上的多层建筑,对纳税单位可按其占用的建筑面积占建筑总面积的比例计征城镇土地使用税。

10.对行使国家行政管理职能的中国人民银行总行(含国家外汇管理局)所属分支机构自用的土地,免征城镇土地使用税。

11.为了体现国家的产业政策,支持重点产业的发展,对石油、电力、煤炭等能源用地,民用港口、铁路等交通用地和水利设施用地,三线调整企业、盐业、采石场、邮电等一些特殊用地划分了征免税界限和给予政策性减免税照顾。具体规定如下:

(1)对石油、天然气生产建设中用于地质勘探、钻井、井下作业、油气田地面工程等施工临时用地暂免征收城镇土地使用税。

(2)对企业的铁路专用线、公路等用地,在厂区以外、与社会公用地段未加隔离的,暂免征收城镇土地使用税。

(3)对企业厂区以外的公共绿化用地和向社会开放的公园用地,暂免征收城镇土地使用税。

(4)对盐场的盐滩、盐矿的矿井用地,暂免征收城镇土地使用税。

12.自2019年1月1日至2021年12月31日,对专门经营农产品的农产品批发市场、农贸市场使用(包括自有和承租,下同)的房产、土地,暂免征收城镇土地使用税。对同时经营其他产品的农产品批发市场和农贸市场使用的房产、土地,按其他产品与农产品交易场地面积的比例确定征免城镇土地使用税。

13.到2019年12月31日止(含当日),对物流企业自有的(包括自用和出租)大宗商品仓储设施用地和物流企业承租用于大宗商品仓储设施的土地,减按所属土地等级适用税额标准的50%计征城镇土地使用税。物流企业的办公、生活区用地及其他非直接从事大宗商品仓储的用地,不属于优惠范围,应按规定征收城镇土地使用税。符合减税条件的物流企业需持相关材料向主管税务机关办理备案手续。

14.自2018年10月1日至2020年12月31日,对按照去产能和调结构政策要求停产停业、关闭的企业,自停产停业次月起,免征城镇土地使用税。企业享受免税政策的期限累计不得超过两年。

企业享受本条规定的免税政策,应按规定进行减免税申报,并将房产土地权属资料等留存备查。

15.自2019年1月1日至2021年12月31日,对国家级、省级科技企业孵化器、大学科技园和国家备案众创空间自用以及无偿或通过出租等方式提供给在孵对象使用的土地,免征城镇土地使用税。

2018年12月31日以前认定的国家级科技企业孵化器、大学科技园,自2019年1月1日起享受规定的税收优惠政策。

2019年1月1日以后认定的国家级、省级科技企业孵化器、大学科技园和国家备案众创空间，自认定之日次月起享受规定的税收优惠政策。

2019年1月1日以后被取消资格的，自取消资格之日次月起停止享受规定的税收优惠政策。

16.自2019年1月1日至2021年12月31日，对城市公交站场、道路客运站场、城市轨道交通系统运营用地，免征城镇土地使用税。

(1)对城市公交站场、道路客运站场、城市轨道交通系统运营用地，免征城镇土地使用税。

(2)城市公交站场、道路客运站场，是指经县级以上(含县级)人民政府交通运输主管部门等批准建设的，为公众及旅客、运输经营者提供站务服务的场所。

(3)纳税人享受规定的免税政策，应按规定进行免税申报，并将不动产权属证明、土地用途证明等资料留存备查。

17.自2019年1月1日至2020年12月31日，对向居民供热收取采暖费的供热企业，为居民供热所使用的厂房及土地免征城镇土地使用税；对供热企业其他厂房及土地，应当按照规定征收城镇土地使用税。

(二)省、自治区、直辖市税务局确定的城镇土地使用税减免优惠

1.个人所有的居住房屋及院落用地。

2.房产管理部门在房租调整改革前经租的居民住房用地。

3.免税单位职工家属的宿舍用地。

4.集体和个人创办的各类学校、医院、托儿所、幼儿园用地。

【任务实施】

【任务1—8】

【正确答案】D

【答案解析】选项A，咖啡厅属于经营用地，需要缴纳土地使用税；选项B，开山填海整治的土地，从使用月份起免缴土地使用税5～10年；选项C，对企业厂区以外的公共绿化用地和向社会开放的公园用地，暂免征收城镇土地使用税。

【任务1—9】

【正确答案】C

【答案解析】城镇土地使用税税额＝[6 000＋(30 000－5 000－3 000)＋10 000×50%]×8＝264 000(元)

四、征收管理

(一)纳税期限

城镇土地使用税实行按年计算、分期缴纳的征收方法，具体纳税期限由省、自治区、直辖市人民政府确定。

(二)纳税义务发生时间

1.纳税人购置新建商品房，自房屋交付使用之次月起，缴纳城镇土地使用税。

2.纳税人购置存量房,自办理房屋权属转移、变更登记手续,房地产权属登记机关签发房屋权属证书之次月起,缴纳城镇土地使用税。

3.纳税人出租、出借房产,自交付出租、出借房产之次月起,缴纳城镇土地使用税。

4.以出让或转让方式有偿取得土地使用权的,应由受让方从合同约定交付土地时间的次月起缴纳城镇土地使用税;合同未约定交付时间的,由受让方从合同签订的次月起缴纳城镇土地使用税。

5.纳税人新征用的耕地,自批准征用之日起满1年时开始缴纳城镇土地使用税。

6.纳税人新征用的非耕地,自批准征用次月起缴纳城镇土地使用税。

7.自2009年1月1日起,纳税人因土地的权利发生变化而依法终止城镇土地使用税纳税义务的,其应纳税款的计算应截止到土地权利发生变化的当月末。

(三)纳税地点和征收机构

城镇土地使用税在土地所在地缴纳。

纳税人使用的土地不属于同一省、自治区、直辖市管辖的,由纳税人分别向土地所在地的税务机关缴纳城镇土地使用税;在同一省、自治区、直辖市管辖范围内,纳税人跨地区使用的土地,其纳税地点由各省、自治区、直辖市税务局确定。

城镇土地使用税由土地所在地的税务机关征收,其收入纳入地方财政预算管理。城镇土地使用税征收工作涉及面广,政策性较强,在税务机关负责征收的同时,还必须注意加强同国土管理、测绘等有关部门的联系,及时取得土地的权属资料,沟通情况,共同协作把征收管理工作做好。

【任务实施】

【任务1-10】

【正确答案】C

【答案解析】城镇土地使用税实行按年计算、分期缴纳的征收方法。

(四)纳税申报

城镇土地使用税的纳税人应按照条例的有关规定及时办理纳税申报,并如实填写《城镇土地使用税纳税申报表》(见下表)。

城镇土地使用税纳税申报表

税款所属期间：自　　年　　月　　日至　　年　　月　　日

纳税人识别号：☐☐☐☐☐☐☐☐☐☐☐☐☐☐☐☐☐☐☐☐

纳税人名称：　　　　　金额单位：人民币元（列至角分）　　　面积单位：平方米

城镇土地使用税											
本期是否适用增值税小规模纳税人减征政策（减免性质代码10049901）		☐是 ☐否	本期适用增值税小规模纳税人减征政策起始时间			年　月		减征比例（％）			
			本期适用增值税小规模纳税人减征政策终止时间			年　月					
序号	土地宗地编号	土地宗地号	土地等级	税额标准	土地总面积	所属期起	所属期止	本期应纳税额	本期减免税额	本期增值税小规模纳税人减征额	本期已缴税额	本期应补（退）税额
1	*											
2	*											
3	*											
合计	*	*	*	*		*	*					

声明：此表是根据国家税收法律法规及相关规定填写的，本人（单位）对填报内容（及附带资料）的真实性、可靠性、完整性负责。

纳税人（签章）：　　　　　　　　　　　　　　　　　　　　　　　　　　年　月　日

经办人： 经办人身份证号： 代理机构签章： 代理机构统一社会信用代码：	受理人： 受理税务机关（章）： 受理日期：　　年　月　日

本表一式两份，一份纳税人留存，一份税务机关留存。

填表说明：

1.本表适用于在中华人民共和国境内申报缴纳城镇土地使用税的单位和个人。

2.本表依据《中华人民共和国税收征收管理法》《中华人民共和国城镇土地使用税暂行条例》制定，为《城镇土地使用税纳税申报表》主表。本表除"本期是否适用增值税小规模纳税人减征政策""本期适用增值税小规模纳税人减征政策起始时间""本期适用增值税小规模纳税人减征政策终止时间"和"减征比例"外，其他数据项来源于《城镇土地使用税源明细表》并由系统自动生成。《城镇土地使用税减免税明细申报表》为《城镇土地使用税纳税申报表》的附表。

3.税款所属期：默认为税款所属期的起始时间和终止时间。

4.纳税人识别号（统一社会信用代码）：填写纳税人识别号码或统一社会信用代码。

5.纳税人名称：填报营业执照、税务登记证、身份证件等证件载明的纳税人名称。

6.本期是否适用增值税小规模纳税人减征政策（减免性质代码：城镇土地使用税10049901：纳税人在税款所属期内有任意一个月份为增值税小规模纳税人的，勾选"是"；否则，勾选"否"）。

7.本期适用增值税小规模纳税人减征政策起始时间:如果税款所属期内纳税人一直为增值税小规模纳税人,填写税款所属期起始月份;如果税款所属期内纳税人由增值税一般纳税人转登记为增值税小规模纳税人,填写成为增值税小规模纳税人的月份。如,税款所属期为2019年1月至6月,按月申报增值税的某企业在2019年2月11日前为增值税一般纳税人,2月11日转登记为增值税小规模纳税人,该企业本期适用增值税小规模纳税人减征政策起始日期为2019年3月,应在本栏填写"2019年3月"。如果小规模纳税人状态没有发生变化,系统默认起始时间为税款所属期起始月份,纳税人可以修改。

8.本期适用增值税小规模纳税人减征政策终止时间:如果税款所属期内纳税人一直为增值税小规模纳税人,填写税款所属期终止月份;如果税款所属期内纳税人由增值税小规模纳税人登记为增值税一般纳税人,填写增值税一般纳税人生效之日的上月;经税务机关通知,逾期仍不办理增值税一般纳税人登记的,自逾期次月起不再适用减征优惠,填写逾期当月所在的月份。如,税款所属期为2019年1月至6月,某企业在2019年5月1日前为增值税小规模纳税人,5月1日为一般纳税人的生效之日,该企业适用增值税小规模纳税人减征优惠终止日期为2019年4月,应在本栏填写"2019年4月"。如果小规模纳税人状态没有发生变化,系统默认终止时间为税款所属期终止月份,纳税人可以修改。

9.减征比例(%):系统自动带出,纳税人不必填写。

10.土地编号:由系统赋予编号,纳税人不必填写。

11.宗地号:土地权属证书记载的宗地号。不同宗地号的土地应当分行填写。无宗地号的,不同的宗地也应当分行填写。

12.土地等级:根据本地区关于土地等级的有关规定,填写纳税人占用土地所属的土地的等级。

13.税额标准:根据土地等级确定,由系统自动带出。

14.土地总面积:此面积为全部面积,包括减免税面积。本项为《城镇土地使用税税源明细表》"城镇土地使用税税源明细"中"占用土地面积"的值。

15.城镇土地使用税所属期起:税款所属期内税款所属的起始月份。起始月份不同的土地应当分行填写。默认为税款所属期的起始月份。但是,当《城镇土地使用税税源明细表》"城镇土地使用税税源明细"中土地取得时间晚于税款所属期起始月份的,所属期起为"取得时间"的次月;《城镇土地使用税税源明细表》"城镇土地使用税税源明细"中减免的起始月份晚于税款所属期起始月份的,所属期起为"减免的起始月份";《城镇土地使用税税源明细表》"城镇土地使用税税源明细"中变更类型选择信息项变更,且变更时间晚于税款所属期起始月份的,所属期起为"变更时间"。

16.城镇土地使用税所属期止:税款所属期内税款所属的终止月份。终止月份不同的土地应当分行填写。默认为税款所属期的终止月份。但是,当《城镇土地使用税税源明细表》"城镇土地使用税税源明细"中变更类型选择纳税义务终止,且变更时间早于税款所属期终止月份的,所属期止为"变更时间";《城镇土地使用税税源明细表》"城镇土地使用税税源明细"中"减免的终止月份"早于税款所属期终止月份的,所属期止为"减免的终止月份"。

17.本期应纳税额:根据《城镇土地使用税税源明细表》"城镇土地使用税税源明细"中有关数据项自动计算生成。

城镇土地使用税本期应纳税额、本期减免税额、本期应补(退)税额计算公式如下:

本期应纳税额＝∑占用土地面积×税额标准÷12×(所属期止月份－所属期起月份＋1)

本期减免税额＝∑《城镇土地使用税税源明细表》"城镇土地使用税税源明细"中月减免税额×(所属期止月份－所属期起月份＋1)

本期应补(退)税额＝本期应纳税额－本期减免税额－本期增值税小规模纳税人减征额－本期已缴税额

任务二 耕地占用税

【任务引例】

【任务2—1】下列各项中,属于耕地占用税征税范围的是( )。
A.占用菜地开发花圃
B.占用农用地建房
C.占用耕地开发经济林
D.占用耕地开发茶园

【任务2—2】下列属于耕地占用税范围的有( )。
A.占用苗圃用地建游乐园
B.在滩涂上从事农业种植
C.占用耕地建农产品加工厂
D.占用菜地建房

【任务2—3】下列各项中,不属于耕地占用税征税范围的有( )。
A.占用菜地开发花圃
B.占用果园土地建造住宅区
C.占用耕地修建鱼塘
D.占用养殖的滩涂修建飞机场跑道

【任务2—4】某企业2015年5月新占用耕地3 500平方米用于建造厂房,并临时占用耕地500平方米用于堆放沙子,沙子用于建造厂房,预计2016年3月厂房建造完成,临时占用耕地已获得批准。同年9月新占用耕地2 000平方米用于兴办学校。则下列说法正确的有( )。(所占耕地适用的定额税率为20元/平方米)
A.建造厂房占用的耕地应计征耕地占用税80 000元
B.兴办学校占用耕地应计征耕地占用税40 000元
C.临时占用耕地不需要计征耕地占用税
D.临时占用耕地需要计征耕地占用税,但在批准临时占用耕地的期限内恢复所占耕地原状的可以全额退还

【任务2—5】下列关于耕地占用税的表述中,正确的有( )。
A.建设直接为农业生产服务的生产设施而占用耕地的,征收耕地占用税
B.获准占用耕地的单位或者个人,应当在收到自然资源主管部门的通知之日起60日内缴纳耕地占用税
C.免征或者减征耕地占用税后,纳税人改变原占地用途,不再属于免征或者减征耕地占用税情形的,应当按照当地适用税额补缴耕地占用税
D.在人均耕地低于0.5亩的地区,省、自治区、直辖市可以根据当地经济发展情况,适当提高耕地占用税的适用税额,但提高的部分不得超过确定的适用税额的50%

【任务准备】

耕地占用税法是指国家制定的调整耕地占用税征收与缴纳权利及义务关系的法律规范。现行耕地占用税法的基本规范,是2018年12月29日第十三届全国人民代表大会常务委员会第七次会议通过的《中华人民共和国耕地占用税法》(以下简称《耕地占用税法》)。

耕地占用税是对占用耕地建房或从事其他非农业建设的单位和个人,就其实际占用的耕

地面积征收的一种税,它属于对特定土地资源占用课税。耕地是土地资源中最重要的组成部分,是农业生产最基本的生产资料。

一、纳税人与征税范围

(一)纳税人

耕地占用税的纳税人是指在中华人民共和国境内占用耕地建设建筑物、构筑物或者从事非农业建设的单位和个人。

经批准占用耕地的,纳税人为农用地转用审批文件中标明的建设用地人;农用地转用审批文件中未标明建设用地人的,纳税人为用地申请人,其中用地申请人为各级人民政府的,由同级土地储备中心、自然资源主管部门或政府委托的其他部门、单位履行耕地占用税申报纳税义务。

未经批准占用耕地的,纳税人为实际用地人。

(二)征税范围

耕地占用税的征税范围包括纳税人占用耕地建设建筑物、构筑物或者从事非农业建设的国家所有和集体所有的耕地。

耕地占用税所称耕地,是指用于种植农作物的土地,包括菜地、园地。其中,园地包括花圃、苗圃、茶园、果园、桑园和其他种植经济林木的土地。

占用鱼塘及其他农用土地建房或从事其他非农业建设,也视同占用耕地,必须依法征收耕地占用税。占用已开发从事种植、养殖的滩涂、草场、水面和林地等从事非农业建设,由省、自治区、直辖市本着有利于保护土地资源和生态平衡的原则,结合具体情况确定是否征收耕地占用税。

1.园地,包括果园、茶园、橡胶园、其他园地。

前款的其他园地包括种植桑树、可可、咖啡、油棕、胡椒、药材等其他多年生作物的园地。

2.林地,包括乔木林地、竹林地、红树林地、森林沼泽、灌木林地、灌丛沼泽、其他林地,不包括城镇村庄范围内的绿化林木用地,铁路、公路征地范围内的林木用地,以及河流、沟渠的护堤林用地。

前款的其他林地包括疏林地、未成林地、迹地、苗圃等林地。

3.草地,包括天然牧草地、沼泽草地、人工牧草地,以及用于农业生产并已由相关行政主管部门发放使用权证的草地。

4.农田水利用地,包括农田排灌沟渠及相应附属设施用地。

5.养殖水面,包括人工开挖或者天然形成的用于水产养殖的河流水面、湖泊水面、水库水面、坑塘水面及相应附属设施用地。

6.渔业水域滩涂,包括专门用于种植或者养殖水生动植物的海水潮浸地带和滩地,以及用于种植芦苇并定期进行人工养护管理的苇田。

7.直接为农业生产服务的生产设施,是指直接为农业生产服务而建设的建筑物和构筑物。

【任务实施】

【任务2—1】

【正确答案】B

【答案解析】占用鱼塘及其他农用土地建房或从事其他非农建设的,视同占用耕地,缴纳耕地占用税。

【任务2-2】

【正确答案】ACD

【答案解析】选项B,在滩涂上从事农业种植,不征收耕地占用税。

【任务2-3】

【正确答案】AC

【答案解析】选项B、D,均属于耕地占用税征税范围。

二、税率、计税依据和应纳税额的计算

(一)税率

由于在我国的不同地区之间人口和耕地资源的分布极不均衡,有些地区人口稠密,耕地资源相对匮乏;而有些地区则人烟稀少,耕地资源比较丰富。各地区之间的经济发展水平也有很大差异。考虑到不同地区之间客观条件的差别以及与此相关的税收调节力度和纳税人负担能力方面的差别,耕地占用税在税率设计上采用了地区差别定额税率。税率规定如下:

1. 人均耕地不超过1亩的地区(以县、自治县、不设区的市、市辖区为单位,下同),每平方米为10~50元;

2. 人均耕地超过1亩但不超过2亩的地区,每平方米为8~40元;

3. 人均耕地超过2亩但不超过3亩的地区,每平方米为6~30元;

4. 人均耕地超过3亩的地区,每平方米为5~25元。

在人均耕地低于0.5亩的地区,省、自治区、直辖市可以根据当地经济发展情况,适当提高耕地占用税的适用税额,但提高的部分不得超过上述第1条确定的适用税额的50%。具体适用税额按照规定程序确定。

占用基本农田的,应当按照适用税额加征150%。

各省、自治区、直辖市耕地占用税平均税额

地区	每平方米平均税额
上海	45
北京	40
天津	35
江苏、浙江、福建、广东	30
辽宁、湖北、湖南	25
河北、安徽、江西、山东、河南、重庆、四川	22.5
广西、海南、贵州、云南、陕西	20
山西、吉林、黑龙江	17.5
内蒙古、西藏、甘肃、青海、宁夏、新疆	12.5

(二)计税依据

耕地占用税以纳税人实际占用的属于耕地占用税征税范围的土地(以下简称"应税土地")面积为计税依据,按应税土地当地适用税额计税,实行一次性征收。

(三)税额计算

耕地占用税以纳税人实际占用的应税土地面积为计税依据,以每平方米土地为计税单位,按适用的定额税率计税。应纳税额为纳税人实际占用的应税土地面积(平方米)乘以适用税额。其计算公式为:

应纳税额=应税土地面积×适用税额

加按150%征收耕地占用税的计算公式为:

应纳税额=应税土地面积×适用税额×150%

应税土地面积包括经批准占用面积和未经批准占用面积,以平方米为单位。适用税额是指省、自治区、直辖市人民代表大会常务委员会决定的应税土地所在地县级行政区的现行适用税额。

【任务实施】

【任务2-4】

【正确答案】AD

【答案解析】建造厂房占用的耕地应计征耕地占用税=(3 500+500)×20=80 000(元);兴办学校占用耕地免征耕地占用税;临时占用耕地,应当缴纳耕地占用税。纳税人在批准临时占用耕地的期限内恢复所占用耕地原状的,全额退还已经缴纳的耕地占用税。

三、税收优惠和征收管理

耕地占用税对占用耕地实行一次性征收,对生产经营单位和个人不设立减免税,仅对公益性单位和需照顾群体设立减免税。

(一)免征耕地占用税

1.军事设施占用耕地。

免税的军事设施,是指《中华人民共和国军事设施保护法》第二条所列建筑物、场地和设备。具体包括:指挥机关,地面和地下的指挥工程、作战工程;军用机场、港口、码头;营区、训练场、试验场;军用洞库、仓库;军用通信、侦察、导航、观测台站,测量、导航、助航标志;军用公路、铁路专用线,军用通信、输电线路,军用输油、输水管道;边防、海防管控设施;国务院和中央军事委员会规定的其他军事设施。

2.学校、幼儿园、社会福利机构、医疗机构占用耕地

免税的学校,具体范围包括县级以上人民政府教育行政部门批准成立的大学、中学、小学、学历性职业教育学校和特殊教育学校,以及经省级人民政府或其人力资源社会保障行政部门批准成立的技工院校。学校内经营性场所和教职工住房占用耕地的,按照当地适用税额缴纳耕地占用税。

免税的幼儿园,具体范围限于县级以上人民政府教育行政部门批准成立的幼儿园内专门

用于幼儿保育、教育的场所。

免税的社会福利机构,是指依法登记的养老服务机构、残疾人服务机构、儿童福利机构及救助管理机构、未成年人救助保护机构内专门为老年人、残疾人、未成年人及生活无着的流浪乞讨人员提供养护、康复、托管等服务的场所。

免税的医疗机构,是指县级以上人民政府卫生健康行政部门批准设立的医疗机构内专门从事疾病诊断、治疗活动的场所及其配套设施。

3.农村烈士遗属、因公牺牲军人遗属、残疾军人以及符合农村最低生活保障条件的农村居民,在规定用地标准以内新建自用住宅,免征耕地占用税。

(二)减征耕地占用税

1.铁路线路、公路线路、飞机场跑道、停机坪、港口、航道、水利工程占用耕地减按每平方米2元的税额征收耕地占用税。

减税的铁路线路,具体范围限于铁路路基、桥梁、涵洞、隧道及其按照规定两侧留地、防火隔离带。专用铁路和铁路专用线占用耕地的,按照当地适用税额缴纳耕地占用税。

减税的公路线路,具体范围限于经批准建设的国道、省道、县道、乡道和属于农村公路的村道的主体工程以及两侧边沟或者截水沟。专用公路和城区内机动车道占用耕地的,按照当地适用税额缴纳耕地占用税。

减税的飞机场跑道、停机坪,具体范围限于经批准建设的民用机场专门用于民用航空器起降、滑行、停放的场所。

减税的港口,具体范围限于经批准建设的港口内供船舶进出、停靠以及旅客上下、货物装卸的场所。

减税的航道,具体范围限于在江、河、湖泊、港湾等水域内供船舶安全航行的通道。

减税的水利工程,具体范围限于经县级以上人民政府水行政主管部门批准建设的防洪、排涝、灌溉、引(供)水、滩涂治理、水土保持、水资源保护等各类工程及其配套和附属工程的建筑物、构筑物占压地和经批准的管理范围用地。

2.农村居民在规定用地标准以内占用耕地新建自用住宅,按照当地适用税额减半征收耕地占用税;其中农村居民经批准搬迁,新建自用住宅占用耕地不超过原宅基地面积的部分,免征耕地占用税。免征或者减征耕地占用税后,纳税人改变原占地用途,不再属于免征或者减征耕地占用税情形的,应当按照当地适用税额补缴耕地占用税。

3.纳税人临时占用耕地,是指经自然资源主管部门批准,在一般不超过2年内临时使用耕地并且没有修建永久性建筑物的行为。依法复垦应由自然资源主管部门会同有关行业管理部门认定并出具验收合格确认书。

4.因挖损、采矿塌陷、压占、污染等损毁耕地属于税法所称的非农业建设,应依照税法规定缴纳耕地占用税;自然资源、农业农村等相关部门认定损毁耕地之日起3年内依法复垦或修复,恢复种植条件的,比照税法第十一条规定办理退税。

5.在农用地转用环节,用地申请人能证明建设用地人符合税法第七条第一款规定的免税情形的,免征用地申请人的耕地占用税;在供地环节,建设用地人使用耕地用途符合税法第七条第一款规定的免税情形的,由用地申请人和建设用地人共同申请,按退税管理的规定退还用地申请人已经缴纳的耕地占用税。

(三)征收管理

1.纳税义务发生时间。

耕地占用税由税务机关负责征收。耕地占用税的纳税义务发生时间为纳税人收到自然资源主管部门办理占用耕地手续的书面通知的当日。纳税人应当自纳税义务发生之日起三十日内申报缴纳耕地占用税。

未经批准占用耕地的,耕地占用税纳税义务发生时间为自然资源主管部门认定的纳税人实际占用耕地的当日。

因挖损、采矿塌陷、压占、污染等损毁耕地的纳税义务发生时间为自然资源、农业农村等相关部门认定损毁耕地的当日。

纳税人占地类型、占地面积和占地时间等纳税申报数据材料以自然资源等相关部门提供的相关材料为准;未提供相关材料或者材料信息不完整的,经主管税务机关提出申请,由自然资源等相关部门自收到申请之日起30日内出具认定意见。

【任务实施】

【任务2—5】

【正确答案】CD

【答案解析】选项A,建设直接为农业生产服务的生产设施而占用耕地的,不征收耕地占用税;选项B,耕地占用税的纳税义务发生时间为纳税人收到自然资源主管部门办理占用耕地手续的书面通知的当日。纳税人应当自纳税义务发生之日起30日内申报缴纳耕地占用税。

2.纳税申报。

(1)纳税人占用耕地,应当在耕地所在地申报纳税。

(2)纳税人的纳税申报数据资料异常或者纳税人未按照规定期限申报纳税的,包括下列情形:

①纳税人改变原占地用途,不再属于免征或者减征耕地占用税情形,未按照规定进行申报的;

②纳税人已申请用地但尚未获得批准先行占地开工,未按照规定进行申报的;

③纳税人实际占用耕地面积大于批准占用耕地面积,未按照规定进行申报的;

④纳税人未履行报批程序擅自占用耕地,未按照规定进行申报的;

⑤其他应提请相关部门复核的情形。

(3)纳税人因建设项目施工或者地质勘查临时占用耕地,应当依照本法的规定缴纳耕地占用税。纳税人在批准临时占用耕地期满之日起一年内依法复垦,恢复种植条件的,全额退还已经缴纳的耕地占用税。

(4)县级以上地方人民政府自然资源、农业农村、水利、生态环境等相关部门向税务机关提供的农用地转用、临时占地等信息,包括农用地转用信息、城市和村庄集镇按批次建设用地转而未供信息、经批准临时占地信息、改变原占地用途信息、未批先占农用地查处信息、土地损毁信息、土壤污染信息、土地复垦信息、草场使用和渔业养殖权证发放信息等。

各省、自治区、直辖市人民政府应当建立健全本地区跨部门耕地占用税部门协作和信息交换工作机制。

(5)耕地占用税的征收管理,依照《中华人民共和国耕地占用税法》和《中华人民共和国税收征收管理法》的规定执行。

纳税人、税务机关及其工作人员违反规定的,依照《中华人民共和国税收征收管理法》和有关法律法规的规定追究法律责任。

【任务实操】

完成【任务1—9】城镇土地使用税纳税申报表的填制。

项目十 车辆购置税、车船税和印花税

【知识目标】
1. 了解掌握车辆购置税的含义、纳税人及征收范围、应纳税额的计算、税收优惠、征收管理过程；
2. 了解掌握车船税的含义、纳税人及征收范围、应纳税额的计算、税收优惠、征收管理过程；
3. 了解掌握印花税的含义、纳税人及征收范围、应纳税额的计算、税收优惠、征收管理过程。

【能力目标】
1. 能够准确计算车辆购置税的应纳税额；熟知车辆购置税的相关税收优惠政策，并能够灵活运用；能够进行纳税申报。
2. 能够准确计算车船税的应纳税额；熟知车船税的相关税收优惠政策，并能够灵活运用；能够进行纳税申报。
3. 能够准确计算印花税的应纳税额；熟知印花税的相关税收优惠政策，并能够灵活运用；能够进行纳税申报。

【素质目标】
1. 严格执行税法的有关规定，依法纳税，培养严谨、细致、踏实的工作作风；
2. 熟练掌握税法相关法规政策，工作、生活中增强法律意识，依法办事；
3. 具备良好的职业道德修养，爱岗敬业，廉洁自律，洁身自好。坚持原则，不做假账，真实客观地反映经济活动的面目。

工作情境

如果您是一名初涉职场的大学毕业生，若成功应聘到企业的财会部门，从事涉税业务的工作，一般都会涉及增值税、城市维护建设税、房产税、车辆购置税、车船税、印花税纳税申报等工作。

作为税务会计，增值税、城市维护建设税、房产税、车辆购置税、车船税、印花税等各税种的征税范围、税额计算、税收优惠政策、纳税申报各个环节，都要熟悉掌握。

本项目涉及车辆购置税、车船税、印花税各税种的征税范围、税额计算、税收优惠政策、纳税申报等工作知识。这些又直接关系到职工个人、单位乃至国家的经济利益。

税务会计岗位具有重要的职责。认真学习掌握本项目涉及车辆购置税、车船税、印花税各税种的知识，使得您在税务会计岗位工作得心应手，完全胜任企业的财会部门税务会计岗位的工作。

任务一 车辆购置税

【任务引例】

大学毕业生张楠应聘到牡丹江市兴业商贸有限公司财务部,遇到了如下问题需要解决,请你帮助她。

【任务1—1】根据车辆购置税法的规定,下列人员中属于车辆购置税纳税义务人的有(　　)。

A.应税车辆的捐赠者　　　　　B.应税车辆的购买者

C.自产车辆的销售者　　　　　D.应税车辆的进口使用者

【任务1—2】纳税人购买下列车辆时,需要缴纳车辆购置税的是(　　)。

A.汽车挂车

B.地铁、轻轨等城市轨道交通车辆

C.排气量不超过一百五十毫升的摩托车

D.悬挂应急救援专用号牌的国家综合性消防救援车辆

【任务1—3】下列各项中,属于车辆购置税应税行为的有(　　)。

A.购买并自用行为　　　　　　B.进口并自用行为

C.受赠并自用行为　　　　　　D.获奖并自用行为

【任务1—4】某机关 2020 年 4 月购车一辆,随购车支付的下列款项中,应并入计税依据征收车辆购置税的有(　　)。

A.以保险公司的票据为保险公司代收的保险费　　　B.增值税税款

C.零部件价款　　　　　　　　　　　　　　　　　D.车辆装饰费

【任务1—5】2020 年 3 月王某从汽车 4S 店购置了一辆排气量为 1.8 升的乘用车,支付购车款(含增值税)226 000 元,并取得"机动车销售统一发票";支付代收保险费 5 000 元,并取得保险公司开具的票据;支付购买工具件价款(含增值税)1 000 元,并取得汽车 4S 店开具的普通发票。王某应缴纳的车辆购置税为(　　)元。

A.20 000　　　　　B.20 088.50　　　　　C.20 530.97　　　　　D.23 200

【任务1—6】某外贸进出口公司 2020 年 3 月,从国外进口 10 辆宝马公司生产的某型号小轿车。该公司报关进口这批小轿车时,经报关地海关对有关报关资料的审查,确定关税完税价格为每辆 185 000 元人民币,海关按关税政策规定每辆征收了关税 37 000 元,并按消费税、增值税有关规定分别代征了每辆小轿车的进口消费税 21 956 元和增值税 31 714.28 元。由于联系业务需要,该公司将一辆小轿车留在本单位使用。根据以上资料,计算应纳车辆购置税。

【任务1—7】某客车制造厂将自产的一辆某型号的客车,用于本厂后勤服务,该厂在办理车辆上牌落籍前,出具该车的发票,注明金额 65 000 元,并按此金额向主管税务机关申报纳税。经审核,国家税务总局对该车同类型车辆核定的最低计税价格为 80 000 元,计算该车应纳车辆购置税。

【任务1—8】下列各项中,可以免缴车辆购置税的是( )。
A.中国人民解放军列入军队武器装备订货计划的车辆
B.2019年购置的挂车
C.设有固定装置的运输车辆
D.长期来华定居专家购买1辆国产自用小汽车

【任务1—9】纳税人办理纳税申报时应如实填写《车辆购置税纳税申报表》,需要提供以下( )资料的原件和复印件。
A.车主身份证明　　　　B.车辆价格证明　　　　C.车辆合格证明
D.税务机关要求提供的其他资料　　　　　　　E.机动车行驶证

【任务1—9】纳税人应当自纳税义务发生之日起( )内申报缴纳车辆购置税。
A.15日　　　　B.60日　　　　C.30日　　　　D.10日

【任务1—10】已经缴纳车辆购置税的车辆,准予纳税人申请退税的是( )。
A.被盗的车辆　　　　B.因自然灾害被毁的车辆
C.车辆退回销售企业　　　D.车辆退回生产企业

【任务1—11】某公司购置一辆国产车自用,购置时因符合免税条件而未缴纳车辆购置税。购置使用4年后免税条件消失,若该车辆初次办理纳税申报时计税价格是25万元,则该公司应缴纳车辆购置税为( )万元。
A.1.5　　　　B.2.28　　　　C.2.5　　　　D.3.8

【任务准备】

现行车辆购置税法的基本规范,是2018年12月29日第十三届全国人民代表大会常务委员会第七次会议通过,并于2019年7月1日起施行的《中华人民共和国车辆购置税法》(以下简称《车辆购置税法》)。

一、车辆购置税、车辆购置税法含义

车辆购置税是指在中华人民共和国境内,向购置汽车、有轨电车、汽车挂车、排气量超过150毫升的摩托车(以下统称应税车辆)的购置者(单位和个人)征收的一种税。征收车辆购置税有利于合理筹集财政资金,规范政府行为,调节收入差距,也有利于配合打击车辆走私和维护国家权益。

车辆购置税法是指国家制定的,用以调整车辆购置税征收与缴纳权利及义务关系的法律规范。

二、纳税义务人与征税范围

(一)纳税义务人

车辆购置税是以在中国境内,购置规定车辆为课税对象,在特定的环节,向车辆购置者征收的一种税。

车辆购置税的纳税人是指在中华人民共和国境内,购置汽车、有轨电车、汽车挂车及排气量超过150毫升的摩托车(以下统称应税车辆)的单位和个人。其中,购置是指以购买、进口、自产、受赠、获奖或者其他方式取得并自用应税车辆的行为。车辆购置税实行一次性征收,即购置已征车辆购置税的车辆,不再征收车辆购置税,如购买二手车。

所称单位,包括国有企业、集体企业、私营企业、股份制企业、外商投资企业、外国企业以及其他企业,事业单位、社会团体、国家机关、部队和其他单位。

所称个人,包括个体工商户及其他个人,既包括中国公民又包括外国公民。

【任务实施】

【任务1—1】

【正确答案】BD

【答案解析】应税车辆的受赠者及自产车辆的使用者是车辆购置税的纳税义务人。车辆购置税的纳税义务人是指在中华人民共和国境内购置应税车辆的单位和个人。其中购置是指购买使用行为、进口使用行为、受赠使用行为、自产自用行为、获奖使用行为和以拍卖、抵债、走私、罚没等方式取得并使用的行为。

(二)征税范围

车辆购置税以列举的车辆作为征税对象,未列举的车辆不纳税。其征税范围包括汽车、摩托车、电车、挂车、农用运输车,具体规定如下:

1. 汽车。包括各类汽车。

2. 摩托车。

(1)轻便摩托车:最高设计车速不大于50km/h,发动机气缸总排量不大于$50cm^3$的两个或三个车轮的机动车;

(2)二轮摩托车:最高设计车速大于50km/h,或发动机气缸总排量大于$50cm^3$的两个车轮的机动车;

(3)三轮摩托车:最高设计车速大于50km/h,发动机气缸总排量大于$50cm^3$,空车质量不大于400kg的三个车轮的机动车。

3. 电车。

(1)无轨电车:以电能为动力,由专用输电电缆供电的轮式公共车辆;

(2)有轨电车:以电能为动力,在轨道上行驶的公共车辆。

4. 挂车。

(1)全挂车:无动力设备,独立承载,由牵引车辆牵引行驶的车辆;

(2)半挂车:无动力设备,与牵引车共同承载,由牵引车辆牵引行驶的车辆。

5. 农用运输车。

(1)三轮农用运输车:柴油发动机,功率不大于7.4kW,载重量不大于500kg,最高车速不大于40km/h的三个车轮的机动车;

(2)四轮农用运输车:柴油发动机,功率不大于28kW,载重量不大于1500kg,最高车速不大于50km/h的四个车轮的机动车。

为了体现税法的统一性、固定性、强制性和法律的严肃性特征,车辆购置税征收范围的调整,由国务院决定,其他任何部门、单位和个人无权擅自扩大或缩小车辆购置税的征税范围。

【任务实施】

【任务1—2】

【正确答案】A

【答案解析】选项B，地铁、轻轨等城市轨道交通车辆，装载机、平地机、挖掘机、推土机等轮式专用机械车，以及起重机(吊车)、叉车、电动摩托车，不属于应税车辆；选项C，排气量超过一百五十毫升的摩托车，属于车辆购置税的征税范围；选项D，悬挂应急救援专用号牌的国家综合性消防救援车辆，免征车辆购置税。

【任务1—3】

【正确答案】ABCD

【答案解析】购买并自用行为、进口并自用行为、自产并自用行为、受赠并自用行为、获奖并自用行为、以拍卖、抵债、走私、罚没等方式取得并自用的行为均属于车辆购置税的应税行为。

三、税率与计税依据

(一)税率

车辆购置税实行统一比例税率，税率为10%。

(二)计税依据

车辆购置税的计税依据为：应税车辆的计税价格，按照下列规定确定：

1. 纳税人购买自用应税车辆的计税价格，为纳税人实际支付给销售者的全部价款，不包括增值税税款；

2. 纳税人进口自用应税车辆的计税价格，为关税完税价格加上关税和消费税；

3. 纳税人自产自用应税车辆的计税价格，按照纳税人生产的同类应税车辆的销售价格确定，不包括增值税税款；

4. 纳税人以受赠、获奖或者其他方式取得自用应税车辆的计税价格，按照购置应税车辆时，相关凭证载明的价格确定，不包括增值税税款。

纳税人申报的应税车辆计税价格明显偏低，又无正当理由的，由税务机关依照《中华人民共和国税收征收管理法》的规定核定其应纳税额。

纳税人以外汇结算应税车辆价款的，按照申报纳税之日的人民币汇率中间价，折合成人民币计算缴纳税款。

四、应纳税额的计算

车辆购置税，实行从价定率的方法计算应纳税额，计算公式为：

应纳税额＝计税依据×税率

由于应税车辆的来源、应税行为的发生以及计税依据组成的不同，因而，车辆购置税应纳税额的计算方法也有区别。

(一)购买自用应税车辆，应纳税额的计算

在应纳税额的计算当中，应注意以下费用的计税规定：

1. 购买者随同购买车辆支付的工具件和零部件价款，应作为购车价款的一部分，并入计税依据中，征收车辆购置税。

2.支付的车辆装饰费应作为价外费用,并入计税依据中,征收车辆购置税。

3.代收款项,应区别征税。凡使用代收单位(受托方:如销售汽车 4S 店)票据收取的款项,应视作代收单位价外收费,购买者支付的价费款,应并入计税依据中一并征税;凡使用委托方(如保险公司)票据收取,受托方只履行代收义务和收取代收手续费的款项,应按其他税收政策规定征税。

4.销售单位开给购买者的各种发票金额中包含增值税税款,因此,计算车辆购置税时,应换算为不含增值税的计税价格。

5.销售单位开展优质销售活动所开票收取的有关费用,应属于经营性收入,企业在代理过程中,按规定支付给有关部门的费用,企业已作经营性支出列支核算,其收取的各项费用,并在一张发票上难以划分的,应作为价外收入计算征税。

(二)进口自用应税车辆应纳税额的计算

纳税人进口自用的应税车辆应纳税额的计算公式为:

应纳税额=(关税完税价格+关税+消费税)×税率

(三)其他自用应税车辆应纳税额的计算

纳税人自产自用、受赠使用、获奖使用和以其他方式取得,并自用应税车辆的,凡不能取得该型车辆的购置价格,或者低于最低计税价格的,以国家税务总局核定的最低计税价格,作为计税依据计算征收车辆购置税:

应纳税额=最低计税价格×税率

【任务实施】

【任务1—4】

【正确答案】CD

【答案解析】选项 A,保险费是代收款项,不作为车辆购置税的计税依据;选项 B,车辆购置税的计税依据是纳税人实际支付给销售者的全部价款,不含增值税款。

【任务1—5】

【正确答案】B

【答案解析】应纳车辆购置税=(226 000+1 000)÷(1+13%)×10%=20 088.50(元)

【任务1—6】

【答案解析】

(1)计税依据=185 000+37 000+21 956=243 956(元)

(2)应纳税额=243 956×10%=24 395.6(元)

【任务1—7】

【答案解析】应纳税额=80 000×10%=8 000(元)

五、税收优惠

(一)车辆购置税减免税规定

我国车辆购置税实行法定减免,减免税范围的具体规定是:

1.外国驻华使馆、领事馆和国际组织驻华机构及其外交人员自用车辆免税;

2.中国人民解放军和中国人民武装警察部队,列入军队武器装备订货计划的车辆免税;

3.设有固定装置的非运输车辆免税;

4.有国务院规定予以免税或者减税的其他情形的,按照规定免税或减税。根据现行政策规定,上述其他情形的车辆,目前主要有以下几种:

(1)防汛部门和森林消防部门,用于指挥、检查、调度、报汛(警)、联络的,设有固定装置的指定型号的车辆。

(2)回国服务的留学人员,用现汇购买1辆自用国产小汽车。

(3)长期来华定居专家,进口1辆自用小汽车。

5.农用三轮运输车,免征车辆购置税。农用三轮车是指:柴油发动机,功率不大于7.4kW,载重量不大于500kg,最高车速不大于40km/h的三个车轮的机动车。

6.自2016年1月1日起至2020年12月31日止,对城市公交企业购置的公共汽、电车辆免征车辆购置税。

上述城市公交企业是指由县级以上(含县级人民政府交通运输主管部门认定的,依法取得城市公交经营资格,为公众提供公交出行服务的企业)。

上述公共汽、电车辆是指由县级以上(含县级人民政府交通运输主管部门,按照车辆实际经营范围和用途等界定的,在城市中按规定的线路、站点、票价和时刻表营运,供公众乘坐的经营性客运汽车和无轨电车)。

7.自2018年1月1日至2020年12月31日,对购置的新能源汽车免征车辆购置税。对免征车辆购置税的新能源汽车,通过发布《免征车辆购置税的新能源汽车车型目录》实施管理。

8.纳税人在办理车辆购置税免(减)税手续时,应如实填写纳税申报表和《车辆购置税免(减)税申报表》(以下简称免税申报表),除提供规定的资料外,还应根据不同情况,分别提供下列资料:

(1)外国驻华使馆、领事馆和国际组织驻华机构及其外交人员自用的车辆,分别提供机构证明和外交部门出具的身份证明;

(2)中国人民解放军和中国人民武装警察部队,列入军队武器装备订货计划的车辆,提供订货计划的证明;

(3)设有固定装置的非运输车辆,提供车辆内、外观彩色5寸照片;

(4)其他车辆,提供国务院或者国务院授权的主管部门的批准文件。

9.纳税人在办理设有固定装置的非运输车辆免税申报时,主管税务机关应当依据免税图册,对车辆固定装置进行核实无误后,办理免税手续。

10.自2018年7月1日至2021年6月30日,对购置挂车减半征收车辆购置税。购置日期按照《机动车销售统一发票》《海关关税专用缴款书》或者其他有效凭证的开具日期确定。本条所称挂车,是指由汽车牵引才能正常使用且用于载运货物的无动力车辆。

【任务实施】

【任务1-8】

【正确答案】A

【答案解析】选项B,自2018年7月1日至2021年6月30日,对购置挂车减半征收车辆购置税;选项C,设有固定装置的非运输专用作业车辆免税;选项D,长期来华定居专家购买1辆自用小汽车免税。

(二)车辆购置税的退税

纳税人已经缴纳车辆购置税,但在办理车辆登记手续前,需要办理退还车辆购置税的,由纳税人申请,征收机构审查后办理退还车辆购置税手续。

六、征收管理

车辆购置税由税务机关负责征收。车辆购置税的征收规定如下:

(一)纳税申报

纳税人购置应税车辆,应当向车辆登记地的主管税务机关申报缴纳车辆购置税;购置不需要办理车辆登记的应税车辆的,应当向纳税人所在地的主管税务机关申报缴纳车辆购置税。

车辆购置税的纳税义务发生时间:为纳税人购置应税车辆的当日。纳税人应当自纳税义务发生之日起,60日内申报缴纳车辆购置税。

纳税人应当在向公安机关交通管理部门,办理车辆注册登记前,缴纳车辆购置税。

1.纳税人应到下列地点,办理车辆购置税纳税申报:

(1)需要办理车辆登记注册手续的纳税人,向车辆登记注册地的主管税务机关办理纳税申报;

(2)不需要办理车辆登记注册手续的纳税人,向纳税人所在地的主管税务机关办理纳税申报。

2.车辆购置税实行一车一申报制度。

3.纳税人购买自用应税车辆的,应自购买之日起60日内申报纳税;进口自用应税车辆的,应自进口之日起60日内申报纳税;自产、受赠、获奖或者以其他方式取得并自用应税车辆的,应自取得之日起60日内申报纳税。

4.免税车辆因转让、改变用途等原因,其免税条件消失的,纳税人应在免税条件消失之日起60日内,到主管税务机关重新申报纳税。

免税车辆发生转让,但仍属于免税范围的,受让方应当自购买或取得车辆之日起60日内,到主管税务机关重新申报免税。

5.纳税人办理纳税申报时,应如实填写《车辆购置税纳税申报表》(以下简称纳税申报表),同时提供以下资料:

(1)纳税人身份证明;

(2)车辆价格证明;

(3)车辆合格证明;

(4)税务机关要求提供的其他资料。

6.免税条件消失的车辆,纳税人在办理纳税申报时,应如实填写纳税申报表,同时提供以下资料:

(1)发生二手车交易行为的,提供纳税人身份证明、《二手车销售统一发票》和《车辆购置

税完税证明》(以下简称完税证明)正本原件;

(2)未发生二手车交易行为的,提供纳税人身份证明、完税证明正本原件及有效证明资料。

【任务实施】

【任务1-9】

【正确答案】ABCD

【答案解析】纳税人办理纳税申报时,应如实填写《车辆购置税纳税申报表》(以下简称纳税申报表),同时提供以下资料:

(1)纳税人身份证明;

(2)车辆价格证明;

(3)车辆合格证明;

(4)税务机关要求提供的其他资料。

(二)纳税环节

车辆购置税的征税环节为使用环节,即最终消费环节,具体而言,纳税人应当在向公安机关等车辆管理机构,办理车辆登记注册手续前,缴纳车辆购置税。

购买二手车时,购买者应当向原车主索要《车辆购置税完税证明》。购买已经办理车辆购置税免税手续的二手车,购买者应当到税务机关重新办理申报缴税或免税手续。未按规定办理的,按《征管法》的规定处理。

(三)纳税地点

纳税人购置应税车辆,应当向车辆登记注册地的主管税务机关申报纳税;购置不需办理车辆登记注册手续的应税车辆,应当向纳税人所在地主管税务机关申报纳税。车辆登记注册地是指车辆的上牌落籍地或落户地。

(四)纳税期限

纳税人购买自用的应税车辆,自购买之日起60日内申报纳税;进口自用的应税车辆,应当自进口之日起60日内申报纳税;自产、受赠、获奖和以其他方式取得并自用的应税车辆,应当自取得之日起60日内申报纳税。

上述的"购买之日"是指纳税人购车发票上注明的销售日期;"进口之日"是指纳税人报关进口的当天。

【任务实施】

【任务1-10】

【正确答案】B

【答案解析】纳税人应当自纳税义务发生之日起六十日内申报缴纳车辆购置税。

(五)车辆购置税的缴税管理

1.车辆购置税的缴税方法。车辆购置税税款缴纳方法主要有以下几种:

(1)自报核缴。即由纳税人自行计算应纳税额、自行填报纳税申报表有关资料,向主管税务机关申报，经税务机关审核后，开具完税证明，由纳税人持完税凭证，在当地金库或金库经收处缴纳税款。

(2)集中征收缴纳。包括两种情况：一是由纳税人集中向税务机关统一申报纳税。它适用于实行集中购置应税车辆的单位缴纳和经批准实行代理制经销商的缴纳。二是由税务机关集中报缴税款。即在纳税人向实行集中征收的主管税务机关申报缴纳税款，税务机关开具完税凭证后，由税务机关填写汇总缴款书，将税款集中缴入当地金库或金库经收处。它适用于税源分散、税额较少、税务部门实行集中征收管理的地区。

(3)代征、代扣、代收。即扣缴义务人按税法规定代扣代缴、代收代缴税款，税务机关委托征收单位代征税款的征收方式。它适用于税务机关委托征收或纳税人依法受托征收税款。

2.车辆购置税的缴税管理。

(1)税款缴纳方式。纳税人在申报纳税时，税款的缴纳方式主要有：现金支付、支票、信用卡和电子结算及委托银行代收、银行划转等方式。

(2)完税凭证及使用要求。税务机关在征收车辆购置税时，应根据纳税人税款缴纳方式的不同，分别使用税收通用完税凭证、税收转账专用完税凭证和税收通用缴款书三种税票，即纳税人以现金方式向税务机关缴纳车辆购置税的，由主管税务机关开具《税收通用完税凭证》；纳税人以支票、信用卡和电子结算方式缴纳及税务机关委托银行代收税款的，由主管税务机关开具《税收转账专用完税证》；纳税人从其银行存款户直接划转税款的，由主管税务机关开具《税收通用缴款书》。

(六)车辆购置税的退税制度

1.已缴纳车辆购置税的车辆，发生下列情形之一的，准予纳税人申请退税：

(1)车辆退回生产企业或者经销商的；

(2)符合免税条件的设有固定装置的非运输车辆但已征税的；

(3)其他依据法律法规规定应予退税的情形。

2.纳税人申请退税时，应如实填写《车辆购置税退税申请表》（以下简称退税申请表），由本人、单位授权人员到主管税务机关办理退税手续，按下列情况分别提供资料：

(1)车辆退回生产企业或者经销商的，提供生产企业或经销商开具的退车证明和退车发票。

未办理车辆登记注册的，提供原完税凭证、完税证明正本和副本；已办理车辆登记注册的，提供原完税凭证、完税证明正本、公安机关车辆管理机构出具的机动车注销证明。

(2)符合免税条件的设有固定装置的非运输车辆但已征税的，未办理车辆登记注册的，提供原完税凭证、完税证明正本和副本；已办理车辆登记注册的，提供原完税凭证、完税证明正本。

(3)其他依据法律法规规定应予退税的情形，未办理车辆登记注册的，提供原完税凭证、完税证明正本和副本；已办理车辆登记注册的，提供原完税凭证、完税证明正本、公安机关车辆管理机构出具的机动车注销证明或者税务机关要求的其他资料。

3.车辆退回生产企业或者经销商的，纳税人申请退税时，主管税务机关自纳税人办理纳税申报之日起，按已缴纳税款每满1年扣减10%计算退税额；未满1年的，按已缴纳税款全额退税。

其他退税情形,纳税人申请退税时,主管税务机关依据有关规定计算退税额。

【任务实施】

【任务1—11】

【正确答案】CD

【答案解析】已经缴纳车辆购置税的车辆,车辆退回生产企业或经销商时,准予纳税人申请退税。

【任务1—12】

【正确答案】A

【答案解析】应纳税额=25×(1-4×10%)×10%=1.5(万元)

任务二 车船税法

【任务引例】

大学毕业生张楠，应聘到牡丹江市兴业商贸有限公司财务部，遇到了如下问题需要解决，请你帮助她。

【任务2—1】下列项目中，以"辆"为计税依据计算车船税的有（　　）。
A.船舶　　　　　　B.摩托车　　　　　C.客车　　　　　D.货车

【任务2—2】车船税征税过程中，以"辆"为计税单位的有（　　）。
A.商用客车　　　　B.商用货车　　　　C.摩托车　　　　D.低速货车

【任务2—3】根据车船税法的规定，下列以"净吨位"作为车船税计税单位的有（　　）。
A.机动船舶　　　　B.非机动驳船　　　C.挂车　　　　　D.游艇

【任务2—4】下列车船中，属于车船税征税范围的有（　　）。
A.节能汽车　　　　B.燃料电池乘用车　C.非机动驳船　　D.半挂牵引车

【任务2—5】某小型运输公司，2020年拥有并使用以下车辆：(1)整备质量4.3吨的载货卡车10辆，省级人民政府规定，年车船税税额每吨50元；(2)18座的小型客车2辆，省级人民政府规定，年车船税税额每辆530元。该公司当年应纳车船税为（　　）元。
A.5 120　　　　　B.4 800　　　　　C.3 840　　　　　D.3 210

【任务2—6】某机械制造厂2019年拥有货车3辆，每辆货车的整备质量均为1.499吨；挂车1辆，其整备质量为1.2吨；小汽车2辆。已知货车车船税税率为：整备质量每吨年基准税额16元，小汽车车船税税率为每辆年基准税额360元。该厂2019年度应纳车船税为（　　）。
A.441.6元　　　　B.792元　　　　　C.801.55元　　　D.811.2元

【任务2—7】某航运公司2019年拥有机动船4艘，每艘净吨位为3 000吨；拖船1艘，发动机功率为1 800千瓦。（其所在省车船税计税标准为净吨位201～2 000吨的，每吨4元；2 001～10 000吨的，每吨5元。）该航运公司2019年应缴纳车船税为（　　）元。
A.60 000　　　　　B.62 412　　　　　C.63 600　　　　D.65 400

【任务2—8】下列项目中，可以免征车船税的有（　　）。
A.企业拥有的所有非机动车船　　　　B.使用新能源的车辆
C.捕捞、养殖渔船　　　　　　　　　D.军队、武警专用的车船

【任务2—9】下列车辆，应缴纳车船税的是（　　）。
A.挂车　　　　　　　　　　　　　　B.插电式混合动力汽车
C.武装警察部队专用的车辆　　　　　D.国际组织驻华代表机构使用的车辆

【任务2—10】下列车船中，免征车船税的是（　　）。
A.辅助动力帆艇　　　　　　　　　　B.半挂牵引车
C.客货两用汽车　　　　　　　　　　D.武警专用车船

【任务2—11】下列车船中，享受减半征收车船税优惠的是（　　）。
A.纯电动汽车　　　　　　　　　　　B.插电式混合动力汽车

C.燃料电池汽车　　　　　　　　D.符合规定标准的节约能源乘用车

【任务2-12】某企业在2020年4月，购入整备质量6吨的挂车3辆；11月，年初购进的1辆小轿车被盗，取得了公安机关证明。（当地载货汽车车船税年税额为每吨60元，小轿车适用的车船税年税额为每辆300元。）该企业2020年实际应缴纳车船税为（　　）元。
A.600　　　　　　　B.655　　　　　　　C.612　　　　　　　D.648

【任务2-13】某船运公司2019年度拥有旧机动船5艘，每艘净吨位1 500吨；拥有拖船4艘，每艘发动机功率3 000千瓦。2019年7月购置新机动船6艘，每艘净吨位3 000吨。该公司船舶适用的车船税年税额为：净吨位201～2 000吨的，每吨4元；净吨位2 001～10 000吨的，每吨5元。该公司2019年度应缴纳的车船税为（　　）元。
A.87 000元　　　　　B.91 080　　　　　C.95 100　　　　　D.123 000

【任务2-14】下列关于车船税的表述中，错误的有（　　）。
A.车船税的纳税义务人是在中华人民共和国境内境外，车辆、船舶的所有人。
B.车船税的征税范围，包括依法应当在车船管理部门登记的机动车辆和船舶。
C.扣缴义务人代收代缴车船税的，纳税地点为车船登记地的主管税务机关所在地。
D.车船管理部门包括公安、交通运输、农业、渔业、军队等依法具有车船登记管理职能的部门。

【任务准备】

车船税法是指国家制定的，用以调整车船税征收与缴纳权利及义务关系的法律规范。现行车船税法的基本规范，是2011年2月25日由中华人民共和国第十一届全国人民代表大会常务委员会第十九次会议通过了《中华人民共和国车船税法》（以下简称《车船税法》），自2012年1月1日起施行。

车船税是以车船为征税对象，向拥有车船的单位和个人征收的一种税。征收车船税有利于为地方政府筹集财政资金，有利于车船的管理和合理配置，也有利于调节财富差距。

一、纳税义务人与征税范围

(一)纳税义务人

所谓车船税，是指以车船为征税对象，在中华人民共和国境内的车辆、船舶的所有人或者管理人，按照中华人民共和国车船税法应缴纳的一种税。

车船税的纳税义务人，是指在中华人民共和国境内，车辆、船舶（以下简称车船）的所有人或者管理人，应当依照《车船税法》的规定缴纳车船税。

(二)征税范围

车船税的征税范围，是指在中华人民共和国境内属于车船税法所附《车船税税目税额表》规定的车辆、船舶。车辆、船舶是指：
1.依法应当在车船管理部门登记的机动车辆和船舶；
2.依法不需要在车船管理部门登记、在单位内部场所行驶或者作业的机动车辆和船舶。

车船管理部门，是指公安、交通运输、农业、渔业、军队、武装警察部队等，依法具有车船登记管理职能的部门；这里所谓单位，是指依照中国法律、行政法规规定，在中国境内成立的行政机关、企业、事业单位、社会团体以及其他组织。

二、税目与税率

车船税实行定额税率。定额税率,也称固定税额,是税率的一种特殊形式。定额税率计算简便,是适用从量计征的税种。车船税的适用税额,依照车船税法所附的《车船税税目税额表》执行(见表10—1)。

表10—1　　　　　　　　　　《车船税税目税额表》

税目		计税单位	年基准税额	备注
乘用车[按发动机汽缸容量(排气量)分档]	1.0升(含)以下的	每辆	60~360元	核定载客人数9人(含)以下
	1.0升以上至1.6升(含)的		300~540元	
	1.6升以上至2.0升(含)的		360~660元	
	2.0升以上至2.5升(含)的		660~1200元	
	2.5升以上至3.0升(含)的		1200~2400元	
	3.0升以上至4.0升(含)的		2400~3600元	
	4.0升以上的		3600~5400元	
商用车	客车	每辆	480~1440元	核定载客人数9人以上,包括电车
	货车	整备质量每吨	16~120元	包括半挂牵引车、三轮汽车和低速载货汽车等
	货车—挂车	整备质量每吨	16~120元	按照货车税额的50%计算
其他车辆	专用作业车	整备质量每吨	16~120元	不包括拖拉机
	轮式专用机械车		16~120元	不包括拖拉机
摩托车		每辆	36~180元	
船舶—机动船舶	净吨位小于或等于200吨的	净吨位每吨	3元	拖船、非机动驳船分别按照机动船舶税额的50%计算
	净吨位201~2000吨的		4元	
	净吨位2001~10000吨的		5元	
	净吨位10001吨及以上的		6元	
船舶—游艇	艇身长度不超过10米的游艇	艇身长度每米	600元	游艇艇身长度是指游艇的总长
	艇身长度超过10米但不超过18米的游艇		900元	
			1300元	
	艇身长度超过18米但不超过30米的游艇		2000元	
	艇身长度超过30米的游艇		600元	
	辅助动力帆艇			

1.车辆适用税额规定

车辆的具体适用税额,由省、自治区、直辖市人民政府,依照车船税法所附《车船税税目税额表》规定的税额幅度和国务院的规定确定。

2.船舶适用税额规定

船舶的具体适用税额由国务院在车船税法所附《车船税税目税额表》规定的税额幅度内确定。

车船税采用定额税率,即对征税的车船规定单位固定税额。车船税确定税额的总原则是:

(1)非机动车船的税负轻于机动车船;

(2)人力车的税负轻于畜力车;

(3)小吨位船舶的税负轻于大船舶。

由于车辆与船舶的行驶情况不同,车船税的税额也有所不同(见表10-1)。拖船按照发动机功率,每千瓦折合净吨位0.67吨计算征收车船税。

3.车船税法及其实施条例,涉及的整备质量、净吨位、艇身长度等计税单位,有尾数的一律按照含尾数的计税单位,据实计算车船税应纳税额。计算得出的应纳税额小数点后超过两位的,可四舍五入保留两位小数。

4.乘用车以车辆登记管理部门,核发的机动车登记证书或者行驶证书所载的排气量毫升数,确定税额区间。

5.车船税法和实施条例,所涉及的排气量、整备质量、核定载客人数、净吨位、功率(千瓦或马力)、艇身长度,以车船登记管理部门,核发的车船登记证书或者行驶证相应项目所载数据为准。

6.依法不需要办理登记、依法应当登记而未办理登记或者不能提供车船登记证书、行驶证的,以车船出厂合格证明或者进口凭证相应项目标注的技术参数、所载数据为准;不能提供车船出厂合格证明或者进口凭证的,由主管税务机关参照国家相关标准核定,没有国家相关标准的,参照同类车船核定。

【任务实施】

【任务2-1】

【正确答案】BC

【答案解析】船舶以"净吨位"为计税依据;货车以"整备质量每吨"为计税依据。

【任务2-2】

【正确答案】AC

【答案解析】商用货车、低速载货汽车按"整备质量每吨"为计税单位。

【任务2-3】

【正确答案】AB

【答案解析】挂车以整备质量每吨为车船税计税单位,游艇以艇身长度每米为车船税计税单位。

【任务2-4】

【正确答案】ACD

【答案解析】纯电动乘用车和燃料电池乘用车不属于车船税征税范围,不征收车船税。

三、应纳税额的计算

纳税人按照纳税地点所在的省、自治区、直辖市人民政府,确定的具体适用税额,计算缴纳车船税。车船税由地方税务机关负责征收。

1.购置的新车船,购置当年的应纳税额,自纳税义务发生的当月起,按月计算。计算公式为:

应纳税额=(年应纳税额÷12)×应纳税月份数

应纳税月份数=12-纳税义务发生时间(取月份)+1

2.在一个纳税年度内,已完税的车船被盗抢报废、灭失的,纳税人可以凭有关管理机关出具的证明和完税证明,向纳税所在地的主管税务关,申请退还自被盗抢、报废、灭失月份起至该纳税年度终了期间的税款。

3.已办理退税的被盗抢车船,失而复得的,纳税人应当从公安机关出具相关证明的当月计算缴纳车船税。

4.在一个纳税年度内,纳税人在非车辆登记地,由保险机构代收代缴机动车车船税,且能够提供合法有效完税证明的,纳税人不再向车辆登记地的地方税务机关缴纳车辆车船税。

5.已缴纳车船税的车船,在同一纳税年度内,办理转让过户的,不另纳税,也不退税。

例如,牡丹江市兴业运输公司拥有载货汽车40辆(货车整备质量全部为10吨);乘人大客车10辆;小客车20辆。计算该公司应纳车船税。(注:载货汽车每吨年车船税税额80元,乘人大客车每辆年车船税税额800元,小客车每辆年车船税税额700元。)

(1)载货汽车应纳税额=40×10×80=32 000(元)

(2)乘人汽车应纳税额=10×800+20×700=22 000(元)

全年应纳车船税额=32 000+22 000=54 000(元)

【任务实施】

【任务2-5】

【正确答案】D

【答案解析】车船税=4.3×10×50+2×530=3 210(元)

【任务2-6】

【正确答案】C

【答案解析】挂车按照货车税额的50%计算纳税。整备质量、净吨位等计税单位,有尾数的一律按照含尾数的计税单位据实计算应纳税额。

2019年应纳的车船税=1.499×3×16+1.2×16×50%+2×360=801.55(元)

【任务2-7】

【正确答案】B

【答案解析】1千瓦=净吨位0.67吨,拖船按船舶税额的50%计算。

该航运公司应纳车船税=4×3 000×5+1 800×0.67×4×50%=62 412(元)

四、税收优惠

(一) 法定减免

1.捕捞、养殖渔船,是指在渔业船舶登记管理部门登记,为捕捞船或者养殖船的船舶。

2.军队、武装警察部队专用的车船,是指按照规定,在军队、武装警察部队车船管理部门登记,并领取军队、武警牌照的车船。

3.警用车船,是指公安机关、国家安全机关、监狱、劳动教养管理机关和人民法院、人民检察院,领取警用牌照的车辆和执行警务的专用船舶。

4.依照法律规定应当予以免税的外国驻华使领馆、国际组织驻华代表机构及其有关人员的车船。

5.对节能汽车,减半征收车船税。

减半征收车船税的节能乘用车应同时符合以下标准:

(1)获得许可在中国境内销售的排量为1.6升以下(含1.6升)的燃用汽油、柴油的乘用车(含非插电式混合动力、双燃料和两用燃料乘用车);

(2)燃用汽油、柴油的,综合工况燃料消耗量应符合相关标准。

减半征收车船税的节能商用车应同时符合以下标准:

(1)获得许可在中国境内销售的燃用天然气、汽油、柴油的轻型和重型商用车(含非插电式混合动力、双燃料和两用燃料轻型和重型商用车);

(2)燃用汽油、柴油的轻型和重型商用车,综合工况燃料消耗量应符合相关标准。

6.对新能源车船,免征车船税。

免征车船税的新能源汽车,是指纯电动商用车、插电式(含增程式)混合动力汽车、燃料电池商用车。纯电动乘用车和燃料电池乘用车,不属于车船税征税范围,对其不征车船税。

免征车船税的新能源汽车,应同时符合以下标准:

(1)获得许可在中国境内销售的纯电动商用车、插电式(含增程式)混合动力汽车、燃料电池商用车;

(2)符合新能源汽车产品相关技术标准;

(3)通过新能源汽车专项检测,符合新能源汽车相关标准;

(4)新能源汽车生产企业或进口新能源汽车经销商,在产品质量保证、产品一致性、售后服务、安全监测、动力电池回收利用等方面符合相关要求。

免征车船税的新能源船舶,应符合以下标准:

(1)船舶的主推进动力装置为纯天然气发动机;

(2)发动机采用微量柴油引燃方式且引燃油热值占全部燃料总热值的比例不超过5%的视同纯天然气发动机。

7.省、自治区、直辖市人民政府,根据当地实际情况,可以对公共交通车船、农村居民拥有,并主要在农村地区使用的摩托车、三轮汽车和低速载货汽车,定期减征或者免征车船税。

8.国家综合性消防救援车辆,由部队号牌改挂应急救援专用号牌的,一次性免征改挂当年车船税。

(二)特定减免

1.经批准临时入境的外国车船和香港特别行政区、澳门特别行政区、台湾地区的车船,不征收车船税。

2.按照规定缴纳船舶吨税的机动船舶,自车船税法实施之日起5年内免征车船税。

3.依法不需要在车船登记管理部门登记的,机场、港口、铁路站场内部行驶或作业的车船,自车船税法实施之日起5年内免征车船税。

【任务实施】

【任务2—8】

【正确答案】BCD

【答案解析】非机动驳船应按机动船舶税额的50%计算。

【任务2—9】

【正确答案】A

【答案解析】选项A

挂车按照货车税额的50%计算缴纳车船税;选项B、C、D,免征车船税。

五、征收管理

(一)纳税期限

车船税纳税义务发生时间,为取得车船所有权或者管理权的当月。以购买车船的发票或其他证明文件所载日期的当月为准。

(二)纳税地点

车船税的纳税地点,为车船的登记地或者车船税扣缴义务人所在地。依法不需要办理登记的车船,车船税的纳税地点为车船的所有人或者管理人所在地。

扣缴义务人代收代缴车船税的,纳税地点为扣缴义务人所在地。

纳税人自行申报缴纳车船税的,纳税地点为车船登记地的主管税务机关所在地。依法不需要办理登记的车船,纳税地点为车船所有人或者管理人主管税务机关所在地。

(三)纳税申报

车船税按年申报,分月计算,一次性缴纳。

纳税年度为公历1月1日至12月31日,车船税按年申报缴纳。具体申报纳税期限,由省、自治区、直辖市人民政府规定。

1.税务机关可以在车船管理部门、车船检验机构的办公场所,集中办理车船税征收事宜。

2.公安机关交通管理部门,在办理车辆相关登记和定期检验手续时,对未提交自上次检验后各年度依法纳税或者免税证明的,不予登记,不予发放检验合格标志。

3.海事部门、船舶检验机构,在办理船舶登记和定期检验手续时,对未提交依法纳税或者免税证明,且拒绝扣缴义务人代收代缴车船税的纳税人,不予登记,不予发放检验合格标志。

4.对于依法不需要购买机动车交通事故责任强制保险的车辆,纳税人应当向主管税务机关申报缴纳车船税。

5.纳税人在首次购买机动车交通事故责任强制保险时,缴纳车船税或者自行申报缴纳车船税的,应当提供购车发票及反映排气量、整备质量、核定载客人数等与纳税相关的信息及其相应凭证。

6.从事机动车第三者责任强制保险业务的保险机构,为机动车车船税的扣缴义务人,应当在收取保险费时依法代收车船税,并出具代收税款凭证。

【任务实施】

【任务2-10】

【正确答案】D

【答案解析】军队、武装警察部队专用的车船,免征车船税。

【任务2-11】

【正确答案】D

【答案解析】对节约能源的车船,减半征收车船税;对使用新能源的车船,免征车船税。

【任务2-12】

【正确答案】B

【答案解析】挂车年税额按照货车税额的50%计算缴纳车船税。

车船税$=6\times3\times60\times50\%\div12\times9+300-300\times2\div12=655$(元)

车船税纳税义务发生时间,为取得车船所有权或者管理权的当月。

【任务2-13】

【正确答案】C

【答案解析】拖船按发动机功率,每千瓦折合净吨位0.67吨计算征收车船税,拖船按船舶税额的50%计算。购置的新车船,购置当年的应纳税额自纳税义务发生的当月起按月计算。

该公司2019年度应纳车船税$=4\times1\,500\times5+4\times3\,000\times0.67\times5\times50\%+5\times3\,000\times6\times6\div12=95\,100$(元)

【任务2-14】

【正确答案】AC

【答案解析】选项A,车船税的纳税义务人是在中华人民共和国境内,车辆、船舶的所有人或者管理人;选项C,扣缴义务人代收代缴车船税的,纳税地点为扣缴义务人所在地。

任务三 印花税法

【任务引例】

大学毕业生张楠，应聘到牡丹江市兴业商贸有限公司财务部，遇到了如下问题需要解决，请你帮助她。

【任务3-1】下列合同中，属于印花税征税范围的是（　　）。
A.供用电合同　　　　　　B.融资租赁合同
C.人寿保险合同　　　　　D.法律咨询合同

【任务3-2】下列各项中，应当征收印花税的项目有（　　）。
A.产品加工合同　　　　　B.法律咨询合同
C.技术开发合同　　　　　D.图书销售合同

【任务3-3】下列凭证中，属于印花税征税范围的有（　　）。
A.银行设置的现金收付登记簿
B.个人出租门店签订的租赁合同
C.电网与用户之间签订的供用电合同
D.出版单位与发行单位之间订立的图书订购单

【任务3-4】下列各项，应按照"产权转移书据"税目缴纳印花税的有（　　）。
A.股权转让合同　　　　　B.专利实施许可合同
C.商品房销售合同　　　　D.专利申请权转让合同

【任务3-5】电网公司甲公司在2019年4月与发电厂乙公司签订了购售电合同1份，与丙公司签订了保险合同1份，直接与用户签订了供用电合同若干份，另与房地产开发公司丁公司签订了一份购房合同。下列关于甲公司计缴纳印花税的表述中，正确的有（　　）。
A.与丙公司签订的保险合同按保险合同缴纳印花税
B.与乙公司签订的购电合同按购销合同缴纳印花税
C.与用户签订的供用电合同按购销合同缴纳印花税
D.与丁公司签订的购房合同按产权转移书据缴纳印花税

【任务3-6】牡丹江市兴业商贸有限公司，2019年2月开业，当年发生以下有关业务事项：领受房屋产权证、工商营业执照、土地使用证各1件；专利证5件；与其他企业订立转移专用技术使用权书据1份，所载金额为100万元；订立产品购销合同1份，所载金额为200万元；订立借款合同1份，所载金额为400万元，试计算该公司上述内容应缴纳的印花税。

【任务3-7】A公司与B公司签订了以货易货合同，由A公司向B公司提供价值100 000元的钢材，B公司向A公司提供价值150 000元的机器设备，货物差价由A公司付款补足。A、B两公司共应缴纳印花税为（　　）元。
A.250　　　　B.12　　　　C.75　　　　D.150

【任务3-8】某工厂委托一家服装厂加工工作服,合同约定布料由工厂提供,价值60万元,工厂另支付加工费20万元,下列各项关于计算印花税的表述中,正确的是( )。

A.工厂应以60万元的计税依据,按销售合同的税率计算印花税。
B.服装厂应以60万元的计税依据,按销售合同的税率计算印花税。
C.服装厂以20万元加工费为计税依据,按加工承揽合同的税率计算印花税。
D.服装厂和工厂均以80万元为计税依据,按照加工承揽合同的税率计算印花税。

【任务3-9】某建筑工程公司具备建筑业施工(安装)资质,2019年发生经营业务如下:总承包一项工程,承包合同记载总承包额9 000万元。之后将总承包额的三分之一即3 000万元,分包给某安装公司。建筑工程公司签订合同应缴纳印花税多少元?

【任务3-10】2019年1月,甲公司将闲置厂房出租给乙公司,合同约定每月租金2 500元,租期未定。签订合同时,预收租金5 000元,双方已按定额贴花。5月底合同解除,甲公司收到乙公司补交租金7 500元。甲公司5月应补缴印花税多少元?

  A.7.5   B.8   C.9.5   D.12.5

【任务3-11】甲企业与运输公司签订货物运输合同,记载装卸费20万元,保险费10万元,运输费30万元,则甲企业按"货物运输合同"税目计算缴纳印花税的计税依据为多少万元?

  A.40   B.30   C.60   D.50

【任务3-12】甲企业与乙企业签订一份技术开发合同,记载金额共计800万元,其中研究开发经费为500万元。该合同甲、乙各持一份,共应缴纳的印花税为多少元?

  A.900   B.1 800   C.2 400   D.4 800

【任务3-13】某企业2019年期初营业账簿记载的实收资本和资本公积余额为500万元,2019年6月该企业增加实收资本120万元,新建其他账簿12本,领受专利局发给的专利证1件。该企业上述凭证2019年应缴纳印花税为多少元?

  A.65元   B.305元   C.665元   D.3 165元

【任务3-14】下列凭证中,无须缴纳印花税的有( )。

A.房屋赠与合同
B.银行同业拆借所签订的借款合同
C.无息、贴息贷款合同
D.与高校学生签订的高校学生公寓租赁合同

【任务3-15】下列合同中,免征印花税的有( )。

A.贴息贷款合同   B.仓储保管合同
C.农牧业保险合同   D.建设工程勘察合同

【任务3-16】采用自行贴花方法缴纳印花税的,纳税人应( )。

A.自行申报应税行为   B.自行计算应纳税额
C.自行购买印花税票   D.自行一次贴足印花税票并注销

【任务3-17】甲公司于2020年2月与乙公司签订了数份以货易货合同,以共计750 000元的钢材换取650 000元的水泥,甲公司取得差价100 000元。下列各项中表述正确的有( )。

A.甲公司2月应缴纳的印花税为225元
B.甲公司2月应缴纳的印花税为420元

C.甲公司可对易货合同采用汇总方式缴纳印花税
D.甲公司可对易货合同采用汇贴方式缴纳印花税

【任务准备】

印花税法是指国家制定的,用以调整印花税征收与缴纳权利及义务关系的法律规范。现行印花税法的基本规范,是1988年8月6日国务院发布,并于同年10月1日实施的《中华人民共和国印花税暂行条例》(以下简称《印花税暂行条例》)。

印花税是以经济活动和经济交往中,书立、使用、领受应税凭证的行为,为征税对象征收的一种税。印花税因其采用在应税凭证上粘贴印花税票的方法缴纳税款而得名。征收印花税有利于增加财政收入,有利于配合和加强经济合同的监督管理,有利于培养纳税意识,也有利于配合对其他应纳税种的监督管理。

一、纳税义务人

印花税的纳税义务人,是在中国境内书立、使用、领受印花税法所列举的凭证并应依法履行纳税义务的单位和个人。

这里所称的单位和个人,是指我国国内各类企业、事业机关、团体、部队以及中外合资企业、合作企业、外资企业、外国公司和其他经济组织及其在华机构等单位和个人。

上述单位和个人,按照书立、使用、领受应税凭证的不同,可以分别确定为立合同人、立据人、立账簿人、领受人、使用人和各类电子应税凭证的签订人。

1.立合同人

立合同人,是指合同的双方当事人。所谓当事人,是指对凭证有直接权利、义务关系的单位和个人,但不包括合同的担保人、证人、鉴定人。

各类合同的纳税人是立合同人(合同的双方当事人)。这里的各类合同,包括购销、加工承揽、建设工程承包、财产租赁、货物运输、仓储保管、借款、财产保险、技术合同或者具有合同性质的凭证。

这里所称的合同,是指根据原《中华人民共和国经济合同法》《中华人民共和国涉外经济合同法》和其他有关合同法规,订立的合同。

这里所称的具有合同性质的凭证,是指具有合同效力的协议、契约、合约、单据、确认书及其他各种名称的凭证。

《中华人民共和国合同法》1999年10月1日起施行,原《中华人民共和国经济合同法》《中华人民共和国涉外经济合同法》《中华人民共和国技术合同法》同时废止。有关合同的法律依据,可参考《中华人民共和国合同法》的规定。

当事人的代理人,有代理纳税的义务,他与纳税人负有同等的税收法律义务和责任。

2.立据人

产权转移书据的纳税人是立据人。立据人是指土地房屋权属转移过程中买卖双方的当事人。

3.立账簿人

营业账簿的纳税人是立账簿人。所谓立账簿人,指设立并使用营业账簿的单位和个人。例如,企业单位因生产、经营需要,设立了营业账簿(现金日记账、银行存款日记账、应收账款明细账、存货明细账等),该企业即为纳税人。

4.领受人

权利、许可证照的纳税人是其领受人。所谓领受人,是指领取或接受并持有该项凭证的单位和个人。例如,某人因其发明创造,经申请依法取得国家专利机关颁发的专利证书,该专利权人即为纳税人。

5.使用人

在国外书立、领受,但在国内使用的应税凭证,其纳税人为使用人。

6.各类电子应税凭证的签订人

各类电子应税凭证的签订人,是指以电子形式签订的各类应税凭证的当事人。

值得注意的是,对应税凭证,凡由两方或两方以上当事人共同书立的,其当事人各方都是印花税的纳税人,应各就其所持凭证的计税金额计算税额并履行纳税义务。

二、税目与税率

(一)税目

印花税的税目,指印花税法明确规定的应当纳税的项目,它具体划定了印花税的征税范围。一般地说,我国列举印花税税目,即列入税目的就要征税,未列入税目的就不征税。我国印花税共列举13个税目。

1.购销合同

购销合同主要包括:供应、预购、采购、购销结合及协作、调剂、补偿、贸易等合同。除此之外还有:

(1)出版单位与发行单位之间,订立的图书、报纸、期刊和音像制品的应税凭证,例如,订购单、订数单等。

(2)发电厂与电网之间、电网与电网之间(国家电网公司系统、南方电网公司系统内部,各级电网互供电量除外)签订的购售电合同。但是注意:电网与用户之间签订的供用电合同,不属于印花税列举征税的凭证,不征收印花税。

2.加工承揽合同

加工承揽合同主要包括:加工、定做、修缮、修理、印刷广告、测绘、测试等合同。

3.建设工程勘察设计合同

建设工程勘察设计合同主要包括:勘察、设计合同。

4.建筑安装工程承包合同

建筑安装工程承包合同主要包括:建筑、安装工程承包合同。承包合同,包括总承包合同、分包合同和转包合同。

5.财产租赁合同

财产租赁合同主要包括:租赁房屋、船舶、飞机、机动车辆、机械、器具、设备等合同,除此之外还包括:企业、个人出租门店、柜台等签订的合同。

6.货物运输合同

货物运输合同主要包括:民用航空、铁路运输、海上运输、公路运输和联运合同,以及作为合同使用的单据。

7.仓储保管合同

仓储保管合同主要包括:仓储、保管合同,以及作为合同使用的仓单、栈单等。

8.借款合同

借款合同是指银行及其他金融组织与借款人(不包括银行同业拆借)之间所签订的合同,以及只填开借据并作为合同使用、取得银行借款的借据。

融资租赁合同是银行及其他金融机构经营的融资租赁业务,所签订的一种合同。其实质是一种以融物方式达到融资目的的业务,实际上是分期偿还的固定资金借款,因此融资租赁合同也属于借款合同。

9.财产保险合同

财产保险合同包括财产、责任、保证、信用保险合同,以及作为合同使用的单据。财产保险合同分为:企业财产保险、机动车辆保险、货物运输保险、家庭财产保险和农牧业保险五大类。"家庭财产两全保险"属于家庭财产保险性质,其合同在财产保险合同之列,应照章纳税。

10.技术合同

技术合同主要包括技术开发、技术转让、技术咨询、技术服务等合同,以及作为合同使用的单据。

其中,技术转让合同包括:专利申请权转让和非专利技术转让。但是,不包括专利权转让和专利实施许可所书立的合同。后者适用于"产权转移书据"合同。

技术咨询合同,是合同当事人就有关项目的分析、论证、评价、预测和调查订立的技术合同。但一般的法律、会计、审计等方面的咨询,不属于技术咨询,其所订立的合同不贴印花。

技术服务合同包括:技术服务合同、技术培训合同和技术中介合同。

技术服务合同是当事人一方委托另一方就解决有关特定技术问题,如,改进产品结构、改良工艺流程、提高产品质量、降低产品成本、保护资源环境、实现安全操作、提高经济效益等提出实施方案,实施所订立的技术合同。但不包括以常规手段或者为生产经营目的进行一般加工、修理、修缮、广告、印刷、测绘、标准化测试,以及勘察、设计等所书立的合同。

11.产权转移书据

产权转移书据主要包括:财产所有权和版权、商标专用权、专利权、专有技术使用权等转移书据和专利实施许可的合同、土地使用权出让合同、土地使用权转让合同、商品房销售合同等权利转移合同。

所称产权转移书据,是指单位和个人产权的买卖、继承、赠与、交换、分割等所立的书据。"财产所有权"转移书据的征税范围,是指经政府管理机关登记注册的动产、不动产的所有权转移所立的书据,以及企业股权转让所立的书据。并包括个人无偿赠送不动产所签订的"个人无偿赠与不动产登记表"。当纳税人完税后,税务机关(或其他征收机关)应在纳税人印花税完税凭证上加盖"个人无偿赠与"印章。

12.营业账簿

营业账簿是指单位或者个人记载生产经营活动的财务会计核算账簿。营业账簿按其不同的反映内容,可分为记载资金的账簿和其他账簿。

记载资金的账簿,是指反映生产经营单位资本金数额增减变化的账簿。

其他账簿,是指除上述账簿以外的,有关其他生产经营活动内容的账簿,包括日记账簿和各明细分类账簿。

但是，对金融系统营业账簿，要结合金融系统财务会计核算的实际情况进行具体分析。凡银行用以反映资金存、贷经营活动、记载经营资金增减变化、核算经营成果的账簿，如各种日记账、明细账和总账都属于营业账簿，应按照规定缴纳印花税。

注意：银行根据业务管理需要设置的各种登记簿，如空白重要凭证登记簿、有价单证登记簿、现金收付登记簿等，其记载的内容与资金活动无关，仅用于内部备查，属于非营业账簿，均不征收印花税。

13.权利、许可证照

权利、许可证照，包括政府部门发给的：房屋产权证、工商营业执照、商标注册证、专利证、土地使用证。

【任务实施】

【任务3－1】

【正确答案】B

【答案解析】电网与用户之间签订的供用电合同、人寿保险合同、法律咨询合同不属于印花税列举征税的凭证，不征收印花税。

【任务3－2】

【正确答案】ACD

【答案解析】选项B，一般的法律、会计、审计等方面的咨询，不属于技术咨询，所立合同不贴印花。

选项A，按照加工承揽合同缴纳印花税；选项C，按照技术合同缴纳印花税；选项D，按照购销合同缴纳印花税。

【任务3－3】

【正确答案】BD

【答案解析】选项A，银行根据业务管理需要设置的各种登记簿，如现金收付登记簿，属于非营业账簿，不征收印花税；选项C，电网与用户之间签订的供用电合同，不属于印花税列举征税的凭证，不征收印花税。

【任务3－4】

【正确答案】ABC

【答案解析】产权转移书据包括财产所有权和版权、商标专用权、专利权、专有技术使用权等转移书据和专利实施许可合同、土地使用权出让合同、土地使用权转让合同、商品房销售合同等权利转移合同。选项D，专利申请权转让合同，按照"技术合同"税目缴纳印花税。

【任务3－5】

【正确答案】ABD

【答案解析】选项C，电网与用户之间签订的供用电合同不属于印花税列举征税的凭证，不征收印花税。

(二)税率

印花税税率的设计，遵循税负从轻、共同负担的原则。因此，印花税税率比较低，凭证的当事人，即对凭证有直接权利与义务关系的单位和个人，均应就其所持凭证依法纳税，印花税的税率有两种形式，即比例税率和定额税率。

1. 比例税率

在我国列举印花税的13个税目中,各类合同以及具有合同性质的凭证(含以电子形式签订的各类应税凭证)、产权转移书据、营业账簿中记载资金的账簿,适用比例税率。

印花税的比例税率分为4个档次,分别是0.05‰、0.3‰、0.5‰、1‰。

(1)适用0.05‰税率的为"借款合同"。

(2)适用0.3‰税率的为"购销合同""建筑安装工程承包合同""技术合同"。

(3)适用0.5‰税率的为"加工承揽合同""建筑工程勘察设计合同""货物运输合同""产权转移书据""营业账簿"税目中记载资金的账簿。

(4)适用1‰税率的为"财产租赁合同""财产保险合同""仓储保管合同"。

(5)在上海证券交易所、深圳证券交易所、全国中小企业股份转让系统买卖、继承、赠与优先股,所书立的股权转让书据,均依书立时实际成交金额,由出让方按1‰的税率计算缴纳证券(股票)交易印花税。

香港市场投资者通过沪港通买卖、继承、赠与上交所上市A股,按照内地现行税制规定,缴纳证券(股票)交易印花税。内地投资者通过沪港通买卖、继承、赠与联交所上市股票,按照香港特别行政区现行税法规定缴纳印花税。

2. 定额税率

在我国列举印花税的13个税目中,"权利、许可证照""营业账簿"税目中的其他账簿(除记载资金的账簿),适用定额税率,均为按件贴花,税额为5元。

这样规定,主要是考虑到上述应税凭证比较特殊,有的是无法计算金额的凭证,例如权利、许可证照;有的是虽记载有金额,但以其作为计税依据又明显不合理的凭证,例如其他账簿。采用定额税率,便于纳税人缴纳,也便于税务机关征管。

印花税税目、税率见表10-2,比例税率和定额税率见表10-3。

表10-2 《印花税税目、税率表》

序号	税目	范围	税率	纳税人	备注
1	购销合同	包括供应、预购、采购、购销、结合及协作、调剂、补偿、易货等合同	按购销金额0.3‰贴花	立合同人	
2	加工承揽合同	包括加工、定做、修理、修缮、印刷广告、测绘、测试等合同	按加工或承揽收入0.5‰贴花	立合同人	
3	建设工程勘察设计合同	包括勘察、设计合同	按收取费用0.5‰贴花	立合同人	
4	建筑安装工程承包合同	包括建筑、安装工程承包合同	按承包金额0.3‰贴花	立合同人	
5	财产租赁合同	包括租赁房屋、船舶、飞机、机动车辆、机械、器具、设备等合同	按租赁金额1‰贴花。税额不足1元的,按1元贴花	立合同人	
6	货物运输合同	包括民用航空运输、铁路运输、海上运输、内河运输、公路运输和联运合同	按运输费用0.5‰贴花	立合同人	单据作为合同使用的,按合同贴花

续表

序号	税目	范围	税率	纳税人	备注
7	仓储保管合同	包括仓储、保管合同	按仓储保管费用1‰贴花	立合同人	仓单或栈单作为合同使用的,按合同贴花
8	借款合同	银行及其他金融组织和借款人(不包括银行同业拆借)所签订的借款合同	按借款金额0.05‰贴花	立合同人	单据作为合同使用的,按合同贴花
9	财产保险合同	包括财产、责任、保证、信用等保险合同	按保险费收入1‰贴花	立合同人	单据作为合同使用的,按合同贴花
10	技术合同	包括技术开发、转让、咨询、服务等合同	按所载金额0.3‰贴花	立合同人	
11	产权转移书据	包括财产所有权和版权、商标专用权、专利权、专有技术使用权等转移书据、土地使用权出让合同、土地使用权转让合同、商品房销售合同	按所载金额0.5‰贴花	立据人	
12	营业账簿	生产、经营用账册	记载资金的账簿,按实收资本和资本公积的合计金额0.5‰贴花。其他账簿按件贴花5元	立账簿人	
13	权利、许可证照	包括政府部门发给的房屋产权证、工商营业执照、商标注册证、专利证、土地使用证	按件贴花5元	领受人	

表10-3 归纳税率:(比例税率和定额税率)

税率	应税凭证	税率
比例税率	借款合同	0.05‰
	购销合同、建筑安装工程承包合同、技术合同	0.3‰
	加工承揽合同、建设工程勘察设计合同、货物运输合同、产权转移书据、记载资金的营业账簿(2018年5月1日起,减半)	0.5‰
	财产租赁合同、仓储保管合同、财产保险合同	1‰
定额税率	其他营业账簿(2018年5月1日起,免);权利、许可证照	每件5元

三、应纳税额的计算

(一)计税依据的一般规定

印花税的计税依据为各种应税凭证上所记载的计税金额。具体规定为:

1.购销合同的计税依据,为合同记载的购销金额。

2.加工承揽合同的计税依据,是加工或承揽收入的金额。具体规定为:

(1)对于由受托方提供原材料的加工、定做合同,凡在合同中分别记载加工费金额和原材料金额的,应分别按"加工承揽合同""购销合同"计算税额,分别两项税额相加数,即为合同应贴印花;如果合同中未分别记载加工费金额和原材料金额,则应就全部金额依照加工承揽合同计税贴花。

(2)对于由委托方提供主要材料或原料,受托方只提供辅助材料的加工合同,无论加工费和辅助材料金额是否分别记载,均以辅助材料与加工费的合计数,依照加工承揽合同计税贴花。对委托方提供的主要材料或原料金额,不需计税贴花。

加工承揽合同的计税依据:

情形		计税规定
由受托方提供原材料	在合同中分别记载加工费金额与原材料金额的	加工费:加工承揽合同 0.5‰
		原材料:购销合同 0.3‰
	合同中未分别记载	全部金额:加工承揽合同 0.5‰
由委托方提供原材料		对委托方提供的主要材料或原料金额:不计税贴花
		无论加工费和辅助材料金额是否分别记载,均以辅助材料与加工费的合计数,依照加工承揽合同计税贴花,税率 0.5‰

3. 建设工程勘察设计合同的计税依据,为收取的费用。
4. 建筑安装工程承包合同的计税依据,为承包金额。
5. 财产租赁合同的计税依据,为租赁金额;经计算,税额不足 1 元的,按 1 元贴花。
6. 货物运输合同的计税依据,为取得的运输费金额(运费收入),不包括所运货物的金额、装卸费和保险费等。

货物运输合同的计税依据

情形		计税依据
国内各种形式的货物联运	在起运地统一结算全程运费	以全程运费为计税依据,由起运地运费结算双方缴纳印花税
	分程结算运费	以分程运费作为计税依据,分别由办理运费结算的各方缴纳印花税
国际货运	由我国运输企业运输的	运输企业所持的运费结算凭证,以本程运费为计税依据计算应纳税额
		托运方所持的运费结算凭证,以全程运费为计税依据计算应纳税额
	由外国运输企业运输进出口货物的	运输企业所持的运费结算凭证免纳印花税
		托运方所持的运费结算凭证应计算应纳税额
	国际货运运费结算凭证在国外办理的	应在凭证转回我国境内时按规定缴纳印花税

7. 仓储保管合同的计税依据,为收取的仓储保管费用。
8. 借款合同的计税依据为借款金额,针对实际借、贷活动中,不同的借款形式,税法规定了不同的计税方法:

(1)凡是一项信贷业务既签订借款合同,又一次或分次填开借据的,只以借款合同所载金额,为计税依据计税贴花;凡是只填开借据,并作为合同使用的,应以借据所载金额,为计税依据计税贴花。

(2)借贷双方签订的流动资金周转性借款合同，一般按年(期)签订，规定最高限额，借款人在规定的期限和最高限额内随借随还，为避免加重借贷双方的负担，对这类合同只以其规定的最高限额，为计税依据，在签订时贴花一次，在限额内随借随还不签订新合同的，不再另行贴印花。

(3)对借款方以财产作抵押，从贷款方取得一定数量抵押贷款的合同，应按借款合同贴花。在借款方因无力偿还借款，而将抵押财产转移给贷款方时，应再就双方书立的产权书据，按产权转移书据的有关规定计税贴花。

(4)对银行及其他金融组织的融资租赁业务，签订的融资租赁合同，应按合同所载租金总额，暂按借款合同计税贴花。

(5)在贷款业务中，如果贷方是由若干银行组成的银团，银团各方均承担一定的贷款数额，借款合同由借款方与银团各方共同书立各执一份合同正本，对这类合同借款方与贷款银团各方应分别在所执的合同正本上，按各自的借款金额计税贴花。

(6)在基本建设贷款中，如果按年度用款计划分年签订借款合同，在最后一年按总概算签订借款总合同，且总合同的借款金额包括各个分合同的借款金额的，对这类基建借款合同，应按分合同分别贴花，最后签订的总合同，只就借款总额超出分合同借款金额后的余额计税贴花。

借款合同的计税依据：

情形	税务处理
(1)凡是一项信贷业务既签订借款合同，又一次或分次填开借据的	只以借款合同所载金额为计税依据计税贴花
凡只填开借据并作为合同使用的	应以借据所载金额为计税依据计税贴花
(2)借贷双方签订的流动周转性借款合同	只以其规定的最高限额为计税依据，在签订时贴花一次，在限额内随借随还不签订新合同的，不再贴花
(3)对借款方以财产作抵押，从贷款方取得一定数量抵押贷款的合同	应按借款合同贴花
(4)在借款方因无力偿还借款而将抵押财产转移给贷款方时	应再就双方书立的产权书据，按产权转移书据的有关规定计税贴花
(5)对银行及其他金融组织的融资租赁业务签订的融资租赁合同	应按合同所载租金总额，暂按借款合同计税

9.财产保险合同的计税依据，为支付(收取)的保险费，不包括所保财产的金额。

10.技术合同的计税依据，为合同所载的价款、报酬或使用费。为了鼓励技术研究开发，对技术开发合同，只就合同所载的报酬金额计税，研究开发经费不作为计税依据，单对合同约定按研究开发经费一定比例作为报酬的，应按一定比例的报酬金额计税贴花。

11.产权转移书据的计税依据为所载金额。

12.营业账簿税目中记载资金的账簿的计税依据，为"实收资本"与"资本公积"两项的合计金额。其他账的计税依据，为应税凭证件数。

营业账簿税目的计税依据：

(1)记载资金的营业账簿	以实收资本和资本公积的两项合计金额为计税依据(2018年5月1日起减半)凡"资金账簿"在次年度的实收资本和资本公积，未增加的，对其不再计税贴花
(2)其他营业账簿	计税依据为应税凭证件数(2018年5月1日免)

13.权利、许可证照的计税依据，为应税凭证件数。

(二)计税依据的特殊规定

1.上述凭证以"金额""收入""费用"作为计税依据的，应当全额计税，不得作任何扣除。

2.同一凭证，载有两个或两个以上经济事项而适用不同税目税率，如已分别记载金额的，应分别计算应纳税额，相加后按合计税额贴花；如未分别记载金额的，按税率高的税目计税贴花。

3.按金额比例贴花的应税凭证，未标明金额的，应按照凭证所载数量及国家牌价计算金额；没有国家牌价的，按市场价格计算金额，然后按规定税率计算应纳税额。

4.应税凭证所载金额为外国货币的，应按照凭证书立当日，国家外汇管理局公布的外汇牌价，折合成人民币，然后计算应纳税额。

5.应纳税额不足1角的，免纳印花税；1角以上的，其税额尾数不满5分的不计，满5分的按1角计算。

6.有些合同在签订时无法确定计税金额。如(1)技术转让合同中的转让收入，是按销售收入的一定比例收取或是按实现利润分成的；(2)财产租赁合同，只是规定了月(天)金标准而无租赁期限的。对这类合同，可在签订时，先按定额5元贴花，以后结算时再按实际金额计税，补贴印花。

7.应税合同在签订时纳税义务即已产生，应计算应纳税额并贴花。所以，不论合同是否兑现或是否按期兑现，均应贴花。对已履行并贴花的合同，所载金额与合同履行后实际结算金额不一致的，只要双方未修改合同金额，一般不再办理完税手续。

8.对有经营收入的事业单位

凡属由国家财政拨付事业经费，实行差额预算管理的单位，其记载经营业务的账簿，按其他账簿定额贴花，不记载经营业务的账簿不贴花；凡属经费来源实行自收自支的单位，其营业账簿，应对记载资金的账簿和其他账簿分别计算应纳税额。

9.跨地区经营的分支机构使用的营业账簿，应由各分支机构于其所在地计算贴花。对上级单位核拨资金的分支机构，其记载资金的账簿按核拨的账面资金额计税贴花，其他账簿按定额贴花；对上级单位不核拨资金的分支机构，只就其他账簿按件定额贴花。为避免对同一资金重复计税贴花，上级单位记载资金的账簿，应按扣除拨给下属机构资金数额后的其余部分计税贴花。

10.商品购销活动中，采用以货换货方式，进行商品交易签订的合同，是反映既购又销双重经济行为的合同。对此，应按合同所载的购、销合计金额计税贴花。合同未列明金额的，应按合同所载购、销数量，依照国家牌价或者市场价格计算应纳税额。

11.施工单位将自己承包的建设项目，分包或者转包给其他施工单位，所签订的分包合同或者转包合同，应按新的分包合同或转包合同所载金额计算应纳税额。

12.从 2008 年 9 月 19 日起,对证券交易印花税政策进行调整,由双边征收改为单边征收,即只对卖出方(或继承、赠与 A 股、B 股股权的出让方)征收证券(股票)交易印花税,对买入方(受让方)不再征税。税率仍保持 1‰。

13.对国内各种形式的货物联运,凡在起运地统一结算全程运费的,应以全程运费作为计税依据,由起运地运费结算双方缴纳印花税;凡分程结算运费的,应以分程的运费作为计税依据,分别由办理运费结算的各方缴纳印花税。

必须明确的是,印花税票为有价证券,其票面金额以人民币为单位,分为 1 角、2 角、5 角、1 元、2 元、5 元、10 元、50 元、100 元 9 种。

(三)应纳税额的计算方法

纳税人的印花税应纳税额,根据应税凭证的性质,分别按比例税率或者定额税率计算,其计算公式为:

应纳税额=应税凭证计税金额(或应税凭证件数)×适用税率

应纳税额的计算方法见表 10－4。

表 10－4　　　　　　　　应纳税额的计算方法表

1.比例税率	应纳税额=应税凭证计税金额×比例税率
2.定额税率	应纳税额=应税凭证件数×固定税额(5元)

【任务实施】

【任务 3－6】

【答案解析】

(1)企业领受权利、许可证照应纳税额=(3+5)×5=40(元)

(2)企业订立产权转移书应纳税额=1 000 000×0.5‰=500(元)

(3)企业订立购销合同应纳税额=2 000 000×0.3‰=600(元)

(4)企业订立借款合同应纳税额=4 000 000×0.05‰=200(元)

(5)当年企业应纳印花税:40+500+600+200=1340(元)

【任务 3－7】

【正确答案】D

【答案解析】应纳税额=(100 000+150 000)×0.3‰×2=150(元)

【任务 3－8】

【正确答案】C

【答案解析】委托方提供原材料,对委托方提供的主要材料或原料金额:不计算印花税贴花;无论加工费和辅助材料金额是否分别记载,均以辅助材料与加工费的合计数,依照"加工承揽合同"计税贴花,税率 0.5‰。

【任务 3－9】

【正确答案】3.6 万元

【答案解析】建筑工程公司签订合同应缴纳的印花税=9 000×0.3‰+3 000×0.3‰=3.6(万元)

【任务 3－10】

【正确答案】A

【答案解析】合同在签订时无法确定计税金额,可在签订时先按定额5元贴花,以后结算时再按实际金额计税,应补缴印花税=(5 000+7 500)×1‰-5=7.5(元)

【任务3—11】

【正确答案】B

【答案解析】货物运输合同的计税依据为取得的运输费金额(运费收入),不包括所运货物的金额、装卸费和保险费等。

【任务3—12】

【正确答案】B

【答案解析】应纳税额=(800-500)×0.3‰×2×10 000=1 800(元)

四、税收优惠

对印花税的减免税优惠主要有:

1.对已缴纳印花税凭证的副本或者抄本免税。

凭证的正式签署本(正本)已按规定缴纳了印花税,其副本或者抄本对外不发生权利义务关系,只是留存备查。但以副本或者抄本视同正本使用的,则应另贴印花。

2.对无息,贴息贷款合同免税。

无息,贴息贷款合同,是指我国的各专业银行,按照国家金融政策发放的无息贷款,以及由各专业银行发放并按有关规定,由财政部门或中国人民银行给予贴息的贷款项目,所签订的贷款合同。一般情况下,无息贴息贷款体现国家政策,满足特定时期的某种需要,其利息全部或者部分是由国家财政负担的,对这类合同征收印花税没有财政意义。

3.对房地产管理部门与个人签订的,用于生活居住的租赁合同免税。

4.对农牧业保险合同免税。

5.自2019年1月1日至2021年12月31日,对与高校学生签订的高校学生公寓租赁合同,免征印花税。

高校学生公寓,是指为高校学生提供住宿服务,按照国家规定的收费标准收取住宿费的学生公寓。企业享受本规定的免税政策应按规定进行免税申报,并将不动产权属证明、载有房产原值的相关材料、房产用途证明、租赁合同等资料留存备查。

6.对公租房经营管理单位,建造管理公租房涉及的印花税予以免征。

对公租房经营管理单位购买住房作为公租房,免征印花税;对公租房租赁双方签订租赁协议涉及的印花税予以免征。

7.为贯彻落实《国务院关于加快棚户区改造工作意见》,对改造安置住房经营管理单位、开发商与改造安置住房相关的印花税,以及购买安置住房的个人涉及的印花税,自2013年7月4日起予以免征。

8.自2018年5月1日起,对按万分之五税率贴花的资金账簿减半征收印花税,对按件贴花五元的其他账簿免征印花税。

9.对全国社会保障基金理事会、全国社会保障基金投资管理人,管理的全国社会保障基金,转让非上市公司股权,免征全国社会保障基金理事会、全国社会保障基金投资管理人应缴纳的印花税。

【任务实施】
【任务3-13】
【正确答案】B
【答案解析】自2018年5月1日起,对按万分之五税率贴花的资金账簿减半征收印花税,对按件贴花五元的其他账簿免征印花税。因此,记载资金的账簿,按增加实收资本和资本公积金额0.5‰减半贴花;其他营业账簿免印花税;专利证按件贴花5元。

应纳印花税=1 200 000×0.5‰×50%+1×5=305(元)。

【任务3-14】
【正确答案】BCD
【答案解析】选项A,按照"产权转移书据"缴纳印花税。选项B,银行同业拆借所签订的借款合同不属于印花税征税范围;选项C,无息、贴息贷款合同免税;选项D,与高校学生签订的高校学生公寓租赁合同免税。

【任务3-15】
【正确答案】AC
【答案解析】选项B、D没有免税的规定,照章征收印花税。

五、征收管理

(一)纳税方法

我国印花税的纳税办法,根据税额大小、贴花次数,以及税收征收管理的需要,分别采用以下三种纳税办法:

1.自行贴花办法。

自行贴花,一般适用于应税凭证较少或者贴花次数较少的纳税人。纳税人书立、领受或者使用印花税法列举的应税凭证的同时,纳税义务即已产生,应当根据应纳税凭证的性质和适用的税目、税率自行计算应纳税额,自行购买印花税票,自行一次贴足印花税票,并加以注销或划销,纳税义务才算全部履行完毕。

值得注意的是,纳税人购买了印花税票,支付了税款,但并不等于已履行了纳税义务。纳税人必须自行贴花并注销或划销,这样才算完整地完成了纳税义务。

对已贴花的凭证,合同修改后所载金额增加的,其增加部分应当补贴印花税票。凡多贴印花税票的,不得申请退税或者抵用。

2.汇贴或汇缴办法。

汇贴或汇缴,一般适用于应纳税额较大或者贴花次数频繁的纳税人。一份凭证应纳税额超过500元的,应向当地税务机关申请填写缴款书或者完税证,将其中一联粘贴在凭证上或者由税务机关在凭证上加注完税标记代替贴花。

同一种类应纳税凭证,需频繁贴花的,纳税人可以根据实际情况自行决定是否采用按期汇总缴纳印花税的方式,汇总缴纳的期限为1个月。采用按期汇总缴纳方式的纳税人,应事先告知主管税务机关。缴纳方式一经选定1年内不得改变。

凡汇总缴纳印花税的凭证,应加注税务机关指定的汇缴标记、编号并装订成册后,将已贴印花或者缴款书的一联粘附册后,盖章注销,保存备查。

3.委托代征办法。

委托代征办法主要是通过税务机关的委托,经由发放或者办理应纳税凭证的单位代为征收印花税税款。如按照印花税法规定,工商行政管理机关核发各类营业执照和商标注册证的同时,负责代售印花税票,征收印花税税款,并监督领受单位或个人负责贴花。税务机关委托工商行政管理机关代售印花税票,按代售金额5%的比例支付代售手续费。

印花税法规定,监督检查纳税人依法纳税的义务具体事项:
(1)应纳税凭证是否已粘贴印花;
(2)粘贴的印花是否足额;
(3)粘贴的印花是否按规定注销。

我国印花税的纳税办法:

方法	适用范围	具体规定
自行贴花	应税凭证较少或贴花次数较少的纳税人	自行计算应纳税额,自行购买印花税票,自行一次贴足印花税票并加以注销或划销;对于已贴花的凭证,修改后所载金额增加的,其增加部分应当补贴印花税票,但多贴印花税票者,不得申请退税或者抵用
汇贴或汇缴	应纳税额较大或者贴花次数频繁的纳税人	汇贴:当一份凭证应纳税额超过500元时,应向税务机关申请填写缴款书或者完税凭证 汇缴:同一种类应税凭证需要频繁贴花的,汇总缴纳的期限,由当地税务机关确定,但最长不得超过1个月
委托代征法	税务机关委托由发放或者办理应纳税凭证的单位代为征收印花税	

(二)纳税环节

印花税应当在书立或领受时贴花。具体是指在合同签订时、账簿启用时和证照领受时贴花。如果合同是在国外签订,但是不便在国外贴花的,应在将合同带入境时办理贴花。

(三)纳税地点

印花税一般实行就地纳税。对于全国性商品、物资订货会上(包括展销会、交易会等)所签订合同应纳的印花税,由纳税人回其所在地后,及时办理贴花完税手续;对地方主办、不涉及省际关系的订货会、展销会上所签合同的印花税,其纳税地点由各省、自治区、直辖市人民政府自行确定。

纳税地点:

一般实行就地纳税	
对于全国性商品物资订货会上所签订合同应纳的印花税	由纳税人回其所在地后及时办理贴花完税手续
对地方主办,不涉及省际关系的订货会、展销会上所签合同的印花税	纳税地点,由各省、自治区、直辖市人民政府自行确定

(四)纳税申报

印花税的纳税人应按照条例的有关规定及时办理纳税申报,并如实填写《印花税纳税申报表》。

(五)违章与处罚

印花税纳税人有下列行为之一的,由税务机关根据情节轻重予以处罚:

1.在应纳税凭证上未贴或者少贴印花税票的,或者已粘贴在应税凭证上的印花税票未注销或者未划销的,由税务机关追缴其不缴或者少缴的税款、滞纳金,并处不缴或者少缴的税款50%以上5倍以下的罚款。

2.已贴用的印花税票,揭下重用造成未缴或少缴印花税的,由税务机关追缴其不缴或者少缴的税款、滞纳金,并处不缴或者少缴的税款50%以上5倍以下的罚款;构成犯罪的,依法追究刑事责任。

3.伪造印花税票的,由税务机关责令改正,处以2 000元以上1万元以下的罚款;情节严重的,处以1万元以上5万元以下的罚款;构成犯罪的,依法追究刑事责任。

4.按期汇总缴纳印花税的纳税人,超过税务机关核定的纳税期限,未缴或少缴印花税款的,由税务机关追缴其不缴或者少缴的税款、滞纳金,并处不缴或者少缴的税款50%以上5倍以下的罚款;情节严重的,同时撤销其汇缴许可证;构成犯罪的,依法追究刑事责任。

5.纳税人违反以下规定的,由税务机关责令限期改正,可处以2 000元以下的罚款;情节严重的,处以2 000元以上1万元以下的罚款。

(1)凡汇总缴纳印花税的凭证,应加注税务机关指定的汇缴戳记,编号并装订成册后,将已贴印花或者缴款书的一联粘附册后,盖章注销,保存备查。

(2)纳税人对纳税凭证应妥善保存。凭证的保存期限,凡国家已有明确规定的,按规定办理;没有明确规定的其余凭证均应在履行完毕后保存1年。

6.代售户对取得的税款逾期不缴或者挪作他用,或者违反合同将所领印花税票转托他人代售或者转至其他地区销售,或者未按规定详细提供领、售印花税票情况的,税务机关可视其情节轻重,给予警告或者取消其代售资格的处罚。

违章与处罚:

具体行为	处理措施
在应纳税凭证上未贴或少贴印花税票的或者已粘贴在应税凭证上的印花税票未注销或者未划销的(无追究刑事责任的规定)	由税务机关追缴其不缴或者少缴的税款、滞纳金,并处不缴或者少缴的税款50%以上5倍以下的罚款
已贴用的印花税票揭下重用造成未缴或少缴印花税的	
按期汇总缴纳印花税的纳税人,超过税务机关核定的纳税期限,未缴或少缴印花税的	
伪造印花税票的	由税务机关责令改正,处以2 000元以上1万元以下的罚款;情节严重的,处以1万元以上5万元以下的罚款
汇总缴纳印花税的,未将已贴印花或缴款书盖章注销;未按规定保存纳税凭证(无追究刑事责任的规定)	由税务机关责令限期改正,处以2 000元以下的罚款;情节严重的,处以2 000元以上1万元以下的罚款

【任务实施】

【任务 3—16】

【正确答案】BCD

【答案解析】自行贴花：自行计算应纳税额，自行购买印花税票，自行一次贴足印花税票并加以注销或划销。

【任务 3—17】

【正确答案】BC

【答案解析】选项 B，(750 000＋650 000)×0.3‰＝420(元)；选项 C，由于是数份合同，适用汇总方式缴纳印花税。

任务四 纳税实训

【实训任务】

【任务4—1】填制《车辆购置税纳税申报表》：

张楠2020年3月从某汽车有限公司购买一辆小汽车供自己使用,支付了含增值税税款在内的款项227 000元;代收保险费3 000元,并取得保险公司开具的票据;支付购买工具件和零配件价款3 000,车辆装饰费1 650元。所支付的款项由该汽车有限公司开具"机动车销售统一发票"和有关票据。请计算张楠应纳车辆购置税。

【任务实操】

【答案解析】

(1)计税依据=(227 000+3 000+1 650)÷(1+13%)=205 000(元)

(2)应纳车辆购置税税额=205 000×10%=20 500(元)

车辆购置税纳税申报表

填表日期： 年 月 日　　　　　　　　　　　　　　　　　金额单位：元

纳税人名称		申报类型	□征税 □免税 □减税	
证件名称		证件号码		
联系电话		地址		
合格证编号（货物进口证明书号）		车辆识别代号/车架号		
厂牌型号				
排量(cc)		机动车销售统一发票代码		
机动车销售统一发票号码		不含税价		
海关进口关税专用缴款书（进出口货物征免税证明）号码				
关税完税价格		关税		消费税	
其他有效凭证名称		其他有效凭证号码		其他有效凭证价格	
购置日期		申报计税价格		申报免（减）税条件或者代码	
是否办理车辆登记		车辆拟登记地点			
纳税人声明： 本纳税申报表是根据国家税收法律法规及相关规定填报的，我确定它是真实的、可靠的、完整的。 　　纳税人（签名或盖章）：					
委托声明： 　　现委托(姓名)_____(证件号码) 　　办理车辆购置税涉税事宜，提供的凭证、资料是真实、可靠、完整的。任何与本申报表有关的往来文件，都可交予此人。 　　委托人（签名或盖章）：　　　　　　　　　　　　　　被委托人（签名或盖章）：					
以下由税务机关填写					
免（减）税条件代码					
计税价格	税率	应纳税额	免（减）税额	实纳税额	滞纳金金额
受理人： 　　　年 月 日		复核人（适用于免、减税申报）： 　　　　　　　　年 月 日		主管税务机关（章）	

【任务4-2】填制《印花税纳税申报表》：

资料说明：购销合同、加工承揽合同、技术合同、建筑安装工程承包合同的印花税税率分别为0.3‰、0.5‰、0.3‰、0.3‰；记载营业账簿的印花税率为0.5‰。

要求：根据资料，按照下列序号计算回答问题，每问需计算出合计数。

某公司主要从事建筑工程机械的生产制造，2019年发生以下业务：

(1) 签订钢材采购合同一份，采购金额8 000万元；签订以货换货合同一份，用库存的3 000万元A型钢材，换取对方相同金额的B型钢材；签订销售合同一份，销售金额15 000万元。

(2) 公司作为受托方签订甲、乙两份加工承揽合同，甲合同约定：由委托方提供主要材料（金额300万元），受托方只提供辅助材料（金额20万元），受托方另收取加工费50万元；乙合同约定：由受托方提供主要材料（金额200万元），并收取加工费40万元。

(3) 公司作为受托方签订技术开发合同一份，合同约定：技术开发金额共计1 000万元，其中研究开发费用与报酬金额之比为3∶1。

(4) 公司作为承包方签订建筑安装工程承包合同一份，承包金额300万元，公司随后又将其中的100万元业务分包给另一单位，并签订相关合同。

(5) 公司2019年9月新增实收资本2 000万元、资本公积500万元。

(6) 公司2019年5月启用其他账簿10本。

请回答下列问题。

(1) 公司2019年签订的购销合同应缴纳的印花税。
(2) 公司2019年签订的加工承揽合同应缴纳的印花税。
(3) 公司2019年签订的技术合同应缴纳的印花税。
(4) 公司2019年签订的建筑安装工程承包合同应缴纳的印花税。
(5) 公司2019年新增记载资金的营业账簿应缴纳的印花税。
(6) 公司2019年启用其他账簿应缴纳的印花税。

【任务实操】
【答案解析】

(1) 公司2019年签订的购销合同应缴纳的印花税
  = (80 000 000 + 30 000 000 × 2 + 150 000 000) × 0.3‰
  = 87 000(元)

(2) 签订的加工承揽合同应缴纳的印花税
  = (500 000 + 200 000) × 0.5‰ + 2 000 000 × 0.3‰ + 400 000 × 0.5‰
  = 1 150(元)

(3) 公司签订的技术合同应缴纳的印花税
  = 10 000 000 ÷ 4 × 0.3‰ = 750(元)

(4) 建筑安装工程承包合同应缴纳的印花税
  = (3 000 000 + 1 000 000) × 0.3‰ = 1 200(元)

(5) 新增记载资金的营业账簿应缴纳的印花税
  = (20 000 000 + 5 000 000) × 0.5‰ × 50% = 6 250(元)

(6) 公司启用其他账簿应缴纳的印花税为0。

【思路点拨】自 2018 年 5 月 1 日起，其他营业账簿免印花税。

《印花税纳税申报表》

填报日期：　年　月　日

纳税人名称

纳税人识别号 □□□□□□□□□□□□□□□　　金额单位：元

纳税人名称：							税款所属期限			
应税凭证名称	件数	计税金额	适用税率	应纳税额	已纳税额	应补(退)税额	贴花情况			
							上期结存	本期购进	本期贴花	本期结存
1	2	3	4	5＝2×4 或 3×4	6	7＝5－6	8	9	10	11＝8＋9－10

如纳税人填报,由纳税人填写以下各栏		如委托代理人填报,由代理人填写以下各栏			备注
会计主管(签章)	纳税人(公章)	代理人名称		代理人(公章)	
		代理人地址			
		经办人姓名		电话	
以下由税务机关填写					
收到申报表日期		接收人			